1.790
แลง

LE PRÉSIDENT
DE BROSSES
EN ITALIE

I

Paris. — Imprimé chez Bonaventure et Ducessois, 55, quai des Augustins.

LE PRÉSIDENT
DE BROSSES
EN ITALIE

LETTRES FAMILIÈRES ÉCRITES D'ITALIE
EN 1739 ET 1740
PAR CHARLES DE BROSSES

DEUXIÈME ÉDITION AUTHENTIQUE
revue sur les manuscrits, annotée et précédée
d'un Essai sur la vie et les écrits de l'auteur
PAR M. R. COLOMB.

TOME I

> ....saturnia tellus,
> Magna virum : tibi res antiquæ landis et artis
> Ingredior............................
> VIRG., *Georg.*, II, 173.

PARIS
DIDIER ET Cᵉ, LIBRAIRES-ÉDITEURS
35, QUAI DES AUGUSTINS.

1858
Réserve de tous droits.

AVERTISSEMENT

(Extrait de la Préface de 1836).

A une époque où l'Italie est l'objet de tant de descriptions sous toutes les formes; lorsque ce vaste et magnifique musée est exploré si minutieusement; dans un moment où les gens du monde semblent éprouver un si grand besoin de se transporter au milieu de ce pays d'inspiration, de connaître tout ce qui existe sur ce sol poétique, sur cette terre si fertile en génies de tout genre, il y a lieu de s'étonner que le meilleur ouvrage qui ait été fait sur l'Italie soit à peu près inconnu. Nous disons à peu près, car quoique imprimé, il l'a été d'une manière tellement incomplète et fautive, qu'on n'a pu se former une juste idée de ce livre si gaiement écrit et où il y a parfois tant de profondeur; de ce livre séculaire et d'une vivacité si neuve et si attachante; de ce livre où la vie est toujours montrée du côté agréable, et où une aimable familiarité s'allie si heureusement à l'élévation des pensées. Malgré tous ses défauts, l'édition fut bientôt enlevée, et ce n'est que difficilement aujourd'hui qu'on peut se procurer cette correspondance.

Trouvant dans le domaine public un ouvrage charmant, indignement mutilé, nous résolûmes, dès la première lecture, d'en donner une nouvelle édition, digne à la fois du public et de l'auteur qui avait excité à si haut point notre sympathie. Nous nous mîmes donc à corriger l'édition de l'an VII (1799). Au moyen de recherches multipliées et de soins minutieux, nous parvînmes à purger le voyage de M. de Brosses, de la prodigieuse quantité de fautes qu'on semblait s'être plu à y accumuler. Cependant, des passages inintelligibles ou présentant un sens faux nous avertirent bientôt qu'outre la légèreté apportée dans l'impression, on s'était permis de supprimer des phrases entières et d'en tronquer beaucoup d'autres. Que faire pour remplir les lacunes dont tant d'indices décelaient l'existence?

Nous en étions là, lorsqu'un heureux hasard

nous fit découvrir un manuscrit authentique des *Lettres familières écrites d'Italie*. Il nous fournit le moyen de restituer un grand nombre de pages supprimées par les éditeurs de l'an VII; nous retrouvâmes également les mots, les lignes, les paragraphes entiers, dont l'omission jetait tant d'obscurité sur certains passages ou en avait changé le sens. Malheureusement ce manuscrit ne contenait pas tout le voyage; et l'immense quantité de lacunes, de fautes ou d'erreurs qu'il nous avait donné le moyen de faire disparaître ne pouvait que nous convaincre de plus en plus de l'avantage qu'il y aurait à conférer la partie du manuscrit qui nous manquait avec celles de l'édition de l'an VII qui lui correspondent.

Dans cet espoir, et aussi pour satisfaire à de justes convenances, nous nous adressâmes à feu M. le comte de Brosses, fils de l'auteur, pour le prier de nous fournir les moyens d'achever notre tâche aussi consciencieusement qu'elle avait été commencée. Notre attente ne fut point trompée. M. de Brosses, chez qui nous rencontrâmes autant de bienveillance que de lumières, comprit tout de suite nos intentions et accueillit notre demande. Plusieurs des lettres originales, écrites d'Italie par son père, étant encore en sa possession, M. de Brosses les relut attentivement, nous indiqua un petit nombre de corrections et fit quelques notes propres à éclaircir certains passages de cette correspondance. Malheureusement la mort le surprit au milieu du travail de révision dont il voulait bien s'occuper, et nous priva d'une collaboration dont nous sentions tout le prix.

Quelques retranchements ont été opérés; ils portent uniquement sur des nomenclatures toutes sèches de tableaux ou autres objets d'art déplacés, en grande partie, depuis 1740, ou dont les catalogues se trouvent maintenant partout; mais nous avons reproduit le texte toutes les fois qu'il renfermait des considérations quelconques de critique.

Cette édition, collationnée sur le manuscrit conservé par la famille et incessamment corrigé par l'auteur, jusqu'à sa mort, contient, ainsi que nous l'avons déjà annoncé, un assez grand nombre de fragments inédits. Les principaux sont : la fin du mémoire sur les antiquités d'Ercolano, adressé à MM. de l'Académie des inscriptions et belles-lettres; un article sur la Chine; d'autres sur le Saint-Michel du Guide, sur la Fornarina de Raphaël; la relation entière du trajet de Rome à Bologne, etc., etc.

Convenait-il d'indiquer par des notes les

changements survenus dans l'état des choses décrites par M. de Brosses? Nous ne l'avons pas pensé. Depuis 1740, il s'est passé tant d'événements politiques, et tant d'objets ont changé de forme ou de place, que, pour donner à ces notes les développements suffisants, il eût fallu leur consacrer deux cents pages. C'eût été couper désagréablement la narration de l'auteur et faire un autre livre à côté du sien. On a donc été très-sobre de notes.

R. C.

A MONSIEUR R. COLOMB.

« Monsieur,

« Lorsque vous formâtes le projet de donner une nouvelle édition des *Lettres écrites d'Italie*, par Ch. de Brosses, vous vous étiez adressé à mon père pour avoir communication des manuscrits originaux (la copie manuscrite que vous possédez n'étant pas entièrement complète, quoiqu'elle vienne probablement de M. de Buffon), et en même temps vous lui demandiez une notice sur la vie de l'auteur. Une mort funeste et prématurée étant venue le frapper au moment où il commençait à s'occuper de ce travail, je me suis efforcé d'y suppléer au moyen d'une excellente notice publiée dans le *Dictionnaire de la Conversation*, et surtout des renseignements qui m'ont été fournis par un des hommes de lettres dont s'honore le plus la Bourgogne, M. Th. Foisset, de l'Académie de Dijon.

« Qu'il me soit permis de dire ici que le recueil des lettres de Ch. de Brosses écrites pour d'intimes amis, avec la liberté de pensées et parfois de plaisanteries que comportaient son âge et l'époque, n'était pas destiné à voir le jour.—Il n'aurait jamais été publié par moi, non plus que par mon père; car, lorsqu'il fut imprimé pour la première fois, il y a près de quarante ans, celui-ci, forcé par les lois du moment de se cacher ou de vivre en pays étranger, ne put y mettre obstacle.

« Veuillez recevoir, Monsieur, avec mes remerciements pour ce que contient d'obligeant sur ma famille votre préface, l'assurance de ma considération la plus distinguée.

« Cte E. DE BROSSES. »

Paris, 1er mars 1836.

ESSAI
SUR LA VIE ET LES ÉCRITS
DU PRÉSIDENT DE BROSSES[1].

> « Dijon, qui a produit tant d'hommes de lettres, et où le mérite de l'esprit semble être un des caractères des citoyens. » [VOLTAIRE, *Disc. de réception à l'Académie française*, en remplacement du président Bouhier.]

Parmi les hommes du XVIIIe siècle qui ont le plus honoré la France par leur esprit, par leur savoir, par leur caractère, il n'en est pas de

---

[1] M. Th. Foisset a publié, en 1842, une biographie étendue du président de Brosses ; c'est un excellent volume, écrit avec talent et où les matières sont parfaitement distribuées. Comme M. Foisset n'a travaillé que sur des pièces originales, mises à sa disposition par la famille de Brosses, ou provenant de bonnes sources, on doit considérer son livre comme la meilleure étude que nous ayons sur l'homme éminent, objet de notre attention.
Au moment où l'ouvrage de M. Foisset parut, cet Essai était terminé depuis deux ans ; mais je n'ai point hésité à lui faire subir quelques petites corrections. Il m'a paru convenable de le déclarer ici, tant pour éloigner de moi toute imputation de plagiat, que pour offrir à M. Foisset le tribut bien sincère de mon estime pour son travail sur le président de Brosses.

moins connu que le président de Brosses. Que lui a-t-il donc manqué pour obtenir une juste célébrité?

Homme de naissance, son mérite le porta au faîte de la magistrature parlementaire. Un naturel aussi heureux que rare lui permettait à la fois de sonder les profondeurs de la science et de charmer la société par sa conversation aussi gracieuse que spirituelle. Indépendamment d'une immense érudition, il possédait cette sorte d'intuition, cette conception rapide et hardie, qui dévoilent aux esprits supérieurs les mystères les plus secrets de l'entendement humain. C'était merveille que de voir ce jeune homme, dans l'âge des passions, se livrer attentivement à l'examen des questions sociales, que la Grèce et Rome ont léguées aux méditations progressives de l'avenir.

Les travaux scientifiques qui occupèrent une si grande place dans sa vie ne l'empêchèrent point de remplir avec une scrupuleuse exactitude, comme avec une haute distinction, ses devoirs de magistrat; et il trouva encore le loisir nécessaire pour entretenir une correspondance suivie avec les savants et les gens de lettres de son temps.

Voici ce que Buffon pensait de l'illustre premier président du parlement de Dijon :

« Ce qui lui donnait cette avidité pour tous
« les genres de connaissances, quelque élevés,

« quelque obscurs, quelque difficiles qu'ils fus-
« sent, c'était la supériorité de son esprit, la
« finesse de son discernement, qui, de très-bonne
« heure, l'avaient porté au plus haut point de la
« métaphysique des sciences. Il en avait saisi
« toutes les sommités, et sa vue s'étendait d'en
« haut jusque sur les plus petits détails, au point
« de ne laisser échapper aucun de ces rapports
« fugitifs que le coup d'œil du génie peut seul
« apercevoir [1]. »

Originaire du Faucigny (Savoie), fief qui lui
appartenait déjà en 1272, l'ancienne famille dont
sortait M. de Brosses eut d'honorables repré-
sentants dans les armées françaises, lors des
guerres de Charles VIII, Louis XII et François Ier
en Italie (1495 à 1544); elle compta plusieurs
membres distingués dans les conseils des ducs
de Savoie. Henri IV, pour reconnaître les services que Pierre de Brosses, bisaïeul du président, rendit à la France, en 1601, lors de l'é-
change du canton de Gex joint à la Bresse et au
Bugey, contre le marquisat de Saluces, lui con-
féra la charge de grand bailli d'épée [2] du pays
de Gex, conservée dans sa famille jusqu'en 1789.
Pierre de Brosses mourut à Tournay âgé de
quatre-vingts ans; son grand-père y avait ter-

[1] *Lettre à M. le comte de Tournay*, frère du président de Brosses.
[2] La justice se rendait en son nom dans l'étendue du ressort, et
il avait le droit de commander la noblesse de son district, lorsqu'elle était convoquée pour l'arrière-ban.

miné sa carrière à quatre-vingt-sept ans.

Charles de Brosses, père du président, conseiller au parlement de Dijon, était un homme instruit, qui avait cultivé les études historiques et géographiques. Il épousa Pierrette Févret, descendante de Charles Févret, auteur du *Traité de l'abus*, l'un des meilleurs jurisconsultes du xvii° siècle. De ce mariage, où l'illustration d'origine semblait se partager également entre les époux, naquirent quatre enfants : deux filles qui furent chanoinesses du chapitre de Neuville-les-Comtesses [1], et deux fils : Charles, né à Dijon le 7 février 1709, et Charles-Claude, comte de Tournay.

La nature en formant Charles de Brosses unit un tempérament frêle à une âme pleine de feu. Né faible et délicat, il resta de petite taille; mais sa nature morale, au contraire, se montra forte dès le bas âge : il donnait la préférence à un livre sur tous les jouets de l'enfance. Doué d'une conception prompte, d'une sagacité rare, d'une avidité insatiable de connaissances, d'une ardeur persévérante pour le travail, d'une mémoire facile et fidèle, le jeune écolier eut bientôt épuisé le savoir de ses instituteurs. Son père dirigea ses études et s'occupa de toutes les parties de son éducation avec la sollicitude la plus éclairée.

---

[1] Madame de Tencin devint chanoinesse de ce chapitre, après sa sortie du couvent de Montfleuri, près Grenoble.

Charles de Brosses prit ses degrés à l'université de Dijon, établie depuis peu. Parmi ses condisciples se trouvait l'abbé Passionei, neveu du cardinal de ce nom, dont M. de Brosses reçut un si cordial accueil, lors de son voyage à Rome, en 1740. Deux professeurs distingués, Davot et Delusseux, lui donnèrent des leçons. L'exiguïté de sa taille attirait encore plus l'attention sur ses succès d'école : pour lui conférer le grade de bachelier en droit, on fut obligé de le faire monter sur un tabouret, afin que sa tête dépassât un peu la chaire où se plaçaient les candidats pendant l'examen.

Ses études à peine terminées, il fut aisé de reconnaître en lui tous les germes d'un de ces génies vastes et puissants, dont l'activité ne connaît point de repos, qui embrassent tout, se plient à tout et suffisent à tout. Histoire sacrée et profane, géographie, chronologie, mythologie, physique, métaphysique, philologie universelle, tout faisait partie de son domaine. A cet immense savoir, à cette prodigieuse facilité, M. de Brosses joignait la connaissance de plusieurs langues étrangères, et possédait à fond l'anglais, l'espagnol, l'italien, le latin. Comme il était destiné à la magistrature, on le familiarisa de bonne heure avec les lois anciennes et modernes.

C'est pourvu de tous ces avantages, qu'il devait autant à la nature qu'à l'éducation, que M. de Brosses fut reçu, le 13 février 1730, conseiller au parlement de Dijon, à peine âgé de vingt-un ans. Désireux de justifier pleinement une si haute confiance, le jeune conseiller appliqua toutes les forces de son intelligence à l'étude de ses devoirs. Il n'avait pas encore trente ans, lorsqu'en 1737 d'Aguesseau le choisit dans sa compagnie pour une commission extraordinaire d'un haut intérêt; la manière dont il s'en acquitta lui valut les plus honorables témoignages d'estime de l'illustre chancelier.

M. de Brosses vit Paris pour la première fois en 1732, et y rencontra son ami et condisciple Buffon, revenant d'un long voyage en Italie et dans les principales villes du midi et de l'ouest de la France. Ce fut un grand bonheur pour ces deux jeunes gens de se trouver ensemble dans cette grande ville, dont le voyage, alors assez difficile, était l'objet d'une convoitise si générale en province.

Dans le cours d'une vie dont le terme atteignit à peine aux limites communes, mais dont la vieillesse, il est vrai, ne vint point énerver la puissante virilité, M. de Brosses produisit une multitude de compositions littéraires; on vit rarement une telle propension à l'étude unie avec un penchant aussi décidé pour le plaisir.

Sa prédilection singulière pour Salluste, cet écrivain si concis, si exact, avait commencé sur les bancs de l'école; elle grandit assez en peu d'années pour lui faire prendre la résolution, non-seulement de traduire ce qui nous reste de cet historien, mais encore de recomposer son *Histoire romaine*, détruite depuis environ mille ans et dont il n'y a plus que des lambeaux décousus et sans suite.

Les travaux préparatoires auxquels il se livra dans ce double but, tout en l'initiant à la vie privée et aux passions politiques des Romains sous Marius, Sylla, Pompée, César, lui firent sentir la nécessité de joindre la connaissance des lieux à celle qu'il avait déjà acquise sur les faits et sur les personnes. Son voyage d'Italie eut principalement ce but.

Le séjour de M. de Brosses en Italie fut admirablement employé pour l'instruction et le plaisir; ses études approfondies de l'antiquité lui avaient inspiré un goût sûr et ferme, et on le voit toujours, dans sa correspondance, préférer le *beau* au *joli*. Rien ne lui manqua dans ce voyage pour en retirer tous les fruits qu'il avait pu s'en promettre; chaque ville lui fournit l'occasion d'exercer son esprit d'observation tout à la fois en politique, en savant, en artiste, en homme du monde. Il s'entretint avec les gens de lettres de la péninsule; il fut admis dans l'intimité de grands personnages, entre autres du cardinal Passionei, bibliothécaire du Vatican, renommé par la singularité de son esprit; du cardinal Lambertini, qui occupa peu après le trône pontifical sous le nom de Benoît XIV ; de Jacques III et de son fils le prince Charles-Edouard Stuart, le dernier *prétendant*. Poleni à Padoue, Muratori à Modène, lui firent hommage de leurs principaux écrits.

C'était pour la peinture une époque de décadence; l'auréole de gloire dont la mode entourait alors Solimène n'éblouit point M. de Brosses; il fit tout de suite la part d'un engouement passager et réduisit à sa juste valeur le mérite de ce Napolitain, imitateur de plusieurs grands peintres et dont le style, par cela même, contracta un caractère indécis ; ce qui chez lui n'excluait pas toujours la beauté, car plusieurs de ses compositions en offrent d'incontestables. Solimène eut le malheur de frayer la route à l'afféterie. Les rapports de société que notre voyageur eut avec Detroy ne l'aveuglèrent point non plus sur le talent du directeur de l'école française à Rome; il reconnut bien vite l'absence de caractère et de correction dans son dessin.

La musique le consolait un peu de l'état misérable où se trouvait la peinture. Pergolèse venait de mourir à trente-trois ans (1737) ; mais Hasse, Tartini, Leo, florissaient, et c'étaient les meilleurs jours de Métastase. Aussi, ne se lassait-il pas de spectacles; il eut le courage d'apprendre le dialecte napolitain, pour ne rien perdre des opéras écrits dans ce jargon; et plus tard, en 1745, il traduisait en vers les compositions dramatiques de Métastase.

En ce temps-là, il fallait appartenir à la noblesse pour être présenté à la cour et reçu dans les salons des ambassadeurs. M. de Brosses dut donc à sa qualité de gentilhomme d'avoir audience du pape Clément XII, de paraître devant Charles III, à Naples, devant Charles-Emmanuel III, à Turin, et à Modène de danser avec la princesse qui devint l'épouse du duc de Penthièvre. Il jouit plus qu'un autre en Italie d'un plaisir chaque jour plus rare, du plaisir de la société. Les Foscarini et les Tiepolo, à Venise; les cardinaux Aquaviva et de Tencin, le marquis Crescenzi, la princesse Borghèse, sœur du connétable Colonne et la duchesse de Caserte, à Rome; le cardinal-archevêque Spinelli, le marquis Montalègre, premier ministre des Deux-Siciles, les ducs de Monteleone et de Caraffa, la princesse Pralombrano, docte mathématicienne, le prince Jacci, à Naples, recherchèrent à l'envi le jeune conseiller. Il plut fort également aux étrangers de distinction avec lesquels il se rencontra, surtout à lord Stafford (de l'illustre maison Howard), dont la tante offrit si libéralement sa main à Crébillon le fils, sur la lecture d'un de ses romans.

De toutes ses liaisons passagères, M. de Brosses ne conserva de commerce épistolaire qu'avec ses bons amis de Florence; vingt-trois ans après son retour d'Italie il recevait encore des lettres des abbés Cerati et Niccolini.

Enfin, après avoir vu s'ouvrir le conclave qui élut le successeur de Clément XII, après avoir pressenti l'élévation du bon Lambertini (Benoît XIV) à la papauté, M. de Brosses revint à Dijon plein de souvenirs, riche de dessins et de variantes pour son travail sur Salluste, rapportant deux tableaux de Paul Véronèse [1], grand nombre d'ariettes italiennes, et laissant en Italie d'honorables relations ainsi que des amitiés durables.

Son existence, à ce moment, était ornée de tous les charmes qui peuvent embellir la vie; mais en prenant des années il fallut se soumettre à la condition commune : ses occupations comme magistrat, les soins qu'exigeait sa fortune, ses devoirs envers la société, ne lui laissaient dorénavant que peu d'instants à consacrer au plaisir et à la science. Ce n'était plus ce jeune enthousiaste poursuivant le *beau* dans toutes ses transformations, se passionnant avec autant d'entraînement pour le chapiteau grec du Forum que pour la courtisane de Venise; le réel de la vie avait impitoyablement envahi le domaine de l'étude comme celui de la féerie. Il fallait désormais rendre la justice, soutenir les priviléges de la province, disputer avec Voltaire pour de misérables intérêts pécuniaires; ne négliger, en un

---

[1] L'un était l'esquisse de la famille de Darius, au palais Pisani, à Venise. (Voir les *Lettres sur l'Italie*, tom. I, p. 241.)

mot, aucun des devoirs attachés à une position élevée, à de graves fonctions et à la qualité de chef de famille. Combien il dut lui en coûter de faire un tel sacrifice aux convenances, de renoncer ainsi à ses inclinations les plus chères, celles d'où découlaient ses véritables plaisirs ! Pendant les dix mois et demi qu'a duré son voyage en Italie (du 30 mai 1739 vers le 15 avril 1740), on le voit se livrer avec le plus heureux abandon à ses penchants. Alors, son âme agitée de nobles passions, éprouvait alternativement toutes les jouissances qu'un cœur comme le sien pouvait comprendre : cette époque de sa vie est, sans aucun doute, la plus heureuse.

Au moment où M. de Brosses arrivait à Naples, un grand événement attirait l'attention au pied du Vésuve ; l'ancienne ville d'Herculanum, engloutie par l'éruption qui donna la mort à Pline l'Ancien et cachée à tous les yeux depuis seize cent soixante ans, venait d'être retrouvée sous les caves de Portici. Dès le mois de décembre 1738, de sérieux travaux de recherche se poursuivaient et notre voyageur les visita en compagnie du chevalier Venuti, antiquaire chargé par le roi de Naples de la direction des fouilles.

Bien que le hasard eût déjà fait rencontrer des vestiges de Pompéi en 1510, on ne s'occupait pas encore de cette ville, l'une des plus importantes de celles effacées de la carte le 24 août de l'an 79 de notre ère : elle restait enfouie et sa résurrection ne devait avoir lieu qu'en 1750. La place occupée par Pompéi, dont le contour n'avait pas moins d'une lieue, se présentait aux regards sous l'aspect riant d'un monticule de cendre, planté de vignes, couvert de sainfoin au printemps, et livrant sa puissante fécondité à toute espèce de culture.

En novembre 1749, M. de Brosses adressa à l'Académie des inscriptions et belles-lettres un *Mémoire sur les antiquités d'Ercolano et sur l'état du mont Vésuve* [1]. En 1750, il publia le volume ayant pour titre : *Lettres sur l'état actuel de la ville souterraine d'Herculée et sur les causes de son ensevelissement sous les ruines du Vésuve.* Comme le sujet, encore nouveau, était traité avec supériorité, l'ouvrage eut de la vogue ; il obtint même les honneurs de la traduction en Angleterre et en Italie [2].

M. de Brosses eut quelque velléité de solliciter l'ambassade de Venise, à l'époque où son ami, M. de Neuilly, obtint celle de Gênes; mais cette fantaisie n'eut pas de suite et il devint président à mortier en 1741.

Le 23 novembre 1742, il épousa Françoise Castel de Saint-Pierre, petite-nièce de l'abbé de Saint-Pierre et fille du marquis de Crèvecœur,

---

[1] Voir les *Lettres sur l'Italie*, tome 1er, p. 447.

[2] Cet opuscule est la reproduction, à peu près littérale, des pages qui terminent le 1er volume des *Lettres sur l'Italie*; seulement le style en est plus grave, plus châtié.

premier écuyer de madame la duchesse d'Orléans, veuve du régent.

En 1744, à propos d'une dispute de préséance entre le parlement de Bourgogne et M. de Tavannes, commandant militaire de la province, le président de Brosses soutint avec chaleur les droits de sa compagnie; on l'en punit par un exil de six mois, partie à Gannat, partie dans sa terre de Montfalcon, en Bresse. Un an après, en janvier 1745, M. de Brosses, à la tête des conseillers, venait recevoir le même M. de Tavannes, à son retour d'un voyage. Rien de plus bref et de plus convenable que la courte harangue qu'il prononça à cette occasion; la voici :

« Monsieur, lui dit-il, le roi, seul maître des
« honneurs, ayant bien voulu vous accorder
« la plus grande distinction que vous puissiez
« recevoir en cette province, le parlement, tou-
« jours plein de respect et de soumission pour
« ses volontés, vient à l'occasion de votre retour
« exécuter l'ordre de sa majesté. »

À cette singulière allocution, M. de Tavannes s'inclina, se mordit les lèvres et tout fut dit.

Bien que les travaux de M. de Brosses sur Salluste ne dussent être terminés que beaucoup plus tard, ils avaient déjà de l'importance et jouissaient d'une certaine renommée trente ans avant leur publication. L'Académie des inscriptions et belles-lettres, à laquelle il en avait adressé des fragments, crut devoir l'encourager dans son entreprise; à la mort de M. de Caumont, en 1746, elle s'associa M. de Brosses, comme membre honoraire correspondant.

En 1754, il fit un séjour de plusieurs mois à Paris, où ses relations scientifiques et littéraires prirent une grande extension.

Son *Histoire des navigations aux terres australes*, etc., parut en 1756. Sous cette dénomination il comprenait la partie du globe située vers le sud de tous les continents connus, dans les trois mers du Nord, du Sud et des Indes orientales; tout ce qui est au delà des trois pointes méridionales du monde, en Afrique, Asie et Amérique, au delà du cap de Bonne-Espérance, des îles Moluques et Célèbes, et du détroit de Magellan, c'est-à-dire un espace qui peut comprendre huit à dix millions de lieues carrées, faisant le tiers de la terre.

L'*Histoire des navigations* prit peu de temps à l'auteur; ayant émis quelques idées à ce sujet, au sein de l'Académie Ruffey[1], qu'il présidait, plusieurs des membres de cette spirituelle réunion le prièrent de les écrire. M. de Brosses composa successivement trois mémoires; Buffon, après les avoir lus, l'engagea à communiquer au public ses théories, lui conseilla de dépouiller les descriptions existantes,

[1] Après la mort du président Bouhier, le président de Ruffey, père de la célèbre Sophie, recevait dans son hôtel, rue Chapelote, la société des littérateurs de Dijon.

de résumer tout ce qu'on pouvait savoir de faits relatifs à ce sujet, de rassembler, en un mot, toutes les connaissances acquises sur les régions du pôle antarctique. Il y avait là d'immenses recherches à faire dans une foule de recueils en langues latine, espagnole, anglaise, hollandaise; mais M. de Brosses n'était pas homme à s'effrayer d'une si énorme besogne. L'ouvrage terminé, il en remit le manuscrit à Buffon, le laissant libre d'en faire tel usage qu'il jugerait convenable ; Buffon le fit imprimer en 1756. L'auteur n'étant point alors à Paris, il ne revit pas les épreuves ; aussi le livre contient un assez grand nombre d'incorrections.

Ce précis offre la substance de tout ce qu'on savait alors sur cette partie du monde, depuis Améric Vespuce, qui aperçut pour la première fois les terres australes le 1er avril 1502, jusqu'à Le Hen-Brignon, en 1747. Les relations des tentatives faites en Polynésie, en Australasie et en Magellanie, par soixante et un navigateurs, dans soixante-cinq voyages, sont analysées et souvent citées textuellement. Au moyen de ce savant résumé, on apprécie nettement toute l'importance du but, objet de tant d'essais infructueux. L'auteur suit pas à pas chaque navigateur, notant les erreurs, les fautes qui ont nui au succès; il présente le tableau de ce que le territoire des trois régions explorées offre de productions importantes, du commerce qu'on y pourrait faire, du caractère des habitants. Enfin, il discute les avantages qu'un établissement pourrait offrir dans chaque localité.

Cet ouvrage fut, jusqu'à Malte-Brun, la meilleure histoire des progrès de la géographie dans le grand Océan. En faisant considérer l'Océanie comme une cinquième partie du monde, elle a fait adopter par les savants les divisions d'*Australasie* (aujourd'hui l'*Australie*) et de *Polynésie*. A l'époque où écrivait M. de Brosses, on croyait, notamment d'après Ptolémée, à l'existence d'un continent austral; les trois tentatives faites inutilement depuis par le capitaine Cook, pour se frayer un passage au pôle sud, ont démontré l'impossibilité d'explorer cette région du globe, et, en même temps, qu'il n'y existait pas de continent proprement dit. Dès lors, la troisième division des nouvelles découvertes, à laquelle M. de Brosses avait donné le nom de *Magellanie*, n'a pu être maintenue.

La lecture de ce livre détermina Bougainville, qui servait alors à Québec, à entrer dans la marine. M. de Brosses lui désigna plus tard le naturaliste Commerson pour faire partie de son expédition autour du monde [1], et il encouragea ce dernier à accepter l'offre que lui en fit Bougainville.

L'*Histoire des navigations* fut traduite en an-

[1] L'expédition de Bougainville fut terminée en 1769. Commerson mourut à l'Ile de France, dans le cours du voyage.

glais à Edimbourg. Déjà le chevalier Alexandre Dalrymple, alors un des plus zélés partisans du système qui admettait l'existence d'un vaste continent austral, frappé de la supériorité de l'ouvrage, avait entretenu une correspondance avec l'auteur.

Une vérité fort triste ressort pleinement de faits nombreux consignés dans cette histoire; c'est que la chose la plus à redouter dans toute navigation ayant pour but la recherche de pays inconnus, c'est la mutinerie des équipages. Au moment d'un danger imminent provenant soit de l'état de la mer, soit du manque d'eau douce ou de vivres, soit de la disposition hostile des peuples visités, soit enfin de l'inclémence des saisons, le moral des hommes les plus courageux éprouve trop souvent un ébranlement qui tient du vertige. Alors l'autorité du commandant est méconnue; on lui impose une direction autre que celle tracée par son itinéraire; s'il résiste, la mort devient le prix de sa fermeté. D'autres fois aussi un officier subalterne profite de la sédition de l'équipage pour se venger d'un supérieur, le faire massacrer et s'emparer du commandement, jusqu'à ce que lui-même devienne, à son tour, victime d'une nouvelle rébellion.

L'*Histoire des navigations* contient un petit nombre de ces négligences qui déparent quelquefois les productions du président de

Brosses. On a reproché à son style de manquer de clarté et de correction ; il l'avouait ingénument et répondait aux représentations de Buffon à ce sujet, « qu'il avait trop de choses à appren-« dre pour perdre son temps à polir des « phrases. »

Les démêlés entre M. de Brosses et Voltaire ayant eu un certain éclat, on ne peut se dispenser d'en dire quelque chose. Ces deux personnages se trouvèrent ensemble pour la première fois en septembre 1756. Voltaire habitait alors sa maison de Saint-Jean, heureusement située à la porte de Genève, sur un monticule qui domine le confluent de l'Arve et du Rhône. Il avait acquis cette propriété dans l'année 1754 et l'appelait *Mes Délices*, nom qui lui est resté.

Le président de Brosses, possesseur du comté de Tournay au pays de Gex, appartenant à sa famille depuis deux cent cinquante ans, vint à sa terre et profita de l'occasion pour visiter Voltaire ; il passa la soirée aux *Délices* en société du docteur Tronchin, de Jalabert[1] et de d'Alembert, et vit Voltaire deux autres fois : ces premiers rapports ne laissèrent de part et d'autre qu'une agréable impression.

Deux années après il vint à l'idée de Voltaire d'acheter pour sa vie durant la terre de Tournay[2] ; le président de Brosses y consentit et

---

[1] Savant physicien de Genève.
[2] Prégny est le chef-lieu de la paroisse où est situé le château de

l'acte fut reçu le 11 décembre 1758 par M. Girod [1], notaire royal au bailliage de Gex. Ce malheureux contrat donna lieu à des discussions passionnées et pour des objets d'un intérêt bien minime. Voltaire, qui affectait la libéralité avec tant d'ostentation, se montrait singulièrement avide lorsqu'il s'agissait de ses intérêts pécuniaires : les croyait-il menacés ; oh ! alors, pour les défendre, il ne se faisait faute ni de mauvaises raisons, ni même, au besoin, de mauvaise foi. Pourra-t-on bien le croire ? *quatorze moules de bois* furent la principale cause d'une animosité qui dura seize ans et qui engendra un long procès. L'âge et la réflexion tempérèrent cependant la haine de Voltaire. M. de Brosses était devenu premier président et le 28 novembre 1776, le philosophe écrivait au magistrat qu'il « n'avait d'autre intérêt que de mourir dans « ses bonnes grâces. » Toutefois le procès ne fut définitivement terminé que le 16 janvier 1781, par une transaction entre leurs héritiers ; il était alloué à la famille de Brosses une somme de quarante mille livres, pour abus de jouissance par Voltaire et dégradations commises également par lui dans la terre de Tournay. Il avait fait construire dans le château un théâtre sur lequel *Tancrède* fut représenté pour la première fois,

---

Tournay, dont les habitants du village ignorent généralement le nom.

[1] Grand-oncle de M. Girod de l'Ain, pair de France en 1842.

ainsi que *Fanime*, tragédie connue seulement par la *Correspondance générale* et qui paraît n'avoir été qu'un remaniement de *Zulime*.

M. de Brosses publia, en 1760, le volume in-12 ayant pour titre : *Du Culte des dieux fétiches*, etc., qui a été réimprimé dans l'*Encyclopédie méthodique*. De nos jours, quand on parle du *fétichisme*[1], il ne s'entend que du culte rendu par les habitants des côtes occidentales de l'Afrique et même de l'intérieur des terres jusqu'en Nubie, à certains animaux et à des choses inanimées, telles que du bois, des pierres, etc. Chez ces peuplades, chaque tribu, chaque famille, souvent chaque personne, se choisit un fétiche; c'est-à-dire, une divinité tutélaire. Ce culte commun à tant d'individus entre lesquels il n'y a aucune communication d'idées semble avoir quelque chose de naturel chez les sauvages de la Nigritie, asservis à une superstition aussi grossière que leurs mœurs. L'auteur voulait prouver, et il a établi victorieusement, ce me semble, que le fétichisme fut le culte principal des Égyptiens, et qu'il existe des traces plus ou moins profondes de cette idolâtrie chez d'autres nations de l'antiquité. Cet écrit contient une curieuse description du culte singulier rendu par

[1] Ce mot, créé par M. de Brosses et dont l'origine est portugaise, a enfin été admis par l'Académie française dans l'édition de 1835, de son Dictionnaire : on ne trouvait que le substantif fétiche dans la précédente édition.—Fétiche, chose fée, consacrée, enchantée, etc.

les Africains de Juidah au serpent rayé, non venimeux et d'un caractère très-doux, qui est leur principal fétiche.

Le président de Brosses devint membre de l'Académie de Dijon en 1761, et il y fut reçu le 3 avril, le même jour que Voltaire. Cette compagnie lui donna un touchant témoignage d'intérêt, pendant son exil (du 6 novembre 1771 à juillet 1772), en le nommant chancelier de l'Académie, le 3 janvier 1772.

M. de Brosses était devenu veuf le 25 décembre 1761; la perte de sa femme lui occasionna une profonde douleur; elle se produisit de la manière la plus touchante dans sa correspondance intime. Madame de Brosses Crévecœur était :

« Simple, vraie, pleine de candeur et de bien-
« veillance, adorée dans son intérieur, chérie
« dans la société [1]. »

Elle laissa deux enfants, une fille [2] et un fils. La mort de ce dernier, arrivée le 29 mai 1765, plongea son malheureux père dans un amer chagrin; lorsque le temps l'eut un peu calmé, sa famille et ses amis le déterminèrent à se remarier, et il épousa, le 2 septembre 1766, Jeanne-Marie Legouz de Saint-Seine [3]. De ce second

---

[1] Citation tirée de l'épitaphe mise par M. de Brosses sur la tombe de sa femme, morte à quarante ans.

[2] Mariée à M. le marquis de Fargès, lieutenant-général, morte à Dijon le 9 mai 1831.

[3] Morte au château de Montfalcon, en Bresse, le 1er novembre 1778.

mariage, M. de Brosses eut deux filles et un fils, M. le comte René de Brosses, né à Dijon, le 13 mars 1771, et mort à Paris, le 2 décembre 1834. Il fut conseiller à la cour impériale de Paris, préfet à Limoges, Nantes, Besançon, Lyon, et conseiller d'État. Son esprit, la variété de ses connaissances et le charme de sa conversation rappelaient heureusement l'auteur des *Lettres sur l'Italie*.

Le président de Brosses rédigea souvent les rémontrances de sa compagnie. Zélé parlementaire, en toute occasion, il prit une vive part à l'affaire de Varenne, qui eut un grand retentissement en Bourgogne, et amena la suspension des séances du parlement. Jacques Varenne, secrétaire en chef des états de Bourgogne, homme supérieur, mais vain et haï, fut chargé par le gouvernement de composer le *Mémoire pour les élus généraux*[1] *des états du duché de Bourgogne*, et le publia en 1762. Cet écrit, dans lequel on contestait au parlement le droit de refuser l'enregistrement d'un édit bursal, lorsque l'impôt avait été voté par les états, et qui indisposa le corps entier au plus haut degré, fut condamné, par arrêt du parlement de Dijon, à être brûlé

[1] Les élus généraux formaient une commission composée des présidents des trois ordres; durant l'intervalle des sessions des états, qui étaient triennales, les élus administraient en leur nom. Simples économes des deniers de la province, ils n'avaient pas la plus légère attribution législative, et se bornaient à faire exécuter les délibérations des états.

par la main du bourreau. L'auteur, malgré la haute faveur dont l'entourait Louis XV, ne tarda pas à se voir en butte à la vindicte des magistrats; à tel point, qu'il n'échappa à une sentence définitive qu'en vertu d'une lettre d'abolition [1]. Varenne perdit sa charge de secrétaire en chef des états, mais le prince de Condé l'en dédommagea en lui faisant donner celle de receveur général des États de Bretagne et le cordon de Saint-Michel. Dans cette affaire, le parlement de Dijon, le conseiller de Maleteste tenant la plume, alla jusqu'à déclarer que « l'Etat ne remplis-
« sant plus à l'égard des magistrats les obliga-
« tions de droit naturel, *sous la foi desquelles*
« *ils ont contracté*, ils sont en droit de se regar-
« der, à leur tour, comme déliés des engage-
« ments qu'ils ont pris. »

Voilà un curieux échantillon qui caractérise à merveille l'humeur essentiellement belliqueuse à l'endroit du pouvoir, qu'on a prêtée de tout temps aux Dijonnais, qui passent aussi probablement à tort, pour avoir une irritabilité tant soit peu séditieuse et un amour-propre ombrageux.

M. de Saint-Seine, beau-père de M. de Brosses, ayant une partie assez notable de sa fortune dans la compagnie des Indes, et cette société éprou-

---

[1] Les lettres d'abolition différaient des lettres de grâce, en ce que celles-ci n'interviennent qu'après condamnation.

vant une crise très-fâcheuse en 1764, le président fit un voyage à Paris, où cette affaire le mit en rapport avec le jeune Necker, dont la réputation commençait à poindre.

Le *Traité de la formation méchanique des langues*, etc., parut en 1765. C'est un de ces livres qui ne s'adressent qu'à un très-petit nombre de lecteurs, encore parmi ceux-ci en est-il dont l'intérêt ne peut se soutenir jusqu'à la fin. Cette composition n'en est pas moins un trésor de science, où tout ce qui se rapporte à l'étymologie, aux racines et à la connaissance des langues, tant modernes qu'anciennes, vivantes où mortes, est traité à fond. Plus la matière est aride, plus on s'étonne de la persévérance de l'auteur dans les longs travaux auxquels il a dû se livrer avant de prendre définitivement la plume.

Quand on s'occupe d'un sujet avec une telle ardeur, on se persuade aisément que chacun lui accordera un intérêt égal au sien ; M. de Brosses ne s'abusait point à cet égard, il avoue ingénument que son livre a peu d'attrait et qu'il faudra un certain courage pour l'achever. On ne pouvait, au surplus, attendre autre chose d'un traité ayant pour objet principal de décrire la manière et la forme du langage, ainsi que la philosophie du discours, et, en outre, de rapprocher l'étymologie de la logique. Ce traité établit également que la nature a donné à l'homme le penchant de combiner une inflexion vocale avec la forme d'un objet physique, pour les assimiler l'une à l'autre.

Passant à l'examen physiologique de l'organe de la voix, M. de Brosses le trouve composé de six organes particuliers : les lèvres, la gorge, les dents, le palais, la langue et le nez. Il donne pour certain que les sons articulés au premier âge sont à peu près les mêmes chez tous les peuples; attendu qu'un organe complétement neuf et sur lequel l'éducation n'a pas encore agi ne peut produire d'autre effet que celui que sa structure a rendu possible. Ce principe posé, il en fait découler cette conséquence qu'il n'existe qu'un petit nombre de sons radicaux, dont, par une grande variété de développements, dérivent tous les mots des divers langages. L'édifice de la haute théorie de l'auteur repose, on le voit, sur la physique et la physiologie. Une analyse ingénieuse, des réflexions fines, une logique serrée, une multitude d'idées rapprochées avec art, rendent cette subtile spéculation aussi attachante qu'elle pouvait l'être.

M. de Brosses avait l'intention de donner au public deux autres volumes présentant l'application de son système grammatical à la géographie, à la mythologie, à l'histoire romaine; ils étaient écrits, mais n'ont jamais paru. Le *Traité de la formation méchanique des langues*, traduit en allemand, fut réimprimé en français en l'an

IX (1801) : la première édition est la plus estimée.

M. Foisset dit spirituellement :

« Il y avait de tout dans ce livre : il fut comparé à une porte que personne encore n'avait ouverte et qui communiquait à tout. »

M. de Brosses qui, dès 1746, appartenait à l'Académie des inscriptions et belles-lettres, crut, en 1770, avoir des titres littéraires suffisants pour entrer à l'Académie française, où trois siéges vaquèrent en même temps. Plusieurs fois déjà il avait eu l'intention de s'y présenter; mais tantôt la candidature de Thomas, en faveur duquel il s'était départi de la sienne en 1766, tantôt les calomnies de Voltaire, lui avaient fait ajourner ses démarches. Deux de ses amis intimes, Legouz de Gerland et Sainte-Palaye, voyant dans l'acharnement de Voltaire contre lui le plus grand obstacle à son élection, réunirent leurs efforts pour faire comprendre au vieillard de Ferney qu'un démêlé d'intérêt privé ne devait pas dégénérer en une querelle académique. Voltaire feignit de se rendre à leurs instances, mais il envoya une renonciation au titre d'académicien si on lui donnait le président de Brosses pour confrère. La déclaration fut communiquée, sous le sceau du secret, à Duclos, Thomas, Marmontel, Saurin, Voisenon; cette perfidie enleva à M. de Brosses les chances heureuses que sa présence à Paris et l'appui de personnages puissants semblaient lui offrir ; on donna la préférence à M. de Roquelaure, évêque de Senlis, qui fut élu le 10 janvier 1771.

Le président de Brosses, comme on pouvait s'y attendre, refusa de faire partie du parlement Maupeou. Il quitta Paris, où il se trouvait, aussitôt après l'exil de M. de Choiseul, et arriva à Dijon le 26 février 1771 ; il rédigea tout de suite, au nom du parlement de Bourgogne, une protestation énergique contre le tribunal installé à Paris au lieu et place du parlement. Rentrant chez lui au sortir de la séance de dissolution de sa compagnie, dans les premiers jours de novembre (1771), il trouva dans son cabinet madame Fèvret de Fontette, sa cousine, dont le mari, auteur de la *Bibliothèque des historiens de France*, avait consenti à rester dans le nouveau parlement. Saisi d'indignation, M. de Brosses jetté sur le parquet sa toge ainsi que son manteau de président et, se tournant vers son valet de chambre : « Tenez, prenez cela, lui « dit-il ; il n'y a plus que des laquais qui en « puissent porter. » Ces paroles ont été retrouvées dans une lettre qu'il écrivit à sa fille, le soir même du jour où il les prononça. Cette noble fierté, cette vive émotion, n'étaient que trop justifiées par l'excès de pouvoir que commettait le chancelier : il installait un conseil du roi à la place des magistrats et donnait le nom de parlement à cette commission. La mesure, considérée comme une violence exercée sur un corps aimé du peuple, souleva contre elle l'opinion publique ; à Paris, les avocats refusèrent de plaider, et quatre d'entr'eux ayant été députés au chancelier pour protester de la soumission de leur ordre, reçurent le surnom des *Quatre mendiants*.

Peu à peu, cependant, les esprits s'apaisèrent et le nouveau parlement obtint un moment quelque crédit. Mais le calme n'était qu'apparent, lorsque la mort de Louis XV vint porter le dernier coup au pouvoir du chancelier Maupeou. Louis XVI, monté sur le trône le 14 mai 1774, rappela les parlements, dans un lit de justice tenu le 12 novembre suivant; néanmoins l'ancien parlement de Bourgogne ne fut rétabli que le 3 avril 1775.

Les magistrats dont la souplesse ne s'était pas prêtée (en 1771) aux vues du chancelier Maupeou, en avaient été punis par l'exil. M. de Brosses, libre de choisir le lieu où devait se passer le sien, se retira à Neuville-les-Dames, dont le chapitre était le centre et le foyer d'une société d'élite; elle fut, à la fois, pour lui un sujet de délassement et d'encouragement pour les nombreux travaux littéraires dont il s'occupa à cette époque.

Dès l'année 1733, la mère de M. de Brosses s'était établie, avec ses deux filles, au prieuré de Neuville, de l'ordre de Saint-Benoît. Cette douce retraite, consacrée à la noblesse féminine, était un charmant séjour; la règle était moins austère que celle du couvent, et on n'y faisait des vœux définitifs qu'au moment où on renonçait au mariage. Dans tous les cas, on y gagnait le titre de dame et de comtesse. M. de Brosses aimait beaucoup Neuville et il avait contracté l'habitude de venir y passer ses loisirs et ses vacances, depuis que sa mère et ses sœurs l'habitaient.

Au terme de son exil, en juillet 1772, M. de Brosses rentra à Dijon. Lors du rétablissement du parlement de Bourgogne, il se trouvait le doyen des présidents, et devint premier président le 22 juin 1775. Son discours de réception, remarquable de tous points, se recommandait surtout par une exquise sensibilité. Celui qu'il prononça à l'ouverture des Etats de Bourgogne, tenus la même année, serait, de nos jours, un beau monument de libéralisme. A cette époque de sa vie M. de Brosses était accablé d'occupations de toute nature. Huit mois avant sa mort, il siégeait à peu près tous les jours, de sept heures du matin à sept heures du soir, sauf le temps du dîner. Un coup d'œil rapide et sûr, une grande habitude des affaires et une facilité peu commune à les traiter, lui donnèrent toujours, comme juge, une influence non contestée dans sa compagnie.

Le monument le plus durable de la gloire littéraire de M. de Brosses est bien certainement son travail sur Salluste, cet objet de ses premières affections, cet ouvrage dans lequel il réunit le mérite d'auteur à celui de traducteur. Pour le bien faire apprécier il faudrait en parler longuement. Comment, en effet, exprimer en peu de mots la vivacité de l'intérêt et la préférence, en quelque sorte monomane, qu'inspirait Salluste à M. de Brosses? Quand on songe qu'il a mis plus de quarante années à le compléter, le traduire, l'expliquer, à disputer à l'oubli des siècles jusqu'aux plus faibles débris des pensées de son auteur; enfin, qu'il a dépensé peut-être cinquante mille francs à dépouiller le corps entier des anciens grammairiens, dont les manuscrits[1] sont disséminés dans les principales bibliothèques de l'Europe, à faire dessiner et graver des bustes, des médailles, des plans de bataille, des cartes géographiques, il est impossible de ne pas accorder quelque estime à une telle entreprise! Peu de personnes savent, au juste, ce que M. de Brosses a fait pour Salluste; on lui a même reproché ironiquement d'avoir transformé un petit volume in-douze en trois énormes in-quarto : voici le résumé de ce beau travail.

Une étude approfondie de l'histoire romaine avait initié M. de Brosses dans tous les secrets

---

[1] A Florence, seulement, il collationna plus de trente manuscrits de Salluste et un assez grand nombre de Suétone.

de la république ; plus citoyen de Rome que la plupart des Romains eux-mêmes dans tous les âges, et instruit des principes du gouvernement, des ressorts de l'administration, des mystères de la politique, des vices, des succès variés, des révolutions de l'Etat, il connaissait à fond toutes les grandes familles et jusqu'aux personnes privées. Mais ce n'était pas tout, son investigation avait encore pénétré jusqu'aux parties les plus ignorées de l'histoire des peuples qui avaient été en relation ou en guerre avec Rome. Ainsi, chaque nom propre un peu important est toujours accompagné d'une note assez développée pour mettre le lecteur dans l'intimité, soit de l'individu, soit même des personnages marquants de sa famille, indiquant le rang qu'ils occupaient, donnant, en un mot, leur biographie, quelquefois leur arbre généalogique.

L'*Histoire de la campagne de Numidie*, celle de la *Conjuration de Catilina*, ces deux grands épisodes des derniers temps de la république, deux *Discours politiques adressés à Jules César*, étant parvenus jusqu'à nous dans leur intégrité, M. de Brosses n'a eu qu'à les traduire et à les annoter ; mais il a ressuscité l'*Histoire de la république romaine*. Salluste y racontait les événements civils et militaires depuis la dictature de Sylla, jusqu'au temps de la plus grande puissance de Pompée en Orient. Cette histoire était adressée à Lucullus, fils du consul de ce nom, aussi grand général qu'il fut célèbre plus tard par le luxe de sa table. La perte de cet ouvrage, comprenant la période de 664 à 687, est d'autant plus regrettable que, par une fatale singularité, tous les auteurs qui ont traité ce sujet présentent une lacune dans le septième siècle de Rome.

Avant le président des Brosses, cette belle composition du prince des historiens latins ne nous était connue que par des fragments, dont plusieurs se réduisent à deux ou trois mots seulement; ces débris de feuilles lacérées ne sont même pas tous authentiques, et dans leur isolement ne présentent aucun sens. Emerveillé du génie déployé dans le *Catilina* et surtout dans l'expédition de *Numidie*, ce chef-d'œuvre du genre historique, dont Salluste réunit les éléments au temps où comme proconsul, comme gouverneur et comme général, il avait tout ce pays sous son commandement, M. de Brosses conçut de bonne heure le projet de classer les fragments de l'*Histoire romaine* dans l'ordre où l'auteur avait dû les écrire, puis d'en remplir les lacunes.

La première chose qu'il fit, fut d'élaguer les fragments attribués à tort à Salluste et de restituer ceux omis et épars çà et là dans les manuscrits. Après des recherches infinies, M. de Brosses parvint à réunir plus de sept cents fragments, collection plus complète et beaucoup plus authentique que celle qu'on avait auparavant. C'est seulement alors qu'il commença à écrire. Chaque fois que son travail pourrait être suspecté de légèreté ou d'infidélité, il reproduit littéralement les passages des auteurs d'après lesquels sa conviction s'est formée. Dans la préface de l'*Histoire romaine*, il indique ses précautions minutieuses pour donner à sa composition toute l'exactitude possible; il explique la part qu'il a prise comme traducteur et comme auteur ou restaurateur, distinguant avec soin sa narration propre de la phrase de Salluste, qui est en caractères italiques et accompagnée du numéro sous lequel elle est classée parmi les fragments. Après avoir exposé toutes les difficultés qu'il y a à transporter du latin en français, M. de Brosses ajoute par forme de conclusion :

« Puisque je suis moi-même si difficile à sa« tisfaire sur les traductions, je ne dois pas me
« formaliser si on trouve à reprendre à la
« mienne : chacun ayant là-dessus sa manière
« de voir, par les raisons que je viens de tou« cher. Je ne dirai rien de plus de ma traduction;
« et si on la critique ou la blâme, je ne répon« drai pas, sauf à la corriger, si la critique est
« juste. »

L'*Histoire de la république romaine* est accompagnée d'une vie de Salluste. Ce morceau, plein de sens et d'érudition, offre un tableau singulièrement attachant de la vie publique et privée des Romains dans le viie siècle ; c'est la meilleure introduction dont on pût faire précéder le récit des événements qui vont passer sous les yeux du lecteur.

Le défaut dans lequel tombent généralement ceux qui écrivent la vie de leur auteur de prédilection, défaut qu'on sera peut-être tenté de me reprocher à moi-même, c'est de ne l'envisager que du beau côté, de ne mettre en saillie que ce qui peut lui faire honneur, voilant ou dissimulant avec soin les erreurs, les défauts, les vices. M. de Brosses n'en a point agi ainsi à l'égard de Salluste ; après s'être préoccupé toute sa vie de ce grand historien, après avoir fait tout ce qu'il était humainement possible de tenter pour étudier à fond ses œuvres, son génie et sa personne, il l'a peint sans hésitation, tel qu'il lui était apparu ; en un mot, il a eu le courage de la sincérité et on doit lui en savoir gré. Le témoignage de l'homme que l'on aurait pu suspecter avec quelque raison, est d'une incontestable autorité, lorsqu'il nous représente ce favori de César comme le type des hommes supérieurs qui apparurent au milieu des temps les plus malheureux de la république, de ces hommes auxquels l'histoire a fait une large part de vices et de vertus, mélange qui fut le caractère particulier du viie siècle de Rome. On voit toujours Salluste réservant une grande sévérité pour ses discours, tandis qu'il met une entière licence dans ses actions et se permet les choses les plus malhonnêtes ; justifiant de tous points sa mauvaise réputation ; manquant souvent de probité et toujours en connaissance de cause ; ayant indignement pillé et rançonné la province de Numidie, pendant qu'il en était le gouverneur. Enfin, par un malheur commun à nombre de gens de talent, il ne fut guère moins méprisable par son cœur, qu'estimable par son esprit.

Salluste portait à bon droit le titre d'homme à bonnes fortunes ; ses passions désordonnées l'exposèrent à des scènes, dont le scandale eut un tel éclat, que les censeurs Pison et Appius Pulcher crurent devoir l'exclure du sénat, en 704. C'est à cette humiliante circonstance que nous devons probablement ses admirables écrits. Rejeté ignominieusement des affaires publiques, il lui vint en pensée de retracer quelques-unes des époques de l'histoire romaine ; ayant été témoin à l'âge de vingt-un ans des diverses phases de la conjuration de Catilina [1], ce fut le sujet par lequel il débuta. Les deux *Discours politiques* furent adressés à César en 705 et 706. Ayant visité plus tard les champs de bataille où l'habileté de Jugurtha avait succombé sous les armes romaines, il écrivit, en 709, l'*Histoire de*

---

[1] M. de Brosses a composé une suite à l'histoire de la conjuration de Catilina, dans laquelle il fait connaître les effets qu'elle produisit à Rome.

la conquête de Numidie (de 642 à 649). Ce travail terminé, Salluste voulut lier cet événement avec la *Conjuration de Catilina*, par le récit des faits accomplis entre les deux époques : il écrivit, en 710 et dans les années suivantes, son *Histoire romaine*.

Le président de Brosses profita du loisir que lui procura la suspension des parlements pour terminer l'*Histoire romaine*; il l'acheva dans l'hiver de 1773 à 1774, et en remit le manuscrit au libraire, avec permission de l'imprimer quand bon lui semblerait, ce qui eut lieu à Dijon, en 1777. L'ouvrage avait d'abord été écrit en latin; mais la crainte qu'il ne contînt beaucoup de gallicismes, fit renoncer l'auteur à le donner au public dans cette langue. Sa mort suivit de trop près la publication de son Salluste, pour qu'il pût jouir de la gloire qui devait lui en revenir; ce fut un magnifique adieu au monde littéraire et ce livre restera comme un précieux monument historique.

Indépendamment des ouvrages déjà cités, M. de Brosses composa plusieurs mémoires ou dissertations insérés dans les collections de l'Académie des inscriptions et dans celles de l'Académie de Dijon. Il a fait aussi un grand nombre d'articles du *Dictionnaire encyclopédique*, sur la grammaire générale, l'art étymologique, la musique théorique. Parmi les manuscrits trouvés après sa mort, le plus important est intitulé : *Histoire des temps incertains et fabuleux, depuis les plus anciennes traditions, jusqu'à la prise de Babylone, par Darah, fils de Ghustasp* : cet ouvrage forme deux volumes in-folio.

Mais celui dont l'intérêt s'adressait à l'universalité des lecteurs, celui qui eut tant de peine à se produire au grand jour, contenait ses *Lettres familières écrites d'Italie, en* 1739 *et* 1740. On le sollicita souvent de les donner au public, mais en vain ; son amour-propre d'auteur trouvait mieux son compte à posséder seul et à ne communiquer qu'à un petit nombre d'amis, ce trésor de science et d'esprit qui, imprimé, eût perdu tout son prix pour ses plaisirs intimes. Sa prédilection pour ce manuscrit ne surprendra personne après la lecture de l'ouvrage.

Pendant son voyage M. de Brosses ne conservait pour lui-même que de simples notes ; mais il faisait partager ses impressions à ses amis de Dijon, dans les longues lettres qu'il leur écrivait. Tout étonné d'apprendre à son retour que ses lettres avaient eu un grand succès, il les redemanda et les fit copier telles qu'il les leur avait envoyées, avec le *laisser-aller* du style familier et la liberté de pensées et d'expressions, qu'excusait son âge, y ajoutant seulement de rares intercalations. Cependant, ces mêmes amis voulurent, à leur tour, avoir toute cette correspondance, et c'est ainsi qu'il en exista cinq ou six copies. Le manuscrit que je possède, selon l'opinion de feu M. le comte René de Brosses, fils du président, avait appartenu à Buffon. Lalande, voisin de M. de Brosses, en Bresse, lut ces lettres, et, du consentement de l'auteur, il en a inséré de nombreux passages dans son *Voyage en Italie.*

L'une des copies des *Lettres familières* tomba entre les mains d'un sieur Sérieys, commis à la garde des papiers saisis dans les bibliothèques d'émigrés, et il les fit imprimer en l'an VII (1799). Cette édition, désavouée par la famille de l'auteur, fourmille de fautes. Toutefois, elle donna une idée de la verve et de l'enjouement du président de Brosses, de la perspicacité de ses vues en politique et de la justesse de ses observations en peinture, en architecture, en musique. Cette production, comme on en peut juger, ne ressemble nullement à aucun de ses autres ouvrages. Il y a toujours dans ceux-ci des égards et des ménagements qu'on ne retrouve plus que fort rarement dans les *Lettres familières*; elles sont l'expression naïve de sa pensée intime et comme une sorte de réparation qu'il se fait à lui-même, pour la circonspection gardée ailleurs et commandée par sa position. On juge combien une si haute intelligence devait maudire cette gêne, ce frein, cette tyrannie, imposés par les convenances! C'est probablement à cause de l'allure vive et libre de ces lettres, que l'éditeur de 1836 eut tant de peine à les produire dans le public; son intention n'est point de vouloir se faire un mérite d'une persévérance qui a été payée par un vif plaisir : mais il tenait, cependant, à constater quelque part sa portion d'influence dans cette publication, qui fut la première authentique de ce livre.

A l'époque où M. de Brosses voyageait en Italie, ce pays n'était guère connu que par les ouvrages de Misson, de l'Anglais Burnet et du père Labat. On n'avait point encore imprimé le *Journal* de Montaigne; d'ailleurs, l'auteur des *Essais*, lorsqu'il écrivait la relation de son voyage, se trouvait dans un état de santé et dans une disposition d'esprit peu favorables aux descriptions gracieuses ou pittoresques; aussi, son *Journal* ne contient-il qu'un petit nombre de faits intéressants. Misson, homme de sens et de mérite, peut encore être consulté avec avantage; mais en sa qualité de protestant, il n'a pas toujours su se défendre de certaines préventions dans ses jugements. Quant aux relations de Burnet et du père Labat, elles n'occupent qu'un rang bien secondaire parmi les publications sur l'Italie.

Les *Lettres familières* me semblent avoir deux grands mérites. D'abord, celui de présenter l'Italie très-différente de ce qu'elle est à présent. Et puis, l'auteur ne songeait point à faire un livre; il racontait à sa manière les sensations que produisait sur lui la vue des objets, sans se croire nullement obligé de forcer son admiration. De là cette absence complète de pathos, qui abonde généralement dans les descriptions de l'Italie. Je persiste à regarder cette simplicité comme une qualité précieuse, quoique (et c'est un triste aveu à faire) les ouvrages sur ce pays qui ont été le plus en vogue depuis la fin du dernier siècle, soient précisément ceux où l'exagération est poussée jusqu'à la platitude. Tel que ce livre est sorti de la plume de l'auteur, il offre encore le tableau le plus exact, le plus brillant, le plus spirituel et souvent le plus comique de l'Italie physique et morale vers le milieu du dix-huitième siècle. Il donne également une idée de la société française à la même époque, ainsi que de l'esprit qui y régnait. Cette piquante correspondance pourrait, cependant, avoir un grand tort aux yeux de certaines gens; elle substitue l'Italie véritable à celle des poëtes et des romanciers, si favorable aux coups de théâtre, aux caractères tranchés. M. de Brosses ruine sans pitié une des plus fécondes ressources de la scène moderne. Enfin, ces charmantes lettres méritent d'autant plus d'être appréciées, que personne maintenant ne saurait en écrire de semblables.

Des expressions d'une gaîté un peu vive se rencontrent dans quelques parties de cet ouvrage; lorsque ces joyeusetés passeront sous ses yeux, le lecteur devra se rappeler que ces lettres, imprimées, pour la première fois, vingt-deux ans après la mort de leur auteur, n'étaient point destinées au public : un jeune homme avait pu se permettre quelques libertés dans sa correspondance intime avec des condisciples.

Aucun écrivain, au surplus, n'a réuni à un aussi haut degré que M. de Brosses les qualités et les conditions essentielles pour décrire l'Italie. Au moment de son départ pour ce voyage, il atteignait cette belle époque de la vie (trente ans) où, malgré la vivacité des affections de l'âme, le savoir et le jugement rectifient déjà les écarts de l'esprit et de l'imagination. Il alliait une maturité précoce à tout le feu de la jeunesse ; il comprenait admirablement les arts, connaissait les passions, était porté au plaisir. Une éducation forte, une mémoire heureuse, une érudition qui embrassait à peu près tous les sujets, un rare esprit d'observation, une grande connaissance de l'antiquité, beaucoup de vivacité, d'enjouement, de saillies, tels étaient les précieux avantages que possédait notre voyageur. Aussi, quel que soit le sujet qu'il traite, il nous instruit, nous intéresse et nous amuse. Mais sa haute raison repousse le langage pédantesque. En sorte que ses jugements, aussi ingénieux que profonds, se produisent sous la forme d'une causerie spirituelle, libre de toute entrave académique.

En lisant la relation du voyage de M. de Brosses, il s'établit bientôt une communauté de sensations entre le lecteur et l'auteur; on fait partie de cette association si gaie, si heureuse, de ces jeunes gentilshommes visitant ensemble la terre des grands hommes et des grands souvenirs. Où trouver, de nos jours, six compagnons d'une telle valeur et dans une telle disposition d'esprit?

Tant de travaux littéraires, dans une vie si remplie d'études sérieuses et de préoccupations savantes, devaient ouvrir à M. de Brosses les portes de l'Académie française; les amis qu'il comptait dans son sein, tels que Buffon, Sainte-Palaye, Foncemagne, de Montazet, et les puissantes protections que son esprit et son savoir lui avaient acquises l'y auraient certainement fait entrer, si la mort ne fût venue le surprendre le 7 mai 1777, pendant un voyage à Paris. Il y mourut, après trois jours de maladie, entre les bras de madame de Fargès, sa fille, et fut inhumé dans l'église de Saint-André des Arcs, où sa famille lui fit élever un monument funéraire; Lebeau, de l'Académie des inscriptions, fit son épitaphe. L'église ayant été supprimée en 1790, et démolie plus tard, pour faire la place portant maintenant ce nom, le tombeau disparut avec l'église.

Outre tous les avantages de l'esprit, les facultés les plus heureuses de l'âme étaient prodigieusement développées chez le président de Brosses, et il avait une grande fermeté de caractère. Sous la toge de ce juge éclairé et intègre battait un noble cœur. Là, les souffrances des malheureux excitaient de vives sympathies; et les opprimés trouvaient toujours un chaleureux défenseur dans le magistrat. Il n'hésita jamais entre ce qu'il croyait être son devoir et la chance d'une disgrâce; quand elle l'atteignit, M. de Brosses la supporta avec une résignation pleine de dignité. Ce n'était pas un de ces instruments aveugles ou serviles que le pouvoir trouve trop souvent à la disposition de ses caprices et de ses mauvaises passions. Cet homme, nourri de tant de pensées élevées et de sentiments généreux, subordonnait à sa conscience le soin de sa fortune. En voyant ses travaux multipliés, on ne peut se défendre d'un sentiment d'admiration pour ces anciens magistrats qui, comme lui, Bouhier, Montesquieu, se délassaient de leurs graves occupations en cultivant les lettres et en éclairant leurs concitoyens. Enfin, je dirai avec M. Th. Foisset :

« On le voit, partout où il y avait place pour
« les jouissances de l'esprit, il y avait chance de
« rencontrer M. de Brosses. »

Sa mort fut un événement; les regrets du monde savant l'accompagnèrent dans la tombe; les larmes de ses nombreux amis coulèrent abondantes et amères. Ceux qui liront ses *Lettres familières* sur l'Italie, jugeront que celui qui les écrivit dut être sincèrement pleuré.

Faire avec toute impartialité la biographie d'un homme pour lequel on éprouve de l'entraînement, de la sympathie, peut d'abord paraître chose difficile. En commençant celle du président de Brosses, je me proposais simplement d'écrire sa vie; arrivé à la fin de ma tâche, je m'aperçois que j'ai fait son panégyrique. Cependant, il y avait de ma part ferme volonté de rester strictement dans le vrai. Pourquoi, d'ailleurs, m'en serais-je écarté? Venu au monde après la mort de M. de Brosses, je n'ai point eu à me défendre de cette fascination puissante qui naît du contact avec tout esprit supérieur. Ce n'est pas ma faute si, malgré de minutieuses recherches, je n'ai rien trouvé à reprendre dans une carrière qui, envisagée sous ses différents aspects, est à l'abri de la critique. Il s'agit ici, en effet, d'un homme complet, d'une de ces rares organisations, réunissant des qualités et des avantages formant souvent une étrange disparate, ceux qui semblent ne pouvoir se rencontrer ensemble; ceux, enfin, dont l'alliance n'était guère soupçonnée avant l'homme aimable et savant à la mémoire duquel je ressens un vif plaisir de pouvoir rendre ce faible hommage.

Pour former mon opinion sur le président de Brosses, je n'ai rien négligé de ce qui pouvait l'éclairer. J'ai lu ses principaux ouvrages; j'ai consulté les jugements portés par ses contemporains, et je me suis entretenu de lui avec son fils, feu M. le comte René de Brosses. Si quelque lecteur m'accusait d'avoir exagéré le mérite de l'homme et d'avoir outré la louange, je le prierais de suspendre sa décision et de recourir aux sources que je viens d'indiquer, convaincu que je suis, qu'il y trouverait la justification des éloges que j'ai donnés au président de Brosses, l'un des esprits les plus éminents, l'un des plus nobles caractères de l'ancienne France.

Au temps où vivait le président de Brosses, la Bourgogne offrait une réunion fort remarquable d'esprits supérieurs, et la bonne compagnie de Dijon y formait une société d'élite, où se rencontraient dans le même salon Buffon et le président Bouhier. Des femmes qui joignaient à l'élégance du langage et des manières, les avantages de l'esprit et de l'éducation, ajoutaient singulièrement de charme aux relations entre les gens du monde. Le gouverneur de la province était un prince du sang; elle avait pour intendant M. de Saint-Contest, plus tard ministre des affaires étrangères, et pour commandant militaire M. de Tavannes. L'étude des sciences et des lettres avait reçu en Bourgogne une forte impulsion ; ce n'était pas seulement par de petits vers, par de fades madrigaux, que l'on produisait ses facultés pensantes ; elles étaient appliquées simultanément aux travaux les plus graves, aux compositions les plus savantes.

Après sa fuite de Prusse, Voltaire était venu se fixer à Ferney. De là, il faisait des excursions à Dijon et y entretenait des correspondances, notamment avec les principaux magistrats du parlement. Ce voisinage d'un génie qui concentrait alors sur lui les regards de l'Europe, attentive à ses moindres actions, dut être un puissant stimulant pour les hommes heureusement doués qu'atteignaient les rayonnements de cet immense foyer de lumières. Quel bonheur de vanité, en effet, de pouvoir un jour entretenir sa famille de ses relations avec Voltaire et de montrer de ses lettres, avec le juste orgueil de les laisser en héritage à son fils !

Voici de courtes notices sur les gens aimables qui se faisaient remarquer, avec le plus de distinction, dans la société du président de Brosses. L'intérêt qu'il a attiré dans ses *Lettres familières* sur ses compagnons de voyage en Italie, donne le désir de connaître les hommes gais et spirituels, dont la réunion formait l'association la plus heureuse qui se puisse concevoir.

Loppin de Montmort (Germain-Anne), avec lequel M. de Brosses partit de Dijon, le samedi 30 mai 1739, était son cousin issu de germain.

Il fut d'abord conseiller, puis président à mortier au parlement de Bourgogne; on lui accordait beaucoup de ressources et d'originalité dans l'esprit. Bon géomètre, son nom figura le premier sur la liste des membres honoraires de l'ancienne Académie de Dijon, lors de sa fondation en 1740. Loppin ayant acheté en 1753 le comté de Montmort, en prit le nom, que portent ses descendants. MM. Loppin de Gémeaux sont issus d'un frère puîné du compagnon de voyage de M. de Brosses.

Lacurne (les deux frères jumeaux), rejoignirent MM. de Brosses et Loppin à Avignon. L'aîné, plus connu sous le nom de Sainte-Palaye, naquit à Auxerre en 1697, fut élu à l'Académie des inscriptions en 1724 et à l'Académie française en 1758 ; il fit un second voyage en Italie dans l'année 1749. Sainte-Palaye, auteur de l'*Histoire des troubadours*, et de plusieurs ouvrages sur l'histoire de France, sur l'origine de la chevalerie, les antiquités françaises, l'ancienne langue française, traduisit le conte si touchant d'*Aucassin et Nicolette*, etc.; mourut à quatre-vingt-quatre ans, le 1er mars 1781. Ses travaux sur le moyen âge avaient d'autant plus de mérite au xviiie siècle, que cette époque n'était encore connue que d'un fort petit nombre d'érudits.

Son frère, célèbre par sa prédilection pour la musique et surtout par le tendre attachement qu'il portait à Sainte-Palaye, le précéda de quelque temps dans la tombe. La longue carrière de ces deux jumeaux offrit, pendant plus de quatre-vingts ans, le touchant tableau d'une amitié et d'un dévouement rares; entre eux, il n'y eut jamais de *mien* ni de *tien* : tout était en commun. Ils habitèrent toujours la même demeure, couchèrent dans la même chambre, sans en excepter le temps de maladie : les deux frères renoncèrent au mariage pour ne point se séparer.

A Rome, la réunion des voyageurs se compléta par l'arrivée de deux autres Bourguignons, MM. Legouz et de Migieu.

Bénigne Legouz de Gerland, né à Dijon en 1695, mort le 17 mars 1774, grand-bailli d'épée du Dijonnais, amateur éclairé des arts; il avait étudié avec Voltaire, au collége de Clermont, aujourd'hui de Louis le Grand. Dijon lui doit la fondation d'une école de peinture et de sculpture, d'un jardin botanique, d'un cabinet d'histoire naturelle, et des prix de l'école gratuite des beaux-arts. Il est auteur de plusieurs travaux historiques recommandables. La relation de son voyage en Italie, ainsi que d'autres compositions, sont restées manuscrites. Par son testament, Legouz laissa à la ville de Dijon une partie de sa fortune pour des objets d'utilité publique, et le surplus à M. Legouz de Saint-Seine, son héritier naturel. On se rappelle que le président de Brosses s'était allié à cette famille, par son second mariage, en 1766.

Migieu (Abraham Guy de), conseiller au parlement de Dijon, mourut en 1749, sans postérité. Le cabinet d'antiquités qu'il avait composé pendant son voyage d'Italie, fait aujourd'hui partie du musée de Lyon.

Blancey (de), secrétaire en chef des Etats de Bourgogne, place importante, en ce qu'elle donnait réellement tout le pouvoir administratif dans les intervalles des sessions des Etats, qui n'avaient lieu que tous les trois ans. C'était un homme recherché dans le monde pour sa gaîté et la vivacité de son esprit; il était excellent convive et conteur aimable. Sa liaison avec M. de Brosses offrait tous les caractères de la plus parfaite intimité. Aussi, on peut remarquer que les lettres qui lui sont adressées d'Italie ont une allure particulière et plus libre. La fille unique de M. de Blancey épousa M. Cottin de Joncy, conseiller au parlement de Dijon, un des rapporteurs dans l'affaire des jésuites.

Bouhier (le président), assez célèbre pour qu'il suffise de le nommer. Mais il y a un fait peu connu, c'est que le président Bouhier avait rédigé un projet de législation uniforme pour toute la France. Ce curieux travail était en la possession du président de Bévy : saisi avec tous les papiers de ce magistrat, pendant son émigration, il a été perdu. La belle bibliothèque du président Bouhier fut achetée par l'abbaye de Clairvaux; elle compose, en grande partie, à présent, la bibliothèque publique de Troyes. Né à Dijon le 16 mars 1673, le président Bouhier mourut le 17 mars 1746. Elu à l'Académie française en 1727, il eut Voltaire pour successeur.

Cortois de Quincey (l'abbé), devint évêque de Belley. Il avait une figure imposante, un grand savoir, un esprit juste et fin, également propre à la société et aux affaires.

Cortois (Anne de Mucie, épouse de Claude-Antoine Cortois, conseiller au parlement de Dijon, frère du précédent). Madame de Cortois eut deux fils : MM. Cortois de Ballore, évêque de Nîmes, et Cortois de Pressigny, archevêque de Besançon; ce dernier chargé de missions à Rome en 1814, mort à Paris en 1823. M. de Brosses a adressé, pendant son voyage en Italie, une lettre à madame de Cortois. Rien ne peut donner une plus juste idée de l'immense différence entre le ton de la conversation en 1740 et celui de 1857. En réalité, sommes-nous meilleurs ou pires? Je ne sais; mais au moins, la société de 1740 est tout à fait à l'abri du reproche d'hypocrisie.

Maleteste (Jean-Louis de Villey de), né le 15 mars 1709, conseiller au parlement de Dijon, le 15 décembre 1727, homme d'esprit et de savoir. On a de lui un volume de mélanges :

OEuvres diverses d'un ancien magistrat; Londres, 1784. Il s'y trouve des morceaux remarquables, des considérations sur les magistrats, longtemps attribués à Duclos, une *Analyse de l'Esprit des lois*, etc., etc. M. de Maléteste était fort lié avec Helvétius et beaucoup d'autres gens de lettres; il aimait passionnément la musique et les spectacles. D'un premier mariage, M. de Maleteste eut une fille mariée avec M. le vicomte de Virieu, et d'un second mariage, dans un âge avancé, un fils, M. le marquis de Maleteste, homme distingué, qui a été député de la Côte-d'Or, maître des requêtes, secrétaire général des contributions indirectes.

De Neuilly, conseiller au parlement de Dijon, puis ambassadeur à Gênes. Il fut nommé premier président du parlement de Besançon, mais sa mauvaise santé ne lui permit pas d'accepter cette charge. M. de Neuilly mourut à Dijon en 1774. C'était un homme, pour ainsi dire, sans défaut, auquel dans un discours solennel fut rendu cet hommage public que : « L'on ne pour« rait dire s'il fallait davantage aimer la bonté « de son cœur, admirer la force de son âme, ou « se plaire aux charmes de son esprit et de sa « conversation. » M. de Neuilly fut frère et oncle des deux premiers présidents de La Marche.

Quintin (Louis Quarré de), nommé procureur général au parlement de Bourgogne, en survivance de son père, le 18 avril 1724, l'un des directeurs de l'Académie de Dijon, le 31 juillet 1762, procureur général démissionnaire en 1765, mort à Dijon le 4 juillet 1768. M. de Quintin, en relation avec Voltaire, fort curieux de raretés en tout genre, joignait beaucoup de bienveillance à un esprit très-cultivé ; il avait formé une belle bibliothèque devenue la propriété de M. le marquis de Grosbois.

Tournay (Charles-Claude, comte de), né le 17 mars 1713, fut grand-bailli d'épée du pays de Gex. Ce frère cadet du président de Brosses mourut sans postérité le 21 janvier 1793. Il coopéra au *Dictionnaire historique des mœurs, usages et coutumes des Français* (3 vol. in-8, 1767), de La Chesnaye-Desbois, comme à l'*Armorial de Bourgogne*, en commun avec le marquis de Courtivron, de l'Académie des sciences, et N. de Thésut de Verrey.

De Saint-Seine, père de la seconde femme de M. de Brosses. La famille de Saint-Seine était originaire de Bretagne. M. de Saint-Seine, premier président au parlement de Bourgogne, était l'homme le plus justement considéré de la province. Ayant émigré dès la fin de 1789, la mort le surprit à Bâle en 1800, comme il revenait en France. Le désintéressement et la modération faisaient le fond de son caractère.

Fargès (François de), intendant des finances, conseiller d'État, mort en 1791, était frère de la marquise de Crèvecœur et conséquemment oncle germain de la première femme du président de Brosses ; il était également frère du lieutenant général de ce nom, qui épousa la fille issue du premier mariage de M. de Brosses.

Bévy, président de la chambre des comptes de Dijon. Son fils, M. Joly de Bévy, éditeur des œuvres de jurisprudence du président Bouhier et président à mortier au parlement de Bourgogne le 13 février 1777, mort en 1822. En 1762, étant conseiller, il fut emprisonné pendant huit mois à la Bastille, à propos de querelles parlementaires et de la publication du mémoire intitulé : *Le Parlement outragé*. M. Joly de Bévy, qui n'avait alors que vingt-cinq ans, tint la plus noble conduite dans cette fâcheuse occurence ; à sa sortie de la Bastille on lui rendit sa charge de conseiller.

Madame de Bourbonne, fille chérie du président Bouhier : son mari fut président à mortier au parlement de Dijon. Lorsque M. de Bourbonne fit son voyage d'Italie, il était accompagné de l'abbé Richard, l'auteur d'une description, en six volumes, de cette contrée.

De Chevigny, président à mortier au parlement de Bourgogne, créateur d'une très-belle bibliothèque devenue la propriété de M. le marquis de Vogüé. M. de Brosses succéda à M. de Chevigny, dans sa charge de président à mortier.

Madame de Montot (née Suremain de Flamerans). Son mari, beau-frère de M. de Quintin, fut conseiller au parlement de Dijon. M. de Brosses fait le portrait le plus séduisant de madame de Montot, dans une de ses lettres écrites d'Italie.

Madame Le Monier (née Sophie Richard de Ruffey), fille du président au parlement de Bourgogne, de ce nom, et célèbre par la passion qu'elle inspira à Mirabeau. M. Le Monier, ancien premier président de la chambre des comptes de Dôle, l'épousa en 1771, étant alors plus que sexagénaire.

Clugny (Jean-Etienne-Bernard de), baron de Nuits-sur-Armançon, successeur de Turgot dans la charge de contrôleur général, né à la Guadeloupe le 2 novembre 1729, mort à Paris, le 18 octobre 1776. Il avait été pendant onze ans conseiller au parlement de Dijon, où avaient également siégé son père et son grand-père : M. de Clugny était un des amis particuliers du président de Brosses.

R. C.

LE PRÉSIDENT DE BROSSES EN ITALIE

LETTRES FAMILIÈRES.

I. — A M. DE BLANCEY.

Route de Dijon à Avignon.

Avignon, le 7 juin 1739.

Me voici arrivé à ma première station en pays étranger, mon gros Blancey; et, selon la règle de nos conventions, il est temps que je fasse avec vous le *Tavernier*[1], Vous savez que c'est à charge de revanche, et ce que vous m'avez promis pour m'en récompenser, c'est de faire avec moi le *Cœur-de-Roy*. A ce prix vous ne me devrez rien, car un Cœur-de-Roy[2], en fait de bons contes, vaut bien un Tavernier en fait de voyage. Au reste, il est bon de vous avertir, par forme de préface, que ma bavardise serait sans égale, si vous n'étiez pas au monde. Routes, situa-

---

[1] Célèbre voyageur.
[2] M. de Cœur-de-Roy, conseiller au Parlement de Dijon, était connu alors, en Bourgogne, par la vivacité de son esprit. Son fils, premier président du Parlement de Nancy, forcé, sous la Terreur, de changer de nom, prit celui de Cœur-Droit.   R. C.

tions, villes, églises, tableaux, petites aventures, détails inutiles, gîtes, repas, faits nullement intéressants, vous aurez tout. C'est en vain que vous vous plaindrez. Vos reproches ne seront pas capables de réformer mon caquet, car je penserai toujours qu'il y aura de la jalousie de votre part.

> Or, écoutez l'histoire entière
> De votre ami le Bourguignon,
> Qui, tout le long de la rivière,
> Avec Loppin, son compagnon,
> Pour s'avancer sur la frontière,
> Est allé jusqu'en Avignon.

Vous savez comment nous partîmes tous les deux, samedi 30 mai, sur les huit heures du soir, dans ma chaise de poste, qui nous mena d'une tire déjeuner à Mâcon, où mes chevaux m'attendaient. J'y laissai ma chaise, mon cousin Loppin, mes hardes et mon fidèle valet de chambre, le seigneur Pernet, pour aller voir ma sœur. Je la trouvai s'arrangeant dans son ménage et dans sa nouvelle maison. On me fit grand'chère à souper en fruits nouveaux, fraises, petits pois et artichauts. Je fais mention de ceci, parce que j'ai appris de notre ami le P. Labat, que l'on ne doit jamais omettre ce qui se mange, et que les bons esprits qui lisent une relation s'attachent toujours plus volontiers à cet article qu'à d'autres. J'y séjournai le lendemain, et le 2 juin je partis à cheval pour aller à Lyon, où M. Loppin avait dû se rendre dès la veille par la diligence. La chaleur de la route était capable, si le chemin avait été plus long, de me faire trouver la Norwége à Rome ; mais ce fut bien pis en arrivant. Mon cousin le géomètre, ami intime des lignes droites, s'était opposé de tout son pouvoir à la courbe que j'avais décrite du côté de Neuville. Sa démonstration n'ayant pas prévalu, il jugea à propos de s'en venger. Nous nous étions donné rendez-vous à l'hôtel du Parc ; j'y arrive, néant. Je vous avoue que, si je n'eusse pas été en chemin pour Rome, je me serais trouvé dans la nécessité d'y aller pour obtenir des indulgences, tant le démon de l'impatience s'était emparé de ma personne. Me voilà donc parcourant toutes les auberges ; et, après avoir pris une peine inutile, me retrouvant sans malles, sans cousin, et, qui pis est, sans argent. Mais au milieu de mes fureurs, comme un dieu apparaît dans l'opéra pour calmer le trouble d'Oreste, tel à mes yeux apparut le fidèle Pernet, qui remit le sang-froid dans mon âme. Pour achever de calmer mes sens par le doux charme de l'harmonie, nous allâmes à l'Opéra, dont je fus vraiment très-content. Les chœurs sont faits aux dépens des nôtres ; les habillements sont fort beaux, les décorations passables. La Tulou, que vous connaissez, fait les premiers rôles avec une mademoiselle Plante, sœur de la Dubuisson, maniérée à l'excès et singeant de son mieux la Antier[1]. Il y a une

---

[1] Née à Lyon en 1687 ; débuta à l'Opéra de Paris, en 1711, et excella dans les rôles de princesse. Ce fut elle qui couronna Villars après sa victoire de Denain.

Mademoiselle Antier, entre autres grandes passions, compta

bonne haute-contre dont j'ai oublié le nom et deux basses-tailles; Fontenay, belle voix et mauvais acteur, et Person de l'Opéra de Paris, que vous connaissez. Les danses sont encore meilleures, du moins en femmes; elles sont trois principales, dont la moindre est fort au-dessus de votre Bonneval. Mais j'admirai surtout une petite, nièce fille de la Sallé, qui danse avec une force et une légèreté comparable à celle de la Camargo[1]. Ils n'ont en hommes qu'un bon danseur, inférieur, à mon sens, à Dubuisson. La salle est belle et trop grande de beaucoup pour l'assemblée, qui était fort médiocre. C'est un mal épidémique dont mourront tous les Opéras de province.

Le lendemain, nous séjournâmes fort malgré moi; j'étais dans le dessein de prendre un bateau de poste pour nous rendre ici en bref; mais, oui dà, mon compagnon de voyage avait entendu faire des narrations des dangers du Rhône, capables d'effrayer Ulysse. Son dernier mot fut qu'il ne voulait point

---

parmi ses adorateurs le prince de Carignan, M. de la Popelinière, fermier général, et M. de Lamothe-Houdancourt. Ce dernier, si recherché des plus belles femmes de la cour, fut subjugué par la Antier, dans le rôle de *Cérès*, au point de donner congé immédiatement à madame la duchesse de Duras, dont il était alors l'amant. — Un jour que mademoiselle Antier répétait un rôle d'amante abandonnée, on lui dit : « Qu'est-ce que vous feriez, « mademoiselle, si vous vous trouviez dans cette situation ; si votre « amant vous quittait?—Ce que je ferais? J'en prendrais un « autre. »   R. C.

[1] Célèbre danseuse, née à Bruxelles en 1710, et y débuta. Elle obtint les plus grands succès à Paris, sur le théâtre de l'Opéra; de 1734 à 1751, année de sa retraite. Elle mourut en 1770. R. C.

arriver en Italie par la commodité du golfe de Lyon, et qu'une voiture si frêle n'était pas bonne pour d'aussi mauvais nageurs que lui et moi. J'eus beau lui prêcher l'intrépidité ; rhétorique inutile : il fallut céder et se décider pour le coche d'Avignon, qui partait le lendemain. Je m'amusai, pendant mon séjour, à voir l'opération singulière d'un médecin anglais, nommé Taylor[1] qui ôte le cristallin de l'œil en fourrant dans la cornée ou le blanc de l'œil un petit fer pointu d'un demi-pied de long. Cette opération, que l'on nomme lever ou plutôt abaisser la cataracte, est extrêmement curieuse, et fut faite avec beaucoup d'adresse par cet homme, qui me parut d'ailleurs un grand charlatan. Nous logions aussi avec un autre Anglais, neveu du fameux chevalier Newton, qui me prouva bien fort que la science n'est pas héréditaire.

J'allai ensuite voir un bateau que le prévôt des marchands a fait construire pour le duc de Richelieu. Il est composé d'une petite antichambre, à côté de laquelle est une cuisine garnie de sa cheminée et de ses fourneaux ; suit une chambre à coucher élégamment meublée, avec une cheminée de marbre et de glace, après laquelle on trouve un cabinet à écrire, une garde-robe et une chambre de valets, desservie par un corridor ; c'est un fort joli domicile. Je ne vous dirai rien de plus de Lyon, que vous connaissez mieux que moi. Mon ami Pallu[2] n'était point encore

---

[1] Le chevalier Taylor, fameux oculiste anglais. Mort, suivant toute apparence, à Paris, vers 1767. — R. C.

[2] M. Pallu, maître des requêtes, intendant de Lyon.

arrivé dans son intendance. Que de bons mots et de mauvaises épigrammes nous eussions faits ensemble! car il est comme

Le bon seigneur de Brignolet,
Très-aimable et très-frivolet.

Le lendemain 4, pour donner aux dames romaines une bonne idée de la propreté française, j'allai me faire baigner. Le garçon baigneur débuta par me dire qu'il avait coutume de baigner M. le duc de Villars et M. le cardinal d'Auvergne[1]; jugez combien ma pudeur fut alarmée; mais j'en fus quitte pour la peur.

Le même jour, à une heure et demie, nous nous embarquâmes sur un benoît coche, où nous ne fûmes pas un instant sans représenter au vrai les enfants dans la fournaise. Alors M. Loppin se repentit fort de n'avoir pas suivi mes conseils: cependant la veille, ce ne fut, dit-il, que par complaisance pour mes idées qu'il n'avait pas fait bassiner son lit; il en a de singulières; mais il est le meilleur garçon du monde.

Nous n'eûmes d'abord en route rien qui fût digne de vous être raconté, si ce n'est la rencontre d'un grand bateau remorqué par onze chevaux et tout chargé de pots de chambre.

La côte du Lyonnais est belle, riche, garnie de vignes, de jardins et de maisons de campagne. Celle du Dauphiné est toute de montagnes couvertes de bois.

Nous arrivâmes à Vienne sur les cinq heures. Le

---

[1] Deux personnages fort renommés par leurs mœurs plus qu'équivoques.   R. C.

bâtiment des PP. de Saint-Antoine, qui se présente d'abord, en donne une bonne idée. Il est joli et bien situé le long du Rhône ; mais cette idée est démentie dès que l'on met le pied dans la ville, qui est excessivement laide et mal bâtie. Nous n'y trouvâmes rien de supportable que l'église Saint-Maurice, cathédrale bâtie dans un assez méchant goût gothique. La voûte, toute peinte en azur, est belle, hardie et fort exhaussée.

Nous y vîmes trois spectacles à la fois : dans le chœur un missionnaire débitait ses hymnes à une troupe d'hommes; sous le portail une vivandière psalmodiait des mirlitons à un tas de femmes ; et dans le cloître on distribuait aux badauds le portrait du missionnaire.

Si la place qui est au-devant de l'église était agrandie et régulière, sa situation la rendrait magnifique; d'une part, elle est terminée par le portail, et de l'autre par le Rhône.

La ville, bâtie tout le long du fleuve, est longue et fort étroite; elle est très-ancienne, et avait été jadis extrêmement grande, puisqu'à un bon demi-quart de lieu hors de la ville, nous vîmes, dans des vignes, un obélisque qui en marquait autrefois le milieu. Elle est tout à fait collée contre une vilaine montagne; au-dessus est l'enceinte fort vaste d'un vieux château tout ruiné, de même que le pont sur le Rhône, qui fait l'endroit de ce fleuve le plus dangereux, sans cependant qu'il le soit beaucoup.

À six heures et demie, nous arrivâmes à Condrieu, petite ville du Lyonnais, ayant fait ce jour-là neuf lieues. On trouve auparavant, du même côté, la fameuse Côte-Rôtie : je ne m'étonne nullement qu'elle soit rôtie depuis qu'elle est là, puisque moi, qui n'y restai qu'un instant, je faillis à y être calciné. Sur mon honneur, le Condrieu est une excellente jouissance ; je n'ai rien trouvé en ma vie de si serré : deux hommes ne peuvent passer de front dans les rues. Le faubourg sur la rivière, où nous logeâmes, est assez joli.

Le 5, nous partîmes à trois heures du matin, et voguâmes avec le vent contraire, qui nous traversa tout le jour, entre deux montagnes fort serrées et fort arides, laissant Serrières à droite et Saint-Vallier à gauche. Nous touchâmes à Tournon, petite ville assez drôle, qui a un fort et vieux château sur un roc, au milieu du Rhône. Les bons PP. jésuites, qui, selon leur sapience ordinaire, sont les mieux logés de la ville, ont sur une haute tour une terrasse ornée de balustrades, en vue magnifique.

Vis-à-vis Tournon, on voit la petite ville de Tain, dominée par une montagne, au-dessus de laquelle est un petit ermitage, dans l'enclos duquel croît le vin célèbre de ce nom. Comme je ne suis pas homme à perdre la tête sur ce qui concerne les plaisirs de la table, je dépêchai un de nos gens en bateau, afin d'aller en faire une petite provision pour le voyage.

Nous passâmes ensuite à l'embouchure de l'Isère, rivière infâme s'il en fût jamais ; c'est une décoction d'ardoise.

De l'autre côté, au-dessus d'un rocher en pain de sucre, se voit le vieux château ruiné de Crussol, d'où la maison d'Uzès tire son nom. Les bonnes gens nous dirent qu'un géant nommé Buard, haut de quinze coudées, en avait fait jadis son habitation. Dans le vrai, il faudrait cependant que Chintré se baissât pour y entrer. Cet honnête géant, ayant détruit le genre humain, voulut bien le repeupler et bâtir une ville. Pour ce faire, il engrossa toutes les filles du pays et jeta sa lance en disant : *Va lance.* Elle alla tomber de l'autre côté du Rhône, où est maintenant la ville de ce nom, et où des belîtres de jacobins nous montrèrent ses os, qui sont bien à la vérité d'une grosse bête ; mais comme les grosses bêtes de toute espèce sont moins rares que les géants, vous êtes dispensé de croire que ces os soient ceux du prétendu seigneur Buard. Maudit soit celui qui fit bâtir cette vilaine ville, où l'on nous fit une chère détestable !

Au sortir de là, les montagnes s'écartent et commencent à former une plus agréable perspective. La Voulte en Vivarais en présente une si jolie, qu'elle me parut de loin mériter une place dans mon journal.

Enfin, après vingt-cinq lieues de route, nous arrivâmes à Anconne, petit village du Dauphiné distant de demi-lieue de Montélimart, et méchant gîte s'il en fût jamais, pour manger et pour coucher.

Le 6, à quatre heures du matin, nous nous remîmes en bateau : ne voilà-t-il pas que mes vilains rochers se resserrent pis que jamais ! En vérité, cela est affreux ; le Rhône se promène au milieu du grand galop. De plus, le vent avait tourné au nord pendant la nuit, et fraîchit extrêmement sur le matin. Nous allions à tire d'aile; de sorte que nous eûmes bientôt passé Viviers, ville assez grande dans des rochers horribles; elle a un château-fort qu'on ne prendra sûrement pas par escalade. L'évêque a un beau palais tout neuf. De là on passe à Saint-Andéol, où était autrefois l'évêché, et où est encore le séminaire. Il y a là force roches sous l'eau; la rapidité augmente, et la bise allait toujours croissant. Malgré cela nos pilotes, gens extrêmes sans doute, mirent deux voiles. Ce fut dans cet équipage que nous passâmes le pont Saint-Esprit. C'est une grande sornette que d'en faire peur aux gens; on glisse là-dessus comme sur un parquet et sans le moindre danger. Ce n'est pas sans raison que ce pont est cité; il est de toute beauté pour la hauteur, la longueur, l'évasement des arches et la tournure légère des piles. Je le mesurai en tout sens. Il a onze cent dix-huit pieds de long sur quinze de large seulement. Les arches, sous lesquelles je descendis, ont trente-trois pas d'évasement. Il y en a dix-neuf grandes, sans compter les médiocres ni les petites. Chaque pile est vidée par le milieu par une espèce de porte cochère. On vient de raccommoder un côté d'une arche, qui a coûté dix mille livres. Le pavé du pont répond à la beauté du reste; il est fait à chaux et à ciment. Les charrettes, même à vide, n'y passent que sur des traîneaux; mais les chaises et les carrosses chargés y passent. Au bout du pont, du côté de la ville, est une bonne citadelle flanquée de quatre bastions fort bien revêtus, et entourés d'un fossé aussi revêtu. La ville est assez jolie. Je commençai à reconnaître la Provence quand je vis le marché plein de citrons, à 6 sous la douzaine.

Le pays n'est pas laid au delà et garni de belle verdure jusqu'à Caderousse, petite ville du Comtat, au duc de ce nom.

De l'autre côté est Roquemaure en Languedoc, château si grotesque et si ancien que je suis sûr qu'il a été bâti du reste des matériaux de la tour de Babel. Il y a là sur le Rhône force endroits plus dangereux que ceux que l'on cite. Mon coquin de pilote s'amusait, dans un coin, à manger des asperges; je n'ai jamais aimé les gourmands. Tout d'un coup j'entendis grand bruit; j'étais dans un coin à traduire de l'italien, et, s'il vous plaît, je pensai me trouver moi-même traduit en l'autre monde. Nous allâmes donner contre des rochers, cric, crac; j'entendis crier : « Nous allons périr ! » Je me levai et je vis que rien n'était plus faux et que le danger que nous avions couru pour des asperges était déjà passé. Voyez comme les grands événements ont souvent de petites causes ! Encore si c'eût été pour des petits pois ! Bref, nous arrivâmes ici à quatre heures du soir, ayant fait dix-huit lieues.

    Dieu merci, me voilà sauvé,
    Car je suis en terre papale [1]?

[1] Imitation tirée du voyage de Chapelle et Bachaumont. R. C.

II. — A M. DE BLANCEY.
Mémoire sur Avignon.

Dès mon arrivée, j'allai courir la ville; et, en sa qualité de ville étrangère, il se peut bien faire que vous en aurez une entière description. Aucune ville de l'Europe n'a de murailles de la beauté de celles-ci; elles sont toutes de pierre de taille, égales, crénelées, garnies de redans et de mâchicoulis dans tout le pourtour, et de cinquante en cinquante pas, de tours carrées pareilles et assortissantes. C'est le pape Innocent V qui en a fait la dépense; cela ne rend cependant pas la ville plus forte. Avignon a une bonne lieue de tour; presque tout le glacis est planté de deux rangs d'arbres qui forment un cours assez médiocre. Les rues sont larges et bien percées; les maisons presque toutes de pierre de taille extrêmement blanche; elle contribue beaucoup à donner une face agréable aux beaux bâtiments qui y sont communs. Le sang y est beau; les femmes de condition mettent beaucoup de rouge; toutes les femmes y ont de fort gros tétons blancs; et leur manière de s'habiller avec des corps très-mal faits les redouble encore.

Il faut, dès à présent, que je me désabuse d'entendre le peuple du pays ni d'en être entendu, jusqu'à ce que Desperiez soit reçu à l'Académie pour son beau langage.

Les moines commencent ici à se ressentir du voisinage et de la domination italienne, et donnent beaucoup plus d'exemples de vigueur que d'exemples de vertu.

La justice s'y rend aussi à la manière ultramontaine. Un auditeur l'administre en première instance; il est sujet à l'appel d'un autre, appelable à Rome, où il faut essuyer trois autres jugements ; de sorte qu'on peut avoir un procès dans sa famille, mais non pas espérer d'en voir la fin, quand même on en ferait une substitution graduelle et perpétuelle.

Les églises, qui sont en très-grand nombre et toutes dorées à merveille, sont autant d'asiles si sacrés qu'il n'est pas même permis de guetter un criminel qui veut en sortir. La première qui se trouva sur mon chemin est Saint-Agricole, où je remarquai que l'orgue est distribué également des deux côtés du chœur au-dessus des formes. Il règne tout autour une magnifique tribune, semblable trait pour trait à celle du palais du Soleil dans Phaéton. Il y a un dôme à fresque, et une chapelle de la maison de Brantes dont les sculptures sont bonnes. Les jésuites ont deux maisons. L'église de la maison professe est vaste et propre, tout ornée de pilastres d'ordre corinthien et de trois tribunes l'une sur l'autre ; la dernière règne tout autour de l'église et fait un bel effet, aussi bien que la frise qui est au-dessous. Le chœur est de marbre et de pierre blanche fort chargée de bas-reliefs.

Le noviciat des jésuites est cependant beaucoup plus beau. Louise d'Ancezune a fait la très-grande folie de le faire bâtir pour ces révérends pères, et sa famille y a son tombeau. L'église est revêtue en entier de stuc et de marbre à compartiments, parfaitement choisi ; elle est petite. Les deux chapelles des ailes ont deux bons tableaux de Souvan ; la coupole est trop exhaussée pour son diamètre. Les quatre naissances sont soutenues par les quatre Évangélistes peints de bonne main par un frère jésuite.

La voûte n'est pas encore peinte. Comme j'examinais avec assez d'attention cette église, dont j'étais extrêmement satisfait, un béat père vint me demander des dessins pour peindre la coupole. Je lui donnai force conseils, qui lui parurent tous partir de la tête d'un grand maître ; mais le temps n'étant pas suffisant pour les lui laisser sur le papier, je l'avertis qu'il pourrait s'adresser à Bouchardon, qui distribuait plusieurs de mes dessins, dont on était assez content.

La maison répond à l'église ; elle est régulière et bien entendue de tout point. Quatre portiques en colonnades forment un cloître tout rempli des plus belles estampes. Il enferme un jardin d'orangers, et les portiques sont eux-mêmes enfermés par un grand jardin qui en fait tout le tour.

Je remarquai dans la sacristie une voûte hardie tout à fait plate, construite de pierres de taille, dont aucune n'est semblable à l'autre pour la coupe. Dans une salle voisine est un buste, tiré d'après nature, du bienheureux Stanislas Kostka, qui, sur la mine, m'a l'air d'avoir eu en son vivant bien de l'emploi dans la maison. Je passai au sortir de là à Saint-Martial, pour y voir le tombeau de l'abbé de Simiane, vicaire général de Cluny, qui est représenté au vif, sortant de sa tombe dans une attitude de résurrection. Un ange sonne de sa trompette, qu'il tient d'une main, et de l'autre enlève le pavillon du tombeau. Je n'ai rien vu de meilleur en ce genre. Cet excellent ouvrage est du sculpteur Perris.

A mon retour, je donnai commission pour aller dans toutes les auberges s'informer si les Lacurne n'avaient point passé. Je donnais des désignations fondées sur la taille de madame de Ganay. Dans le même temps, j'entendis que, dans la chambre voisine, un mauvais plaisant s'avisait de donner pareille commission avec mon signalement. Nous courûmes l'un à l'autre; c'étaient Lacurne et Sainte-Palaye, qui venaient d'arriver en poste; les embrassements de part et d'autre ne furent pas épargnés. Ce premier feu passé, nous nous mîmes à boire à votre santé; ce ne fut pas, comme vous pouvez aisément le penser, sans médire de votre personne.

Après ce premier office que nous crûmes vous devoir, nous fîmes la distribution des emplois. Connaissez-vous le Jasmin, secrétaire des quatre Facardins, qui s'amusait tout le long du chemin à recueillir des chiffons de mémoires, et à faire sur toutes les billevesées qu'il rencontrait des fatras de remarques que le vent emporta un beau matin? Voilà l'emploi dont leur munificence m'a honoré. C'est à vous de juger si j'entre bien en exercice. Madame de Ganay ne nous rejoindra qu'à Aix.

Le lendemain nous partîmes en chaise à porteurs pour aller voir la Chartreuse de Villeneuve, en Languedoc, distante d'Avignon d'une petite lieue. Le choix de la voiture vous étonne peut-être, mais c'est la plus commode du pays; elles sont propres, bonnes et en abondance, quoique j'aie remarqué, d'ailleurs, un assez grand nombre de bonnes berlines. Quant aux porteurs, ils ont si fort le cœur au métier, qu'ils nous offraient de nous porter jusqu'à Marseille.

Il faut passer deux fois le Rhône pour arriver à Villeneuve. On entre dans la Chartreuse par un portail d'ordre composite, d'une bonne architecture; une allée composée de quatre rangs de colonnes et de grands mûriers entremêlés ensemble conduit à la maison, où on nous donna un frère, peintre, pour nous faire tout voir. Il nous mena d'abord dans son cabinet de tableaux, où je vis en entrant un morceau dont je fus si satisfait, qu'il mérite une longue place dans ma narration.

Au fond de la chambre est un chevalet sur lequel on a posé un tableau pas tout à fait fini, représentant l'Empire de Flore, dont l'original est du Poussin. La palette du peintre et ses pinceaux étaient restés à côté du tableau. Au-dessus, sur un morceau de papier, le dessin du tableau fait à la sanguine; à côté, un paysage gravé de Le Clerc. Au-dessous du chevalet, on avait jeté un petit tableau tourné à l'envers du côté de la toile, dans le châssis de laquelle était passé un paysage de Perelle, gravé. J'aperçus tout ceci, tant de loin que de près, sans y trouver rien qui valût bien la peine de s'y arrêter ; mais ma surprise fut sans égale, en voulant prendre le dessin, de trouver que tout cela n'était pas vrai, et que le tout n'était qu'un seul tableau entièrement peint à l'huile. Je mouillai mon mouchoir que je passai sur le dessin, ne pouvant me persuader qu'il ne fût pas fait au crayon ; la marque de l'impression de la planche sur le papier des deux estampes, la différence du grain des papiers, le caractère des deux graveurs, les fils de la toile du tableau retourné, les trous et le bois du chevalet, tout y est si admirable que j'en venais à tout moment aux exclamations. Si j'étais en position d'avoir ce tableau, j'en donnerais volontiers dix mille francs. Il est d'un peintre vénitien. Sur le paysage de Le Clerc est écrit : *Ant. Forbera pinxit.* 1686. Ce morceau seul me dédommage jusqu'à présent de la peine du voyage par le plaisir qu'il m'a fait. Ce qu'il y a de singulier, c'est que la partie du tableau qui représente un tableau n'est nullement bien peinte ; il fallait que cet homme-là n'eût que le talent de copier et de fasciner les yeux.

Le tableau est sans cadre et non pas carré, mais taillé selon les contours que ferait réellement l'amas des choses qui y sont représentées ; ce qui contribue beaucoup encore à tromper la vue.

Je remarquai encore dans le cabinet du frère un excellent paysage de Benedetto Castiglione, une tête de femme du Guerchin, une Décollation de saint Jean, qui passe pour être de Lebrun, mais dont le coloris est fort supérieur à celui de ce peintre.

Nous repassâmes dans les cloîtres, qui sont gais et propres. Dans un coin, une perspective représentant une chapelle, où un chartreux dit son bréviaire, mérite d'être remarquée. J'allai dans le chapitre voir quatre tableaux de la Passion de Levieux, entre autres le Couronnement d'épines, dont j'avais jadis ouï faire un grand cas, mais qui me parut assez plat, surtout le voyant à côté d'un Saint Jérôme du Carrache.

L'église est belle, fort dorée, pleine de peintures et de tombeaux de papes, qui, par eux-mêmes, ne sont pas grand'chose. Je parle des tombeaux et non des saints-pères. L'autel, les gradins, le pavé et la balustrade sont tout de marbre. A gauche de l'autel est une Visitation de Champaigne; dans le chœur des pères, deux grands tableaux de l'école de Lombardie, représentant deux Adorations, l'une des rois, l'autre des pasteurs. Les autres tableaux de ce chœur sont de notre frère le conducteur, et ne sont pas indignes d'y tenir place.

Dans le chœur des frères, deux tableaux de Mignard; un troisième, du même, dans la chapelle à gauche, et dans celle à droite une Annonciation du Guide, qui est le plus beau morceau qu'il y ait dans la maison; mais il est fort gâté; le frère nous en montra une excellente copie qu'il venait de faire.

Dans les collatéraux, plusieurs histoires de chartreux martyrs, de différentes mains; entre autres, une Sainte Roseline[1], chartreuse, jolie à ravir. Hom! Blancey, comme je la martyriserais! Je suis sûr qu'elle a plus damné de ces bons pères que la règle de Saint-Bruno n'en a sauvé.

La sacristie est excellemment boisée de la main d'un chartreux, c'est tout dire. Un benêt de sacristain nous ennuya en nous montrant force trésors, argenterie, ornements, reliques; une épine de la vraie croix, la vieille chape et les pantoufles du pape Innocent VI, leur fondateur, etc., etc.

Le portail de l'église est orné de trois bas-reliefs d'assez mauvais goût. Bref, je sortis de ce lieu fort satisfait de la peine que j'avais prise d'y venir. A propos, n'êtes-vous pas ennuyé de ces longs détails de peintures? Il faut essuyer ce narré, puisque vous voulez avoir mon journal. C'est souvent à moi-même que j'écris ici, et pour revoir à mon retour, une seconde fois, ce qui m'aura amusé dans ma promenade.

L'après-midi fut employé à parcourir le reste d'Avignon. Nous allâmes voir la synagogue, qui pue comme ce qu'elle est. Il y a bien dix mille lampes, tant de cuivre que de verre : après cela, qui pourrait nier que ces gens-là ne soient illuminés? La juiverie est petite et mal bâtie, et les Juifs pauvres, contre

---

[1] Sainte Roseline de Villeneuve. R. C.

leur ordinaire, mais à coup sûr ce n'est pas leur faute. Ils portent tous des chapeaux jaunes, et les femmes un petit morceau de laine jaune sur la tête.

Les célestins ont un tombeau du bienheureux Pierre de Luxembourg, dont ils font à tort un grand cancan. J'aime mieux leur jardin tout rempli de palissades de lauriers, de la hauteur d'un sapin. Dans une de leurs salles, je trouvai le fameux tableau peint en détrempe par René d'Anjou, roi de Provence, leur fondateur, représentant sa maîtresse. Cette femme, dont il était extrêmement amoureux, étant venue à mourir, dans son affliction, au bout de quelques jours, il fit ouvrir son tombeau pour la revoir encore ; mais il fut si frappé de l'état affreux de ce cadavre, que son imagination s'échauffant de noirceur, il la peignit. C'est un grand squelette debout, coiffé à l'antique, à moitié couvert de son suaire, dont les vers rongent le corps défiguré d'une manière affreuse ; sa bière est ouverte, appuyée debout contre une croix de cimetière, et pleine de toiles d'araignée, fort bien imitées. Au diable soit l'animal qui, de toutes les attitudes où il pouvait peindre sa maîtresse, en a choisi une d'un si horrible spectacle ! Il y a dans ce tableau un rouleau contenant une trentaine de vers français du même roi, que j'ai négligé de copier, pensant que l'antiquaire Sainte-Palaye ne manquerait pas de le faire. Ce roi René est le même qui a été longtemps prisonnier à Dijon dans la tour de la maison royale, appelée la Tour de Bar, où l'on voyait encore, il y a peu de temps, quelques peintures à fresque de sa main sur les murailles [1].

Le palais du vice-légat est vieux, fort mal logeable, et les appartements ne valent pas la peine d'être vus. Celui d'à présent se nomme Buondelmonti. C'est un homme de cinquante ans, fort poli, qui nous donna une lettre de recommandation pour son neveu à Rome. Il commande ici en chef depuis cinq ans, et, au sortir de là, il sera, selon l'usage, fait cardinal. Il est vêtu singulièrement, d'une espèce de veste assez longue, couverte d'un pet-en-l'air à manches tailladées, dont les ouvertures sont garnies de petits boutons et boutonnières, le tout de damas noir, ce qui le fait ressembler bien fort à feu Scaramouche. Il entretient une compagnie de cavalerie de quarante hommes et une de cent hommes d'infanterie. Ses gardes ont des uniformes d'écarlate, galonnés d'argent sur toutes les tailles. Les Suisses sont encore plus originaux pour l'habillement que leur maître. Tout cela marche à tout propos, même quand il reconduit une visite. Ce n'est pas avec les revenus de la vice-légation, qui ne passent pas vingt mille livres, qu'il tient cet état; mais il est riche de son patrimoine. Communément les vice-légats ne sont pas en bonne intelligence avec les archevêques; cela

---

[1] Il fut pris, en 1431, dans une bataille, près de Neufchâtel, par Antoine de Lorraine, comte de Vaudemont, qui l'envoya prisonnier au duc de Bourgogne. Il ne sortit de captivité qu'à des conditions assez dures, et après avoir payé une forte rançon. (V. l'*Histoire du roi René*, par M. le vicomte François de Villeneuve.) R. C.

n'est pas aujourd'hui. L'archevêque, Piémontais de nation, vieux bonhomme de quatre-vingts ans, ne se mêle de rien.

La cathédrale est dans l'enceinte du château. On y monte par un escalier qui a beaucoup de l'air de celui que vous venez de faire construire au palais des États. L'église est obscure et décorée seulement par une tribune assez bonne. Au-dessus de l'autel est une Assomption de Parrocel; derrière est le chœur, où sont tous les papes d'Avignon, en bas-reliefs de bois doré, précisément comme vos magots, sur la façade du palais des États, qui, selon vous, représentent une suite d'élus. Je m'arrêtai à droite, vers une Vierge que je reconnus être de Raphaël, devant laquelle on passait sans lui rien dire. Les ouvrages de ce maître des maîtres ne frappent pas d'abord, mais à la longue on ne peut se lasser de les considérer : il n'est pas séducteur, mais il est enchanteur. A gauche, dans une chapelle, est une très-bonne Assomption de Mignard, et une Résurrection de Simon de Châlons, d'un goût tout à fait singulier. A droite, la chapelle des archevêques mérite d'être vue pour les sculptures, entre lesquelles je remarquai une Mort écrivant dans un livre, travaillée avec hardiesse et vérité. Les chanoines de cette église sont tous vêtus en cardinaux lorsqu'ils font l'office.

Il faut aller ensuite aux Cordeliers voir le tombeau de la belle Laure, maîtresse de Pétrarque, qui n'est autre chose qu'une vieille pierre dans un coin sale et obscur. On conserve un sonnet italien que Pétrar-

que mit dans son tombeau, et les vers que François Ier
fit sur-le-champ là-dessus, lorsqu'il y vint. Ils ne
seraient pas trop bons s'ils étaient de Marot, mais
ils ne sont pas mauvais pour avoir été faits impromptu par un roi. Si vous en êtes curieux, les voici :

> En petit lieu compris, vous pourrez voir
> Ce qui comprend beaucoup par renommée ;
> Plume, labeur, la langue et le devoir
> Furent vaincus par l'aimant de l'aimée.
> O gentille âme ! étant tant estimée,
> Qui te pourra louer qu'en se taisant ?
> Car la parole est toujours réprimée,
> Quand le sujet surmonte le disant.

On nous montra un tableau représentant la Ré-
demption du péché originel, assez bien dessiné pour
être, comme on le prétend, de Michel-Ange, mais
trop bien colorié pour ce peintre, fort défectueux,
comme on le sait, dans cette partie. Ils disent qu'ils
en ont refusé deux mille écus. Plus un Couronnement de la Vierge, que, de mon estoc, j'attribue au
Titien. Plus une chapelle où la vie de saint François
est peinte par Parrocel, fort bon peintre, qui demeure ici. La voûte de l'église est d'une largeur
remarquable.

Les jacobins ont l'inquisition, qui n'a point de
pratique ; un baldaquin de huit colonnes corinthiennes, fort hardi et exhaussé outre nature, et de
plus, dans leur enclos, une grande et belle chapelle
des pénitents blancs, où la vie de Jésus-Christ,

depuis sa résurrection, est peinte en huit grands tableaux, par Mignard et Parrocel.

Je finis par la salle de spectacle, petite, mais bien ornée et bien bâtie, et par un superbe carrosse de parade du vice-légat. Il a huit glaces, le fond étant tout pareil au devant, ouvert et glacé de même, doré à plein jusqu'aux roues, force cartisanes d'or, la peinture de Parrocel. C'est le plus beau que j'aie jamais vu ; il coûte quarante mille livres.

En avez-vous assez sur Avignon? Je vous fais grâce cependant de plusieurs autres articles qui me reviennent. N'allez pas vous figurer que je serai de la même longueur sur toutes les villes et peintures d'Italie ; ce ne serait jamais fait : d'autres en ont assez parlé ; mais j'ai voulu un peu m'étendre sur celle-ci, dont on n'a pas tant écrit. D'ailleurs, dans mon état de secrétaire des quatre Facardins, je suis possédé d'une ferveur de novice qui constamment ne sera pas la même. Ajoutez qu'un homme ici nous fait voir une pierre d'aimant grosse comme le poing, qui n'enlève qu'une petite clef, quoique bien armée ; mais le corps qu'elle a attiré attire ensuite quatre fois plus que la pierre même.

Le duc d'Ormond, jadis si fort en faveur en Angleterre, achève de manger à Avignon le fonds de huit cent mille livres de rente ; c'est le séjour des vieux ruinés, car M. de Langeac s'y est aussi retiré.

III. — A M. DE BLANCEY.

Route d'Avignon à Marseille.

Marseille, 15 juin.

Le 8, à cinq heures du matin, nous nous séparâmes en deux bandes. Sainte-Palaye, en sa qualité de protecteur de tous les vieux sonnets, voulut aller sur les bords de la fontaine de Vaucluse pleurer avec Pétrarque le trépas de la belle Laure; pour moi, qui ne me pique pas d'être le chevalier des donzelles de Carpentras, je tirai droit à Aix, en petite carriole, traînée par deux mules. Il règne une inimitié irréconciliable entre cette sorte de voiture et l'os sacrum ;

Et je ne pense pas que de Paris à Rome,
Carrosse, quel qu'il soit, cahote mieux son homme.

Mais la vue du pays, le plus admirable qu'on puisse imaginer, m'empêchait de faire attention aux regrets que mon croupion témoignait d'être la victime de ma curiosité. La Durance traverse ce bel endroit. Nous la passâmes sur un bac: elle est très-large et vingt fois plus rapide que le Rhône. Son eau blanchâtre n'embellit pas une contrée qui d'ailleurs n'offre qu'un spectacle charmant. Je me figurais qu'il ne finirait qu'avec la Provence; mais au bout de quatre lieues je fus bien détrompé. Une montagne tout à fait aride commence là, et l'on ne trouve presque autre chose jusqu'à Aix. A la vérité, les vallons sont fort cultivés et forment tout du long des jardins remplis d'oliviers et d'autres arbres.

Ce fut là que, moi indigne, j'éprouvai un des mystères de la passion; car en passant par ce jardin des olives, je suai sang et eau. (Ce m'était beaucoup d'honneur sans doute, et trop pour que je pusse le soutenir.) Je n'ai pas eu si chaud de la route qu'entre ces rochers. Pour m'alléger un peu, je m'avisai d'un expédient moitié épicurien, moitié cynique; ce fut de mettre mon postérieur à la portière, *in puris et naturalibus*, pour lui rafraîchir un peu l'haleine : ce soulagement me fit arriver plus patiemment à Orgon, petite ville qui appartient au prince de Lambesc, et où nous dînâmes. Nous fûmes coucher à Lambesc; et, le lendemain, étant partis à quatre heures du matin, nous nous trouvâmes à huit à Aix, après avoir fait quatre lieues. Les deux Lacurne y arrivèrent après nous, peu satisfaits de Vaucluse, mais beaucoup de l'évêque de Cavaillon, qui leur avait donné force lettres pour l'Italie. Madame de Ganay était arrivée à Aix dès la veille. Je lui trouve, depuis qu'elle a pris les eaux, le teint meilleur et la parole moins embarrassée.

Aix et Dijon sont deux villes que l'on met ordinairement en parallèle, ce qui me donnait quelque curiosité de les comparer. Aix, petite au moins d'un tiers plus que Dijon, est située dans le fond d'un vallon entouré de montagnes de tous côtés. La ville, sans en excepter aucune maison, est bâtie de pierres de taille; le quartier des marchands est bien peuplé, et me parut assez commerçant; celui des gens de condition, qui tient une grande partie de la ville, est tout magnifiquement bâti; la plupart des maisons élevées, ornées d'architecture et construites à l'italienne, avec des façades sur la rue; presque toutes les rues sont larges, tirées au cordeau, remplies de belles fontaines; on trouve à tout moment de petites places où l'on a planté des arbres pour donner de l'ombre; enfin cette ville est tout à fait jolie, et la plus jolie de France après Paris. Je n'hésiterai pas de la préférer à Dijon pour l'extérieur, quoiqu'elle n'ait ni nos maisons en façon d'hôtels, bâties entre cour et jardin (car à Aix je n'ai point aperçu de cour aux maisons et peu de jardins), ni nos beaux équipages courant tout le jour dans la ville : je n'en rencontrai que deux ou trois; mais bien quantité de belles chaises à porteurs toutes dorées, armoriées et doublées de velours. (Cependant les gens même du pays qui connaissent les deux villes donnent la préférence à Dijon.) On m'assura que toutes les maisons étaient meublées à merveille. Je ne crois pas que l'on y vive avec le bon air, la même aisance et le même luxe qu'à Dijon. Les lieux communs sont ici plus communs que partout ailleurs, car ils sont au milieu des rues, où l'on décharge aussi toutes les autres immondices : quoique les paysans aient grand soin de s'en emparer tous les matins, il en reste toujours dans l'air une fâcheuse teinture.

Le plus bel endroit de la ville, et l'un des plus agréables peut-être qui soit en France, est la rue du Cours ; elle est d'une fort grande largeur et assez longue ; les maisons en sont hautes, belles et à l'italienne ; quatre rangs d'arbres y forment deux contre-allées où l'on se promène, et une large allée au milieu, ornée de quatre grandes fontaines, dont la dernière a un jet d'eau, un large bassin et deux chevaux, dont l'un jette de l'eau froide et l'autre de l'eau tiède. Cette rue est terminée d'un bout par une balustrade qui donne sur la campagne, et de l'autre par un bel hôtel appartenant au trésorier de la province. Ce cours, dont on parle tant et qui serait moins que rien en comparaison du nôtre, s'il était hors de la ville, me paraît encore préférable au nôtre par l'avantage de sa situation et l'agrément d'y trouver, sans se déplacer, une promenade charmante à toute heure du jour et de la nuit. J'y vis beaucoup d'hommes, mais peu de femmes ; dans ce pays, elles aiment fort le jeu et négligent tout le reste, même la comédie, qui est très-déserte.

La pierre de taille n'est pas belle à Aix, et, pour l'achever de peindre, on en réduit les écailles en sable fin, dont on fait un vilain mortier terreux ; puis, avec de grands balais, on en barbouille toutes les maisons neuves ; il faut qu'elles soient naturellement bien belles pour n'être pas défigurées par ce vilain fard.

La place des Prêcheurs ou des Jacobins est la plus grande de la ville ; elle est toute plantée d'arbres. On vient de décorer l'intérieur de leur église d'une bonne architecture de colonnes corinthiennes, architravées, barbouillées de mortier comme le reste.

Le palais du Parlement est sur cette place ; la façade est un demi-dôme d'assez mauvais goût ; la salle des Pas-Perdus est infâme, celle de l'audience publique est fort laide, et le bâtiment en entier est, comme le nôtre, un vieux bâtiment fort mal distribué ; mais les chambres sont belles et bien ornées. La Grand'chambre est tapissée de velours bleu à cartisanes d'or, toute décorée de beaux et grands tableaux de N. Pinson, et d'un grand plafond peint et doré ; il en est de même de toutes les autres chambres. Dans chacune il y a un trône doré pour le roi, ce qui fait autant de places vacantes. Il y a deux chambres pour la Tournelle, l'une d'été, l'autre d'hiver. Celle d'hiver est singulière, en ce que sur la muraille, au-dessus de chaque place, sont peints au naturel tous les présidents et conseillers du temps, en robe rouge, avec leur nom au bas. Je comptai cinq présidents et quarante conseillers. Cela a été fait du temps du premier président Du Vair. Les Requêtes ont deux chambres : l'une pour l'audience, l'autre pour le conseil. A la différence de notre Parlement, les présidents aux requêtes sont présidents à mortier, et non ceux des enquêtes. Il y en a dix, comme chez nous. Autres différences : les présidents n'ont point de bureau, et tous les conseillers ont des fauteuils. Le Parquet, la chancellerie et la chapelle sont aussi ornés convenablement. La chambre des Comptes est au-dessous. La salle des archives mérite d'être vue, pour le bon ordre et l'arrangement.

L'hôtel de ville est mal situé, dans une rue étroite qui empêche de voir la façade, assez belle ; il est composé de quatre corps de logis, qui forment une cour serrée. Il y a une bibliothèque assez médiocre et une belle tour d'horloge, où sept statues, en tournant, marquent les sept jours de la semaine.

Voici ce que j'ai trouvé de plus remarquable dans les églises. Aux Carmes, un grand tableau peint par le roi René ; sur le revers des volets, il s'est peint lui-même, d'un côté, et sa femme de l'autre. Dans le chœur, le tombeau de la fille naturelle de ce roi ; trois statues fort anciennes et deux bons tableaux de Carmes. Aux Pénitents, une Incrédulité de saint Thomas, peinte par Penissionius, dont on fait grand cas ; cette peinture est grossière, dure et sèche, mais expressive. M. Loppin lui donne la pomme sur tout ce qu'il a vu ; pour moi, j'en fus peu satisfait.

A Saint-Sauveur, cathédrale laide et irrégulière, un baptistère obscur dont le dôme est soutenu par huit colonnes, chacune d'un seul morceau, d'une grandeur et d'une grosseur extraordinaires ; deux de ces colonnes sont de granit, et les six autres de ce marbre antique d'Égypte, vert noirâtre, si recherché et dont les carrières sont perdues. Cette colonnade est d'un grand prix; c'est grand dommage qu'elle soit si mal placée, et qu'outre l'injure des temps, elle ait encore à essuyer celle d'un Visigoth de sacristain, qui, pour y faire un reposoir le jeudi saint, s'est avisé de faire hacher et trouer ces colonnes. Dans une chapelle déserte, un bas-relief de sculpture antique du bon temps des Romains, mais bien effacé. Il représente, si je ne me trompe, une noce, du moins y remarquai-je une femme voilée, à demi couchée sur un lit, faisant de son mieux la mijaurée; une autre femme près d'elle paraît l'exhorter au martyre; et l'époux, debout tout nu près du lit, a l'air fort ennuyé de ces simagrées.

Aux Pères de l'Oratoire, une architecture dorique en dedans et en dehors, d'un goût fort particulier, aussi bien que le tabernacle. Pour passer d'une extrémité à l'autre, aux Jésuites, une belle église construite en arcades d'ordre corinthien très-régulière et d'un grand goût; c'est dommage que la frise soit trop chargée d'ornements. Plus, une chapelle de la Congrégation du Parlement, fort chargée de peintures; le tableau du maître-autel représente une Vierge à genoux; on ne put me dire de qui il était, et je ne sus pas le distinguer. On peut voir aussi l'église de la Visitation, qui est propre et tout en marbre. M. le marquis d'Argens, procureur général, a un cabinet de tableaux des meilleurs maîtres qu'il faut visiter.

Je ne sais comment on fait l'hiver dans cette ville,

où le bois se vend à la livre; quant à l'été, je l'y ai éprouvé fort bon. Je courus pendant le plus fort du jour sans être incommodé de la chaleur.

Le 10, un chemin, moitié rochers pelés, moitié jardins, nous mena à Marseille. En général, je n'ai pas trouvé, jusqu'à présent, que la beauté de la Provence répondît à l'idée que je m'en étais faite, à l'exception toutefois des quatre lieues au sortir d'Avignon. Nous verrons si Toulon et Hyères ne me présenteront pas un paysage plus curieux. Le jugement que je porte ici ne doit point être appliqué à une petite hauteur que l'on trouve à une demi-lieue de Marseille, d'où l'on découvre, à droite, la Méditerranée, le château d'If et les îles adjacentes en perspective, en face la ville de Marseille, dominée par la citadelle de Notre-Dame de la Garde et par les montagnes qui terminent le lointain, et à gauche, un vallon si rempli de *bastides*, ou maisons de campagne, d'arbres et de jardins, qu'en fermant de murailles cet enclos, on en ferait une ville dans le goût de Constantinople.

Nous entrâmes dans Marseille par la rue de Rome, alignée comme la rue de Richelieu, longue presque du double. Le tiers de cette rue, dans le milieu, est planté d'un cours fort inférieur à celui d'Aix; elle est bâtie de maisons belles, élevées à l'italienne, et peuplée comme la rue Saint-Honoré. Ce premier coup d'œil donne une grande idée du mouvement et de la richesse de cette ville, idée qui se trouve assez bien soutenue par le reste.

Après avoir débarqué à la Rose, fort belle hôtellerie, mon premier soin fut d'aller chercher l'ami Fontette[1] et nos deux chères compatriotes qui m'attendaient dès le 6 du mois. Ma joie de les voir fut telle que vous pouvez vous le figurer. Elles me remirent votre lettre, où je reconnus sans peine votre style, aussi plein de fanfaronneries qu'absolument destitué de sens commun. La conversation roula sur tous les gens de leur connaissance. Il me parut qu'à huit ou dix infidélités près, la grande fille vous était toujours fortement attachée. Elles se portent toutes deux à merveille; vous les reverrez l'une et l'autre au commencement du mois prochain.

Trois galères, sous les ordres de M. de Maulevrier, chef de l'escadre, sont commandées pour aller reconduire madame la duchesse de Modène à Livourne, les derniers jours de juin. M. de Fontette monte la principale galère en qualité de capitaine de pavillon, en sorte que maintenant il n'est pas sans occupation.

L'amitié du comte de Fontette pour moi a rejailli sur toute notre société, qui se trouve comblée de ses bonnes manières. Je lui sais bon gré de nous avoir fait faire connaissance avec les melets, petit poisson d'un commerce charmant et d'un mérite distingué. Chose que l'avenir ne pourra croire, entre Sainte-Palaye et moi, nous fîmes à ce dîner la valeur d'un Blancey.

Marseille peut se distinguer en trois villes : celle

---

[1] Le comte de Fontette-Sommery, mort chef d'escadre. R. C.

delà le port, appelé Rive-Neuve, qui m'a paru peu de chose; la vieille, riche, puante et peu jolie; et la neuve, où demeurent tous les gens de condition, composée de longues rues alignées. Presque toutes les maisons ont des façades agréables sur la rue; point de cours, mais de petits jardins embellis de jets d'eau, pour la plupart. Le port est une de ces choses que l'on ne trouve que là. Il est fort long et beaucoup moins large à proportion, plein à l'excès de toutes sortes de bâtiments, felouques, tartanes, caïques, brigantins, pinques, vaisseaux marchands et galères, qui en font le principal ornement. Tout le côté de la terre est garni de boutiques, où l'on débite surtout des marchandises du Levant; elles y sont si courues qu'un espace de vingt pieds en carré se loue cinq cents livres. L'autre côté est garni aussi de petites boutiques dans des bateaux, où l'on vend des oranges, des merceries, etc. Les galériens, attachés avec une chaîne de fer, ont chacun une petite cabane où ils exercent tous les métiers imaginables. J'en vis un qui me parut d'un génie profond : la tête appuyée sur un Descartes, il travaillait à un commentaire philosophique contre Newton. Un autre faisait des pantoufles, et un troisième contrefaisait fort adroitement, dans une lettre de change, la signature d'un banquier de la ville. Ils mènent là une petite vie assez douce ; elle faisait envie à Lacurne ; et, voyant une des cabanes vacantes, j'eus dessein de la retenir pour un certain vaurien de votre connaissance.

Le quai du port, qui est parqueté de briques sur champ, d'une manière commode à marcher, est continuellement couvert de toutes sortes de figures, de toutes sortes de nations et de toutes sortes de sexes, Européens, Grecs, Turcs, Arméniens, nègres, Levantins, etc.

Nous visitâmes les galères, dont je ne vous fais point la description, parce que, à la vie que mène Blancey, il n'aura que trop d'occasions de les voir. Les pataches, grands bâtiments faits, non pour aller sur mer, mais pour y monter la garde, consistent en un salon avec deux chambres aux deux bouts, où couchent les officiers de garde. Dans la consigne où les officiers préposés pour la santé tiennent leurs assemblées se voit le bas-relief[1] de marbre du fameux Puget, représentant saint Charles qui implore le secours du ciel contre la peste. C'est un morceau admirable, quoique la mort ait surpris le Puget avant qu'il ne fût achevé. Je fus charmé surtout de la figure d'une femme moribonde, dont la gorge, qui a été belle, est abattue par la maladie; on dirait que les chairs vont plier sous le doigt.

L'hôtel de ville, situé sur le port, a une belle façade chargée de bas-reliefs, entre lesquels il ne faut pas manquer de distinguer un écusson des armes de France, de la main du même Puget.

J'oubliais de vous dire, avant de quitter le port,

---

[1] Connu sous le nom de *la Peste de Milan*. R. C.

que rien ne m'a paru plus plaisant que de voir un forçat, les fers aux pieds, monter le long d'un mât de galère, sans autre aide que celle d'une corde tout unie qui pend le long du mât, et cela avec autant d'agilité et de promptitude que je pourrais monter un escalier; la descente est encore plus prompte : il n'est question que de se laisser glisser le long de la corde d'environ cinquante pieds de haut. Le voltigeur qui nous fit voir cette façon peu commune de cheminer était un Turc qui, à ce qu'il nous dit, s'était, par la grâce de Dieu, fait chrétien depuis longtemps. *Parbleu! lui dit Lacurne, je t'en félicite, cela t'a fait une belle fortune.*

Le parc, ou la maison du roi, est une espèce de petite ville à part. On y construit les galères dans de grands bassins secs qui donnent dans la mer; quand une galère est finie, on ouvre les portes du bassin, et, en rompant un batardeau, l'eau de la mer entre et les emmène. Les bois se travaillent dans les cours par les forçats, qui sont là, comme par toute la ville, en liberté, à cela près qu'ils sont enchaînés trois à trois, deux chrétiens et un Turc. Ce dernier, étant dans l'impossibilité de se sauver pour être trop reconnaissable et ne savoir pas la langue, empêche les autres de s'échapper. Tout ce parc est composé de salles immenses; celle où l'on file les câbles est percée de cent six arcades dans sa longueur. La plus belle est celle des armes, où il y a de quoi armer quinze mille hommes; mais ce qui s'y fait le plus remarquer est la façon agréable dont les armes sont rangées en trophées, flammes, pyramides, soleils, faisceaux.

Chaque galère a sa salle, qui contient tous ses agrès numérotés par le nom de la galère. Les autres salles sont des greniers, et surtout des manufactures de laine et de coton. Huit cents rouets, qui tournent tous à la fois dans une galère, font à mon gré un coup d'œil fort plaisant. Ce sont les forçats qui travaillent seuls à ces manufactures. Ceux-là sont les plus heureux; car, outre l'argent qu'ils gagnent journellement, selon leur habileté, ils ne vont jamais à la galère ni en mer, et chaque année on donne la liberté à six des plus sages d'entre eux. Je remarquai dans une des salles une roue fort ingénieusement inventée, avec laquelle on dévide plusieurs centaines de bobines à la fois.

L'intendant de la marine a sa maison dans le parc, jolie, bien ornée, avec un fort beau jardin. Il nous donna la felouque du roi, pour nous mener le long du port au fort Saint-Nicolas, d'où l'on découvre en perspective toute la mer, les côtes et le coup d'œil charmant du port, tout rempli de vaisseaux dans sa longueur. Ce fort et celui de Saint-Jean ferment l'entrée du port, qui est étroite et peu profonde, l'intention des Marseillais n'étant pas qu'il y entre de gros vaisseaux. Il y a un troisième fort situé sur une hauteur, c'est celui de Notre-Dame de la Garde; mais le premier est le meilleur des trois.

Un curieux, dans ses voyages, ne s'attache pas aux seules productions de l'art, comme sont les édifices et les peintures ; il recherche aussi soigneusement celles de la nature. Ici, par exemple, je me suis adonné à examiner les poissons de la mer, et j'ai tourné mon examen du côté du goût qu'ils pouvaient avoir. Sardines, melets, rougets, surmulets, loups, dorades, turbots, raies bouclées ou autres, sipillons, touténes, vives, maquereaux, voilà ce qu'un gentilhomme de ce pays-ci (M. d'Arcussia) exposa hier à ma physique, dans le plus grand repas de poisson que j'aie jamais vu, même chez Bernard. Mon étude fut profonde ; et, pour vous dire ma décision, le poisson qui se trouve dans la Méditerranée seule est admirable ; mais celui qu'elle a de commun avec l'Océan est fort inférieur à celui de cette mer. Je ne vous parle pas du thon frais, dont la pêche a été si abondante cette année, qu'il reste pour les valets. L'intendant nous donna aussi hier à souper, mais beaucoup moins bien.

Il n'y a point du tout d'équipages à Marseille, ils seraient inutiles dans toute la vieille ville, qui est interdite à madame de Ganay, même à pied. On s'y sert de seules chaises à porteurs, ou l'on va à pied. Cette dernière allure est moins chaude que l'on ne pense, par le soin qu'on a par toute la Provence de tendre des toiles d'une maison à l'autre en travers de la rue.

En général, je n'ai trouvé ce pays-ci ni aussi chaud ni aussi beau que je m'y attendais. Pour le premier article, il n'y croît ni blé ni bois. On trouve en cette province à chaque pas l'agréable et jamais le nécessaire. Aussi, à vous parler net, la Provence n'est qu'une gueuse parfumée.

Je ne sais pas grand'chose à citer à Marseille, outre ce que je vous ai déjà rapporté. L'abbaye de Saint-Victor, vieux couvent plus ancien que la monarchie, a quelques vieux cloîtres délabrés, une église souterraine, des pavés de marbre tout gâtés, de méchants bas-reliefs, et autres chétives antiquités du bas-empire, qui ne valaient pas la peine que je me donnai pour les voir, si ce n'est cependant un très-beau morceau de sculpture antique nommé le tombeau des Innocents.

A la Majeure, c'est-à-dire la cathédrale, on trouve d'admirables tableaux du Puget[1]. Celui du Sauveur m'a paru le meilleur. Près de Saint-Laurent, une inscription en langue orientale, que je ne pus ni lire ni entendre. Il y a aussi des antiquités du temps de la république de Marseille, antérieures à César; mais nous ne pûmes les voir, parce qu'elles se trouvent maintenant renfermées dans des maisons de religieuses.

La salle de la comédie est grande et bien ornée. C'est peine perdue que de l'avoir faite telle, car il n'y va qui que ce soit. Les comédiens se trouveraient bien flattés d'une de nos méchantes représentations. J'y allai cependant, le jour à la mode. La pièce

---

[1] Avant d'être sculpteur célèbre, Pierre Puget s'était fait un nom distingué dans la peinture. Né à Marseille en 1622, il y mourut en 1694.—François Puget, son fils, fut architecte, et assez bon peintre de portraits.   R. C.

n'était pas assez bonne pour me captiver; je m'accostai d'une petite comédienne fort drôle, dans la loge de laquelle nous fîmes une répétition. Le concert est plus suivi et mérite de l'être, quoique inférieur à ce que l'on en dit. L'orchestre est fort nombreux en voix et instruments. Il n'y a rien là dedans de bien distingué; mais l'ensemble en est bon, surtout les chœurs, qui vont à merveille.

On prend ici du café admirable, mais il est à peu près impossible d'en transporter hors de Marseille; les habitants n'en peuvent presque plus avoir pour eux, la compagnie des Indes faisant, contre la règle, arriver ici son café des îles et le débitant à rien, pour empêcher qu'on achète celui de Moka. Imagineriez-vous bien qu'elle pousse la perfidie jusqu'à envoyer cette affreuse graine dans les échelles du Levant, d'où on l'amène ici comme café de l'Arabie?

Parlons maintenant de mon départ; c'est l'article le plus difficile à arranger, à cause des contre-temps et des irrésolutions continuelles de mes camarades. Nous laissons partir sans nous le cardinal de Tencin, qui va droit à Rome. Pour nous, nous voulons voir Gênes, Livourne, Pise; et de plus un neveu du camérier, qu'il emmène avec toute sa suite, fait que son vaisseau est si plein, que nous y aurions été très-mal. Nous avons donc pris une felouque pour nous porter à Gênes, et comme les Lacurne craignent la mer encore tout autrement que Loppin ne craignait le Rhône, nous envoyons la felouque nous attendre à Antibes, où il faudra se rendre en poste par un long détour plus fatigant que la mer.—Tout ce que je vous dis là ne s'est conclu qu'après de longues réflexions, et maintenant cela n'est peut-être plus vrai. Le vent est devenu contraire, il fait tempête. Tant il y a que nous partirons quand il plaira à Dieu, et il ne lui plaira peut-être que l'année prochaine. Il y a cependant six jours que nous sommes à croquer le marmot, et nous devrions être quasi à Florence. N'en parlons plus, car le sang me bout quand il en est question. Vous figurez-vous que je vous écrirai souvent des épîtres de cette longueur? Ma foi, je crois que je m'en suis donné une bonne fois pour toutes. Ne vous dégoûtez pas cependant. Écrivez-moi tout simplement à mon adresse, poste restante, à Rome. J'irai retirer vos lettres au bureau. C'est la voie la plus sûre pour ne pas les perdre. Il faudra en user de même pour toutes les villes où je vous marquerai de m'écrire. On n'affranchit point les lettres pour l'Italie.

Mille compliments pour moi à la chère Blanquette, à la bonne Pousseline de Quintin, sans oublier celle de Marsilly. Vous savez combien il faut dire de choses pour moi à madame de Montot; n'oubliez pas non plus de faire mention de ma personne à nos amis. Vous ferez part de ma relation au doux Quintin; dites-lui que je le prie d'envoyer les deux cahiers qu'il prit dans mon cabinet, à Neuilly, dès qu'il sera de retour. N'oubliez pas surtout que cette lettre que je vous écris est commune entre Neuilly et vous, ainsi qu'il me faut deux réponses.

Le doux objet n'aura pas de peine à se déterminer à me donner souvent de ses nouvelles, et il sait combien je suis sensible au plaisir de sa conversation et de son amitié. Adieu tous les deux. Faites souvent mention ensemble de votre ami le Romain, qui n'espère plus arriver à sa nouvelle patrie, tant les contre-temps l'impatientent. Les Lacurne vous embrassent.

IV.—A M. DE BLANCEY.

Route de Marseille à Gênes.

Gênes, 28 juin.

Vous m'avez laissé, mon cher Blancey, d'assez méchante humeur sur la fin de ma dernière lettre, de tous les contre-temps et fausses mesures qui se rencontraient à chaque pas, dans notre voyage. La suite n'a pas contribué à la diminuer; j'espère cependant vous en épargner le détail dans ma narration. Quoi qu'il en soit, nous partîmes, contre mon attente, le même jour que je vous écrivis, en chaise de poste, sur les sept heures du soir, pour nous rendre par terre à Antibes, distant de Marseille de trente-quatre lieues. Nous avions fait marché très-chèrement avec une felouque du fond de la Calabre, montée de treize matelots napolitains au moins aussi honnêtes gens que des Manceaux. Mais la très-grande frayeur que les Lacurne avaient conçue de l'humide élément nous détermina à n'en tâter que le plus tard que nous pourrions, quoiqu'au dire de nos matelots le trajet ne fût en tout que de trois à quatre jours. Nous les envoyâmes donc nous attendre au port d'Antibes avec nos hardes et deux domestiques. Pour nous, nous allâmes coucher à trois lieues de Marseille, à Aubagne, méchante et puante petite ville. Le gîte était de nature à nous déterminer à partir matin. Le 16, à trois heures, nous étions en route. A l'exception de quelques jardins, on se trouve toujours entre des rochers effroyables jusqu'à Ollioulles, où les collines commencent à être cultivées. Pour lors nous retrouvâmes la Provence; les rochers sont remplis de grenadiers fleuris, qui y croissent naturellement, et les jardins et les campagnes, couverts d'orangers et de citronniers, voulurent nous dédommager de l'aspect affreux que nous venions d'essuyer. Je sais bon gré à la Cadière d'avoir choisi ce bourg pour y opérer ses miracles.

Nous arrivâmes à Toulon à dix heures, n'ayant fait en poste que sept lieues; mais les chevaux ne sont pas mieux conditionnés que les chemins. La ville est assez petite, et n'a rien par elle-même d'un peu considérable, qu'une rue longue et bien bâtie par laquelle nous entrâmes. La maison des jésuites est la plus belle de toutes. J'y entrai, n'étant pas naturel, après avoir fait ma visite au domicile de la Cadière, que ma politesse ne s'étendît sur celui du P. Girard[1].

[1] J.-B. Girard, né à Dôle vers 1680, y mourut en 1733. Une de

La ville a un petit cours et beaucoup de fontaines. Ces deux choses lui sont communes avec toutes les villes ou bourgades de Provence, qui pour cela n'en sont pas moins puantes. Là, le passage est toujours extrême des jardins aux rochers arides et de la m.... aux bergamotes.

Il ne faut pas manquer à Toulon de voir le beau balcon de *Puget,* qui fit tenir au cavalier Bernin ce discours si honorable à l'artiste français, « qu'il n'était pas besoin d'envoyer chercher des artistes en Italie, quand on avait des gens chez soi capables de faire de si belles choses. » Ce balcon est soutenu par trois figures représentées d'une manière grotesque, dont les têtes sont celles de trois consuls de Toulon, dont le sculpteur était mécontent.

M. de Marnésia nous donna un homme pour nous faire voir le port et la rade; l'un et l'autre sont des plus beaux qu'il y ait en Europe. Le port est moins grand que celui de Marseille, mais tout creusé de main d'homme, de façon que les plus gros bâtiments peuvent aborder aux murs des quais. Il est fermé par une longue et magnifique jetée, tout le long de laquelle sont bâtis les magasins du roi pour la marine, qui forment une façade admirable. Ce port est divisé en deux parties; l'une pour les vaisseaux marchands,

---

ses pénitentes, Catherine Cadière, jeune personne d'une grande beauté, ayant eu à se plaindre du R. P. Girard, l'accusa de séduction, de magie, etc., devant le Parlement d'Aix, qui l'acquitta à la majorité d'une seule voix, le 10 octobre 1731. Ce procès fait partie des causes célèbres. R. C.

l'autre pour les vaisseaux du roi, qui sont rangés tout le long.-Nous entrâmes dans l'un d'eux appelé *l'Espérance*. Figurez-vous un grand corps de logis à quatre étages, capable de loger huit cents hommes, avec des provisions et de l'artillerie à l'avenant. Ma foi ! c'est une belle machine ; mais comme il en est de celle-ci comme d'une autre belle machine que vous savez, dont on ne saurait jamais faire l'éloge que faiblement, je n'en parlerai pas davantage.

La rade est capable de contenir sûrement quatre cents vaisseaux de guerre. Nous y trouvâmes la frégate qui devait porter le cardinal de Tencin, montée par M. le comte d'Uzès. Comme elle était entièrement armée et prête à partir, ce fut pour nous un objet plus curieux encore que tout le reste.

L'arsenal de Toulon ne vaut pas celui de Marseille ; mais la corderie est bien au-dessus et vaut un ouvrage des Romains ; à vue de pays, elle ne contient pas moins de trois cents portiques.

Nous quittâmes Toulon sur les quatre heures, passâmes à Lavalette, terre de la domination de notre ami le sieur de Thomas, évêque d'Autun. La route n'a rien qui vaille la peine d'en faire mention, qu'un vallon large d'une lieue et long de cinq, tout rempli d'une forêt d'oliviers et de belles vignes, dans les interstices desquelles on élève, par curiosité, des plantes de froment. Tout cela a le défaut d'être fort sec. On ne trouve en ce pays presque jamais de rivières, et jamais de prairies, ni par conséquent de bestiaux. Ce beau vallon est entre Soulières et Cuers, bourg où les petits garçons nous entourèrent en dansant à la provençale, et chantant des airs de fêtes de Thalie. Notre couchée fut à Pignans, où nous payâmes dix francs une demi-douzaine d'œufs, ce qui peut paraître cher à vous autres badauds; mais pour moi, qui vois maintenant les auberges du pays génois, je suis encore étonné du bon marché.

Le 17, nous passâmes au Luc, terre de la maison de Vintimille. Là, nous nous vîmes réduits à une seule chaise de poste, de sorte que ce fut à nos fesses à se charger du reste de la route; les miennes s'exécutèrent des premières et me menèrent d'abord à ....[1]. Vous pouvez penser si le seigneur de ce lieu est un homme à bons procédés et chéri du beau sexe! Je ne vous dirai pas que tout le monde me prit pour lui quand j'arrivai, vous vous en doutez sans peine. Je laisse donc cela pour arriver à Fréjus, en passant au Muy. En vérité, je plains *ce pauvre M. le cardinal*[2] qui avait souvent une si méchante traite à faire; mais rien ne coûte quand on aime. Quel chemin ne ferais-je pas de bon cœur pour avoir l'honneur de vous cocufier?

Fréjus est une petite ville fort ancienne, située sur une hauteur; je remarquai à l'entrée les restes d'un amphithéâtre des Romains, dont l'enceinte est encore entière et un des côtés passablement conservé.

[1] Ce village porte maintenant le nom de Vidauban.   R. C.
[2] Expression dont se servait la reine-mère, en parlant du cardinal Mazarin.   (*Note de l'auteur.*)

A la sortie, je vis les ruines d'un grand et bel aqueduc, et le champ qui était autrefois le port de la ville, avant que la Méditerranée se fût retirée d'une demi-lieue. Depuis là, on ne fait plus que monter très-haut et très-rapidement. C'est le commencement des Alpes maritimes; le précipice est toujours à côté, ce qui parut excessivement mal inventé à mes camarades. Pour moi, qui me souvenais d'avoir passé l'hiver dernier le mont Jura, je trouvai ce chemin le plus beau cours du monde. En effet, il est fait avec un grand soin, et tout bordé de forêts et d'arbres admirables. Ce fut en commençant à descendre que mon cousin Loppin fit son apprentissage de monter à cheval; il ne faut pas omettre, à sa gloire, qu'il s'en tira comme un César. Nos louanges interrompirent un peu les regrets qu'il témoigna d'avoir entrepris, par un si grand soleil, une expédition telle que le voyage de Rome.

Nous descendîmes à Cannes, par un pays beau et fertile; c'est une petite ville pleine de beaux orangers, qui me consolèrent d'avoir été contraint de laisser les charmants jardins d'Hyères sans leur faire visite. De Fréjus à Cannes, en courant à bride abattue, sauf dans les montées, avec d'excellents chevaux, nous vînmes à bout de faire trois postes en six heures. Bien des gens noient leur chagrin dans le vin; mais là je noyai le mien dans la limonade, et quelle limonade! Je veux vous en envoyer de la fraîche.

Enfin, le lendemain matin, nous arrivâmes las et

recrus à Antibes, par un chemin de sable qu'on suit tout le long de la mer, ayant fait en tout cent quarante-trois lieues par terre, depuis notre départ de Dijon. Je m'attendais à me jeter dans la felouque tout en descendant de cheval; mais la misérable n'était pas encore arrivée. Il faut donc, en attendant, vous dire un mot d'Antibes. C'est une petite place longue et étroite, qui me parut bien fortifiée du côté de la terre; son port est joli. Il avait d'abord été construit pour des galères; mais n'ayant pas été assez creusé, il ne put servir que pour de petits bâtiments. Il est entouré d'une jetée, tout le long de laquelle règnent des arcades d'un bon effet.

Finissons cet article, car enfin j'aperçois ma felouque qui arrive. Il faut se hâter d'embarquer les petites provisions. Nous nous pourvûmes, entre autres choses, Sainte-Palaye et moi, de tables, livres, écritoires, pour faire les gens studieux pendant le trajet. Vous allez voir combien tout cela nous servit; bref, on appareille, nous entrons, on lève l'ancre à huit heures du soir, nous voilà partis. Ceci d'abord allait à merveille; nos patrons faisaient une musique enragée pour nous témoigner leur joie de nous avoir. *Galant' uomini, gran moussou, illustrissimi signori, issa, issa, allégramente io issa.* C'était un rompement de tête abominable. Cependant nous jasions avec beaucoup de gaieté; je ne sais pourquoi peu à peu cela s'affaiblit, les propos furent moins vifs, nous devînmes taciturnes, le cœur s'affadit; en un mot, le résultat de tout cela fut de jeter au diable les tables, la bibliothèque, les manuscrits, et de nous coucher, sans courage, sur des matelas, dont nous avions sagement fait provision; nous en fûmes quittes pour cet apprentissage ce jour-là, et allâmes nous arrêter près de Nice, où nous descendîmes un moment le lendemain matin, 19. La ville est peu de chose, à ce qu'il me parut, mais cependant bien peuplée et les maisons élevées; je fus surpris de trouver sur une porte une inscription dans le genre païen : *Divo Amœdeo.*

Nous passâmes à la vue de Villefranche, petite place forte au duc de Savoie. Ce fut là que le vent commença à nous contrarier, pour ne pas finir de sitôt. Il fut force de relâcher sur la côte, où nous fîmes une chère délicieuse d'une soupe à l'huile; mais à peine fûmes-nous rembarqués, que le vomissement de mer nous prit d'une belle manière. Je commençai la cérémonie, et j'eus l'avantage d'être le dernier à la finir. J'ai été le plus malade de tous, et Lacurne seul ne l'a point été du tout. Pour Loppin, c'était une chose rare à entendre que ses lamentations. Il avait un regret infini d'être venu de si loin pour rendre les nations étrangères témoins de sa faiblesse.

Cependant nous passâmes Monaco, méchante petite ville qu'on a tort de célébrer, si ce n'est par rapport à un grand fort assis sur un rocher plat, où est aussi la maison du prince de Monaco, d'assez belle apparence. Le roi y tient garnison française. Puis Roquebrune, Menton, assez bonne petite ville de la souveraineté de Monaco, près de laquelle le prince a sa maison de campagne. Ensuite Vintimille, dont votre serviteur ne vous dira rien, parce qu'il était alors occupé à régaler les sardines. C'est à mon gré la moindre peine de la mer que le vomissement; ce qu'il y a de plus difficile à supporter est l'abattement d'esprit, tel que l'on ne daignerait pas tourner la tête pour sauver sa vie, et l'odeur affreuse que la mer vous porte au nez. Enfin le calme ayant succédé au vent contraire, nos matelots, au lieu de ramer, nous abordèrent à un méchant trou nommé Speretti, où nous regardâmes comme une fortune de trouver des poules à 50 sous pièce, pour nous refaire par un peu de bouillon. Je ne suis pas de ceux qui se trouvent soulagés en descendant à terre, mon mal en redoublait au contraire; j'avais conçu une si grande horreur de la mer, que je ne pouvais même l'envisager. Je m'en éloignai et tombai dans une vallée pleine d'orangers, de cédrats, de limoniers et de palmiers, dont la vue ne fut pas trop achetée par le mal que j'avais souffert le jour. C'est là l'endroit qui fournit de fruits tout ce canton de l'Italie... De retour à la cabane, une douzaine de petites filles vinrent accroupies nous danser une danse iroquoise, avec des chansons qui ne l'étaient pas moins. Toutes les paysannes vont nu-tête, nattent leurs cheveux et les roulent derrière leur tête, rattachés en tapon avec une aiguille d'argent.

Le 20, nous reprîmes les rames dès trois heures du matin; je m'attendais à être malade comme la veille, et j'y fus trompé. L'inconstance de la mer est telle, que non-seulement je ne fus pas malade, et je ne l'ai plus été depuis, mais encore je voyais avec plaisir cette même chose qui m'était en horreur auparavant. Au défaut de la maladie, nous eûmes, ce qui était encore bien pis, l'ennui de ne point avancer. Après avoir passé San-Remo, fort jolie petite ville bâtie sur un pain de sucre, nos matelots nous relâchèrent sous des oliviers, où il fallut demeurer quinze heures à bayer aux corneilles. Voilà la diligence que l'on fait pour aller à Gênes par mer; aussi faut-il être fou pour prendre une autre route que celle du Piémont, quand on va en Italie. A la nuit, nous nous rembarquâmes; ce fut pour faire vigoureusement une demi-lieue et aller coucher à San-Stefano, où, parce que pour une pistole nous mangions, un jour maigre, une vieille poule qu'on venait de tuer exprès, le curé vint nous faire une harangue, comme si nous n'eussions pas fait pénitence *ipso facto*. Je me couchai sous une table et m'endormis à la musique d'une centaine d'enfants qui chantaient les litanies de la Vierge, sur l'air de ces corneurs de bouc que Cœur-de-Roy contrefait si bien.

Le 21, à minuit, nous levâmes l'ancre, passâmes devant Oneille et prîmes terre auprès d'Albenga, où j'allai faire un tour. La ville, qui est assez jolie, est pavée tout le long de cailloux de différentes couleurs, à compartiments, représentant des animaux, des armoiries, des feuillages, etc.

On peut dire en général que rien n'est plus beau

que l'aspect de toute cette côte de la mer, qu'on appelle la Rivière de Gênes ; ce ne sont tout le long que villes et villages fort bien bâtis et peuplés. C'est une chose toute commune de voir dans les villages des églises de marbre remplies de tableaux passables ; ainsi nous n'aurions pas manqué d'assez bons gîtes, si nos coquins de mariniers, qui avaient chargé force marchandises de contrebande, quoique nous eussions payé en entier pour nous seuls tout le chargement de la barque, n'eussent affecté de nous arrêter toujours sur les plus méchants rochers. Pour cette fois-ci, cependant, je ne me plaindrai pas du gîte. De bons pères minimes nous donnèrent le couvert et du feu pour faire cuire de quoi manger. La réception qu'ils nous firent fut la plus gracieuse du monde ; aussi leur en témoignai-je ma reconnaissance par une harangue ; et, m'adressant au prieur, du ton du marquis de Saulx : *Enfin donc, mon petit minime, vous êtes un homme charmant.* Je m'arrêtai là, voyant qu'il n'entendait pas le français, et lui promis de lui envoyer au plus tôt Cœur-de-Roy, interprète ordinaire de l'ordre.

La vue de Finale fut le plus beau spectacle de notre après-dînée. Le faubourg, plus beau que la ville, nous parut situé à merveille, rempli de belles et hautes maisons, de bâtiments publics, portes et arcades. Le rivage était plein de peuple et la mer couverte de bateaux qui allaient voir une fête qui se faisait à un vaisseau, qui salua l'assemblée de tout son canon, ce qui nous amusa beaucoup ; mais les quarts d'heure se suivent et ne se ressemblent pas; le vent contraire, qui nous a fait la faveur de nous tenir fidèle compagnie pendant toute la route, et plus encore la malice de nos Napolitains, nous firent arrêter près d'une méchante cabane. Nous entrâmes, pour nous coucher, dans une espèce de cave : je n'ai de ma vie tant souffert, non-seulement de la chaleur énorme, mais de l'étouffement; il fallait absolument que l'on en eût ôté l'air par artifice. J'en sortis, jurant bien que l'on ne me rattraperait jamais à coucher dans une machine pneumatique. Je passai le reste de la nuit à voir pêcher dans la mer, et à rassembler toutes les petites filles du canton, qui venaient à genoux me baiser la main comme à une relique ; le tout pour un sou.

L'ennui d'un tel séjour nous fit remettre en mer le lendemain matin, malgré la violence du vent. Nous nous en repentîmes bientôt, et eûmes un fort bon échantillon de tempête qui nous ballotta deux heures entre de gros rochers, dont le voisinage ne me réjouissait que médiocrement; mais mes camarades perdirent patience pour le coup ; ils se firent mettre à terre aussitôt qu'il fut possible, jurant par Mahomet que de leur vie la mer ne leur serait rien. Nous envoyâmes donc la felouque à tous les diables, ou, ce qui est la même chose, à Gênes[1], nous attendre, résolus d'y aller nous-mêmes à pied s'il le fallait, quoique la distance fût bien de cinquante milles. Nous gagnâmes Noli, méchante ville, qui paraît

[1] « Les Génois se donnent à moi, disait Louis XI, et moi je les donne au diable. » R. C.

quelque chose de loin à cause de ses hautes tours. Dès que j'eus le pied dans une maison, je me jetai sur le pavé, accablé de fatigue. Deux heures d'un profond sommeil me firent oublier le passé. Nous louâmes des mules pour achever le trajet ; mais nous n'eûmes pas fait cent pas, que nous fûmes obligés de quitter bottes et mules, pour prendre des pantoufles, et faire la route à pied dans un chemin large de quatre doigts, bordé par des précipices de quatre cents pieds de haut jusque dans la mer, à travers des carrières de marbres de toutes couleurs, qui pour lors ne me firent guère de plaisir à voir. Je retrouvai là une copie de mon ami le mont Jura, et encore pis. Nous eûmes deux grandes heures ce chemin, mille et mille fois plus dangereux et plus fatigant que la mer. Une plaine remplie de beaux villages nous en consola ensuite, et nous mena à Savone, où nous arrivâmes dans l'équipage d'Icare qui tombe des nues. Je ne sais si notre méchante situation intéressa les gens à notre fortune ; mais sitôt que nous eûmes le pied dans la ville, le consul de France vint de lui-même pour se mêler de nos affaires, afin que nous n'eussions qu'à nous reposer. M. Doria, gouverneur de la ville, nous envoya un écuyer pour nous inviter à venir à l'assemblée chez lui. Notre équipage ne nous permettait guère d'accepter la proposition ; mais le moyen de se passer de faire un petit tour dans la ville !

Savone est la seconde ville de l'État de Gênes. Elle avait un assez bon port qu'on a laissé combler pour que tout le commerce se fît à Gênes; elle est assez bien bâtie, les rues longues et les maisons très-hautes. Non-seulement dans cette ville, mais dans tous les villages de la côte, les portes des maisons sont revêtues uniformément d'une espèce de marbre noir, nommé lavagne, peu dur et tirant sur l'ardoise.

Le commerce de la ville est non-seulement en savon, mais encore en faïence fort renommée et qui ne vaut cependant pas notre faïence de Rouen, à l'exception de quelques pièces dessinées de bonne main. J'ai pour échantillon de celle-ci une soucoupe encadrée, qui ira tenir compagnie aux chiffonneries de la petite armoire de Quintin.

Après cela, nous allâmes à notre auberge nous régaler d'une bonne fricassée de poulet, que nous avions commandée en sortant. Or vous autres commentateurs du *Cuisinier français*, vous ne serez pas fâchés de savoir ce que c'est qu'une fricassée de poulet. Pour la faire, on dresse d'abord un grand plat-bassin de soupe à l'oignon, dans laquelle on jette ensuite une sauce blanche, là-dessus on dispose quatre poulets bouillis en sautoir, on verse demi-bouteille d'eau de fleurs d'orange : puis servez chaud.

Grâce à notre consul, le 23, nous trouvâmes tout disposé pour partir sur des chevaux de poste, et fîmes le matin vingt-cinq milles par un chemin de marbre très-rude, mais qui me parut de roses, en comparaison de celui de la veille. Arrivé à Voltri, j'aperçus enfin de loin le grand fanal du port de

Gênes, qui n'était plus séparé de nous que par une belle plaine. Telle fut la fin d'une route entreprise sans connaissance, continuée sous l'influence de toutes sortes de fausses mesures; d'une longueur, d'un ennui, d'une fatigue et d'une dépense inconcevables. Ce fut une grande fête que de retrouver des chaises de poste à Voltri. A la commodité de l'équipage se joignit l'agrément de la route. De Voltri jusqu'à Gênes, ce n'est, pour ainsi dire, qu'une rue de trois lieues de long, bordée à droite par la mer, et à gauche par des maisons de campagne magnifiques, toutes peintes à fresque. Qu'on ne s'avise pas de parler, à ceux qui ont vu ceci, des environs de Paris, ni de Lyon, ni des *bastides* de Marseille.

V. — A M. DE BLANCEY.

Séjour à Gênes.

Gênes, 1er juillet.

Ayant fait cinquante lieues depuis Antibes, nous arrivâmes à Gênes par le faubourg de San-Pietro-d'Arena. C'est y entrer par la belle porte; mais la quantité de belles maisons que je voyais depuis trois lieues me rendit moins sensible à la vue de ce faubourg si vanté. Nous passâmes à côté du phare, très-élevé et construit par ordre du roi Louis XII, pour guider la nuit à l'entrée du port, qui est difficile. Alors nous eûmes la vue du port et de la ville, bâtie tout autour en amphithéâtre et en demi-cercle. C'est la plus belle vue de ville qu'on puisse trouver. Le port est extrêmement grand, quoiqu'on l'ait raccourci par deux jetées ; mais on dit qu'il est peu sûr.

Il n'y a plus que les menteurs qui disent et les niais qui croient que Gênes est tout bâti de marbre ; en tout cas ce ne serait pas une grande prérogative, puisqu'on n'a guère ici d'autre pierre, et qu'à moins d'être polie, elle n'est pas plus belle que d'autres. Mais c'est un grand mensonge encore de dire, comme Misson, qu'il n'y a que quatre ou cinq édifices de marbre, car toutes les églises et autres bâtiments publics en sont en entier, de même qu'une grande partie des façades et de l'intérieur des palais. Si l'on voulait faire une proposition générale, on pourrait dire, avec assez de vérité, que Gênes est tout peint à fresque. Les rues ne sont autre chose que d'immenses décorations d'opéra. Les maisons sont tout autrement élevées qu'à Paris ; mais les rues sont si étroites, que Mypont peut vous assurer qu'il n'y a pas d'exagération de ma part, quand je vous dis que la moitié des rues n'ont guère plus d'une aune de large, quoique bordées de maisons à sept étages ; de sorte que si d'un côté cette ville est beaucoup plus belle pour les bâtiments que Paris, elle a le désavantage de ne pouvoir montrer ce qu'elle vaut par le méchant emplacement. D'ailleurs, je trouve quelque ridiculité à avoir employé le genre d'architecture le plus grand dans les plus petits terrains. Les palais n'ont souvent ni jardins ni cours, du moins qu'on doive nommer tels. Quand on entre dans les maisons, vous trouvez que quatre péristyles de colonnades, les unes sur les autres, enveloppent un terrain de vingt pieds en carré. Voilà comment cela est partout, sauf quelques maisons de la Strada Nuova et de la Strada Balbi, les deux plus belles de la ville, et supérieures à ce qu'il y a de plus beau à Paris. Les principales rues sont bien pavées en dalles, avec une allée de briques au milieu, pour la commodité des mulets, les litières ayant été fort en usage ici. Maintenant on ne se sert plus que de chaises à porteurs ; tous les charrois se font en traîneaux.

Le hasard nous fit arriver à Gênes, le plus beau jour de l'année. En faveur de la Saint-Jean, toutes les rues universellement étaient illuminées de lampions du haut en bas. On ne peut se représenter la beauté de ce coup d'œil. Tout le monde, hommes et femmes, en robes de chambre ou en vestes et en pantoufles, couraient les rues et les cafés, où l'on trouve du sorbet des dieux. Je ne vis d'autre chose depuis que je suis ici. Je trouvai, au coin d'une rue, une grande quantité de nobles, assis dans de méchants fauteuils, qui tenaient là une grave assemblée. Ce sont les nobles de la première classe ; ceux de la seconde n'osent pas en approcher, les autres se croyant fort au-dessus d'eux : c'est la seule prérogative qu'ils aient sur eux. Au surplus, les charges se confèrent indifféremment, et la place de doge se prend alternativement dans les deux corps.

C'est un fort méchant emploi que celui de doge. Pendant deux ans qu'il conserve sa dignité, il ne peut mettre le pied hors de chez lui sans permission. Cette place rend 1,500 livres de rentes ; jugez si un petit commis s'en accommoderait.

Tous les nobles sont uniformément vêtus de noir, en petite perruque nouée aux oreilles, et un petit manteau qui a d'ampleur le tiers de ceux de nos maîtres des requêtes. La plupart des citadins sont vêtus de même. Les femmes des nobles ne peuvent être vêtues que de noir, sauf la première année de leur mariage ; elles n'ont d'autre distinction que celle d'avoir des porteurs à leur livrée, au lieu que les autres femmes sont obligées d'en avoir de louage. Vous voyez que la dépense de ces gens-là, qui n'ont ni habits, ni équipages, ni table, ni jeux, ni chevaux, n'est pas considérable : cependant ils sont d'une richesse excessive. Fort communément, on trouve ici des gens avec une fortune de quatre cent mille livres de rente, qui n'en mangent pas trente mille. Du reste de leurs revenus, ils achètent des principautés en Espagne et dans le royaume de Naples, ou font construire pour eux un palais d'un million, et pour le public une église de plus de trois. Toutes les belles églises de cette ville sont, chacune, l'ouvrage d'un seul homme ou d'une seule famille. Au surplus, l'État est fort pauvre, et fait le méchant monopole de vendre aux étrangers une partie des vivres, que la sérénissime république a soin de fournir fort chers et fort mauvais.

Le jour de la Saint-Jean est un des cinq de l'année où le doge a permission de sortir pour aller à la messe en cérémonie. Je ne manquai pas de l'aller voir. Les troupes ouvraient la marche ; les grenadiers, avec de gros bonnets, marchaient les premiers, suivis des Suisses de la garde, en culottes à la suisse, fraises, etc., vêtus de rouge, galonnés de blanc ; ensuite les pages du doge, magnifiquement habillés d'un pourpoint de velours rouge, les chausses et les bas verts, le manteau rouge doublé de satin vert, et la toque rouge ; le tout entièrement chamarré d'or, tant en dedans qu'en dehors. Puis une partie du corps des nobles en petites perruques et en petits manteaux. Ensuite venait, accompagné de deux massiers, un sénateur portant sur son épaule l'épée de la république, démesurément longue, dans un fourreau de vermeil. Le général des armes, en épée et en robe de palais, marchait immédiatement devant le doge, qui était vêtu d'une robe longue de damas rouge sur une veste de même couleur, et coiffé d'une vastissime perruque carrée. Il portait à la main une espèce de bonnet carré rouge, terminé par un bouton au lieu de houppe. Il est grand et maigre, âgé d'environ soixante-dix ans ; il a la physionomie et le maintien d'un homme de qualité, et se nomme Costantino Balbi. On me dit qu'il n'était pas de la bonne maison Balbi, mais noble de la seconde classe. Les sénateurs, deux à deux, marchaient à la suite du doge, cachés sous de prodigieuses perruques et de grosses robes de damas noir, montées sur les épaules, de façon qu'ils paraissaient tous bossus [1]. Ils se rangèrent, de

---

[1] « .... Voilà pourquoi le président de Brosses, que je respecte en habit ordinaire, me fait mourir de rire en habit de

chaque côté du chœur, dans des fauteuils ; l'archevêque avait son trône et son dais du côté de l'épître, près de l'autel, et le doge, son trône et son dais de l'autre côté, près de la nef. Le doge ne marche point sans un écuyer qui lui donne la main. Les chanoines étaient en soutanes violettes et en rochets. La messe fut chantée par de vilaines voix de castrats, en assez méchante musique, sauf les chœurs et les ritournelles. Ce qui me plut davantage, ce fut un abbé à talons rouges, et un éventail à la main, qui, pendant la communion, joua supérieurement de la serinette.

Avant de quitter l'article des sénateurs, je veux vous dire que les élections des magistrats se font toutes par le sort ; on met tous les noms des nobles dans une boîte, dont on en tire un au hasard. Ce qu'il y a de particulier, c'est qu'on n'en ôte jamais ; de sorte qu'on tirera cent noms de gens morts depuis longtemps avant d'arriver à un vivant ; mais, ce qui est plus original encore, c'est qu'on a imaginé de faire, par toute l'Italie, de ce tirage un jeu de biribi. Chaque ponte met sur un nom ou sur plusieurs ; je ne puis pas bien vous dire le détail du reste. Ce jeu se

---

palais. Et le moyen de voir, sans que les coins de la bouche ne se relèvent, une petite tête gaie, ironique et satirique, perdue dans l'immensité d'une forêt de cheveux qui l'offusquent ; et cette forêt descendant à droite et à gauche, qui va s'emparer des trois quarts du reste de la petite figure ? »

(Diderot, *Salons. Exposition de* 1765 ; à propos d'un paysage de Loutherbourg, représentant un rendez-vous de chasse du prince de Condé, au rendez-vous de la Table, dans la forêt de Chantilly.)

R. C.

joue prodigieusement gros. La banque, qui est tenue par une compagnie formée pour cela, est de plusieurs millions. Malgré le désavantage extraordinaire qu'ont les pontes, la banque perdit dix mille louis au dernier tirage [1].

Je joins ici une lettre pour notre ami Quintin, contenant un mémoire des principaux objets de curiosité que j'ai remarqués à Gênes ; j'y joins un catalogue [2] de tableaux en faveur du goût dominant que nous avons pour la peinture, M. le procureur général et moi. Vous allez me dire que les catalogues ne vous apprennent pas grand'chose ; mais qu'apprennent de plus les catalogues de Marolles [3] ? Ce qu'il y a de sûr, c'est qu'il m'en a furieusement coûté de temps pour exprimer en détail tout cela,

> Avec tout le long verbiage,
> De monsieur Félibien,
> Qui sait envelopper un rien
> Sous un fatras de beau langage.

Pour vous, mon gros Blancey, je n'ai garde de vous retenir si longtemps dans les églises ; ce serait un tour de force trop violent pour votre petite dévo-

---

[1] Voyez la lettre xxxviii, tome II.

[2] Ce catalogue ne contenant qu'une nomenclature de tableaux, sans aucune appréciation, a été supprimé. R. C.

[3] Michel de Marolles, abbé de Villeloin, littérateur médiocre, né dans un bourg de la Touraine en 1600, mort à Paris en 1681. Il a laissé un grand nombre d'ouvrages, et surtout des traductions. Il publia les *catalogues* des nombreuses estampes qu'il avait réunies dans deux cabinets. L'une de ces deux collections est aujourd'hui à la bibliothèque Impériale, où elle forme 224 volumes. R. C.

tion : allons, venez faire un tour avec moi à la comédie, cela n'est pas cher ; les premières places sont à vingt-deux sous, encore ne sont-elles pas trop remplies, hors les dimanches. Les comédiens sont bons ; mais il n'est pas possible de s'imaginer à quel point les pièces qu'ils jouent sont misérables, surtout les tragédies. J'ai commencé à goûter ici les plaisirs de la musique italienne. Les décorations sont beaucoup plus belles qu'en France ; mais que penser des abbés et des petits-maîtres, cent fois plus agréables et plus papillons auprès des femmes qu'en France ? Nous voyons ici une chose singulière à nos yeux : une femme tête à tête avec un homme aux spectacles, aux promenades, en chaise. La première fois que j'allai à la comédie, j'y vis, à ma grande surprise, un jeune homme et une jeune femme fort jolie entrer ensemble dans une loge ; ils y écoutèrent un acte ou deux en caquetant avec assez de vivacité ; après quoi ils se dérobèrent à la vue du spectacle et des spectateurs, en tirant sur eux des rideaux de taffetas vert qui fermaient le devant de la loge ; ce n'est pas qu'ils voulussent prendre ici leur champ de bataille pour rien de secret, qu'ils ne faisaient peut-être pas même chez eux ; aussi personne que moi ne fut-il choqué de cette aventure. A Paris, la décence est aussi grande dans les usages que l'indécence l'est dans les mœurs. Ici c'est peut-être le contraire ; mais, après tout, qu'est-ce que l'indécence dans les usages, si ce n'est le défaut d'habitude de ces usages mêmes ?

Les hommes ne se placent point ici sur le théâtre ;

ce n'est qu'en France qu'on a cette mauvaise coutume, qui étouffe le spectacle et gêne les acteurs[1]. Ils se mettent sur une estrade au niveau du théâtre, qui règne au bas des loges, au-dessus et tout autour du parterre; en se levant de leur banquette pendant les entr'actes, ils se trouvent à portée de converser avec les femmes qui sont dans les loges.

Pour faire les savants, nous voulûmes chercher des gens de lettres : *niente*. Ce n'est pas ici le pays; les *mercadans* ne s'amusent pas à la bagatelle, et ne connaissent de lettres que les lettres de change, dont ils font le plus grand commerce de l'univers; et pour cela ils ont un fonds de banque publique contenant, disent-ils, trois cents millions d'argent comptant effectif. Cela me paraît dur à croire. Nous avons pourtant trouvé un P. Ferrari, de la doctrine chrétienne, homme savant, qui forme une excellente bibliothèque, que je conseille à tous ceux qui aiment ces sortes de choses d'aller voir. Il ne sait pas un mot de français, de sorte que je fus toute l'après-midi à parler latin, encore était-ce un grand soulagement pour moi; car c'est une chose du dernier ridicule que de m'entendre parler ici, comme Merlin Coccaye[2],

---

[1] C'est à Voltaire qu'on doit la réforme de cet usage. R. C.

[2] Folengo (Jérôme, dit Théophile), plus connu sous le nom de Merlin Coccaïe, ou Coccajo, poëte burlesque, né à Mantoue en 1491, mort en 1544, au couvent de Sainte-Croix de Campèse (près Bassano), où est son tombeau. Il a laissé plusieurs poëmes, la plupart sur des sujets de dévotion, et quelques-uns aussi dans un genre qu'il appela *macaronique*, sans que l'on sache trop pourquoi.
R. C.

un jargon macaronique, mêlé d'italien, de latin et de français. C'est avec d'aussi heureuses dispositions que je m'allai fourrer au milieu de six religieuses, à qui il fallut faire une description circonstanciée de la France. De mon côté, je n'entendais pas un mot de ce qu'elles me disaient. La scène fut comique; mais j'y trouvai de la catastrophe. J'allais chez elles pour acheter de ces fameuses fleurs de Chiavari, si estimées en ce pays-ci; elles me les vendirent, s'il vous plaît, un louis le brin. J'en rapporte deux en France, qui seront peut-être prisées quarante sous.

L'enceinte des murailles de Gênes est extrêmement vaste; elle renferme plusieurs montagnes sur lesquelles sont des maisons de plaisance, de sorte qu'on va à la campagne sans sortir de la ville. Avant que d'en sortir moi-même, je ne dois pas oublier le fameux proverbe de Gênes : *Mare senza pesci, monti senza legno, uomini senza fede, donne senza vergogna.* Je n'ai pas assez fréquenté le pays pour savoir la vérité du dernier article; cependant un Génois me disait tout à l'heure qu'il n'y avait pas un cocu à Gênes, ce qui me paraît encore plus dur à croire que l'argent de la banque. En ce cas, vous pouvez répondre que cela fait une ville fort ennuyeuse, et dans le vrai, vous ne vous tromperez guère. Je ne parle pas des sigisbées, dont on connaît assez la méthode. Ce nom s'applique à la femme comme à l'homme. La mode s'en passe, et les jeunes gens auront sans doute reconnu que tant d'assiduité n'est pas le moyen de réussir auprès des femmes.

Les *conversations* ou assemblées ne sont pas quelque chose de bien amusant; on y distribue force glaces et chocolat. On y joue, non pas un certain nombre de tours réglés, mais seulement autant qu'il plaît à la dame, et l'on ne paye point les cartes. Nous avons eu la gloire d'apporter à Gênes le *Médiateur*[1], et tout franc, c'est un assez méchant présent que nous avons fait à la ville. Ces *conversations* commencent à huit ou neuf heures et finissent à minuit ou une heure; on ne sait ce que c'est que souper ou donner à manger.

Les hommes sont, dit-on, aussi superbes que la ville, et leurs politesses, quand ils en font, ne passent pas l'épiderme. Nous avons été fort négligés de ceux sur qui nous comptions, et parfaitement bien reçus de ceux sur qui nous ne comptions guère.

Les nobles ne sont pas tous aussi anciens qu'ils le prétendent. Dans le temps des troubles de la république, on obligea tous ceux qui n'avaient pas six chefs de famille dans leur maison à se joindre à ceux-ci, et à en prendre le nom et les armes. Depuis le gouvernement rétabli, on remit les choses sur l'ancien pied. Les uns reprirent leur nom; mais d'autres, qui crurent y gagner, conservèrent le nouveau, et sont actuellement de la même famille.

Neuilly, à qui j'écrivis l'autre jour, aurait dû vous dire que je ne vais plus à Rome, mais à Venise, à cause des chaleurs; ainsi c'est là qu'il faut m'écrire

---

[1] Jeu de cartes à la mode en France, à cette époque. R. C.

tout présentement. Il vous aura dit encore que j'ai mal fait de marquer que les lettres n'avaient pas besoin d'affranchissement; elles en ont besoin jusqu'au pont de Beauvoisin, dès que l'on n'écrit pas à Rome ou sur la route; c'est-à-dire à Turin, Gênes, Livourne, Pise, Florence, Sienne et Viterbe. La poste de France a un bureau et un directeur à Rome: ainsi, si vous m'avez écrit, comptez votre lettre pour fort aventurée, et recommencez bien au long sur nouveaux frais. Ne manquez pas de donner de mes nouvelles à mon frère. Mille compliments à votre femme, à la Poussecline, aux petites dames, à nos amés et féaux *tutti quanti*. Nous partons après demain pour Milan, en chaises de poste, dont nous avons fait emplette ici.

VI. — A M. DE QUINTIN.

Mémoire sur Gênes.

Gênes, 1er juillet.

Si je commence le détail de la ville de Gênes par Saint-Laurent, cathédrale, c'est à cause de son titre, et non à cause de sa personne, qui n'est pas grand'-chose, quoique bâtie en entier de marbre blanc et noir, tant en dedans qu'en dehors. Je n'y ai rien vu qui me plût que les siéges des chanoines, faits de bois de marqueterie, sans être colorés, et représentant de jolis tableaux; une balustrade de marbre en filigrane à la chapelle Saint-Jean. La peinture à fresque du dôme et les autres ne valent guère, sauf une Nativité, du Barraccio, dans la chapelle à gauche du chœur. J'allai à la sacristie pour voir ce fameux plat creux, large de seize ou dix-sept pouces, fait d'une seule émeraude, qui est, dit-on, un présent de la reine de Saba à Salomon. Les Génois l'eurent pour leur part à la prise de Césarée; mais je n'en pus voir que la copie; l'original est dans une armoire de fer, dont le doge a la clef dans sa poche. Je ne jugeai pas à propos d'aller la lui demander. Je pense que le père Labat n'a pas été plus hardi que moi; ainsi c'est un fieffé menteur, quand il dit l'avoir vu souvent. La vérité du fait est que, quand il passe des princes seulement, le doge, accompagné de toute la garde, vient leur montrer la curiosité.

Saint-Philippe de Neri, aux PP. de l'Oratoire, est une charmante chapelle. Les chapiteaux des colonnes corinthiennes sont de bronze doré, de même que les ornements de la frise. Le maître-autel est de jaspe; la voûte et les tableaux des arcades ont été peints à fresque par Franceschini, Bolonnais. San-Siro, aux Théatins, m'a beaucoup plu par son architecture de colonnes accouplées fort hautes et toutes d'une pièce, et par son maître-autel de pierre de touche. Tout est peint à fresque dans toutes les églises, et communément assez mal peint, si ce n'est ce qui représente de l'architecture. J'excepte de la loi commune l'Exaltation de la croix, peinte à la voûte de l'église dont je vous parle, par Carlone; la chaire à prêcher, de marbres de rapport, s'est aussi garantie du mauvais goût dont je vous parlerai tout à l'heure. Les jardins des Théatins sont en amphithéâtre, fort exhaussés; on peut, au prix de beaucoup de fatigue, jouir en haut d'une belle vue.

En parlant de ce qui est à Gênes, il ne faut pas faire mention des marbres; c'est une chose trop commune; mais ce serait mal fait de les oublier à Saint-Ambroise des Jésuites, où l'on voit en ce genre une collection complète de tout ce que la terre peut produire; malheureusement ils y sont employés en marqueterie de colifichets pitoyables. Je suis toujours dans la surprise de voir comment les Italiens, après avoir imaginé et exécuté une ordonnance noble et magnifique, la gâtent en la surchargeant de méchants petits pompons. Leur bon goût pour les grandes choses n'est comparable qu'à leur méchant goût pour les petites. (Ce que je dis ici des marbres, des ornements et du goût italien, ne doit s'entendre que relativement à ce que j'en connaissais alors, et n'est point applicable aux choses vraiment belles qui se voient à Rome et ailleurs. Les marbres et les ornements de la chapelle des Médicis à Florence, et surtout de la chapelle Saint-Ignace à Rome, sont tout autres que ceci. Quant au bon goût, il est vrai qu'en général les Italiens ne l'ont bon que pour les grandes choses; leurs maisons, fort magnifiques, n'ont en dedans que peu de grâce et point du tout de commodité.) Les coupoles sont en grand nombre à Saint-Ambroise. La peinture à fresque, mêlée de reliefs, y fait un bon effet. Quant aux tableaux, j'y remarquai un Saint Ignace, de Rubens, excellent, et une Circoncision du même, encore meilleure. Plus une Assomption, du Guide, admirable à ce qu'on dit. J'en demande pardon à Dieu; mais, malgré mon amour pour le Guide, je n'en fus pas d'abord fort satisfait ; mais, l'ayant vu depuis dans un meilleur jour, j'ai trouvé le dessus du tableau d'une beauté singulière. Les PP. jésuites ont pratiqué, pour la commodité du sénat, un balcon doré qui communique à leur maison.

L'Annonciade, aux Zoccolanti, espèce de récollets, est la plus belle église de Gênes. Je ne parle ni de la fresque, ni du portail, qui sont mauvais ; mais l'ordonnance et le premier coup d'œil sont au-dessus de tout ce que j'ai vu en ce genre. Cette église est soutenue par deux colonnes jaspées de blanc et de rouge, qui font un effet tout à fait agréable. Le marbre de Carrare y est prodigué et n'est rien en comparaison des colonnes torses d'une espèce d'agate qui sont aux chapelles des croisées. Les autres chapelles ne sont guère moins belles. Celle de la Vierge a un beau tableau de Rubens, qui est fort effacé par la comparaison d'une Cène du Jules Romain, placée sur la grande porte. La chapelle Saint-Louis mérite d'être remarquée pour ses marbres, et celles de Saint-Clément et des Lomellini, de n'être pas oubliées. Qui pourrait croire que ce superbe édifice est l'ouvrage d'un seul particulier ? Il n'est pas encore achevé et ne le sera de longtemps, car les bons pères jouissent jusque-là d'un gros fonds pour être employé à la dépense.

J'arrivai à Sainte-Marie de Carignan, qui est située sur une hauteur, par un grand pont à plusieurs arches, jeté, pour la commodité du passage, sur plusieurs rues de maisons à huit étages. Quoi qu'en veulent dire les *coglioni*, c'est peu de choses que le portail; mais je fus bien satisfait en entrant de ne trouver ni marbres, ni fresques. C'est une architecture simple et noble, toute blanche. Quatre grandes statues font l'ornement de la croisée. Le Saint Sébastien, du Puget, est la meilleure des quatre. Pour les tableaux, je veux me souvenir d'une Madeleine, du Guide; d'un Martyr, de Carle Maratte; d'un Saint François, du Guerchin; d'une Descente de Croix, de Cambiaso; d'un Saint-Charles, de Piola, et d'un Saint Dominique, de Sarzana. Nous montâmes au dôme par un escalier à noyau, qui n'en a point, mais, au lieu de noyau, un grand vide cylindrique de fond en comble. Du haut du dôme on a une vue fort étendue, tant de la mer que de la ville.

L'un des tableaux de la ville le plus renommé est le Martyre de saint Étienne, à Saint-Étienne, par Raphaël et Jules Romain. Il déplaît au premier coup d'œil par sa sécheresse et sa sévérité; mais à l'examen on ne peut s'empêcher d'admirer la variété des expressions, l'énergie des situations, et surtout l'attente de la douleur, la résignation, l'espérance et la douceur peintes sur le visage de saint Étienne, qui est le seul endroit où je pense que Raphaël ait mis la main à l'ouvrage de son élève.

Comme ainsi soit que l'âne de la république est toujours le plus mal bâté, le doge est le plus mal logé, quoique dans le palais public de la *Seigneurie*, lequel est tout à fait simple et sans ornements. On trouve dans la cour deux statues élevées à André et à Jean Doria, portant que l'un a été l'auteur, l'autre le soutien de la liberté. L'appartement du doge n'a rien de bien distingué. L'une des salles du conseil contient de grandes statues des bienfaiteurs de l'État, avec des inscriptions au bas. Les glorieux faits d'armes des Génois sont peints dans cette salle en méchante fresque; dans l'autre salle sont les voyages de Christophe Colomb. La procession de la Fête-Dieu est mieux exécutée, quoique fort durement, par le Napolitain (d'Angeli). La salle de l'arsenal n'est, à vrai dire, qu'une boutique de vieille ferraille. On me montra, sur la porte, un *rostrum* ou éperon de galère des anciens Romains, trouvé en 1597, en nettoyant le port, à ce que porte un marbre qui est au-dessous. Je vis les cuirasses[1] qu'on dit avoir servi aux dames génoises, lors de la croisade féminine dont Misson a écrit l'histoire; les corps en sont larges et courts, et ridiculement bossus par-devant. On dit que c'est à cause des tétons. S'il est vrai, ces braves chevalières les portaient gros et pendants.

---

[1] De ces cuirasses, alors au nombre de trente-deux, il n'en reste plus qu'une seule; les trente et une manquantes ont été vendues par les Anglais, en 1815, au prix de la vieille ferraille. R. C.

Le plus beau de tous les palais de Gênes est, à mon gré, celui de Marcel Durazzo, rue de Balbi. Me souviendrai-je bien de tout ce que j'y ai vu? Cela serait long. Dans la grande salle en entrant, deux tableaux de cérémonies turques, par Bertolotti; dans la suivante, trois tableaux du Giordano : Sénèque, Olinde et Persée, traités d'un pinceau si différent, qu'il faut se donner au diable pour croire que c'est du même homme. Plus une belle Vierge du Cappuccino (Strozza Bernardo). Les appartements sont magnifiquement meublés, pavés de stuc; tous les plafonds dorés de bon goût; les tables et revêtissements des fenêtres et portes, de marbres singuliers. Les tapisseries de moires peintes avec des jus d'herbe par Romanelli, sur des originaux de Raphaël; de grands cabinets remplis de mille chiffonneries, entre autres un bas-relief d'ivoire long de deux pouces, représentant une bataille où il paraît y avoir quatre ou cinq mille figures, toutes distinctes et caractérisées. Les terrasses ont leurs vues sur la mer, et sont ornées de balustrades chargées d'arbres dans de grosses urnes de marbre. La galerie est pleine de belles statues antiques et modernes, entre lesquelles je distinguai un Faune et un Narcisse. Dans la chapelle, un enfant au plafond qui plafonne mieux qu'aucune autre figure que j'aie encore vue. Dans les appartements, une Durazzo, de Van Dyck; deux morceaux du Bassan, deux de Carlo Dolci, un beau paysage de Benedetto Castiglione; le fameux tableau de Paul Véronèse, représentant le festin chez le Pharisien. C'est un des plus célèbres morceaux de ce peintre ; il était à Venise chez des moines bénédictins, de qui Spinola l'acheta furtivement 40,000 liv., sans compter tout ce qu'il fut obligé de donner de *belle main* à chaque moine pour gagner leurs suffrages. La république, qui avait fait de grandes défenses de laisser sortir ce tableau de Venise, mit à prix la tête de Spinola, s'il était pris sur les terres de Venise, et chassa de l'État tous les religieux de ce couvent. Du moins, voilà ce que l'on m'en a conté, je n'en garantis point la vérité. (Je ne me souviens pas trop aujourd'hui de ce que c'est que ce Festin du Véronèse ; on ne connaît à Venise que quatre Festins du Véronèse, dont trois sont encore dans la même ville, et le quatrième a été donné par la république au roi de France ; on le voit à Versailles dans le beau salon d'Hercule.) Je vis enfin un Vitellius antique de granit, si fini, si vivant, que je n'eus pas de peine à croire celui qui me dit que ce morceau seul valait plus que tout le reste du palais ensemble. Jules Romain l'a copié dans sa Bacchanale, pour représenter la figure du goinfre qui est assis dans le char de triomphe. (C'est un des plus beaux bustes d'empereurs qui subsistent ; il peut aller de pair avec le Jules César du palais Casali, et presque même avec le Caracalla du palais Farnèse).

Le palais de Philippe Durazzo n'est pas si riche que le précédent ; mais, à l'exception du tableau ci-dessus du Véronèse, ceux de cette maison-ci sont plus beaux. Je n'eus le temps de les examiner qu'en gros ; mais tout est plein de morceaux des Carraches, du Guide, de Rubens, de Van Dyck, du Tintoret, de l'Espagnolet, du Dominiquin, du Caravage, etc. Parmi tout cela, ceux du Guide me parurent tenir le premier rang. J'avais bien du plaisir dans ce dernier endroit ; il fallut pourtant en sortir pour aller voir le palais Doria, dans la rue Neuve, dont les beautés sont d'un genre différent.

En montant l'escalier du palais Doria, je remarquai une lanterne faite d'un bassin d'argent, creux, poli et posé debout, fermé par un grand verre à loupe ; lorsqu'il y a des lampes dedans, il est aussi difficile d'en soutenir la vue que celle du soleil. Je crois qu'elle a servi de modèle pour nos lanternes de chaises de poste. L'architecture du palais Doria est fort estimée ; mais j'aime beaucoup mieux celle du palais Balbi, que le maître a donné aux jésuites pour en faire une congrégation. Ce qu'il y a de mieux au palais Doria, ce sont les tapisseries représentant les portraits de cette célèbre famille, et une autre tenture, sur les dessins de Jules Romain, estimée 110,000 livres. Il y a aussi de beaux cabinets remplis de pierreries ; une sainte Thérèse de bronze qui me charma : c'est un ouvrage du Florentin, le même qui a sculpté en argent, sur un miroir fort remarquable, un Massacre des Innocents, dont j'ai oublié de parler en son ordre, quand j'étais au palais Durazzo. Le reste des appartements du palais Doria, en grottes, bains, chapelles, tableaux, me parut médiocre, quoiqu'il y ait de bonnes choses en tous les genres ; mais j'en venais de voir de meilleures. Des jardins en l'air, répondant aux divers étages, sont vraiment curieux. Il y a dans Gênes grand nombre de ces sortes de jardins; l'inégalité du terrain, et le peu qu'on en a, a donné lieu d'employer ces sortes de constructions faites sur des terrasses qui, bâties ou ménagées exprès à côté des appartements, réparent à grand frais le défaut d'air qui règne dans la ville. Une partie de ces jardins sur les toits ont de beaux jets d'eau ; les grands appartements, qui sont toujours ici au second étage, ont aussi des kiosques à la turque, pour se promener en plein air. Misson nie effrontément ces jardins en l'air, et dit que ce ne sont que des pots de fleurs sur des fenêtres ; cela prouve bien qu'il n'a jamais été à Gênes, ou du moins qu'il n'a fait qu'y passer.

Le vieux palais Doria, hors la ville, était jadis ce qu'il y avait de plus beau, et l'est encore à certains égards, tout négligé qu'il est. Son jardin est l'endroit public où l'on se promène. Il y a un fort grand bassin de marbre d'où partent des jets d'eau de tous côtés, et au milieu un gros diable de Neptune représentant le fameux Doria le marin. Tout cela n'est rien en comparaison des magnifiques terrasses de marbre de Carrare, qui règnent à plusieurs étages, tout le long de la mer, vidées et soutenues de fond en comble par des colonnes de même marbre. C'est de là qu'on a infiniment mieux que de nulle part ailleurs la vue du port, des vaisseaux, de la ville en amphithéâtre, des montagnes, des jardins et des maisons de plaisance. Tandis que j'étais sur cette terrasse, j'eus le plaisir de voir tirer, en faveur de la procession de Saint-Pierre, tous les canons qui sont le long du port ; à quoi les vaisseaux répondirent par une décharge de tous les leurs, et illuminèrent ensuite leurs bords et leurs mâts.

Le palais Doria tient non-seulement tout un côté d'une fort longue rue, mais encore tout l'autre côté. On a jeté des ponts en l'air pour y traverser. Sur les bâtiments de ce second côté, rasés à moitié hauteur, on a élevé un rang de colonnes corinthiennes qui soutiennent une treille ; au delà sont des jardins qui s'élèvent jusqu'au-dessus d'une montagne. Dans ce jardin, près d'un colosse de Jupiter, est le tombeau d'un chien [1] d'André Doria, à qui il donna cent pistoles de pension pour son entretien. L'épitaphe est des plus curieuses : « Qui « giace il gran Rolando [2], cane del principe Giov. « Andrea Doria, il quale per la sua fede e benevo- « lenzia, fu meritevole di questa memoria e perché « servò in vita si grandemente ambidue le leggi, fu « ancora giudicato in morte doversi collocare il suo « cenere presso del summo Giove, come veramente « degno della real custodia.

« Visse XI anni e X mesi, morì in settembre del « 1615, giorno 8, ora 8 della notte. »

[1] Charles-Quint l'avait donné à André Doria, en assignant pour le chien cinq cents écus de pension.   R. C.

[2] M. Valery l'appelle Rœdan, M. Millin Roldano, et Lalande Roland.   R. C.

Au palais Spinola, toutes les grandes actions de la famille sont peintes à fresque, sur la façade du bâtiment, par Jules Romain, ou sur ses dessins.

Pour vous parler de la ville et des faubourgs, vous savez que celui de San-Pietro d'Arena est rempli de magnifiques maisons, qui ont sur celles de la ville l'avantage d'être en vue, d'avoir du vide et de grands jardins remplis de grottes, de fontaines, de petits parcs qui s'étendent sur les montagnes voisines : c'est le véritable endroit pour s'aller promener.

Notez que les valets dans les palais viennent vous offrir des glaces, et ne veulent rien prendre, ou du moins très-difficilement ; au lieu que dans les églises, les sacristains viennent vous demander.

VII.—A. M. DE NEUILLY.

Route de Gênes à Milan.—Pavie.

Milan, 8 juillet.

Parmi les plaisirs que Gênes peut procurer, mon cher Neuilly, on doit compter pour un des plus grands celui d'en être dehors. Ah ! que le proverbe a raison : *Uomini senza fede !* marchands, aubergistes, maîtres de poste, ouvriers, religieuses, tout est d'une friponnerie et d'une méchante foi inouïes. Je partis le 2 juillet, outrément courroucé contre cette vermine de républicains, et surtout contre un insigne coquin qui, en nous trompant sur le nom de poste et sur celui de *cambiatura*, au préjudice des marchés faits et des paroles données, nous a fait coûter, pour vingt-cinq lieues seulement, je ne sais combien de sequins de plus qu'il n'aurait fallu et qu'il n'aurait coûté, si, au lieu de prendre la poste, on se fût bien expliqué sur la *cambiatura*, ou qu'on eût voulu prendre, de ville en ville, des voiturins particuliers, ce qui convient à gens qui s'arrêtent à chaque endroit considérable pour leur plaisir ; car les deux manières d'aller, dont l'une s'appelle la *cambiatura* et l'autre la poste, sont la même chose, sans aucune différence pour le fond ; elles ne diffèrent absolument que de nom et de prix, la poste étant beaucoup plus chère, et quelquefois au quadruple de ce qu'elle coûte en France ; car jusqu'à présent je n'y vois rien de fixe. Le prix varie d'une ville à l'autre, et peut-être encore selon la friponnerie des maîtres de poste, qui abusent tant qu'ils peuvent de l'ignorance des étrangers. Vous comprenez que ceci ne peut manquer d'aller fort loin sur une si longue route, sur le grand nombre de chevaux dont nous avons besoin et sur la quantité de relais. C'est-à-dire que cela va pour nous à quatre à cinquante ou soixante livres par relais, l'un portant l'autre. On ne peut guère compter que par relais ; les postes étant si mal réglées que tantôt ils n'en comptent qu'une pour cinq lieues et tantôt deux pour une lieue. Au surplus, elles sont parfaitement bien servies.

La plupart de ces idées-ci ne sont pas bien justes; je m'en suis rétracté ailleurs. Le prix des postes varie selon les différentes souverainetés. Elles sont d'un prix modique dans les États du Pape et excessif en Lombardie et en Piémont. En général, c'est toujours la voiture dont il se faut servir et se munir d'un livre de poste pour prévenir la friponnerie des maîtres, qui trompent les étrangers tant qu'ils peuvent. Il y a des endroits où les postes se divisent par quart ou par trois quarts, manière de compter que nous ne connaissons point en France. On nous faisait toujours payer le complet. On n'a la *cambiatura* que fort difficilement et par l'autorité du gouverneur ; moyennant quoi les maîtres de poste, enragés d'un pareil ordre qui les oblige de fournir des chevaux aux deux tiers du prix de la poste, font mille chicanes aux voyageurs et les désolent en route. En général, on a tant de mal et de sujets d'impatience dans un long voyage, qu'il ne faut pas se donner encore l'embarras des petites économies. Il est dur d'être dupe, à la vérité ; mais pour le soulagement de l'amour-propre, il faut se dire à soi-même avec flegme qu'on ne l'est que volontairement et par paresse de se mettre en colère. De nouveaux renseignements sur les *vetturini* me portent à vous conseiller de ne jamais vous en servir : c'est une race abominable ; outre que, selon leurs règlements, il ne leur est permis de mener que les étrangers qui ont séjourné trois jours dans la ville.

De Gênes nous allâmes à Campo-Marone, poste et demie fort courte ; mais qui, par l'extrême rudesse du chemin, me parut bien longue, quoique toute garnie de belles maisons. C'est une plaine où l'on ne voit pas la moindre petite trace de route ; ce ne sont que cailloux et morceaux de rochers gros comme la tête. Il semble qu'Hercule en ait fait pleuvoir assez dans ce lieu, comme à la Crau en Provence, pour couvrir le pays d'un pied d'épaisseur. Les rochers qu'on trouve ensuite jusqu'à Voltaggio (deux autres postes), tout secouants qu'ils sont, ne le sont pas autant que cette horrible plaine. Encore les chaises d'Italie, sans ressorts, sont-elles moins des chaises qu'une invention honnête pour rouer les voyageurs ; aussi arrivâmes-nous sur les frontières du Milanais plus moulus que si nous eussions reçu cent coups de bâton. Ce trajet passe pour le plus rude de toute l'Italie.

Avant que d'arriver à Novi, on trouve Gavi, petite ville qui me parut avoir une citadelle très-forte, par ses ouvrages et par son assiette au-dessus d'un rocher.

Novi est la dernière ville de l'État de Gênes ; elle se mêle, comme sa souveraine, d'avoir des fresques et d'excellents sorbets.

Au sortir de là commence la plaine du Milanais, qui n'avait pas besoin pour se faire valoir des horreurs que nous venions de quitter. Rien n'est plus riche, plus fertile, mieux ombragé d'arbres, ni d'un plus beau vert ; c'est trait pour trait la même chose et le même aspect que nos plus beaux cantons du pays bas de Bourgogne, du côté de la Saône.

Deux postes de Novi à Tortone ; c'est une fort méchante petite ville, et son château ne me parut pas plus considérable. Ce n'était pas la peine de faire tant de cancans, à la dernière guerre, de la prise d'une pareille place. La brèche par où elle a été prise n'est pas encore réparée ; mais au-devant on a nouvellement piqué dans le roc un escarpement de trois toises de profondeur.

Voghera, où nous couchâmes, distant de Tortone d'une poste prodigieusement longue, n'est qu'un village, mais qui vaut mieux que vingt Tortone. On passe, pour y arriver, à Ponte-Corone.

Le 3, nous nous bottâmes, pour ainsi dire, pour coucher à la ville, car nous partîmes à trois heures du matin, pour ne faire dans la journée que deux postes, très-longues à la vérité, mais toujours belle plaine et beau chemin. On passe le Pô dans un bac, qui a plutôt l'air d'un pont de bateaux ambulants (de Turin jusqu'au golfe de Venise, il n'y a point de pont sur le Pô) ; puis un bras du Tessin, et, en troisième lieu, le Tessin lui-même, en entrant dans Pavie, sur un grand pont couvert qui a l'air d'une halle. Le Tessin est une rivière assez considérable et la plus grosse de toutes celles qui se jettent dans le Pô, qui, dans ce canton, n'est guère moins grand que la Saône.

Nous séjournâmes à Pavie. Je ne sais pourquoi je m'étais fait de cette ville, qui a été longtemps la demeure des rois lombards, une idée au-dessus de la réalité. Elle est médiocrement grande, plus longue que large, mal et tristement bâtie de briques; des rues larges et désertes. Il n'y a que la grande rue qui fait la principale partie de la ville, qui soit peuplée et passablement commerçante. Ces bons Lombards se sont apparemment figuré que leur ville était curieuse, amour-propre très-déplacé, car ils s'obstinèrent à nous mener voir mille choses fort pauvres.

La cathédrale est une vieille église bâtie de travers, où je ne remarquai rien qu'une chaire de prédicateur qui tourne tout autour d'un des piliers; elle est ornée de bons bas-reliefs en bois, et soutenue par les douze Apôtres, façon de cariatides. On me montra, dans un coin de la nef, la lance du paladin Roland; c'est, ne vous déplaise, un bel et bon mât de navire, dont il comptait, dans sa colère, faire un suppositoire à Médor.

Dans la place voisine, sur une colonne, est une statue de bronze montée sur un aïeul de Rossinante, de même métal. C'est, à ce que l'on me dit, un excellent ouvrage des Romains, représentant l'empereur Antonin; mais, au contraire, ce n'est, à mon sens, qu'un très-détestable ouvrage de quelque Ostrogoth.

Le tombeau de saint Augustin, chez les religieux de ce nom, est la seule chose qui mérite d'être vue à Pavie. Il vient d'être achevé. Comme la partie supérieure était construite depuis trois siècles et plus, l'ouvrier a été contraint de s'assujettir à la finir d'un goût approchant du gothique, ce qu'il a assez bien exécuté, tout en marbre d'Orient, des espèces les plus précieuses. Le corps du saint est sous l'autel, dans une chapelle souterraine. Un religieux alla chercher la clef de l'armoire où est le corps, nous assura fort qu'il y était, et n'ouvrit point l'armoire; mais en récompense il nous fit boire à chacun un grand verre d'eau fraîche, qu'il tira par dévotion d'un puits voisin. Le corps du saint a été anciennement transféré de Sardaigne à Pavie, et enterré, sans qu'on ait pu savoir, depuis tant de siècles, en quel endroit. Ils prétendent l'avoir retrouvé depuis peu. Je leur demandai quelle preuve ils avaient que ce fût lui, et ils eurent la bonne foi de convenir qu'ils n'en avaient aucune. Il ne faut pas oublier un petit tableau, *ex-voto*, qui est à côté. Il représente un pauvre moine augustin dans une furieuse détresse, car il est monté sur une jument, et surmonté par un coquin de mulet qui a les deux pieds sur les épaules du moine; il est aisé de voir à la mine du bon père qu'il ne prend pas tant de plaisir à l'aventure que le mulet; mais saint Augustin, descendant bénignement du ciel sur un nuage, vient tirer le moine de peine, en précipitant l'opération. Il y a encore plusieurs autres tombeaux dans cette église, entre autres celui de Boëtius le consul, posé sur quatre petites colonnes.

Il fallut ensuite aller voir, hors de la ville, San-Salvadore, église des bénédictins. J'y perdis mes pas; car ce n'est pas grand'chose. Ce n'est pas que l'église ne soit accommodée tout à neuf, assez ornée de bronzes et de peintures qui représentent la vie de la fondatrice Adélaïde, femme de l'empereur Othon; mais quand on en a tant vu et qu'on en doit tant voir de plus belles, ce n'est pas la peine d'aller là. On me fit remarquer deux miracles de saint Maur, peints par Fumiani, qu'on vante beaucoup, et dont je porte le même jugement que de l'église.

On voulait encore me mener voir le cimetière des Français tués à la bataille de Pavie; mais ma complaisance pour les badauds ne s'étendit pas jusque-là.

Avant que de partir, madame Bellinzoni, qui est une demoiselle Persy de Curgis, native de Bourgogne, nous donna des lettres de recommandation pour la comtesse Simonetta, de Milan. Nous partîmes le lendemain pour en faire usage. Il faut se détourner en tout de peu de chose pour voir la Chartreuse, qui est l'un des plus renommés endroits de l'Italie. C'est près de là que fut donnée la bataille de Pavie, dont je cherchai et demandai inutilement le lieu. Tout le pays est fort couvert d'arbres, et l'on a peine à y distinguer un terrain propre à une pareille action.

Le portail de la Chartreuse, de marbre blanc, est une magnifique galimafrée de tous les ornements imaginables : statues, bas-reliefs, feuillages, bronzes, médailles, colonnes, clochers, etc. ; le tout distribué sans choix et sans goût ; on ne pourrait, du haut en bas, placer le doigt sur une place vide d'ornement. Cela ne laisse pas de faire un coup d'œil qui amuse la vue, car il y a par-ci par-là de bons morceaux ; mais c'est toujours du gothique. Je ne sais si je me trompe, mais qui dit gothique dit presque infailliblement un mauvais ouvrage.

Dans tout le tour extérieur de l'église règnent plusieurs étages de corridors soutenus par des colonnes, et où l'on peut se promener. L'intérieur frappe d'abord en entrant par sa magnificence, sa bonne proportion, sa voûte, moitié en mosaïque, moitié en outre-mer semé d'étoiles d'or ; par la beauté des grilles des chapelles ; mais surtout par la grande grille qui traverse la nef, toute de cuivre aussi poli que l'or, et d'un excellent ouvrage. C'est une des choses que j'ai vues en ma vie qui m'a le plus satisfait.

De là on entre dans le chœur des frères, et ensuite dans le grand chœur, peint à fresque et assez bien, par Daniel Crespi. Le maître autel est si beau, que je me hâtai d'y courir. C'est d'abord une balustrade à jour, entremêlée de marbres et de bronzes d'un grand goût ; des chandeliers de bronze ciselés en perfection, et quelques statues assez bonnes ; mais tout cède au maître autel ou tabernacle. Ne croyez pas que j'exagère quand je dis que, quoique très-grand, il est tout de pierres précieuses orientales ; l'albâtre, le vert antique, le jaspe sanguin et le lapis-lazuli s'y font à peine remarquer parmi d'autres pierres plus belles. Un curieux de marbres peut s'amuser là pendant un mois, et il n'y a pas un de nous qui, s'il avait un des morceaux qui y sont prodigués, n'en fît faire une très-belle tabatière.

Quelque satisfaction qu'ait donné ce maître-autel, on n'est pas insensible aux parements d'autel des chapelles. J'aurais juré qu'ils étaient tous de broderie de petits grains ; mais quand ce fut au fait et au prendre, ils se trouvèrent tous de marbre de rapport, faisant d'excellentes tapisseries. Au surplus, c'est tout ce qu'il y a à remarquer dans cette église si vantée, que les marbres et les bronzes ; n'y cherchez ni sculptures, ni peintures, bien qu'il y en ait un grand nombre. J'en avais pris une notice, mais je ne veux ni me donner la peine de l'écrire, ni vous donner celle de la lire. Je vais seulement mettre ici quelques morceaux qui me paraissent mériter qu'on s'en souvienne. A la troisième chapelle, à droite en entrant, une fresque de Ghisolfi. A la quatrième, un très-beau bas-relief de Vospino, et un tableau d'Ambrogio Forano, remarquable pour être des premiers temps de la peinture..... A la cinquième, un Saint Cyr, d'Albert Durer..... Dans la croisée du même côté, un beau tombeau de Galéas Visconti, fondateur du monastère ; au bas est couchée la statue de Ludovic Sforza, dit le Maure, qui mourut en France au château de Loches, après douze ans de prison. Cet homme est si fameux dans notre histoire par ses méchancetés, que j'eus grand empressement de considérer sa physionomie, qui est tout à fait revenante, et celle du meilleur homme du monde ; que les physionomistes argumentent là-dessus. Du côté gauche, à la première chapelle, deux colonnes de granit poli, les premières que j'aie vu polies. (Le moine qui me les fit voir m'a trompé, en m'assurant qu'elles étaient de granit. J'ai vu depuis quantité de colonnes de cette pierre, fort commune ici ; à la vérité, elle tire beaucoup sur le granit.) Elles ont des chapiteaux de bronze antique..... Dans la seconde, trois morceaux de peinture, de Pierre Pérugin ; c'est ce qu'il y a de mieux là, en ce genre..... Dans la quatrième, un Massacre des Innocents, bon bas-relief, et dans un tableau de Neri (Pietro Martire), une tête excellente ; le reste du tableau ne vaut rien.

Dans la sixième, un Saint Ambroise défaisant l'armée des Algériens, bon bas-relief........ Dans la septième, un petit tableau long, du Procaccini, d'un coloris charmant..... A la croisée, les stalles des frères faisant des tableaux de bois de rapport.

Dans la sacristie, un très-grand devant d'autel, où toute l'histoire du Vieux et du Nouveau Testament est sculptée en très-petit ouvrage. On nous dit qu'il était tout de dents de poissons, et que c'était un présent du roi de France. Les ornements et l'argenterie sont fort en réputation, mais nous ne pûmes les voir ;

on les envoya bien loin dès le commencement de la guerre, et ils n'osent encore les faire revenir, jusqu'à ce que la paix soit publiée ici[1].

Les bons pères jouissent de cent mille écus de rente. On nous avait annoncé qu'ils régalaient magnifiquement tous les curieux. Sur ce principe, Lacurne jeûnait régulièrement depuis trois jours, comptant se dédommager ici de la mauvaise chère des auberges d'Italie ; mais, après avoir fatigué nos jambes et nos yeux pendant six heures dans l'attente du compliment, Lacurne prit le parti de demander à voir le réfectoire. Inutilité; les bons pères nous assurèrent à plusieurs reprises qu'il n'y avait rien à voir chez eux que l'église ; et il fallut s'en retourner par le gros de la chaleur, manger des œufs durs à mille pas de là. En sortant, nous aperçûmes, à travers une grille, quelques vieux parchemins qui composent leur bibliothèque. Sainte-Palaye demanda à y entrer. Rien ; ils ne la montrent point aux Français, et sans doute ils ont raison. Par composition, ils nous montrèrent de longues et magnifiques treilles soutenues de deux rangs de colonnes. Là-dessus nous quittâmes cette misérable canaille, pour aller à Binasco (poste et demie) et à Milan (poste très-longue).

Le chemin de Pavie à Milan est moins un chemin qu'une grande allée de jardin bien sablée, bordée de

---

[1] Il s'agit du traité de paix signé à Vienne, dans le mois de novembre précédent (1738). R. C.

deux rangs d'arbres, et de canaux de chaque côté ; le pays est beau et vert, mais un peu trop couvert d'arbres. Les chemins y doivent être bien mauvais en hiver. De Gênes à Milan, on compte quatre-vingt-dix milles ou trente lieues.

VIII.—A M. DE NEUILLY.

Mémoire sur Milan.

Milan, 16 juillet.

Pardieu ! les Italiens font une grande dépense en superlatifs. Cela ne leur coûte guère ; mais cela coûte beaucoup aux étrangers qui font de grands frais en peines et en argent, pour voir quelquefois des choses fort vantées et peu dignes de l'être. Il y a si longtemps que j'entends prêcher des merveilles inouïes de ce fameux Dôme ou cathédrale de Milan, dont la façade est la *cosa la più stupenda, la più maravigliosa*, que je n'eus rien de plus pressé à faire, en arrivant, que d'y aller. Vous avez vu, ou même vous possédez, la belle estampe qui représente cette façade ; gardez-la précieusement, car voilà ce qui en existe ; mais aussi il faut rendre justice à l'ouvrage. S'il était vrai qu'il existât, ce serait une belle chose : je ne lui sais de défaut que de n'être pas. Raillerie à part, à peine y a-t-il une troisième partie de cet immense édifice qui soit faite ; depuis plus de trois cents ans qu'on y travaille, et quoiqu'il y ait tous les jours des ouvriers, il ne sera probablement pas fini dans dix siècles, c'est-à-dire qu'il ne le sera jamais. Si on l'achevait, ce serait le plus vaste morceau de gothique qu'il y eût au monde ; on entretient même ici une école de goût gothique pour les ouvriers qui y travaillent. Depuis que cet ouvrage est commencé, il a eu des millions de successions, et, pour n'en pas faire cesser la méthode, on ne se presse pas de finir l'ouvrage.

Le dedans de l'église est très-obscur, dénué de tout ornement et de tout agrément. Voilà le mal que j'ai à en dire ; je commence par là, parce qu'il commença lui-même à me mettre de mauvaise humeur. Il y a cependant dans le détail beaucoup de choses remarquables : l'édifice est d'une grandeur surprenante, surtout ne paraissant pas tel au premier coup d'œil. Il y a dedans double collatérale, non compris les chapelles ; le tout soutenu par six rangs de piliers de marbre blanc, d'une grosseur et d'une hauteur extraordinaires ; le pavé est de marbre de rapport, employé, non pas en revêtissement comme ailleurs, mais en grosses pierres de taille : il n'est fait qu'à moitié. Tout l'intérieur de l'édifice est de même de marbre blanc. C'est cet article dont la dépense ne peut se concevoir ; car non-seulement les ouvrages et ornements dont fourmille le gothique en sont, mais le toit même de l'édifice n'est fait que de grandes pierres de cinq ou six pieds en carré.

Il faut monter sur le dôme pour y trouver des travaux énormes, à quoi on ne s'attendait pas, et qui sont là très-inutilement. Tout le tour de l'église, soit à côté, soit derrière, est du même dessin et d'autant d'ouvrage que la façade. On a plus avancé de ces côtés-là qu'au devant, dont le pauvre état frappant toujours les yeux excite davantage les âmes pieuses à la libéralité. C'est ce tour qui est habité par un peuple de statues suffisant pour faire une petite armée ; que sera-ce quand elles seront six fois plus nombreuses ? Elles sont presque toutes fort bonnes, et c'est ce qu'il y a de mieux dans l'ouvrage : on en a descendu une trop belle aussi pour demeurer là ; c'est un Saint Barthélemi qui peut passer pour un cours d'anatomie complet. On a écrit au bas que ce n'était pas Praxitèle qui l'avait faite. Quoique la pièce soit fort bonne, cette attention était de trop ; tous les auteurs que j'ai vus la donnent à Cristoforo Cibo. Il faut qu'ils n'aient pas vu l'inscription qui est au bas, et qui porte qu'elle est de la main de Marco Agrato.

Le chœur est orné de sculptures en bois en dedans et en marbre en dehors. Les sculptures du dedans surtout sont d'une beauté et d'un travail très-remarquables.

Sous le chœur est une chapelle souterraine assez bien entendue, contenant un si grand nombre de corps saints que le paradis n'en est guère plus fourni. Près de là sont la chapelle et le corps de saint Charles ; la frise de la chapelle est toute d'argent. J'eus le bonheur de voir de près et de m'agenouiller devant la face de mon benoît patron, et ce ne fut pas sans indignation contre un coquin de rat qui, sans respect pour sa béatitude, a eu l'audace de lui ronger le bout du nez ; heureusement que le saint homme en était assez bien pourvu pour n'être pas sensible à une pareille perte.

Dans le baptistère de l'église, il y a une grande cuve de porphyre aussi belle que celle de Saint-Denis. Les Quatre Docteurs, cariatides de bronze qui soutiennent la chaire et l'intérieur de la grande porte, valent aussi la peine d'être vus.

Les prêtres nous montrèrent, en payant, le trésor qui est très-riche, surtout en ornements et en argenterie. J'y distinguai quelques pièces curieuses, comme un étui de cuivre, ouvrage en mosaïque d'une grande antiquité ; un coffret d'or sculpté en perfection. Les figures sont vêtues en émail comme on n'en fait plus ; un grand ciboire de cristal de roche, et si l'on veut une mitre de plumes à l'usage de saint Charles. Ce saint avait au dernier point le goût des bâtiments, il en a fait ou réparé ici une grande quantité. Le séminaire, de l'architecture de Joseph Mela, est, à mon gré, le plus beau et le plus noble de ces bâtiments. C'est une grande cour carrée, garnie de deux étages de portiques à colonnes accouplées ; après, c'est le Collège helvétique, moins beau que le précédent, quoiqu'il ait deux cours de portiques, mais il n'est pas construit avec tant de noblesse. Il y a une belle salle de portraits d'hommes illustres ; puis l'hôpital, dont la cour est du même goût, et la façade d'une longueur prodigieuse, demi-gothique et demi-romaine, et enfin le lazaret, bâtiment fort vanté, qui n'est autre chose qu'un cloître immense de figure carrée, ayant cent vilaines chambres de chaque côté.

Quoique j'aie dit que l'architecture des églises de Milan ne soit pas grand'chose, il en faut excepter celle de San-Fedele, aux jésuites, par Pellegrino Tibaldi, dit le Pellegrini, surtout pour l'intérieur. Il n'y a d'autre tableau dans cette église qu'une Transfiguration, de Jules-César Procaccini ; mais, dans la maison au-dessus du grand escalier, il y a une copie d'une Décollation de saint Jean, de Michel-Ange de Caravage, qui, quoique copie, est une des belles choses qui se puissent voir : l'original, qui est à Malte, est le chef-d'œuvre de son auteur.

L'architecture de la Madonna presso San-Celso est du fameux Bramante, à ce qu'on dit, si tant est qu'un homme si célèbre ait pu mettre l'ordre dorique au-dessus du corinthien, ce qui fait tout le méchant effet qu'on peut en attendre. Cependant le portail, précédé par une bonne colonnade, a plusieurs bonnes statues, et surtout une Ève digne de l'antique, par Adolphe Florentin. L'intérieur de l'église est fort riche ; tout le pavé et les murs sont revêtus de marbre : l'autel principal est de pierres précieuses, comme à Pavie, mais moins belles. L'autel de la madonna est soutenu par quatre colonnes cannelées d'argent, dont les chapiteaux sont de vermeil. Dans une chapelle est un beau tableau de saint Jérôme, de Paris Bordone ; et dans la sacristie une Sainte-Famille, de Léonard de Vinci ; mais tous les beaux tableaux que je vois ici à tout moment ne sont rien à côté d'une Sainte-Famille qui est dans cette même sacristie : la grâce, la finesse de l'expression, la beauté de l'ordonnance, tout y porte le caractère de son auteur : vous n'avez pas besoin après cela que j'ajoute qu'elle est de Raphaël. A bon compte, passez-moi l'enthousiasme quand je parlerai de ce grand maître.

Dieu me garde de vous parler ni de vouloir me souvenir de toutes les églises où Sainte-Palaye m'a traîné : il n'y a si vilain trou où il n'ait voulu entrer ; notre carrosse de remise en était sur les dents; aussi lui ai-je promis que dès qu'il repasserait à Dijon, je lui ferais voir le petit Saint-Bénigne. Cependant vous serez bien aise, quand vous viendrez à Milan, d'être au fait de ce qu'il y faut voir. A la Passion, un beau portail dorique, gâté par des bas-reliefs mal placés ; le tombeau de Birague ; un fameux tableau de la Cène, de Cristoforo Cibo, qui se distingue par son coloris et les expressions des têtes : du reste peu de noblesse et nulle perspective. Il y a à droite en entrant, une Sainte-Famille; je ne sais de qui elle est... A Saint-Alexandre, une chaire en pierres orientales fort mal employées ; c'est un vieux reliquaire. A la sacristie, de bons paysages, du Fiammingo. A Saint-Laurent, une rotonde bâtie singulièrement et assez maussade; mais au-devant il y a seize vieilles colonnes corinthiennes, reste d'un portique de l'empereur Vérus, qui, toutes gâtées, tout effacées qu'elles sont, font un spectacle plus noble et plus beau que tout le reste de Milan et de Gênes ensemble, tant l'antique porte un caractère distingué au-dessus de la plupart des ouvrages modernes.... A Sainte-Marthe, un tombeau du jeune Gaston de Foix, tué à la bataille de Ravenne ; c'est le plus joli petit capitaine qu'on puisse voir ; aussi les bonnes religieuses, en rebâtissant leur maison, ont eu grand soin de conserver sa figure pour s'entretenir dans de bonnes pensées. A Saint-Ambroise, de grands et magnifiques dortoirs et escaliers ; un beau réfectoire, au bout duquel est une grande fresque représentant la Cène, par Calixte de Lodi, d'un coloris très-vif, ce qui n'est pas trop commun dans la fresque. Il y a d'excellentes figures, mais sans clair-obscur et de mauvaises couleurs locales... Plus, une belle bibliothèque, bien fournie de manuscrits. On me fit asseoir dans le jardin au même lieu où saint Augustin eut l'inspiration qui le convertit. Je vis le moment que j'en allais faire autant ; je sentais déjà *la grâce efficace* qui me prenait à la gorge ; bref, c'était fait de moi, si je n'eusse fui le péril.

Il y a dans l'église un maître autel antiquissime, soutenu par quatre colonnes de porphyre ; à côté de là une singulière inscription d'un empereur, Ludovicus César (c'est Louis II, fils de Lothaire et petit fils de Louis le Débonnaire), qui a mis Sainte-Palaye dans une terrible agitation d'esprit. Je l'y laissai, pour me démêler d'un serpent de bronze posé sur une colonne qui passe ici pour le véritable serpent d'airain du désert; mais c'est, s'il vous plaît, un bel et bon Esculape, à qui l'on fait tous les jours le petit office.... A Saint-Eustorge, beaucoup de tombeaux et d'antiquités du Bas-Empire. (Notez cependant que le tombeau des trois rois qui allèrent à Bethléem n'est ni du Bas-Empire, ni de ces choses qui se voient partout; les trois rois n'étant enterrés qu'en fort peu d'endroits, comme ici, à Cologne et en quelques autres villes.) A Saint-Nazaire, les tombeaux des Trivulzi : c'est peu de chose.... A la Paix, une madone célèbre : ce n'est rien du tout; je ne conseille pas à M. le procureur général d'y aller, d'autant plus qu'il faut faire profession de foi pour la voir..... A Saint-Victor un bon morceau, du Pérugin, dans la croisée à droite; dans le chœur, un Saint Georges, que les religieux, après tous les auteurs, me soutinrent être de Raphaël, et moi je leur soutins qu'il était de Jules-César Procaccini, le tout pour me faire valoir; car le moyen de se faire valoir quand on est de l'avis d'autrui ! Nous allons écrire de bonnes dissertations là-dessus. J'ai pour argument contre les auteurs qu'aucun d'eux ne l'a vu ; car ils en parlent tout autrement qu'il n'est, et contre les moines, que ce sont des nigauds, qui veulent qu'un très-méchant barbouillage qui est à côté soit aussi de Raphaël.

A la Roue, il n'y a qu'une chose bien considérable : c'est une petite grille de fer sur un trou du pavé. Mais vraiment n'allez pas vous figurer qu'elle est mise là pour rien. Après une sanglante bataille, donnée entre les chrétiens et les Algériens, saint Ambroise, affligé de voir les chrétiens sans sépulture et leur sang profané par un mélange impur avec le sang des hérétiques (les Algériens hérétiques!) fit au ciel une telle oraison éjaculatoire, que le sang des chrétiens se cerna en roue en se séparant de l'autre, et roula dans le trou dont il s'agit. Voilà ce que porte une belle inscription gravée à côté, à laquelle il ne manque, pour être authentique, que d'être signée d'un secrétaire du roi. Je m'étonne fort que Misson, si exact sur cet article, ait oublié ce beau point d'histoire...... Aux Grâces, à droite en entrant, un Saint Paul, peint par Gaudenzio Ferrari, d'une manière grossière, mais très-énergique ; à la croisée de la gauche, un Christ bafoué, du Titien ; la Vie de saint Dominique à fresque, plus curieuse pour les bonnes histoires qui y sont dépeintes que pour la peinture. Notez seulement le Purgatoire au fond d'un puits, et la sainte Vierge puisant des âmes avec un chapelet, qui fait la chaîne. Au réfectoire, l'Institution de l'Eucharistie, peinte à fresque [1] par Léonard de Vinci ; je n'ai rien vu de plus beau ici après la Sainte-Famille de Raphaël. Je puis dire que c'est le premier morceau de fresque qui m'ait véritablement fait plaisir, tant pour l'expression de chaque partie en particulier que pour l'ensemble du tout... A Saint-Barthélemi et Saint-Paul, l'architecture extérieure... A Saint-François, l'inté-

---

[1] On sait maintenant que le *Cenacolo* est peint à l'huile. R. C.

rieur avec quelques peintures assez bonnes... A Saint-Marc, la chute de Simon le Magicien, bonne fresque, par Lomazzo ; mais qui ne se fait pas remarquer, pour être fort gâtée et effacée. Dans le cloître des religieux, un tombeau antique très-joli, infixé dans le mur; dans la partie supérieure de ce tombeau, on a sculpté en bas-relief, une danse des Trois Grâces, toutes nues, dont deux portent distinctement et fort en grand le caractère de leur sexe, et l'autre, pour l'honneur du pays et le goût des fantasques, se présente dans l'attitude ultramontaine.

En général, rien n'est plus beau ni mieux entendu que l'intérieur des couvents de Milan. Ceux de Saint-Victor et des jésuites ne le cèdent en rien à celui de Saint-Ambroise, dont l'architecture est du Bramante.

En voilà beaucoup sans doute sur l'article des églises, et assez peut-être pour vous ennuyer ; mais, une fois pour toutes, il faut faire une réflexion générale sur ce que j'écris ; savoir, que je n'abrége jamais davantage que dans les endroits où je suis le plus long. En effet, la plupart du temps, vous pouvez remarquer que je passe rapidement comme sur la braise ; et, dans le vrai, je supprime toujours beaucoup.

Il n'y a presque point de carrefour ou de place vide un peu large à Milan, où il n'y ait un obélisque ou colonne, ou une statue, ce qui fait à la vue un embellissement agréable. La colonne que l'on appelle *Infâme* est élevée, à ce que l'on raconte, sur la place où était la maison d'un malheureux que l'on surprit s'efforçant, par le moyen de certaines drogues, de mettre la peste dans la ville. Le plus beau des bâtiments publics, à mon gré, est le *Campo-Santo*, ou cimetière de l'hôpital. C'est une espèce de cercle coupé en octogone par quatre portiques ouverts des deux côtés, de l'un par des fenêtres entre les piliers, et de l'autre par une colonnade continue. On a défiguré ce bel enclos par un méchant bâtiment construit au milieu, lequel en coupe tout à fait l'aspect.

Il y a aussi à Milan d'assez beaux colléges et écoles publiques, surtout celles de droit et de médecine ; sur la porte de cette dernière, on voit une statue antique d'Ausone, avec force inscriptions.

La bibliothèque Ambroisienne est si célèbre dans l'Europe, que vous ne me pardonneriez pas de n'en point parler. Le vaisseau n'en est ni beau ni orné, et tous les livres quelconques sont reliés en parchemin. Il y a, dit-on, trente-cinq mille volumes ; c'est beaucoup pour un si petit espace. On l'ouvre tous les jours, soir et matin, et je l'ai toujours trouvée remplie de gens qui étudiaient, à la différence des nôtres ; mais je trouvai singulier d'y voir une femme travailler au milieu d'un tas de livres latins ; c'est la *signora* Manzoni, qui a le titre de poëtesse de l'impératrice. Vous verrez bientôt qu'il y a ici des femmes plus érudites encore. L'article le plus considérable de cette bibliothèque est celui des manuscrits : on en compte quinze mille. On nous fit voir les plus curieux, parmi lesquels il y en a de beaux et de bonne antiquité. Le plus ancien est la version latine de Josèphe, par Ruffin, écrite sur une espèce d'écorce d'arbre, dont chaque feuille est composée de deux, collées l'une contre l'autre, pour avoir plus de durée. Les docteurs gagés pour l'entretien de la bibliothèque sont obligeants et communicatifs de leurs manuscrits. Ils en laissent copier tout ce dont on a besoin, et il y a des copistes gagés pour écrire en toutes sortes de langues, même en hébreu, syriaque, etc.

Outre les salles des livres, on a établi des académies de peinture et de sculpture. La galerie des sculptures est pleine, comme à Paris, de modèles moulés en plâtre, sur les meilleures statues antiques; et en outre de grandissimes dessins à la main, dont le principal, sans doute, est celui qu'a fait Raphaël, pour peindre son grand morceau de l'école d'Athènes. Il ne faut pas oublier un squelette effectif posé sur un piédestal et couronné de lauriers; c'est celui d'une femme docteur, qui, après avoir donné quantité de bonnes instructions à ses compatriotes pendant sa vie, a voulu leur en donner encore après sa mort, et qui, présumant bien sans doute de ses appas secrets, ordonna, par son testament, qu'on ferait une anatomie de son corps, et que le squelette en serait posé dans cette galerie, pour être une étude d'ostéologie. Voilà à peu près ce que porte l'inscription du piédestal; mais j'ai oublié le nom de la fille. En récompense, je me souviens que près de là, il y a un bas-relief de marbre curieux et chargé de quantité de petites figures fort délicates. De là, on entre dans la galerie de peinture ; mais chut ! ceci nous mènerait un peu loin, vu la quantité de belles choses dont elle est pleine ; ainsi, j'ai bien envie de n'en point parler du tout. Il ne faut pas s'aviser de confondre la bibliothèque Ambroisienne avec celle de Saint-Ambroise : celle-ci appartient aux moines du couvent de ce nom et ressemble fort à l'autre, non-seulement par les livres, mais encore par un bon nombre de manuscrits et de tableaux. Les principaux de ceux-ci sont une Incrédulité de Saint-Thomas, du Titien ; une Descente de croix, de Luca ; un Ensevelissement, du Bramantino ; une Famille-Sainte, de Léonard de Vinci ; un beau dessin, du Morazzone, et la Femme adultère, de Bernardino Lanini. Mais, ce qui m'a le plus contenté dans cet endroit, ce sont les archives, où une prodigieuse quantité de chartes rassemblées avec soin et remontant jusqu'au huitième siècle sont conservées étendues de leur long dans des layettes, pour qu'elles ne se coupent point, et cela de manière à servir de modèle à toutes les archives du monde, comme le père Giorgi, qui les a mises dans cet ordre, doit l'être de tous les archivistes. Il a lui-même déchiffré toutes ces chartes, les a copiées exactement de sa main, en a fait différentes notices, pour tout ce à quoi elles peuvent être utiles : chronologie, généalogie, histoire, langue, terriers, famille. En un mot, c'est un ouvrage admirable ; et je regarde cet homme comme le Mabillon de notre siècle. Ses mœurs avec cela n'ont rien contracté ni de l'habit de moine, ni de la poussière des paperasses. Je ne lui trouve de défaut que d'être trop savant pour un moine de Cîteaux. Si son général en était instruit, il le châtierait sûrement d'avoir trop étudié les poésies de Tite-Live[1].

La bibliothèque des Jésuites mérite fort d'être vue. Elle est bien rangée, et m'a paru fort préférable à l'Ambroisienne, pour la quantité et la qualité des livres imprimés.

On s'est avisé de nous donner sur le pied de docteurs du premier ordre, et pour ma part, j'ai fort bien soutenu cette réputation par une demi-douzaine de citations hors de propos. C'est le secrétaire Argellati[2], lequel vient de donner les éditions de Mezzabarba, de Muratori, de Sigonio et autres, d'ailleurs fort bon homme et fort serviable, qui nous a donné cette belle réputation, moyennant quoi il a fallu figurer dans les assemblées de lettrés. La comtesse Clélie Borromée, qui non-seulement sait toutes les sciences et les langues de l'Europe, mais encore qui parle arabe comme l'Alcoran, nous fit prier de l'aller voir, et ensuite nous invita à venir chez elle à la campagne, où elle allait actuellement. Nous le lui promîmes fort facilement, et lui avons manqué de parole avec la même aisance. Ce sera bien pis ce soir, nous devons avoir une conférence avec la si-

---

[1] Expression de l'abbé de Cîteaux. (*Note de l'auteur*).

[2] Philippe Argellati, noble Bolonais, secrétaire de l'empereur Charles VI, l'un des plus laborieux écrivains et des plus savants littérateurs de ce temps. R. C.

gnóra Agnesi, âgée de vingt ans, qui est une polyglotte ambulante, et qui, peu contente de savoir toutes les langues orientales, s'avise encore de soutenir thèse contre tout venant sur toute science quelconque, à l'exemple de Pic de la Mirandole. Ma foi ! j'ai bonne envie de n'y pas aller ; elle en sait trop pour moi. Toute notre ressource est de lui lâcher Lopin, pour la géométrie, dans laquelle excelle principalement notre *virtuosa*.

Vous pensez bien que nous n'avons pas omis de voir la citadelle, à cause du dernier siége. Quoique Français, un officier allemand nous a menés tout voir, et nous expliquait à mesure les opérations du siége. Cette place est fort grande, et, outre les fortifications modernes, il y en a au dedans à l'antique, qui ne paraissent pas y servir beaucoup. La place d'armes est capable de contenir trois mille cinq cents hommes en bataille. Nous vîmes, en faisant le tour de la place, l'endroit où étaient les principales batteries de notre armée, la brèche faite à la demi-lune, et une grande tour de pierres taillées à pointes de diamant, dont les facettes ont été rudement maltraitées par le canon.

Le palais du gouverneur, non plus que celui de l'archevêque, n'ont que peu de choses qui vaillent la peine d'être vues ; la seconde cour de ce dernier palais ne laisse pas que d'être assez belle, quoiqu'elle ait plus l'air d'un cloître que d'autre chose. On y peut aussi voir, parmi un grand nombre de tableaux mal arrangés dans une vilaine galerie, quelques bonnes pièces du Titien et plusieurs bons dessins.

Quant aux palais des particuliers, ils ne sont ni d'une bonne architecture au dehors, ni bien entendus au dedans; mais les appartements sont d'une grandeur immense, et forment des enfilades qui ne finissent point. Plusieurs d'entre eux ont des bibliothèques, surtout celles de Pertusati et d'Archinto[1]. La magnificence de cette dernière est unique, non-seulement par la condition et la reliure des livres, mais parce que toutes les armoires sont fermées de grandes glaces. Le cabinet du comte Simonetta est assez bien composé, soit pour les livres, soit pour les tableaux, la plupart de l'école de Lombardie. Je fus très-satisfait entre autres d'une Famille-Sainte, de Jules-César Procaccini, fort approchant de la manière de Raphaël; d'une tête, de Luca Giordano, d'un travail prodigieux; d'un portrait du Titien, peint par lui-même, à l'âge de quatre-vingt-cinq ans; d'un tableau de l'Albane, très-singulier en ce qu'il est de sa première manière, tenant beaucoup du Flamand, ou plutôt du Calvart (Dionisio Fiammingo), qui fut le maître de l'Albane. Il n'a presque point fait de ces sortes d'ouvrages qui n'ont rien de ressemblant à ce qu'il fit ensuite; mais je fus surtout bien content d'une tête de femme, de Léonard de

---

[1] Le comte Charles Archinto, gentilhomme de la chambre de l'empereur, grand d'Espagne, et fondateur de la *Société Palatine*, qui donna au monde savant des éditions si précieuses, en commençant par la grande collection de Muratori, *Scriptores rerum italicarum*. R. C.

Vinci, où il y a une fonte de couleurs qui ne se peut pas imaginer qu'on ne l'ait vue. Le comte Simonetta est un jeune homme fort gracieux pour les étrangers, et qui ne manque pas de connaissances et de savoir. La comtesse sa femme, fameuse en France par la bonne réception qu'elle a faite aux Français pendant la guerre, et par M. le marquis de Fimarcon, tient la meilleure maison de Milan. On joue très-gros jeu chez elle ; j'ai eu la sagesse de m'en abstenir, chose très-difficile à croire.

Ah ! vraiment, j'oubliais bien le meilleur ! Pour Dieu, souvenez-vous, dès que vous serez arrivé ici, d'aller visiter le petit jardin du palais Porta. Le terrain en est coupé tout de travers par une vilaine muraille, ce qui a donné lieu de faire une des plus surprenantes choses que l'on puisse voir : c'est une perspective de bâtiments peints sur cette muraille d'une telle tournure, que tout le terrain paraît d'une régularité parfaite. On va donner du nez contre cette muraille, en comptant se promener plus loin, et l'on cherche inutilement ce qu'est devenu tout l'espace qui faisait le pré carré. Mais ce sont de ces choses qu'il faut voir, et qui ne s'entendent jamais bien par une description.

Il faut bien, mes chers amis, que vous me pardonniez les pauvretés de toute espèce que j'entasse ici sans ordre et sans choix. Vous voyez bien que je n'ai de papier que ce présent journal, sur lequel je griffonne à la hâte le *farrago* de tout ce qui me revient dans la tête, sans me soucier comment. Puis, quand il y a un assez grand nombre de feuilles, je ploie cela sous une enveloppe et je vous l'envoie. Voilà tout ce que c'est. A bon compte, je vous conseille fort de sauter à pieds joints sur tout ce qui vous ennuiera.

IX. — A M. DE BLANCEY.

Séjour à Milan.—Course aux îles Borromées.

Milan, 16 juillet.

Autant que j'ai pu juger de Milan à le voir, tant du haut du Dôme que dessus les tours de la citadelle, cette ville n'est pas moins grande que la plus grande des deux parties de Paris. Les rues sont larges et les maisons mal bâties pour la plupart. Je n'y ai vu ni églises ni palais d'une architecture qui m'ait pleinement satisfait.

Cette ville est d'un très-grand commerce, quoique sans rivière. On y fabrique, entre autres, beaucoup d'ouvrages de pierres orientales et de cristal de roche. J'en ai vu des morceaux plus gros que votre tête ; mais il n'y en a guère qui soient bien nets et sans fêlure. Le peuple y est fort contrefait. On ne trouve par les rues que borgnes, bossus, boiteux, goîtreux. Les dames du peuple se coiffent comme je voudrais que nos femmes se coiffassent : c'est-à-dire nu-tête, en cheveux d'abbé. Il y a beaucoup de carrosses fort dorés et fort mal fabriqués. Je trouvai original un carrosse de deuil drapé de noir et l'impériale blanche. La façon de se promener est de s'en aller au Cours, de s'arrêter dans son carrosse et de causer d'une portière à l'autre, sans cheminer du tout. Les femmes ne vont guère avec les femmes ; mais on voit souvent une femme avec un ou plusieurs hommes, du nombre desquels le mari n'est jamais.

Les pigeons et les glaces sont un vivre admirable ici. Deux choses qui m'ont réjoui au possible, la première fois que je les ai vues, ont été, en Provence, de voir des petits polissons sur des ânes, manger des oranges en menant du fumier, et ici des charretiers en sareau de toile, prenant des glaces dans un café.

Milan me semble une ville policée en perfection sur un certain article. On ne peut faire un pas dans les places sans trouver en son chemin des courtiers de galanterie les plus obligeants du monde, qui vous offrent toujours à choisir de quelque couleur ou de quelque nation qu'on veuille ; mais il faut croire que l'effet n'est pas toujours aussi magnifique que la promesse ; et, comme ils ne donnent point de caution chez un banquier, comme font ceux de Venise, que l'on n'aura rien à craindre des suites de l'entrevue, nous n'avons jugé à propos de mettre à profit leur politesse que fort rarement.

Croyez-vous que j'aie besoin de transition dans mon discours pour passer de cet article à celui des musiciens? Il me semble que cela se lie assez naturellement. Ma foi, je suis bien outré de voir que, ni ici ni en aucune autre ville, je ne pourrai voir d'opéra jusqu'au temps à peu près fixé pour notre retour. Mais je suis à l'affût de toutes les occasions de m'en dédommager; de sorte que je ne passe quasi point de jours sans entendre de la musique peu ou beaucoup. Madame Simonnetta nous a fait la faveur de nous faire entendre deux religieuses célèbres, qui, quoiqu'elles aient la voix belle et qu'elles chantent très-bien, m'ont paru fort inférieures à la Vanloo [1], que vous avez sans doute entendue à Paris. Quant à leurs castrats, ces sortes de voix ne me plaisent pas du tout; à l'exception d'un ou deux, tout ce que j'ai ouï m'a paru misérable. Ce n'est pas la peine de troquer ses oreilles contre le droit de piailler de la sorte. De plus, leurs récitatifs et leurs airs sont parvenus à un tel point de baroque, qu'ils me feraient revenir bientôt de mon extrême prévention pour la musique italienne par-dessus la française, s'ils n'eussent eu soin de me ramener à ma façon de penser ordinaire par quelques airs marqués au bon coin, par des symphonies admirables et des chœurs dont on ne saurait trop faire l'éloge. Dans les musiques d'église, le grand orgue et les cors accompagnent les voix, et cela fait un effet beaucoup meilleur que je n'aurais présumé. Je me suis fait beaucoup priser et chérir des principaux musiciens du pays, en criant

---

[1] Née à Turin, sœur du célèbre violon Somis, et femme du peintre Carle Vanloo. Non moins remarquable par les charmes de sa figure et de son esprit que par son talent comme cantatrice, elle fut des premières à faire connaître et goûter la musique italienne de ce côté des Alpes.   R. C.

bravissimo à tout propos, et en ménageant on ne peut pas moins leur modestie. Car il ne faut pas se figurer que les expressions simples ou positives soient d'usage dans ce pays-ci ; le comparatif même y est négligé, et, dans les grandes occasions, il faut savoir surcharger le superlatif, et dire d'une chose passable : *Optimissime.*

Par exemple, on nous a tant vanté les îles Borromées comme un lieu enchanté, qu'il a fallu par bienséance y faire un voyage. Nous partîmes le 13, de grand matin, tirant du côté de la route de la Valteline, et allâmes dîner sur les sept heures du matin à Castellanza, joli séjour par son ombre et ses eaux ; de là à Sesto, petite ville distante de trente-quatre milles de Milan. Tout cet intervalle de chemin est plat et fort couvert d'arbres jusqu'à une lieue de Sesto, où l'on commence à sentir les racines des Alpes. A Sesto, nous nous embarquâmes sur le lac Majeur. Oh ! de grâce, faites-moi justice d'un petit faquin de lac qui, n'ayant pas vingt lieues de long, et d'ailleurs fort étroit, s'avise de singer l'Océan, et d'avoir des vagues et des tempêtes. Je crois en vérité que quelque Lapon a fait un pacte avec le malin pour nous procurer un abonnement de vents contraires. Nous n'eûmes pas fait cinq milles sur le lac, que la tramontane se mit à souffler comme une désespérée ; malgré cela nous tînmes bon quelque temps, et dépassâmes Angera à droite, et à gauche Arona, patrie de saint Charles. Vous ne pouvez vous figurer en quelle vénération est ici ce personnage.

En vérité, on ne l'y estime guère moins que Dieu même, et de vrai, à tout moment, on trouve ici des traces de ses bienfaits et de l'utilité dont il a été au pays. Il est singulier qu'un homme qui a si peu vécu ait pu faire tant de choses de différents genres, toutes exécutées dans le grand, et marquant de hautes vues pour le bien public. Sur la place où il est né à Arona, on a élevé sa statue colossale de bronze, haute, y compris le piédestal, de soixante brasses; c'est-à-dire de quatre-vingt-dix pieds de roi. C'est une chose frappante que d'apercevoir cette prodigieuse figure, dont le nez ne finit point. Les bords du lac sont garnis de montagnes fort couvertes de bois, de treilles disposées en amphithéâtre, avec quelques villages et maisons de campagne, qui forment un aspect assez amusant. Nous voyions près de nous des montagnes couvertes de neige qui nous faisaient frais aux yeux; mais d'ailleurs nous n'avions pas moins chaud. Tant il y a que le vent ayant juré que nous n'irions pas plus loin, il fallut en passer par son mot et relâcher à Belgirate, où nous passâmes la nuit à nous impatienter et à jurer contre notre sottise de faire cinquante milles pour aller et autant pour revenir, le tout en faveur de deux méchants bouts d'îles : surtout le lendemain matin, quand nous vîmes que, contre notre espérance, le vent, au lieu de finir, augmentait, il n'y eut si grand sang-froid qui ne fût tout à fait hors des gonds. Le vent nous laissa tranquillement dire, et s'abaissa quand il lui plut : ce fut plus tôt que nous ne l'aurions cru ; de sorte qu'au bout de trois heures, nous aperçûmes ces bienheureuses îles. Alors nous n'aurions pas voulu n'être pas venus, tant celle qu'on nomme l'Ile Belle fait un spectacle singulier. Une quantité d'arcades, construites au milieu du lac, soutiennent une montagne pyramidale coupée à quatre faces, revêtue de trente-six terrasses en gradins l'une sur l'autre, savoir : neuf sur chaque face, du moins à ce qu'on en jugerait avant que d'aborder ; mais le nombre de ces terrasses n'est pas en effet si grand, à cause des bâtiments qui occupent une partie des faces de la pyramide. Chacune de ces terrasses est tapissée, dans le fond, d'une palissade, soit de jasmin, soit de grenadiers ou d'orangers, et revêtue sur son bord d'une balustrade chargée de pots de fleurs. Le comble de la pyramide est terminé par une statue équestre, formant un jet d'eau, du moins à ce que l'on nous dit, car je ne l'ai pas vu jouer, et les quatre arêtes sont chargées sur les angles de statues, obélisques et jets d'eau. Il y a assurément en France bien des beautés de l'art et de la nature qui valent mieux que ceci, mais je n'en ai point vu de plus singulière ni de plus singulièrement placée ; cela ne ressemble à rien qu'aux palais des contes de fées. L'aspect de ce pays de Romancie est ce qu'il y a de mieux. Le château est un composé de bâtiments sans ordre et sans beautés extérieures ; mais le dedans n'en manque pas. Rien n'est plus charmant que le rez-de-chaussée, un peu plus abaissé que le sol extérieur et entièrement composé de grottes distribuées en appartements, ayant tous leurs murs, pavés et plafonds faits de rocailles et de cailloutages à compartiments; la vue s'étendant de tous côtés sur le lac et des fontaines au milieu des chambres retombant dans des bassins de marbre. Bref, c'est là qu'on trouve le vrai modèle de ce fameux salon que Maleteste, vous et Neuilly, avez depuis si longtemps prémédité de bâtir pour passer voluptueusement l'été. Les étages sont composés d'une quantité d'appartements distribués sans commodités, quoique avec une apparence magnifique : ils sont remplis d'albâtres, de statues, de dorures et d'une énorme quantité de tableaux que Lacurne ne me voulut laisser voir qu'en courant, bien que le valet de chambre m'assurât *ch'erano fatti da un pittorissimo* (l'expression me parut neuve). Dans les petits appartements, tout à fait mignards, on n'a placé que des tableaux de fleurs délicatement peints sur des marbres admirables, par Tempesta. Ce jardin n'est pas à beaucoup près si agréable en dedans qu'à l'aspect. Cependant il y a des endroits exquis, comme bocages de grenadiers et d'orangers, corridors de grottes, et surtout de vastes berceaux de limoniers et de cédrats chargés de fruits. Cet endroit est digne des fées. On croirait qu'elles ont apporté ici ce morceau de l'ancien jardin des Hespérides; mais, comme il n'y a rien de parfait dans le monde, ces jardins sont mal entendus en bien des endroits (les Italiens étant à cet égard fort inférieurs aux Français), et encore plus mal entretenus. On a laissé dépérir les jets d'eau, et deux fort vilaines tours gâtent beaucoup l'aspect.

L'île Mère, quoiqu'elle soit mieux située et qu'elle ait un plus grand jardin que l'île Belle, ne la vaut pas. A ces défauts près, les îles Borromées sont à mon sens un vrai séjour d'Épicure et de Sardanapale. Cependant, quand il fallut prendre la peine de repartir, nous commençâmes à nous plaindre, et à retrouver que c'était trop de faire cent milles et dépenser vingt-cinq sequins pour voir une bagatelle à peindre sur un écran. La violence du vent avait grande part à ces murmures ; mes trois camarades se firent porter en terre ferme par le plus court chemin. Pour moi, je restai dans la barque, et j'en fus quitte pour être bercé d'importance, et bien mouillé par une poussière fine et humide que la bise élevait des vagues ; mais aussi je n'eus pas une route à faire à pied entre les rochers, au milieu du mois de juillet, par le soleil d'Italie. Nous nous rejoignîmes au bout de peu de temps ; et, repassant sur nos traces, arrivâmes ici, pas un de nous ne voulant maintenant pour beaucoup n'avoir pas vu les îles en question. Cette variété de sentiments vous est rapportée en cette occasion, pour en faire une application générale à toutes les autres. Quand on a de la peine, on enrage d'être venu ; quand on a un moment de plaisir, on ne songe plus à la peine, et ainsi alternativement. Mais, me direz-vous, duquel a-t-on le plus, du plaisir ou de la peine ? Ma foi ! cela serait bien égal, si ce n'est que la peine finie s'efface absolument de la mémoire, au lieu que le plaisir dont on a joui occupe toujours agréablement. Bref, me voilà de retour à Milan pour en partir dans deux jours, à mon grand regret; car les Milanais sont les meilleures gens d'Italie, si je ne me trompe, pleins de prévenance et qui nous ont traités avec toutes sortes de bonnes manières : leurs mœurs ne diffèrent presque en rien de celles des Français.

Savez-vous bien que j'ai des compliments à vous faire d'un habitant de Milan ? L'autre jour, dans une assemblée, un grand homme bien fait m'aborde. « Ah ! monsieur, vous êtes Dijonnais, faites-moi la grâce de me dire des nouvelles de mesdames de Blancey et de Quintin; et le gros Blancey, comment se porte-t-il ? faites-moi le plaisir, si vous écrivez à Blancey, de l'assurer de mon obéissance, et ces dames de mon respect très-humble. J'ai reçu d'elles des politesses infinies pendant un hiver que j'ai passé à Dijon, et j'ai eu l'honneur de les voir chez MM. de Tessé et de Montrevel, à Tournus, où je demeure. » Ce monsieur se nomme M. de Laforest. Il est arrêté ici depuis longtemps par une galanterie; et, en faveur de la bonne guigne de Blancey, il m'a fait présent de vin de Bourgogne, chose plus agréable ici que toutes les peintures de l'univers; car on s'épuiserait en vain le cerveau pour imaginer à quel point les vins de Lombardie sont détestables.

X. — A M. LE PRÉSIDENT BOUHIER.

Milan, 17 juillet.

Je veux vous faire part, mon cher président, d'une espèce de phénomène littéraire dont je viens d'être témoin, et qui m'a paru *una cosa più stupenda* que le Dôme de Milan, et en même temps j'ai manqué d'être pris sans vert. Je reviens de chez la *signora* Agnesi, où je vous avais dit hier que je devais aller. On m'a fait entrer dans un grand et bel appartement, où j'ai trouvé trente personnes de toutes les nations de l'Europe, rangées en cercle, et mademoiselle Agnesi assise seule avec sa petite sœur, sur un canapé. C'est une fille de dix-huit à vingt ans, ni laide ni jolie, qui a l'air fort simple et fort doux. On a d'abord apporté force eau glacée, ce qui m'a paru un prélude de bon augure. Je m'attendais, allant là, que ce n'était que pour converser tout ordinairement avec cette demoiselle ; au lieu de cela, le comte Belloni, qui m'y amenait, a voulu faire une espèce *d'action* publique ; il a débuté par adresser à cette jeune fille une belle harangue en latin, pour être entendu de tout le monde. Elle lui a répondu fort bien ; après quoi, ils se sont mis à disputer en la même langue, sur l'origine des fontaines, et sur les causes du flux et reflux que quelques-unes ont comme la mer. Elle a parlé comme un ange sur cette matière ; je n'ai rien ouï là-dessus qui m'ait plus satisfait. Cela fait, le comte Belloni m'a prié de disserter de même avec elle sur quel sujet il me plairait, pourvu que ce fût sur un sujet philosophique ou mathématique. J'ai été fort stupéfait de voir qu'il me fallait haranguer impromptu, et parler pendant une heure en une langue dont j'ai si peu l'usage. Cependant, vaille que vaille, je lui ai fait un beau compliment ; puis nous avons disputé d'abord sur la manière dont l'âme peut être frappée des objets corporels, et les communiquer aux organes du cerveau ; et ensuite sur l'émanation de la lumière et sur les couleurs primitives. Loppin a disserté avec elle sur la transparence des corps et sur les propriétés de certaines courbes géométriques, où je n'ai rien entendu. Il lui parla en français, et elle lui demanda la permission de lui répondre en latin, craignant que les termes d'art ne lui vinssent pas aisément à la bouche en langue française. Elle a parlé à merveille sur tous ces sujets, sur lesquels assurément elle n'était pas plus prévenue que nous. Elle est fort attachée à la philosophie de Newton, et c'est une chose prodigieuse de voir une personne de son âge entendre si bien des points aussi abstraits. Mais quelque étonnement que m'ait donné sa doctrine, j'en ai peut-être eu encore davantage de l'entendre parler latin (langue à coup sûr dont elle ne fait que bien rarement usage) avec tant de pureté, d'aisance et de correction, que je puis dire n'avoir jamais lu de livre latin moderne écrit d'un aussi bon style que ses discours. Après qu'elle eût répondu à Loppin, nous nous levâmes, et la conversation devint générale. Chaque personne lui parlait en la langue de son pays, et elle répondait à chacun dans leur langue propre. Elle me dit qu'elle était très-fâchée que cette visite eût ainsi pris la forme d'une thèse; qu'elle n'aimait point du tout parler de pareilles choses en compagnie, où, pour une personne qui en était amusée, vingt en étaient ennuyées, et que cela n'était bon qu'entre deux ou trois personnes de même goût. Ce discours me parut au moins d'aussi bon sens que les précédents. Je fus très-fâché d'entendre dire qu'elle voulait se mettre dans un couvent[1]; ce n'est pas par besoin, car elle est fort riche. Après que nous eûmes causé, sa petite sœur joua sur le clavecin, comme Rameau, des pièces de Rameau et d'autres de sa propre composition, et chanta en s'accompagnant.

Faute d'avoir su que le cabinet du comte Mezzabarba, si riche en médailles antiques, avait été transporté de Milan à Pavie, nous avons séjourné assez inutilement dans cette dernière ville, sans y voir ce qu'il y avait de plus curieux. Quant au cabinet de Settala, si célébré dans toutes les relations de Milan, il a le sort de tous les cabinets, qui est de dépérir peu à peu. Les héritiers du chanoine Settala ont vendu ou donné une partie des raretés qui le

---

[1] Mademoiselle Agnesi, après la mort de son père, se retira en effet dans un couvent, où elle mourut en 1799.   R. C.

composaient. On peut pourtant s'amuser encore de quelques bonnes choses qui restent dans les huit ou dix salles qui composent le cabinet, et qui sont remplies de beaucoup de chiffonneries. On y voit encore plusieurs belles agates-onyx antiques, de la pierre et de la toile d'amiante, qu'on jette dans le feu pour la blanchir, diverses machines pour le mouvement perpétuel ; l'une desquelles est composée d'une balle de plomb qui, après être descendue très-longtemps le long d'une longue ligne spirale, tombe dans un canon de pistolet qui, au moyen d'un ressort comprimé par la chute de la balle, la tire contre un dôme incliné qui la fait rejaillir dans un entonnoir, d'où elle coule sur la ligne spirale, et toujours de même ; un plat-bassin d'ambre jaune, large de deux pieds et fort mince ; des morceaux de momie d'Égypte ; des idoles, des dyptiques, sans parler des basilics longs de cinq ou six pieds, et autres pauvretés de cette espèce, non plus que d'une armoire de laquelle tout d'un coup il sort une effroyable figure de démon qui se met à rire, à tirer la langue et à cracher au nez des assistants, le tout avec un énorme bruit de chaînes de fer et de rouages, fort propre à causer une grande épouvante aux femmes, à qui souvent on la fait voir.

Quelques-uns des auteurs qui, écrivant sur l'histoire de la papesse Jeanne, ont soutenu l'affirmative, se fondent en partie sur un manuscrit d'Anastase le le Bibliothécaire, presque contemporain de la papesse, et qui contient son histoire. L'un deux assure que l'on tient ce manuscrit dans l'obscurité, et qu'ayant demandé à le voir, on le lui a refusé. C'est une façon aisée de se dispenser d'en rapporter les paroles ; mais, au cas que cela soit vrai, je puis dire que j'ai été plus heureux. Le docteur Sassi m'a communiqué sans difficulté tous les manuscrits d'Anastase qui sont à l'Ambroisienne, au nombre de trois, et j'ai bien exactement vérifié ce qu'ils contiennent, par où on pourra juger s'ils sont favorables ou non à la fable de la papesse Jeanne.

L'ancien manuscrit est de la plus haute antiquité; il y a lieu de croire qu'il a été écrit du vivant même de son auteur ; mais il ne parle de la papesse, ni n'en peut parler, parce que, au lieu d'aller jusqu'au milieu du neuvième siècle, temps auquel on place la papesse, il finit avant la fin du huitième, au pape Étienne, prédécesseur de Paul ; et même ce manuscrit, le plus ancien qu'il y ait de la vie des papes, a donné un juste sujet de douter qu'Anastase fût l'auteur des vies des papes postérieurs à Étienne, qu'on lui attribue. On peut voir ce que Muratori a écrit sur l'authenticité de ce manuscrit, dans son recueil des histoires d'Italie.

Le deuxième manuscrit n'est pas original. On lit en tête qu'un particulier, du nom duquel je ne me souviens pas, ayant trouvé dans le siècle dernier un ancien manuscrit d'Anastase, chez des religieux bénédictins qu'il nomme, l'a fait copier en imitant le vieux caractère, pour en faire présent à la bibliothèque de Milan. Autant que l'on en peut juger, si le caractère est bien imité, l'original est du douzième siècle ; la papesse n'y est point mise dans l'histoire des papes, ni à leur rang ; mais entre Léon III et Benoît III. Il est écrit en marge que c'est entre ces deux papes que l'on a voulu faussement placer la prétendue papesse Jeanne, etc. Reste à savoir si cette note est dans l'original ou non ; ce que je puis dire, c'est qu'elle est écrite du même caractère imité de l'antique, que le corps du livre.

Quant au troisième manuscrit, il n'est que du quatorzième ou du quinzième siècle ; c'est celui-là, et non le premier, qui contient l'histoire de la papesse. Voici le passage où j'ai conservé l'orthographe et la ponctuation vicieuses. Il est rapporté entre Léon IV et Benoît III, 106e pape. La papesse est mise aussi à la 106e place.

Mss. C. No 204.

CVI.

« Post hunc leonem Johannes Anglicus natione
« magunting sedit annis duobus, mense uno, diebus
« quatuor, et mortuus est Rome, et cessavit episco-
« patus mense uno. Hic, ut asseritur, femina fuit.
« Et in puellari ætate a quodam suo amasio in habitu
« viri athenis ducta. Sic in diversis scientiis profecit
« ut nullus sibi par inveniretur adeo, ut post Rome
« *tincum* (ce mot est copié de l'original comme il est écrit. Je n'ai pas pu le déchiffrer ni l'entendre)
« legens magnos discipulos et auditores haberet. Et
« tum in urbe vitâ et scientiâ magnæ opinionis esset,
« in papam concorditer elegitur ; sed in papatu per
« suum familiarem ibidem impregnautur verum tem-

« pus partus ignorans. Cùm de sancto Petro in latera-
« num tenderet Augustiata inter coliseum, et sancti
« Clementis eccliâm peperit. Et post mortua ibidem
« ut d' sepulta fuit. Et quia D. ùs ppâ cù vadit ad
« lateranù eaudem viam semper obliquat. Creditur
« a pluribus p. ob detestationem facti hoc faciat, nec
« ponitur in cathalogo pontificum propter mulibris
« sexus de formitatem quantum ad hoc. »

CVI.

Benedictus, etc.

On peut juger là-dessus si c'est avec raison que l'on peut s'appuyer de ce mss. pour assurer que Schott et Martin Polonus, premiers auteurs de cette histoire (du moins à ce qu'on croit), l'ont puisée dans des auteurs plus anciens qu'eux.

On a dit que l'usage où l'on était autrefois de faire asseoir le pape nouvellement élu sur la chaise percée de porphyre, qui est au cloître de Saint-Jean-de-Latran[1], avait été introduit à dessein de s'assurer que l'on n'était pas retombé dans l'inconvénient de choisir pour pape une femme. Mais ce ne peut en avoir été la cause, puisque, selon la remarque de Mabillon, cette cérémonie se pratiquait plus d'un siècle avant que Martin Polonus ne commençât à faire mention de la papesse. On y faisait asseoir le nouveau pape, pour faire allusion à ces paroles du

---

[1] Ce siége est maintenant au musée du Louvre. Conquis par les armées de la république française, Pie VII en fit don à Louis XVIII en 1815. R. C.

psaume : *de stercore erigens pauperem.* On la prenait alors pour une vraie chaise stercoraire, quoiqu'elle ne soit qu'une chaise de bains ouverte par-devant, pour la commodité de ceux qui se lavent.

Il faut encore voir dans la galerie de peinture à l'Ambroisienne un énorme livre in-folio, dont on a refusé un tel prix, que je n'ose vous le rapporter. Ce sont les dessins, avec les explications, de toutes les machines imaginables, soit de guerre, soit de statique, le tout dessiné et écrit de la propre main de Léonard de Vinci. Il y a aussi un grand nombre de volumes, de dessins originaux de différents maîtres.

XI. — A M. DE BLANCEY.

Route de Milan à Vérone. — Mantoue.

Villafranca, 21 juillet.

Le 18, nous partîmes conduits par des voiturins qui devaient nous mener jusqu'à Venise. Cette allure, quoique bonne, ne vaut pas la poste à beaucoup près ; mais le calcul que j'ai fait, que, vu la difficulté qu'il y a d'avoir la *cambiatura*, la poste nous reviendrait, pour le reste du chemin que nous avons à faire, à plus de vingt ou vingt-deux mille jules, c'est-à-dire à 12,000 livres de France, m'en a fort dégoûté. Cependant il faudra bien en sauter le bâton, si les voiturins ne nous accommodent pas, ce qui est plus que probable, cette race étant la plus méchante qui ait jamais rampé sur la surface de la terre.

Je ne puis trop exalter la beauté des routes et de tout le pays milanais, riche et fécond, partout planté de beaux arbres, et coupé d'une quantité de canaux entre lesquels on marche presque toujours : voilà la route qu'on a jusqu'à Mantoue. Je ne suis pas surpris qu'un si beau pays ait excité de si fréquentes disputes, pour savoir qui le posséderait.

Le premier endroit de remarque que nous trouvâmes sur la route est Marignan [1], que je crus trouver semé de barbes des Suisses que François Ier y déconfit; mais dans le vrai, je n'en aperçus pas une.

La dînée fut à Lodi, ville médiocre, ceinte pour toute fortification d'une muraille sur un rempart élevé; les autres ouvrages sont peu de chose et tombent en ruine. Les maisons sont basses, les rues larges et désertes, si ce n'est dans le centre de la ville. Je tirai inutilement mes tablettes, car je ne trouvai rien à noter. Cependant ceux qui n'auront absolument rien à faire de mieux pourront aller voir la cathédrale, ridiculement construite, l'Incoronata et la maison des Barni, qui est assez belle.

---

[1] La bataille qui porte ce nom dura trois jours. Le maréchal de Trivulce, un des généraux les plus distingués de son siècle, l'appelait le combat des géans, à cause de la haute stature des Suisses, qui faisaient la force principale de l'ennemi. François Ier, qui y fut vainqueur, dormit la seconde journée sur l'affût d'un canon, une heure avant que l'action ne commençât. R. C.

Castiglione est un joli bourg que l'on trouve avant que d'arriver à Pizzighettone, où était le terme de notre journée, après avoir fait quarante milles depuis Milan.

Pizzighettone et Gherra d'Adda sont deux places qui, pour ainsi dire, n'en forment qu'une, partagée par la rivière d'Adda, et connue sous le nom de la première, quoique celle-ci ne soit, à parler vrai, que le fort, et que Gherra d'Adda soit la ville. Elles communiquent par un grand pont de bateaux jeté sur l'Adda, belle rivière qui, dans cet endroit, forme un long et large canal revêtu d'un et d'autre côté. Les ouvrages de ces places, autant que j'en puis juger, sans m'y connaître, m'ont paru meilleurs que ceux d'aucune autre ville de Lombardie, surtout ceux de Pizzighettone, qui ont encore été augmentés par le roi de Sardaigne, après la prise de cette place. Nous allâmes à l'ordinaire voir l'attaque, c'est du côté de Gherra d'Adda, dont le clocher, un peu maléficié par le canon, n'est pas encore tout à fait raccommodé. Il faut convenir que depuis là le pays n'est pas d'une aussi grande beauté qu'ailleurs, quoiqu'une autre contrée pût fort bien s'en faire honneur.

La route de la matinée fut bientôt faite. Nous étions partis de si bonne heure, que, dès sept heures et demie du matin,

Savez-vous bien, monsieur, que j'étais dans Crémone [1]!

---

[1] Regnard. R. C.

Cette ville, qui de la campagne se présente assez bien, ne tient pas ce qu'elle promet quand on est dedans. Les bâtiments sont peu de chose ; les rues larges et droites sont désertes, et les endroits les plus prisés me parurent fort médiocres. La ville est partagée par un sale et méchant filet d'eau, que quelques relations libérales honorent du nom de superbe canal. Je ne vous entretiendrai pas d'une dispute que j'eus avec un colonel hongrois, commandant de la ville[1], qui, après nous avoir pris pour des capitaines espagnols qui venaient débaucher ses troupes, voyant qu'il s'était bien fort trompé, chercha à nous faire une autre querelle d'Allemand, dans notre qualité de Français. Tant il y a que nous nous quittâmes réciproquement fort mécontents l'un de l'autre, et qu'au sortir de chez lui, j'allai voir la cathédrale, dont je ne fus pas non plus fort satisfait. Près de là est une haute tour sur laquelle je montai, parce qu'elle passe pour la plus haute de l'Europe. Je crois que l'on pourrait se contenter de dire qu'elle est la plus haute de la ville, car il y en a bien d'autres ailleurs qui ne le sont pas moins. Tout ce que je puis faire pour elle est de lui accorder la hauteur des tours de Notre-Dame de Paris : il y a quatre cent quatre-vingt-dix-huit marches jusqu'au sommet, au-dessus de la cloche. La vue de là est fort étendue, et n'en est pas

---

[1] Vers la fin du xviie siècle, à l'entrée de chaque ville, en Italie, on exigeait des voyageurs qu'ils déposassent leurs pistolets : on les leur rendait à la sortie, après avoir donné l'étrenne aux agents de l'autorité préposés aux portes des villes. R. C.

plus belle ; le pays qu'on découvre ne paraît qu'une forêt, étant trop couvert d'arbres. Ce qu'il y a de mieux est le cours du Pô, qu'on voit serpenter fort au loin.

Les églises de Saint-Pierre et de Saint-Dominique sont assez belles et assez bien ornées, pour Crémone s'entend ; car toutes ces sortes de choses sont relatives. C'est une observation générale qu'il faut faire sur toutes mes narrations. Je cite telle chose dans un endroit, que je n'aurais garde de rapporter dans un autre, et tel édifice se fait distinguer à Crémone qui ne serait pas regardé à Gênes. Pour en revenir aux deux églises dont je vous parlais, la première a un buffet d'orgues qui peut passer partout pour beau ; l'autre a au fond du chœur une Adoration, par Nuvolone Panfilo, d'un coloris distingué, et vis-à-vis sur la grande porte un Miracle de saint Dominique, par le même. Dans la croisée de la gauche sont deux bons morceaux d'Antonio Campi.

Les Augustins ont un portail d'architecture à la lombarde, propre à donner une idée du goût de cette vieille nation. Ils ont aussi un des meilleurs tableaux du Pérugin que je connaisse, vis-à-vis duquel est une chapelle pleine de statues grotesques, mais bien faites, représentant la Passion, par Barberini. Il y a là, à ce qu'on me dit, une bibliothèque ; mais les moines étaient au réfectoire, et il y aurait eu de l'absurdité à prétendre les en tirer, pour aller voir des livres. On me montra aussi la maison où le maréchal de Villeroi fut fait prisonnier.

Au sortir de Crémone, nous retrouvâmes nos canaux et notre plaine plus belle que jamais. Les villageois étaient actuellement occupés à faucher les prés pour la troisième fois. On les fauche une quatrième, puis on met le bétail dedans pour l'engraisser.

Après avoir fait trente-six milles dans notre journée, nous trouvâmes Bozzolo, petite ville qui a des fortifications assez bien revêtues, mais sans fossés ; elle appartient au prince de Guastalla.

Le lendemain, après avoir traversé Saint-Martin de Bozzolo, petite ville aussi agréable que j'en aie jamais vu, nous passâmes la rivière d'Oglio, sur un grand pont de bois que les Français y ont construit en dernier lieu. Je crois qu'il y a un péage ; mais les gardes ne furent ni si mal avisés, ni si peu reconnaissants que de vouloir l'exiger de nous. Au bout de quelque temps le lac Supérieur se fit voir. Nous cheminâmes sur la chaussée qui règne entre les marais et ce que *l'audacieux Villars*[1], avec notre armée, n'avait pu faire en trois ans de guerre, je le fis sans résistance, c'est-à-dire que j'entrai triomphant dans Mantoue, distant de Bozzolo de quatorze milles.

Je ne sais quelle idée on a eu de bâtir une ville dans un pareil endroit ; car bien qu'elle ne soit pas, comme on le dit souvent, au milieu du lac, mais au bord, elle est tellement engagée dans les marais, qu'on ne peut l'aborder, même du côté praticable,

---

[1] .... l'audacieux Villars
Disputant le tonnerre à l'aigle des Césars.
(Henriade.) R. C.

que par une étroite chaussée. Outre la force naturelle de sa situation, elle n'en est pas dénuée du côté de l'art. Ses ouvrages et la citadelle ont très-bonne mine, de sorte qu'à moins de savoir, comme d'Allerey, tous les stratagèmes de Frontin, il paraît presque impossible de prendre de force une pareille place. Elle est un peu plus grande que Crémone, sale et puante dans les quartiers bas, c'est-à-dire presque partout ; elle paraît assez commerçante et peuplée, et n'est bâtie ni bien ni mal.

Je ne fus pas plus tôt arrivé, que je m'embarquai au plus vite sur le lac, pour aller voir le village et la maison où est né Virgile. On a bâti sur la place un château[1] qu'on m'avait fêté et où je comptais trouver des choses dignes d'un homme qui a tant honoré sa patrie. Je n'y vis autre chose qu'une maison de campagne assez propre, où il n'est pas la plus petite question de Virgile. Le village s'appelle Pietola. Je demandai aux gens du lieu, pourquoi cette maison portait le nom de *Virgiliana* ; ils me répondirent que ce nom lui venait d'un ancien duc de Mantoue, qui était roi d'une nation qu'on appelle les Poëtes, et qui avait écrit beaucoup de livres qu'on avait envoyés en France. Bref, ces ignares Mantouans n'ont pas élevé le moindre monument public à ce prince de la poésie, et tout l'honneur qu'ils lui font aujourd'hui est de faire servir son image à la marque du

[1] C'est l'ancien palais des ducs de Mantoue, encore appelé la *Virgiliana*. Le bâtiment est très-délabré, et le jardin n'est qu'une espèce de potager assez négligé. R. C.

papier timbré. Ils n'ont rien fait non plus pour Jules Romain, qui est mort chez eux, après avoir consacré ses talents à l'embellissement et à la sûreté de leur ville.

Le palais du T est un des principaux ouvrages de ce fameux peintre. C'est lui qui a fait le dehors ainsi que le dedans ; mais le dehors, quoique assez beau, ne m'a pas paru un grand chef-d'œuvre. C'est une grande cour carrée, environnée de quatre corps de logis massifs d'ordre dorique, d'où l'on entre dans un péristyle massif aussi, mais noble. Les colonnes y sont assemblées par quatre ; il est décoré de statues, bas-reliefs et fresques, et donne sur un jardin médiocre, mais bien terminé par un bon morceau d'architecture rustique. La maison ne contient pas le moindre meuble, et personne ne l'habite ; elle reste à l'abandon, tout ouverte comme une grange ; on irait cependant bien loin pour trouver d'aussi belles choses que celles qu'a faites là Jules Romain. Dans la première pièce de l'appartement, à gauche, une double frise chargée de bas-reliefs dans le goût de l'antique, et dans la seconde, un plafond, partie fresque, partie mosaïque ; dans la troisième, il n'y a jamais eu place pour mettre une chaise ; c'est un salon où Jules Romain a représenté à fresque le Combat des dieux et des Titans ; les uns accablés de montagnes, les autres lançant des rochers, sont peints tout autour sur les quatre murailles jusqu'en bas. En vérité on ne peut entrer dans cette pièce sans être épouvanté de l'impétueuse imagination, de l'exécution fougueuse et des expressions terribles qui règnent dans cet ouvrage, lequel enlève l'âme, mais sans la toucher ; car il n'y a que peu d'agréments. Ce morceau, qui est le triomphe de son auteur, mérite bien une ample description, et dans l'excès de ma loquèle, je ne me tiendrais pas de la faire, si elle ne l'était déjà par Félibien, où vous pouvez la voir. Mais que dirait ce grand orateur de la peinture, s'il savait que cet incomparable salon a servi en dernier lieu de corps de garde à de misérables soldats allemands qui, par la plus tudesque de toutes les barbaries, ont écrit leurs noms et fait mille autres cruautés sur cette peinture ?

Dans la première pièce de l'appartement, à droite, un Phaéton de clair-obscur au plafond ; dans la seconde, un autre plafond composé de mille petits tableaux plus jolis les uns que les autres ; dans la troisième, les Noces de l'Amour et de Psyché, ouvrage qu'on ne peut se lasser de voir et d'admirer par la beauté du dessin, l'élégance des attitudes, etc. Je ne parle pas de la quatrième pièce, quoique belle, la précédente la gâte trop ; mais il faut voir dans la cour une salle réduite à la misérable condition d'écurie, décorée d'un plafond représentant le soleil qui se couche et la lune qui se lève, et tout autour des façons de médailles antiques, ou agates-onyx figurées en stuc d'une telle perfection, qu'on en ferait encore volontiers des bagues.

Je sortis de ce palais, indigné de le voir si outrageusement négligé, et m'en allai rendre hommage à la petite maison de Jules Romain, que je trouvai ornée d'une architecture rustique de très-bon goût. Il y a sur la porte une statue de Mercure, de la plus grande beauté. Mais si Jules Romain a négligé de se faire une somptueuse habitation, il s'est donné carrière pour se construire un voisinage magnifique, en bâtissant devant sa maison le vaste palais de Gonzague, dont la façade marque bien le génie entreprenant de celui qui l'a fait. Au-dessus d'un premier étage de rustique, c'est, au lieu de colonnes, une longue suite de colosses grotesques qui portent sur leur tête un ordre dorique surmonté d'un entablement ou haute architrave. Que toute l'architecture et tous les palais de Gênes viennent se mettre à genoux devant celui-ci! Il est plein d'une quantité infinie de tableaux que je vis fort rapidement, parce qu'il était tard. Seulement il y a un Enlèvement de Ganymède, par le Tintoret, dans un plafond; et un Amour, d'Annibal Carrache, dans la ruelle du lit, qui sont deux morceaux de distinction.

La cathédrale est d'une architecture très-noble en dedans, à quatre rangs de colonnes corinthiennes et deux rangs de pilastres de même du dessin de Jules Romain. Les fresques et plafond du chœur, derrière l'autel, sont ce que j'ai vu en ce genre, jusqu'à présent, de mieux colorié. Il me semble qu'il y a une assez bonne chapelle à la croisée de la gauche, et au chapitre une Tentation de saint Antoine, par Paul Véronèse, avec deux Batailles, de Campi. A Saint-

Christophe, ce gros bonhomme de saint, par Jules Romain. A Saint-Sébastien, la figure du maître de la maison, assez bonne, et une Multiplication des pains, de l'école du Véronèse.

Le palais du duc de Mantoue est si peu de chose, quant au bâtiment, qu'on ne voudrait pas le prendre pour une maison de marchand; mais les logements sont fort vastes. Celui de la duchesse est tout démeublé, et non celui du duc, qui sert au gouverneur de l'empereur, quand il y en a un. Au reste, on n'a, à vrai dire, laissé là que ce que l'on n'a pas pu emporter. Toutes les curiosités dont les cabinets étaient remplis ont été enlevées; mais il reste dans l'appartement d'excellentes peintures; savoir: à la première pièce, six grands morceaux, de Palma Vecchio, et sur la cheminée, le Festin chez le pharisien, par le Titien, l'un de ses plus beaux tableaux pour le coloris; à la seconde, les Noces de Persée et d'Andromède, par Palma Vecchio. Quatre rideaux de velours, par le Tintoret, fort curieux. Deux philosophes du Titien, excellents. Une Suzanne de Lorio, bon; quatre grandes et admirables pièces de Jules Romain, formant la frise. Dans la troisième, cinq grands morceaux du Tintoret; deux du Guerchin; la frise en quatre pièces, peintes sur cuivre, de Jules Romain. Dans la quatrième, la Chute des géants, par Palma, et une Bataille, par Campi. Dans la galerie, le plafond et la frise, de Jules Romain; deux bas-reliefs sur les portes : c'est ce qu'il y a de plus beau dans la maison. A la chapelle, dont la façade est assez bonne, la Madeleine lavant les pieds de Jésus-Christ, par le Titien.

Le manége et le théâtre sont les deux meilleurs morceaux de ce palais. Le premier est d'un excellent ordre dorique rustique, par Bibiena; le second, très-bien orné et doré, a cinq rangs de loges; chaque loge d'un même rang, allant en dégradation pour que celles du devant ne nuisent point à la vue de celles du derrière; et en face du théâtre, cinq beaux balcons en saillie. Je vous expliquerai plus au long cette construction, quand il sera question d'accommoder le nôtre.

Voilà où j'en étais sur l'article de Mantoue, et je comptais, au grand détriment de vos oreilles, charger mon journal de quantité d'autres remarques sur cette ville, dont je trouve que l'on n'a pas assez parlé, lorsqu'on est venu en hâte nous avertir que la nouvelle venait d'arriver que les Vénitiens posaient des barrières sur leurs confins, à cause des vaisseaux de Hongrie et de Dalmatie qui venaient à la foire de Sinigaglia, dans l'État du pape, et qui étaient suspects de peste; de sorte que, dans un moment, la communication avec Venise serait barrée, et que rien n'y entrerait plus sans faire la quarantaine. Rien de plus pressé que de nous jeter dans nos chaises, pour prévenir le temps fatal. Nous avons passé la grande chaussée de Mantoue, et enfilé une allée droite à perte de vue. Enfin, sans mal ni douleur, me voici à Villa-Franca, première bourgade de l'État vénitien, où nous pourrons laisser passer l'excessive chaleur. Comme je ne-m'endors point sur mes commodités, j'ai découvert une bonne église bien fraîche, où, m'étant fait apporter une chaise et une table, je suis actuellement en veste et en bonnet occupé à vous écrire. Les bonnes gens qui passent entrent pour me voir ; j'en suis tout entouré. En voilà un qui me demande ce que je fais, et je lui persuade que je suis si charmé de la propreté de leur église, que j'en fais une description pour bâtir une chapelle pareille, dans le sérail : mais je vais les quitter, et vous aussi, pour aller un peu dormir avant que de repartir.

  Poi che da quattro lati ho pieno il foglio
  Finir lo scritto, e addomentarmi voglio.

XII.—A M. DE BLANCEY.

Vérone.—Vicence.

25 juillet.

Peste soit de la politique vénitienne qui nous fit courir hors de propos par la chaleur ! Ce n'est pas que ces messieurs aient à craindre la peste par les vaisseaux qui viennent à la foire de Sinigaglia, mais ces mêmes vaisseaux apportent du Levant des marchandises dont le commerce se fait à Venise même. Ils ont voulu par cet édit nuire à la foire autant qu'ils pourraient, en empêchant ces marchandises d'entrer chez eux, et leurs sujets d'aller s'en fournir ailleurs à bon compte. Nous pousuivîmes notre route sur le chemin de Vérone (à 24 milles de Mantoue), qui s'aperçoit de fort loin, de façon qu'on la croirait située au pied des Alpes, bien qu'elle en soit à une assez forte distance. Quand on en est près et qu'on la voit à plein avec l'enceinte de ses murs, elle paraît grande comme un géant; mais, en la parcourant en dedans, on y trouve des rues larges comme elles sont longues ailleurs, et plusieurs places vides, dans chacune desquelles on bâtirait une fort honnête bourgade. Cela fait qu'elle n'est pas peuplée à proportion de son étendue. Le centre de la ville seulement est vivant, commerçant, tout rempli d'artisans de toute espèce, et sent bien son état républicain. Les maisons sont les unes sur les autres dans cet endroit, ayant à toutes leurs fenêtres de grands balcons de fer en saillie qui, étant couverts de treilles et chargés de planches, qui le sont elles-mêmes de gros pots de fleurs ou d'orangers, font qu'on se promène incessamment dans les jardins de Sémiramis, non sans danger de se voir, au moindre vent, coiffé d'une demi-douzaine de ces pots; c'est une fort méchante police. L'on s'aperçoit encore du voisinage de Venise à la vue d'une quantité de belles figures de femmes, grandes, grosses, grasses et blanches, telles qu'on les voit dans les tableaux de Paul Véronèse, qui n'a pas manqué d'originaux à imiter, les Vénitiennes ayant la réputation d'être les plus belles femmes de l'Europe.

On n'a rien de mieux à faire, quand on arrive, que d'aller à la comédie pour se délasser; c'est ce que nous fîmes à Vérone. Je ne m'accoutume pas à la modicité du prix des spectacles. Les premières places ne coûtent pas dix sous, mais la nation italienne a tellement le goût des spectacles, que la quantité des gens et du menu peuple qui y vont produit l'équivalent et tire les comédiens d'affaire. Grâce à Dieu, on ne doit pas être en peine de trouver des places à la comédie de Vérone; elle se représente tout au beau milieu de l'ancien amphithéâtre des Romains, et il n'y a point d'autres places pour les spectateurs que de s'asseoir tout uniment à découvert, sur les degrés de l'amphithéâtre, où il y a de quoi placer trente mille personnes. Il fut plein il y a quelques années, lors d'une fête que l'on donna à madame la duchesse de Modène; ce devait être un beau coup d'œil. Je ne sais comment ces gens-là faisaient leurs constructions; mais j'ai éprouvé que du haut des degrés, bien qu'on soit fort éloigné des acteurs, on les entend presque comme de près. Je n'ai jamais vu tant de moines à la procession qu'il y en avait à la comédie. Je n'y vis point de jésuites, et je m'informai s'ils n'y allaient pas. Un prêtre, placé à côté de moi, me répondit que, bien qu'ils fussent plus pharisiens que les autres, ils ne laissent pas d'y venir quelquefois. Les dames n'y vont pas beaucoup non plus; j'y en ai cependant trouvé tous les jours; elles sont assises comme les autres, dans l'arène, au milieu des hommes. Les pièces des Italiens, quoique essentiellement méchantes de tous points, ne laissent pas de me réjouir par la quantité d'événements dont elles sont chargées, par les mauvaises plaisanteries dont j'ai pris le goût en fréquentant Votre Excellence, et par le jeu des acteurs. Les troupes du pays même sont, à mon gré, meilleures que celles qui sont transplantées dans nos provinces, et même que celles de Paris. Mais ce qui m'a surpris de plus en plus, quoique je l'aie vue tous les jours, c'est une jeune danseuse qui s'élève au moins aussi haut et aussi fort que Javilliers, qui fait vingt entrechats de suite, sans se reprendre, battus à huit, et de même de tous les entre-pas de force qu'on admire dans nos maîtres ; de sorte qu'à l'égard de la légèreté, la Camargo auprès d'elle est une danseuse de pierre de taille. En général les danseuses de ce pays-ci sont beaucoup plus fortes et plus élevées que les nôtres, mais voilà tout ; ne demandez aux danseurs ni grâces, ni bras, ni bon goût, ni grande précision ; seulement ils rendent d'ordinaire fort bien le caractère de l'air qu'ils dansent.

Que je n'oublie pas de vous dire la surprise singulière que j'eus à la comédie la première fois que j'y allai. Une cloche de la ville ayant sonné un coup, j'entendis derrière moi un mouvement subit tel que je crus que l'amphithéâtre venait en ruine, d'autant mieux qu'en même temps je vis fuir les actrices, quoiqu'il y en eût une qui, selon son rôle, fût alors évanouie. Le vrai sujet de mon étonnement était que ce que nous appelons l'*Angelus* ou le *pardon* venait de sonner, que toute l'assemblée s'était mise promptement à genoux, tournée vers l'Orient ;

que les acteurs s'y étaient de même jetés dans la coulisse; que l'on chanta fort bien l'*Ave Maria;* après quoi l'actrice évanouie revint, fit fort honnêtement la révérence ordinaire après l'*Angelus*, se remit dans son état d'évanouissement, et la pièce continua. Il faudrait avoir vu ce coup de théâtre pour se figurer à quel point il est original.

Puisque je suis actuellement dans l'amphithéâtre, j'ai envie de vous en parler tout de suite. Je me confirme tous les jours dans l'idée qu'il n'y a eu que les Romains qui aient su faire des ouvrages publics. Je ne me lasse point, sur ce que j'ai vu, d'admirer leurs plans et leur exécution. Cependant j'en ai bien d'autres plus beaux à voir encore. Le monument en question est fort bien conservé en dedans, c'est-à-dire quant à l'arène et aux gradins, qu'on a eu grand soin de réparer ou de refaire à neuf, en plusieurs endroits. Misson a raison, dans sa dispute avec d'autres voyageurs, de soutenir que le nombre des degrés est de quarante-quatre. Je les ai comptés et recomptés, bien malgré mes jambes, car ils ont un grand pied de haut; mais il donne trop d'enceinte à la dernière marche. Je l'ai fait compter plus d'une fois, il ne s'y est toujours trouvé que cinq cents pas de tour. Pour ce qui est des galeries et de la vaste enveloppe extérieure, elle est tellement détruite que, des soixante-douze portes dont elle est composée, il n'en reste que quatre numérotées 64, 65, 66, 67. On croit que la statue antique qui est au théâtre de l'académie était sur une de ces portes et qu'il y avait sur chaque porte une pareille statue. L'ordonnance extérieure de l'édifice présente trois hauts étages d'arcades, d'une espèce de dorique rustique, fort massif, ainsi qu'il convient à un si gros bâtiment. Sa structure, pour la distribution des entrées et la commodité de se ranger, est imaginée à merveille ; mais cela serait trop long à décrire.

Cette ville a un amour décidé pour les antiques, et en contient un assez bon nombre, comme quelques arcs de triomphe, l'un desquels s'appelle l'arc de Vitruve, quoiqu'il y ait travaillé comme moi ; et plusieurs ruines d'aqueducs et de théâtres, que j'ai négligé de voir. Il faut visiter près de l'Adige les ruines d'une ancienne naumachie ; mais ce qu'il y a de mieux en ce genre est le recueil que vient de faire faire le marquis Scipion Maffei [1], au-devant du théâtre moderne. Il fait construire un cloître de sept pieds de haut seulement sous le plafond, lequel enveloppe toute la cour. Il est ouvert en dedans par un rang de colonnes corinthiennes, et de l'autre côté, la muraille n'est composée, pour ainsi dire, que de bas-reliefs et inscriptions antiques, grecques et latines, arrangés avec une industrie fort agréable. A boulevue, on peut avoir ramassé dans ce lieu près de deux mille pièces antiques, grandes ou petites, bonnes ou mauvaises, y compris les cippes, chapi-

---

[1] Le marquis Scipion Maffei, auteur de la tragédie de *Mérope* qui a précédé celle de Voltaire. Ses ouvrages philologiques ont éclairci divers points de l'histoire de l'Italie et principalement celle de Vérone, sa patrie. Mort en 1755.   R. C.

teaux ou autres fragments qui, n'étant pas faits pour être infixés dans le mur, ont été posés entre les colonnes. Le théâtre qui fait face à cette cour est un grand bâtiment qui se présente par un beau péristyle d'ordre ionique; il n'y a que cela de bon. Au-dessus, on a élevé le buste du marquis Maffei, quoique vivant. Je ne l'ai point trouvé à Vérone, dont je suis très-fâché; mais je compte le joindre à Rome, et faire usage des lettres que j'ai pour lui. L'intérieur du théâtre est composé d'une quantité de salles peu jolies, où l'on tient tous les jours la *conversation*, les académies des beaux-esprits, etc. Cette académie s'assemble fort rarement : on la nomme des Philharmoniques. Son institution avait pour but de renouveler la musique ancienne. Les académiciens devaient savoir jouer du *barbitus*, de la *cithare* et du *sistre*; mais, comme beaucoup d'autres académiciens, ils ne font rien de ce qu'ils devraient faire; de sorte que je fus frustré de l'espérance que j'avais conçue de voir exécuter une cantate dont les paroles seraient de Pindare et la musique de Timothée. Les salles sont remplies des statuts de l'académie, écrits d'une façon fort fastueuse, en style des lois des Douze Tables, et de tous les portraits des académiciens. Mais au diable si l'on y voit ceux de Pline le Naturaliste, ni de Catulle, leurs compatriotes; ce qui cependant n'aurait point fait de tort à l'académie.

J'ai vu depuis les statues de Pline, de Catulle, de Vitruve, de Cornelius Nepos et d'Emilius Macer, sur la façade du palais du conseil; celle de Jérôme Fracastor est au-dessus de l'arc barbare. On trouve aussi dans le même palais de l'académie le théâtre effectif de l'Opéra, qui ne vaut pas celui de Mantoue, mais plus beau cependant qu'aucun qui soit en France. Vis-à-vis le théâtre est le palais de la Grand'Garde, construit d'un grand goût d'architecture, par le Palladio, mais qui est demeuré imparfait. Il donne sur la principale place, au milieu de laquelle la statue de la ville de Venise, en habit de doge, est assise sur un piédestal, en marque de souveraineté.

Vérone est traversée, dans sa plus grande longueur, par l'Adige, rivière large, rapide et blanchâtre comme toutes celles qui descendent des Alpes, c'est-à-dire comme les plus considérables de l'Europe. On voit en face, sur la colline, de l'autre côté de l'eau, le château Saint-Pierre, des jardins et constructions qui, joints à la figure des bâtiments sur la rivière, lui donnent, à mon gré, de la ressemblance avec la ville de Lyon, du côté de Fourvières. On passe la rivière sur quatre ponts de pierre qui n'ont rien de remarquable. Les maisons, pour la plupart, étaient peintes à fresque, de la main du Véronèse ou de ses élèves ; mais tout cela est tellement effacé, que l'on n'y voit presque plus rien. Les endroits qui paraissent font grandement regretter ceux qui ont péri. Voici, à mon ordinaire, le mémoire de ce que j'ai remarqué de plus curieux dans les maisons publiques ou particulières :

La cathédrale est assez grande et dégagée. Il y a à gauche, en entrant, un tombeau orné avec élégance;

mais qui ne m'a pas tant inspiré de considération que celui de mon ami le cardinal Noris [1], quoique beaucoup plus simple. Près du premier, est une Assomption du Titien, qui a été belle, mais qui est maintenant fort enfumée, et près du second, dans une chapelle, un Crucifiement à fresque, contenant une prodigieuse quantité de figures; ce tableau a été fait en 1436, par Jacques Bellini, écolier de Gentil Bellini. Ce morceau de peinture n'est pas tant considérable par lui-même que par l'histoire du progrès de la peinture et du goût du siècle qu'il fait voir, en montrant ce que c'étaient que les choses qu'on estimait alors, et avec combien de rapidité cet art s'est tiré de la grossièreté où il était plongé, pour produire les choses du monde les plus belles et les plus touchantes. On peut voir aussi dans cette même église un tableau de Liberale.

A Sainte-Anastasie, quelques tombeaux, surtout un des Fregoses, et un autre fait d'un marbre noir et blanc fouetté très-singulièrement; plus, deux statues qui soutiennent les bénitiers, à qui le poids de la charge fait faire une mine tout à fait originale. Je n'ai mis cela sur mes registres que par complaisance pour Lacurne, qui l'a voulu.

Aux Carmes, Jésus-Christ dans un pressoir; c'est la croix qui fait l'arbre du pressoir. Elle tourne sur deux vis; Jésus-Christ la tourne lui-même, et son sang

---

[1] Le cardinal Noris, indépendamment de ses ouvrages théologiques, a beaucoup écrit sur les antiquités grecques et romaines.

R. C.

qui coule est reçu dans des calices par les communiants qui sont tout autour. Ce morceau devrait servir d'acolyte à un autre dont j'ai ouï parler où Jésus-Christ est dans une trémie, la moitié du corps entre deux meules, et il en sort des hosties.

A Santa-Maria in Organo, une fresque de manière ancienne, très-bien fuyante, à droite et à gauche du chœur, par Brusasorci. Le chœur est peint par Paolo Farinato. Les stalles sont de jolis tableaux de bois de rapport, faits par le célèbre frère Jean, moine olivetain de Vérone. Remarquez encore un Miracle de saint Olivetan. Je n'ai pu voir l'âne qui porta Notre-Seigneur à Jérusalem, et dont Misson rapporte l'histoire fort au long. Les moines me dirent que depuis plusieurs années, pour ménager les esprits faibles, on ne le montrait ni on ne le portait plus en procession comme autrefois; mais qu'on le tenait sous clef dans une armoire.

A San-Fermo, dans une petite chambre, un tombeau de Tuzziani, chargé de six bas-reliefs de bronze, imités de l'antique, par Campana, dans le xve siècle. On ne peut rien de mieux, en vérité. Je m'étonne que la sculpture eût déjà fait tant de progrès dans un temps où la peinture en avait encore fait si peu. L'architecture de Saint-Gaétan m'a semblé assez bonne; mais Saint-Zénon vaut tout à fait la peine d'être vu. Ce n'est pas que ce qu'il y a à voir ne soit du dernier détestable; c'est au contraire par là qu'il est curieux, pour voir quel était le génie du temps de nos rois de la seconde race, et le mauvais goût des ouvrages de cette époque. Pépin, fils de Charlemagne, a fait construire cette église. Sa façade est couverte de bas-reliefs de marbre, et les portes de bas-reliefs de bronze, représentant la vie de Jésus-Christ, celle de saint Zénon et autres choses; mais de quel goût! cela fait lever les épaules. Misson s'est tué inutilement à chercher un sens allégorique aux deux coqs qui ont pris un renard; tout l'endroit où cela est représenté est couvert d'espèces de fables d'animaux qui ne signifient rien. Quant au roi qui s'en va à cheval à tous les diables, et qu'il dit n'avoir pu deviner, je ne doute pas qu'on n'ait voulu dépeindre là quelque pitoyable tradition du temps sur un roi qui, ne trouvant rien à la chasse, avait fait un pacte avec le diable pour avoir du gibier. Misson, en rapportant les vers, en a sauté une partie, et fait quelques fautes dans le reste. Les voici au juste :

O regem stultum, petit infernale tributum
Ni sus, equus, cervus, canis huic datur. Hos dat Avernus.
Moxque paratur equus; quem misit dæmon iniquus;
Exit aquà nudus, petit infera non rediturus........

Ce dernier mot est fort bien écrit tout au long, malgré ce qu'en dit notre auteur. On peut voir encore, dans l'église souterraine, quelques fragments fort effacés de ces méchantes peintures des Grecs, faites avant le rétablissement de la peinture en Occident, par Cimabue. Il y a un baptistère, ou cuve d'une grosseur prodigieuse, avec une autre cuve dedans; le tout servait pour l'immersion des catéchumènes adultes. L'évêque passait et tournait tout autour, entre les deux cuves. On me voulut faire croire que le baptistère était d'une seule pierre cavée; même ces gens-là comptaient si fort sur ma complaisance, qu'un bénitier de porphyre près de là y avait été, selon eux, apporté par le diable, au vu et au su de tout le monde. En ce cas-là le diable est un sot de n'avoir pas gardé pour lui l'un des plus grands et des plus curieux morceaux de porphyre qu'il y ait au monde. Ce fut saint Zénon qui lui donna ordre d'aller chercher ce bénitier en Istrie. Il y était avec un très-beau piédestal aussi de porphyre; mais le diable, qui n'est pas comme sa servante, et qui n'en fait pas plus qu'on ne lui commande, n'apporta pas le piédestal, le saint ne lui en ayant pas donné l'ordre expressément. Au surplus, cette église de Saint-Zénon est d'une bonne architecture, et a une fort belle tour à clocher. Le tombeau du roi Pépin est dans un préau à côté; il est fort simple et porte une inscription courte, écrite en caractères du temps, mais qui cependant nous parut bien plus moderne et qui peut avoir été ajoutée depuis.

Les autres bâtiments publics, outre ceux-ci, sont les grands bâtiments de la foire, construits sur les dessins de Bibiena; c'est à peu près la même chose que la foire Saint-Laurent. Ce qu'il y a de mieux à mon gré à Vérone, dans ce genre, ce sont les cinq portes, comme on les appelle. C'est un corps de logis percé à cinq arcades, en arc de triomphe, d'ordre dorique, *bellissimo*. Les proportions en sont si justes, cela entre dans les yeux avec tant de grâce, qu'on ne se lasse point de le regarder. Il sert aujourd'ui à faire un arsenal pour retirer la grosse artillerie; auparavant c'était une des portes de la ville. L'auteur de cet excellent ouvrage est Sanmicheli, ami de Paul Véronèse, dans les tableaux duquel il a dessiné ces belles architectures qui en font l'un des principaux ornements. D'autres les attribuent à Benedetto Caliari : tous deux peuvent y avoir travaillé.

Quant aux maisons de particuliers, celles de Pompei et de Maffei (autre que Scipion), m'ont paru les plus belles à l'extérieur; mais j'estime mieux que cela les jardins du palais Giusti, que la nature a assez bien servi pour lui donner, dans son jardin même, des rochers au moyen desquels on a des grottes et des terrasses sans fin, surmontées par de petites rotondes ouvertes de tous côtés sur la ville et surtout le pays, coupé par le cours de l'Adige. A gauche la vue ne se termine pas, et à droite les montagnes du Tyrol l'arrêtent. Outre cela, la quantité de cyprès prodigieusement hauts et pointus, dont tout ce jardin est planté, forment un coup d'œil original et lui donnent l'air d'un de ces endroits où les magiciens tiennent le sabbat. Il y a un labyrinthe, où moi, qui nigaude toujours derrière les autres, j'allai m'engager indiscrètement. J'y fus une heure au grand soleil à tempêter, sans pouvoir me retrouver, jusqu'à ce que les gens de la maison vinssent m'en tirer.

Nous ne sommes pas fortunés en cabinets; celui

de Moscardo, le plus célèbre de toute l'Italie, est presque tout défait, et nous ne pûmes voir le reste; le maître était à la campagne, n'ayant pas prévu notre arrivée. J'allai à celui de Saibanti, où il y a force manuscrits, quantités de bronzes antiques, surtout de monuments égyptiens et de lampes antiques de toutes matières et de toutes figures; des cachets de famille en quantité. Une tête grecque (de Thésée, si vous voulez), grosse comme la boule des Invalides, peut-être un peu moins.

Nous partîmes de Vérone le 25, pour aller à Vicence; le chemin n'est pas aussi agréable qu'auparavant, et quelquefois il est pierreux. Nous arrivâmes à Vicence la même matinée, ayant fait trente milles.

Vicence n'est pas aussi grande que Vérone, et à mon gré ne la vaut à aucun égard; cependant toutes les maisons considérables y sont d'une architecture régulière et admirable, fort au-dessus de celle que l'on vante à Gênes. Le fameux Palladio, le Vitruve de son siècle, était natif de Vicence. On prétend qu'ayant reçu quelque mécontentement de la noblesse de sa ville, il s'en vengea indirectement en mettant à la mode le goût des façades, dont il leur donnait des dessins magnifiques, qui les ruinèrent tous dans l'exécution. En effet, on ne voit à chaque édifice que façades de toutes sortes de manières, surtout d'ionique (c'était son ordre favori), avec tous les combles chargés de statues, trophées et autres embellissements. Ce serait une ridiculité que de vouloir citer ces maisons, vu la quantité, sauf cependant le palais Montanari et celui des Chiericati qui font la face d'une petite place de Vicence. Avec cela, non-seulement cette ville n'est pas belle, mais elle m'a paru laide et désagréable. Ces belles maisons, outre qu'elles ont l'air triste, ont pour acolytes de méchantes chaumières qui les défigurent tout à fait. Bref, Vicence a l'air pauvre, sale et mal tenu presque partout. Son plus bel endroit est la place où est le palais de la *Ragione,* c'est-à-dire de la Justice. Le toit est tout de plomb, d'un dessin ovale assez singulier. Ce vaste et singulier ouvrage de Palladio fait un grand ornement à cette place, aussi bien que le palais du Capitaine et le Mont-de-Piété, où l'on fait l'usure pour le secours des pauvres gens. Bien entendu, cependant, que ces deux derniers palais sont fort au-dessous du premier, qui, outre sa décoration de marbre, a une tour que je crois plus haute que celle de Crémone et plus svelte. Le dedans du palais me parut fort médiocre, pour ce que j'en vis, n'ayant pu pénétrer qu'à la première pièce, parce que le podestat recevait actuellement une visite de cérémonie de l'évêque. En récompense, je vis sa marche, qui avait bien aussi bon air que tout le sénat de ces *mercadants* de Gênes. La garde des Dalmates ou Albanais précédait, vêtus précieusement à la grecque, comme les janissaires. Monseigneur était dans un superbe carrosse d'ébène dorée, suivi de deux autres pareils ; le tout attelé de chevaux de la dernière beauté. Les équipages du podestat étaient verts et galants, convenablement à son âge. C'est un joli jeune homme de vingt-quatre ans, enseveli dans une perruque hors de toute mesure, de toute vraisemblance, et vêtu d'une veste rouge et d'une longue robe noire, comme celle de *moussou* Pantalon.

Je ne me rappelle pas d'avoir vu à Vicence d'autres tableaux de marque qu'à Sainte-Couronne, une Adoration des Rois, par Paul Véronèse, dont toutes les figures en particulier sont bonnes, et ne font pas un tout bien ordonné; en second lieu, le Baptême de Jésus-Christ, par Jean Bellini, maître du Titien : tableau moins curieux par lui-même que pour faire sentir la supériorité du disciple, et jusqu'à quel temps le mauvais goût a régné. Cependant ce Bellini est encore fameux aujourd'hui, parce qu'il était grand dans son siècle; l'habitude de le louer, lui et ses semblables, est devenue une espèce de vérité convenue. Au réfectoire des servites, Jésus-Christ à la table du pape Grégoire, sous la figure d'un pèlerin, grande composition de Paul Véronèse. On monte à l'église de ces moines par une centaine de degrés, au bas desquels est un arc qui en forme l'entrée; il est construit par le Palladio, et orné de statues.

En parlant de Vicence, il faut toujours revenir à l'architecture et à Palladio. Au bout du *Campo Marzo*, promenade agréable, il a élevé un arc de triomphe à la manière de l'antique, de ce goût simple qui fait la véritable beauté : c'est, si je ne me trompe, son plus beau morceau. Près de là est le jardin du comte Valmarano. Je crois que c'est à cause de l'inscription ridiculement fastueuse qu'il a mise sur la porte, et que vous trouverez dans tous les voyages, que les relations, même les plus fades, se sont donné le mot pour dénigrer ce jardin, qui cependant, quoique déchu de son ancienne beauté, m'a paru encore actuellement très-agréable. Revenons à Palladio. Pour faire voir qu'il connaissait à fond la structure des théâtres des anciens Romains, il en a bâti un en petit, tout à fait pareil aux leurs. Ce morceau, qui n'est pas un des moins curieux de Vicence, est formé en demi-cercle à gradins, terminé par une colonnade dans les interstices de laquelle sont des petites loges et des escaliers qui montent à une galerie, laquelle fait le couronnement de l'ouvrage. C'est là la place des spectateurs. Quant à celle des acteurs, elle est dans une plate-forme au bas des gradins, et vis-à-vis sont les scènes d'où sortent les acteurs, posées sur un terrain en talus et en sculpture. Ces scènes sont faites, non comme les nôtres, mais comme des rues de ville, aboutissant toutes de différents sens à une place publique, figurée par la plate-forme. Dans ce théâtre de Palladio, les scènes forment une ville effective de bois et de carton. Ceci sert fort bien à expliquer tant d'apartés et de longs discours qui se trouvent dans les comédies anciennes, où quelquefois deux ou trois troupes d'acteurs parlent en même temps, sur le théâtre, de choses différentes, sans s'entendre ni s'apercevoir, ce qui se comprend fort bien, quand on voit que les différents acteurs pouvaient être placés dans plusieurs rues où les spectateurs les découvraient, sans qu'ils pussent se découvrir les uns les autres. Cette espèce de théâtre a sur les nôtres l'avantage que tout le monde, par cette disposition circulaire, est près des acteurs, et que la voix montant toujours, on entend également bien partout. Mais, outre que ces sortes de théâtres ne sont bons qu'en très-grand, comme les faisaient les Romains, et non en petit, ils seraient très-incommodes pour les dames; et c'est un défaut capital que le spectacle, au lieu d'être vu de bas en haut comme cela se doit, est toujours plongé de haut en bas; ce qui seul suffirait pour faire préférer la forme des nôtres. Aussi on ne s'en sert point pour les pièces dramatiques; mais seulement pour donner des bals et pour les séances publiques des académiciens. Après avoir vu les ouvrages publics de Palladio, nous allâmes voir sa propre maison, où nous aperçûmes que, dans un fort petit espace, il avait rassemblé toute l'architecture extérieure et toutes les incommodités intérieures qui se pouvaient trouver dans le terrain.

Je crois que j'ai fait partout un chapitre particulier de la coiffure des femmes. Ici elles se couvrent la tête de trois ou quatre milliers d'épingles à grosses têtes d'étain ; cela ressemble à un citron piqué de clous de girofle. A Padoue, elles s'affublent d'une grande mante de satin noir qui retombe sur le dos, puis sur le devant en écharpe. Celles-là semblent figurer le sacrifice d'Iphigénie. (Cela s'entend toujours du peuple ; car les gens de condition, hommes et femmes, sont partout vêtus comme en France.)

Je ne suis pas encore si sensible au plaisir de voir les belles choses des villes qu'à celui de jouir du spectacle de la campagne dans ce pays charmant. Peut-être que le terrain qui est entre Vicence et Padoue vaut seul le voyage d'Italie; surtout pour la beauté des vignes qui sont toutes montées sur des arbres dont elles recouvrent toutes les branches, puis, en retombant, elles retrouvent d'autres jets de vigne qui descendent de l'arbre voisin, avec lesquels on les rattache, ce qui forme, d'arbres à autres, des festons chargés de feuilles et de fruits. Tout le chemin est ainsi garni d'arbres plantés en échiquier ou en quinconce. Il n'y a point de décoration d'opéra plus belle ni mieux ornée qu'une pareille campagne. Chaque arbre, couvert de feuilles de vigne, fait un dôme de pavillon duquel pendent quatre festons, qui s'attachent aux arbres voisins. Les festons bordent la route de chaque côté et s'étendent, à perte de vue, en tous sens dans la plaine. Cette décoration n'a guère moins de vingt milles de long, qui est la distance de Vicence à Padoue. Le 26, avant que d'arriver à cette ville, nous passâmes la Brenta, sur un pont distant de Padoue d'environ une demi-lieue, et nous entrâmes par la porte Savonarola, dont l'architecture est fort prisée, aussi bien que celle de la porte Saint-Jean. Cependant l'une et l'autre m'ont paru au-dessous de celle que l'on nomme del Portello, que vous ferez très-bien de voir en passant par ici.

XIII. — A M. DE NEUILLY.

Mémoire sur Padoue.

28 juillet 1739.

Padoue m'a paru d'une figure en quelque façon triangulaire et fort étendue. Elle passe pour une des plus grandes villes d'Italie, et même plus que Venise, ayant au moins deux lieues et demie de tour; mais on ne peut rien voir de plus pauvre, de plus triste, ni de plus dépeuplé. Le premier étage des maisons porte sur d'infâmes arcades basses et irrégulières, faites de méchantes pierres ou de plâtras qui bordent la rue de chaque côté. Cela a quelque commodité, en ce que les gens de pied peuvent marcher à l'ombre. Aussi bien n'est-il pas possible d'aller en carrosse sur ce pavé détestable, s'il en fut jamais, et fait de gros quartiers de pierre, qui, en quelques endroits, est une espèce de porphyre. Ainsi on peut dire que le malheur d'être roué est récompensé par l'honneur. Mes reins pourraient vous en dire des nouvelles. Venons au détail.

Le premier et le principal article est l'Université; mais, à dire vrai, cela était bon autrefois. Aujourd'hui que les universités sont tombées, celle-ci l'est encore plus que les autres. Les écoliers, si redoutables par leur nombre et leur puissance, ne sont plus qu'en très-petit nombre, et la plupart du temps les professeurs prêchent aux bancs. Cependant il y en a toujours un grand nombre d'habiles, et parmi eux plusieurs gens de qualité qui ne rougissent point, comme en France, de rendre leurs talents utiles à la société, ni de passer pour savoir quelque chose. De tous les colléges qui étaient à Padoue, il n'en reste qu'un nommé le *Bœuf* [1]; où l'on trouve une belle cour d'ordre dorique, par Palladio; un théâtre d'anatomie fait comme un puits, dans le fond duquel on pose le cadavre sur une table; tout le tour du puits est en gradins, où les écoliers peuvent se placer au nombre de cinq cents et voir la démonstration, sans se gêner dans ce petit espace, chaque partie que l'on démontre étant bien éclairée par une disposition de lumière faite exprès.... C'est le fameux Fra Paolo, servite, qui en a inventé la forme et donné le dessin.... Une salle d'histoire naturelle remplie de toutes les choses qui ont rapport à ce sujet, et de squelettes de toutes sortes d'animaux.... Une bibliothèque que l'on bâtit sur un dessin le meilleur et le plus convenable à un grand amas de livres.

Je vais tout de suite du collége au jardin des plantes, quoique ce soit fort loin. On peut en être content, même quand on a vu celui de Paris. On a écrit sur les jambages de la porte cette jolie inscription : *Hic oculi, hinc manus*. Il est circulaire,

---

[1] Ainsi nommé parce qu'il y avait là autrefois une hôtellerie ayant pour enseigne un bœuf.   R. C.

entouré d'un mur orné d'une balustrade et ouvert par six arcades qui donnent dans six autres petits jardins. Les plantes y sont en grand nombre, très-bien venues et passablement disposées. Il y a dans le grand jardin des pièces d'eau pour les plantes aquatiques, ce qui manque à celui de Paris. Quant aux serres, c'est fort peu de chose, surtout pour ceux qui ont vu celles de Paris.

La belle place et le bel endroit de la ville est celle où est le palais Capitano ; elle est assez grande, régulière et bien pavée. Celle que l'on appelle Prato della Valle est véritablement un fort grand pré, qui produit le meilleur foin du monde. L'église de Sainte-Justine donne sur cette place. Au dehors elle a tout à fait l'air d'une mosquée, par ses sept coupoles couvertes de plomb; cela n'est pas étonnant; car les grands édifices de ce pays-ci, tels que Saint-Marc et Sainte-Justine, sont faits à l'imitation de l'église grecque de Sainte-Sophie, qui a pareillement servi de modèle aux Turcs, pour les autres belles mosquées qu'ils ont fait construire à Constantinople. L'intérieur est clair, noble et beau par sa simplicité; les uns prétendent que Palladio en est l'architecte; les autres assurent que c'est un moine ; c'est ce que je ne puis décider [1]. Quoi qu'il en soit, il règne dans cette architecture de furieuses licences. Le pavé de marbre noir, rouge et blanc, est peut-

---

(1) L'architecte de Sainte-Justine fut un bénédictin, le P. Jérôme de Brescia. — R. C.

être le plus beau ou au moins le mieux tenu de l'Italie. L'autel de marbres de rapport, et les stalles où la vie de Jésus-Christ a été sculptée par un Français[1], ne sont pas non plus des objets médiocres. Paul Véronèse a peint dans le fond du chœur le Martyre de sainte Justine, c'est un de ses morceaux les plus estimés ; mais, à l'ordonnance près, il ne m'a pas fait un fort grand plaisir. Remarquez un visage de sainte Gertrude, par un juif nommé Liberi. Jamais le plaisir de l'humanité n'a été peint avec tant de ravissement sur le visage de votre maîtresse, que le plaisir céleste sur celui-ci. Le couvent est également digne d'être vu par l'étendue et la clarté des cloîtres, et par l'élégante construction et les jolies boiseries de la bibliothèque, bien fournie de bons livres. On me montra un Lactance imprimé en 1465, dans le monastère de Subiaco, qu'on croit être le premier livre imprimé en Italie, lorsqu'on y eut fait venir de Mayence Fust et Schœffer, inventeurs de l'art. Rien n'est égal à la bibliothèque du séminaire pour l'étonnante richesse en vieux livres imprimés en 1500. Je crois que le premier volume des *Annales typographiques* de Maittaire pourrait leur servir de catalogue. J'étais enchanté de voir un tel recueil ; car je suis comme les enfants, les chiffonneries me délectent. Laissons celles-ci pour en voir d'une autre espèce.

Me voici à ce que l'on appelle le *saint* tout court,

---

[1] Richard Taurigny de Rouen, sculpteur et graveur sur bois. R. C.

par excellence, c'est-à-dire saint Antoine de Padoue, pour lequel on n'a pas moins de vénération que pour saint Charles à Milan. La différence est cependant forte, d'un moine de cette espèce à un excellent citoyen ; surtout j'ai ri de bon cœur de la bonne invention des Padouans qui l'ont fait peindre au bas des recoins des murailles de leurs maisons pour empêcher que l'on ne pissât contre. Je savais déjà qu'il était bon à plus d'une chose. Les mariniers portugais de l'Inde orientale portent avec eux une image de saint Antoine de Padoue, à laquelle ils demandent du bon vent, et ils le garrottent au mât du navire jusqu'à ce qu'il leur en ait donné. « Vole-
« vano, dit un voyageur, legare l'imaginetta del
« detto santo Antonio perche ei desse buon vento,
« ch'é come imprigionata, minacciando di non
« sciorla, fin tanto che non abbia loro concesso
« ciocche dimandavano ; ma pure restarono di farlo
« ad instanza del piloto che diede parola per lo
« santo, dicendo, ch'era tanto onorato che senza
« esser legato ne preso, avrebbe fatto quanto essi
« ricercavano. Pure al venti nove dì decembre, il
« capitano con gli altri del vascello si risolverono
« al fin di legar il santo Antonio. (PIÉTR. DELLA
VALLE, *Lettera di mascat*. T. IV.) »

Au surplus, le saint a une assez belle maison, il y occupe un superbe appartement. C'est une chapelle tout enrichie d'or et d'argent, de chandeliers de même métal sur des piédestaux de marbre, le tout d'une ciselure exquise ; plus, quantité de bas-reliefs de marbre, tant bons que mauvais, de Sansovino, du Lombardo, et d'un troisième dont j'ai oublié le nom. Les *ex-voto* y sont en si grand nombre, que le saint ne souffre dans sa chambre à coucher que ceux qui sont d'or ou d'argent massif; les autres sont relégués dans un appartement à part qu'on leur a fait à côté. Toute cette église de Saint-Antoine est entièrement remplie de tombeaux dont plusieurs sont fort bons, surtout ceux de Cornaro, de Contarini, de Ferrari ; mais surtout les deux chapelles peintes à fresque par le Giotto, si fameux dans le temps du rétablissement de la peinture, sont une chose curieuse. Ce grand maître, si vanté dans toutes les histoires, ne serait pas reçu aujourd'hui à peindre un jeu de paume. Cependant, à travers son barbouillage, on discerne du génie et du talent. A l'oratoire de Saint-Antoine, plusieurs morceaux à fresque, du Titien, très-curieux et assez méchants ; on voit là, non ce qu'il est, mais ce qu'il sera. Je ne veux pas parler d'un tableau de cette chapelle, où un âne renifle sur de l'avoine pour se mettre à genoux devant le saint-sacrement. Laissons ces pauvretés et n'achevons point ; il est indigne de voir combien la misérable superstition souille la religion par ses momeries.

J'ai été aux Erémitains voir un admirable Saint-Jean du Guide. Ils ont aussi une chapelle peinte à fresque par Mantegna, le maître du Corrége ; elle est excellente pour tous les points de la peinture et ne peut cependant s'appeler un bon ouvrage, à cause du méchant goût du siècle qui y règne. Il faut bien distinguer les morceaux qui ne sont pas de la main de Mantegna.

Je viens de l'hôtel de ville, autrement dit de la *Ragione*. Il y a une grande salle au bout de laquelle est une pierre où les banqueroutiers vont se déculotter et frapper à cul nu; au moyen de ce, voilà leurs dettes payées. On a écrit sur la pierre : *Lapis vituperii*. De l'autre côté, vis-à-vis, est le tombeau de Tite-Live, avec une inscription qui prouve qu'elle n'a pas été faite pour lui, mais pour un affranchi de sa fille. Le tombeau est encore plus apocryphe. Malgré cela, on doit savoir bon gré aux Padouans d'avoir fait de leur mieux pour célébrer leur compatriote. Une inscription posée à côté, porte qu'ils ont accordé un bras de Tite-Live aux instantes prières du roi Alphonse d'Aragon; voilà un nouveau genre de reliques. Ce bras fut depuis, en certaine occasion, la récompense du poëte Sannazar; mais, sa famille l'ayant négligé, le pauvre Tite-Live est demeuré manchot en pure perte. Son buste est sur une porte de cette salle, et celui de Paul[1] sur la porte vis-à-vis; c'est *Paulus ad edictum*. Vous jugerez sans peine que je me trouvai saisi de vénération à l'aspect de ce souverain seigneur du Digeste. La voûte de la salle est peinte par le Giotto, du même goût de barbouillage dont je vous parlais tout à l'heure.

Le tombeau d'Anténor le Troyen est une autre

---

[1] Célèbre jurisconsulte du 2º siècle. R. C.

rêverie des Padouans. Nous avons découvert par la ressemblance qu'il a avec celui du roi Pépin à Vérone, et par la structure singulière à quatre cornes, de l'un et l'autre, que le prétendu messire Anténor est quelque honnête particulier du ixe siècle. (J'ai vu depuis des tombeaux antiques du temps des Romains et de la même forme que celui-ci; mais ce n'est pas à dire que ce soit le tombeau d'Anténor.)

On dit que, malgré le méchant état où Padoue est réduite, les étrangers qui l'ont connue ne la quittent qu'à regret. Cela ne peut manquer d'arriver, si ses habitants sont tous du genre du marquis Poleni, professeur de mathématiques. Sur une simple indication que nous avions de l'aller voir, il n'y a sorte d'honnêtetés que nous n'ayons reçues de lui. C'est un homme fort savant, et en même temps d'une extrême douceur. Il a une bibliothèque complète de tout ce qui a été écrit en mathématiques. Elle ne monte pas à moins de cinq mille volumes, chose peu croyable d'une espèce de gens qui ne parlent guère. Le marquis Poleni donne maintenant une édition de Vitruve, d'un très-grand travail. Il a restitué en mille endroits le texte qui a été, dit-il, fort corrompu par le cordelier Joconde (Fra Giovanni Giocondo), architecte, auteur de plusieurs des ponts de Paris. C'est lui qui fit imprimer cet auteur, et qui changea le texte lorsqu'il ne le trouva pas conforme à ses idées. Le marquis Poleni a rétabli le texte véritable sur les anciens manuscrits. On n'a encore que le premier volume imprimé; et ce volume, dont il m'a fait présent, ne contient que des dissertations préliminaires ; mais ce qui prouve mieux que c'est un galant homme, c'est son inclination pour la musique; il m'a fait entendre M. Negri, un virtuosissime joueur d'orgues, dont j'ai été assez satisfait, et à mon retour à Padoue, il m'a promis de me procurer Tartini, célèbre violon, et un autre qui ne lui cède pas.

Je vais actuellement m'embarquer sur le canal de la Brenta, pour me rendre à Venise; il y a vingt-cinq milles d'ici à cette fameuse ville, qui est un des grands termes de notre voyage : j'ai grande impatience de la voir. Nous aurons fait alors trois cent quatre-vingts milles à partir de Gênes, y compris le détour des îles Borromées, qui est de cent milles. Je compte bien trouver là une quantité de lettres de France, de tous mes parents et amis ; c'est un des plus grands plaisirs que je pourrai avoir dans cette ville. Il faut se trouver aussi loin de sa patrie pour imaginer à quel point on désire d'être instruit de ce qui s'y passe, surtout n'ayant eu aucune nouvelle de France depuis mon départ, que la lettre que j'ai reçue de Blancey à Marseille; ainsi, mes chers amis, je vous charge bien fort l'un et l'autre de veiller à ce que les gens de ma connaissance m'écrivent souvent et avec grand détail.

XIV. — A M. DE BLANCEY.

Séjour à Venise.

14 août 1739.

Un bruit assez étrange est venu jusqu'à moi, Seigneur........

On prétendait tout communément dans Venise que mon journal ci-présent, ouvrage si respectable, n'avait servi, en arrivant vers vous, qu'à égayer votre veine et celle de vos compatriotes, de fort méchants propos ; que vous vous étiez émancipés à lâcher certains traits de satire contre un travail aussi distingué par l'utilité des choses qu'il contient, que par la précision et la brièveté qui y règnent, et que, non contents d'avoir les uns les autres épuisé votre petite ironie sur des écrits qui, à la matière et au style près, sont, à coup sûr, irrépréhensibles, vous aviez mêlé M. Loppin dans vos railleries ; chose que je ne pourrais, ne voudrais, ni ne devrais tolérer. Il est vrai que ce n'est pas un mauvais plaisant, ni un freluquet comme vos petits messieurs ; mais en récompense, c'est un esprit sensé, un caractère droit, un bon cœur, des vues justes : c'est l'homme qui fait face pour nous lorsqu'il est question de doctrine. En un mot, c'est une tête carrée, dont nous ferions bien de suivre les avis. Ainsi, sur le bruit qui courait de ce que dessus, j'allais sans doute me gendarmer bien fort; mais à la vue de votre lettre,

Seigneur, je l'ai jugé trop peu digne de foi.

De sorte que j'ai rengaîné bien vite ce qui m'animait contre le journal, et qui n'allait pas moins qu'à supprimer, si j'eusse pu, ce gros in-4°, que vous avez reçu en dernier lieu, et tous ceux qui auraient dû lui succéder; ce qui faisait, pour vous parler vrai, le sujet de mon ire, c'était de ne point recevoir de vos nouvelles; partant, je me suis trouvé coi quand j'ai été convaincu de votre exactitude. Il faut pourtant là-dessus que je vous en croie sur votre parole, car je n'ai reçu que votre dernière lettre. Celle que vous m'écriviez à Rome n'est pas encore arrivée. J'espère cependant qu'elle ne sera pas perdue, non plus que d'autres que j'ai reçues par la même voie, et je l'attends avec impatience, dans l'espérance d'y trouver des histoires divines.

Il me semble que je vous devrais au moins autant de compliments sur vos réflexions morales que vous m'en faites sur mon babil. Vous parlez en homme pénétré de l'une et de l'autre situation, et cela est dans l'ordre; mais votre comparaison, bien qu'ingénieuse, n'est pas tout à fait juste. Les récits sont plus exacts à peindre le bien et le mal, que ne le sont les relations de voyages. MM. les voyageurs rarement quittent le ton emphatique en décrivant ce qu'ils ont vu, quand même les choses seraient médiocres ; je crois qu'ils pensent qu'il n'est pas de la bienséance pour eux d'avoir vu autre chose que du beau. Ainsi, non contents d'exalter des gredineries, ils passent sous silence tout ce qu'il leur en a coûté pour jouir des choses vraiment curieuses ; de sorte qu'un pauvre lecteur, n'imaginant que roses et que fleurs dans le voyage qu'il va entreprendre, trouve souvent à décompter, et se voit précisément dans le cas d'un homme qui serait devenu amoureux d'une femme borgne, sur son portrait peint de profil. Ne croyez pas cependant par là que je veuille exagérer les peines du voyage, qui assurément ne sont rien moins qu'intolérables. La plus grande de toutes est d'être séparé des gens de sa connaissance ; mais je suis bien aise, puisque j'en trouve l'occasion, de décharger un peu ma bile contre les détails contenus dans les livres de voyages que j'ai actuellement sous les yeux, dans une partie desquels il n'y a pas un mot de vrai. Il en est de même de la plupart des idées générales que l'on se forme sur le bruit public. Par exemple, tout le monde dit : les auberges d'Italie sont détestables ; cela n'est pas vrai, on est très-bien dans les grandes villes. A la vérité, on est très-mal dans les villages ; ce n'est pas merveille ; il en est de même en France. Mais ce qu'on ne dit pas, c'est que le pain, non pétri avec les bras, mais battu avec de gros bâtons, quoique fait avec de la farine blanche et très-fine, est la plus détestable chose dont un homme puisse goûter; j'en suis désolé. Pour le vin, je m'y fais tant bien que mal, en choisissant toujours celui qui est gros et fort âpre, par préférence au doux, qui ne peut être comparé qu'au pain, tant il est mauvais. Cependant les gens du pays le trouvent exquisissime, et c'est une chose à crever de rire que de voir les mines que font les dames en goûtant de nos vins de Champagne, et combien elles sont émerveillées de m'en voir avaler de grands traits mousseux.

On dit encore qu'on a tant qu'on veut la *cambiatura*; fausseté. Les surintendants des postes la donnent très-difficilement, et il faut avoir à chaque poste des discussions qui ne finissent point. Le résultat de tout cela, c'est qu'il faut payer la poste excessivement cher, et compter toujours, quand on a destiné une certaine somme à ce voyage-ci, qu'on dépensera le triple, encore que notre argent gagne en Italie; car, outre l'article de la poste et des voiturins qui sont d'abominables canailles, il y a celui des auberges plus chères qu'en France; quoiqu'on ne soupe jamais, et celui que l'on appelle la *buona mancia*, comme nous dirions la *bonne main*. Ce point ne finit pas; pour la plus petite chose vous êtes entouré de gens qui vous demandent pour boire; même un homme avec qui on a fait un marché d'un louis trouverait fort singulier, après l'exécution, qu'on ne lui donnât qu'un écu de *bonne main*. Je m'en plains tous les jours aux gens du pays, qui se contentent de plier les épaules, en disant : *Poveri forestieri*, c'est-à-dire en langue vulgaire, *les étrangers sont faits pour être volés*. Quand j'aurai un peu plus de pratique de la langue du pays, je mettrai bon ordre à ce que cela n'arrive plus. Enfin, je ne finirais pas, si je voulais blâmer toutes les erreurs où l'on est sur ce voyage, et qui ne sont pas mieux fondées que la jalousie des Italiens, ou la captivité de leurs femmes; mais cette préface n'est déjà que trop longue. Retournons à nos moutons, c'est-à-dire à notre journal, à condition cependant que vous ne le communiquerez qu'à peu de personnes; quand ce seront des gens discrets, comme Bourbonne ou Courtois; mais je défends les causeurs, à commencer par votre frère.

Je ne sais si je vous ai conté comment nous partîmes de Padoue, le 28 du mois dernier. Ce fut en nous embarquant sur le canal de la Brenta, avec un vent contraire; c'est la règle. Mais pour le coup, le diable en fut la dupe, car nous avions de bons chevaux qui nous remorquaient le long du bord, moyennant quoi nous *ingannions* le sortilége qui nous poursuit. Le bâtiment que nous montions se nomme le Bucentaure. Vous pouvez bien penser que ce n'est qu'un fort petit enfant du vrai Bucentaure; mais aussi c'était le plus joli enfant du monde, ressemblant fort en beau à nos diligences d'eau, et infiniment plus propre, composé d'une petite antichambre pour les valets, suivie d'une chambre tapissée de brocatelle de Venise, avec une table et deux estrades garnies de maroquin et ouverte de huit croisées effectives et de deux portes vitrées. Nous trouvions notre domicile si agréable et si commode, que, contre notre ordinaire, nous n'avions nulle impatience d'arriver, d'autant mieux que nous nous étions munis de force vivres, vin de Canarie, etc. ; et que les rivages sont bordés de quantité de belles maisons de nobles vénitiens. Celle de Pisani, maintenant doge, mérite en vérité une description particulière, surtout par un portail de jardin au bord de l'eau, accompagné de deux colonnes qui ont des escaliers tournants de fer en dehors, montant sur une terrasse charmante, qui fait le comble du péristyle. Cela est imaginé à merveille, et l'on m'a dit depuis que le cardinal de Rohan en avait fait prendre le dessin pour l'exécuter à Saverne. Nous voulions d'abord descendre pour voir ces maisons; le nombre nous en rebuta : ç'aurait été l'affaire de quelques années. Cependant nous ne résistâmes pas à la tentation de voir la dernière, qui est sur la route, appartenant aux Foscarini; elle a beaucoup de bonnes fresques, et surtout une Chute des Titans, d'une excellente expression, de la main de Zelotti. (Notez cependant que ceci est encore inférieur aux abords de Gênes.) Au bout de quelques milles nous eûmes l'honneur d'entrer dans la mer Adriatique, et peu après celui d'apercevoir Venise.

A vous dire vrai, l'abord de cette ville ne me surprit pas autant que je m'y attendais. Cela ne me fit pas un autre effet que la vue d'une place située au bord de la mer, et l'entrée par le Grand-Canal fut, à mon gré, celle de Lyon ou de Paris, par la rivière,

Mais aussi quand on y est une fois, qu'on voit sortir de l'eau de tous côtés des palais, des églises, des rues, des villes entières, car il n'y en a pas pour une; enfin, de ne pouvoir faire un pas par une ville sans avoir le pied dans la mer, c'est une chose à mon gré si surprenante, qu'aujourd'hui j'y suis moins fait que le premier jour, aussi bien qu'à voir cette ville ouverte de tous côtés, sans portes, sans fortifications et sans un seul soldat de garnison, imprenable par mer ainsi que par terre ; car les vaisseaux de guerre n'en peuvent nullement approcher, à cause des lagunes trop basses pour les porter. En un mot, cette ville-ci est si singulière par sa disposition, ses façons, ses manières de vivre à faire crever de rire, la liberté qui y règne et la tranquillité qu'on y goûte, que je n'hésite pas à la regarder comme la seconde ville de l'Europe, et je doute que Rome me fasse revenir de ce sentiment.

Nous sommes logés, pour ainsi dire, dans le fort de la rue Saint-Honoré ; avec cela on peut dormir la grasse matinée sans être interrompu par le moindre bruit. Tout s'y passe doucement dans l'eau, et je crois que l'on ronflerait fort bien au milieu du marché aux herbes. Joignez à cela qu'il n'y a pas dans le monde une voiture comparable aux gondoles pour la commodité et l'agrément. Je ne trouve pas que l'on en ait donné à mon gré une description juste. C'est un bâtiment long et étroit comme un poisson ; à peu près comme un requin ; au milieu est posée une espèce de caisse de carrosse, basse, faite en berlingot, et du double plus longue qu'un vis-à-vis : il n'y a qu'une seule portière au-devant, par où l'on entre. Il y a place pour deux dans le fond, et pour deux autres de chaque côté sur une banquette qui y règne, mais qui ne sert presque jamais que pour étendre les pieds de ceux qui sont dans le fond. Tout cela est ouvert de trois côtés, comme nos carrosses, et se ferme quand on veut, soit par des glaces, soit par des panneaux de bois recouverts de drap noir, qu'on fait glisser sur des coulisses, ou rentrer par le côté dans le corps de la gondole. Je ne sais pas trop si je me fais entendre. Le bec d'avant de la gondole est armé d'un grand fer en col de grue, garni de six larges dents de fer. Cela sert à la tenir en équilibre, et je compare ce bec à la gueule ouverte du requin, bien que cela y ressemble comme à un moulin à vent. Tout le bateau est peint en noir et verni ; la caisse doublée de velours noir en dedans et de drap noir en dehors, avec les coussins de maroquin de même couleur, sans qu'il soit permis aux plus grands seigneurs d'en avoir une différente, en quoi que ce soit, de celle du plus petit particulier ; de sorte qu'il ne faut pas songer à deviner qui peut être dans une gondole fermée. On est là comme dans sa chambre, à lire, écrire, converser, caresser sa maîtresse, manger, boire, etc., toujours faisant des visites par la ville. Deux hommes, d'une fidélité à toute épreuve, l'un à l'avant, l'autre à l'arrière, vous conduisent sans vous voir, si vous ne voulez.

Je n'espère plus de me retrouver de sang-froid

dans un carrosse, après avoir tâté de ceci. J'avais
ouï dire qu'il n'y avait jamais d'embarras de gondoles, comme il y en a de voitures à Paris ; mais au
contraire rien n'est plus commun, surtout dans les
rues étroites et sous les ponts ; à la vérité ils sont de
peu de durée, la flexibilité de l'eau donne une
grande facilité pour s'en débarrasser. Outre cela, nos
cochers d'ici sont si adroits, qu'ils glissent on ne sait
comment, et tournent en un coup de main cette lon-
gissime machine, sur la pointe d'une aiguille. Ces
voitures vont vite, mais non pas autant que le carrosse d'un petit maître. Cependant ne vous avisez
pas de tenir la tête hors de votre gondole ; la gueule
du requin d'une autre gondole qui passerait vous la
couperait net comme un navet. Le nombre des gondoles est infini, et l'on ne compte pas moins de
soixante mille personnes qui vivent de la rame, soit
gondoliers ou autres. On dit aussi, pour faire valoir
l'agrément du séjour, que la ville a toujours un fonds
de trente mille étrangers. Cela peut avoir quelque
fondement pendant les six mois de carnaval ; mais
hors de là, je crois ce nombre fort exagéré.

Vous croyez peut-être que la place Saint-Marc,
dont on parle tant, est aussi grande que d'ici à demain. Rien moins que cela ; elle est fort au-dessous,
tant pour la grandeur que pour le coup d'œil des
bâtiments de la place Vendôme, bien que magnifiquement bâtie ; mais elle est régulière, carrée,
longue, terminée des deux bouts par les églises de
Saint-Marc et de San-Geminiano, et des côtés par

les Procuraties Vieilles et Neuves. Ces dernières forment un magnifique bâtiment, tout d'un corps de logis d'une très-grande longueur, orné d'architecture, et le comble couvert de statues. Tant les Neuves que les Vieilles sont bâties sur des arcades, sous lesquelles on se promène à couvert, et chaque arcade sert d'entrée à un café qui ne désemplit point. La place est pavée de pierres de taille. On ne peut s'y tourner, à ce qu'on dit, pendant le carnaval, à cause de la quantité de masques et de théâtres. Pour moi, qui n'ai pas vu cela, je l'en trouve actuellement toujours pleine. Les robes de palais, les manteaux, les robes de chambre, les Turcs, les Grecs, les Dalmates, les Levantins de toute espèce, hommes et femmes, les tréteaux de vendeurs d'orviétan, de bateleurs, de moines qui prêchent, et de marionnettes ; tout cela, dis-je, qui y est tout ensemble, à toute heure, la rendent la plus belle et la plus curieuse place du monde, surtout par le retour d'équerre qu'elle fait auprès de Saint-Marc, ce que l'on nomme *Broglio*. C'est une autre place plus petite que la première, formée par le palais Saint-Marc et le retour du bâtiment des Procuraties-Neuves. La mer, large en cet endroit, la termine. C'est de là qu'on voit le mélange de terre, de mer, de gondoles, de boutiques, de vaisseaux et d'églises, de gens qui partent et qui arrivent à chaque instant. J'y vais au moins quatre fois le jour pour me régaler la vue. Les nobles ont leur côté où ils se promènent, et qu'on leur laisse toujours libre ; c'est là qu'ils trament toutes leurs intrigues, d'où est venu à cette place le nom de *Broglio*. La grande place a dans un angle la haute tour de Saint-Marc, qui, quoique grande et bien faite, me paraît assez mal placée là, puisqu'elle interrompt la figure régulière de la place [1].

Je ne m'aviserai pas d'entrer avec vous dans le même détail sur l'article de Venise que j'ai fait en parlant des autres villes; ce serait une chose à ne jamais finir, et pour plus d'abréviation, je ne vous en dirai rien du tout, d'autant mieux que je n'aurais souvent qu'à répéter ce qu'a dit Misson. Il en parle fort pertinemment, et mieux que d'aucun autre endroit que j'aie encore vu ; surtout je vous épargnerai l'article des tableaux, à votre grande satisfaction, si je ne me trompe ; mais je ne ferai pas le même tort à Quintin, qui ne me le pardonnerait pas. On dit qu'il y en a plus à Venise que dans le reste de l'Italie. Pour moi, ce que j'assurerai bien, c'est qu'il y en a plus que dans la France entière. La seule liste des peintures publiques fait un gros in-8°, sans compter que les particuliers en ont de quoi combler l'Océan. On prétend aussi, qu'à illuminer les trois étages des Procuraties en flambeaux de cire blanche la nuit de Noël, on brûle plus de cire ici en cette nuit que dans tout le reste de l'Italie pendant un an. Nous ne songeons jamais à déjeuner, Sainte-Palaye et moi, sans nous être au préalable mis quatre tableaux du Titien et deux plafonds de Paul Véronèse sur la conscience.

[1] Elle a été élevée, au contraire, pour masquer son irrégularité. R. C.

Pour ceux du Tintoret, il ne faut pas songer à les épuiser; il fallait que cet homme-là eût *una furia da diavolo*. Je me suis borné à examiner mille ou douze cents des principaux[1].

Je ne vous parlerai pas trop non plus du gouvernement ni des mœurs ; c'est un article qu'Amelot a traité à fond, et assez bien. Il ne faut pas cependant croire tout le mal qu'il en dit, mais seulement la plus grande partie. Quant aux mœurs, vous aimeriez sûrement mieux que je vous entretinsse de cela que d'édifices et de peintures ; mais faites réflexion qu'un étranger qui passe un mois dans une ville n'est pas fait pour les connaître, et en parlerait presque infailliblement tout de travers. Cependant, si vous voulez quelque chose là-dessus, je vous dirai qu'il n'y a pas de lieu au monde où la liberté et la licence règnent plus souverainement qu'ici. Ne vous mêlez pas du gouvernement, et faites d'ailleurs tout ce que vous voudrez. Je ne parle pas de la chose dont nos plaisirs et nous tirons notre origine, de la chose proprement dite par excellence. On ne s'en choque pas plus ici que de toute autre opération naturelle. C'est une bonne police qui devrait être reçue partout. Mais, pour tout ce qui, en saine morale, doit s'appeler méchante action, l'impunité y est en-

---

[1] Venise alors était peut-être la ville du monde où les peintres eussent le plus de facilité pour voir et étudier la figure humaine. Ils trouvaient habituellement, dans deux académies, de beaux modèles, de l'un et de l'autre sexe, qu'ils avaient la faculté de poser selon les exigences de leur tableau. R. C.

tière. Cependant le sang est si doux ici, que, malgré la facilité que donnent les masques, les allures de nuit, les rues étroites, et surtout les ponts sans garde-fous, d'où l'on peut pousser un homme dans la mer sans qu'il s'en aperçoive, il n'arrive pas quatre accidents par an; encore n'est-ce qu'entre étrangers. Vous pouvez juger par là combien les idées que l'on a sur les stylets vénitiens sont mal fondées aujourd'hui.

Il en est à peu près de même de leur jalousie pour leurs femmes : cependant cela mérite explication. Dès qu'une fille, entre nobles, est promise, elle met un masque, et personne ne la voit plus que son futur, ou ceux à qui il le permet, ce qui est fort rare. En se mariant, elle devient un meuble de communauté pour toute la famille, chose assez bien imaginée, puisque cela supprime l'embarras de la précaution, et que l'on est sûr d'avoir des héritiers du sang. C'est souvent l'apanage du cadet de porter le nom de mari ; mais, outre cela, il est de règle qu'il y ait un amant ; ce serait même une espèce de déshonneur à une femme si elle n'avait pas un homme publiquement sur son compte. Mais, halte là ; la politique a très-grande part à ceci. La famille en use comme le roi de France à l'élection de l'abbé de Cîteaux ; on laisse choisir la femme en donnant l'exclusion à tels ou tels. Il ne faut pas qu'elle s'avise de prendre aucun autre qu'un noble, et parmi ceux-ci, un homme qui ait entrée dans le *Pregadi* ou Sénat et dans les conseils, dont la famille soit assez puissante pour pouvoir favoriser les brigues, et à qui l'on puisse dire : Monsieur, il me faut demain matin tant de voix pour mon beau-frère ou pour mon mari. Avec cela, une femme a la liberté tout entière, et peut faire tout ce qu'elle veut. Il faut cependant rendre justice à la vérité ; notre ambassadeur me disait, l'autre jour, qu'il ne connaissait pas plus d'une cinquantaine de femmes de qualité qui couchassent avec leurs amants. Le reste est retenu par la dévotion. Les confesseurs ont traité avec elles, qu'elles s'abstiendraient de l'article essentiel ; moyennant quoi, ils leur font bon marché du reste tout aussi loin qu'il puisse s'étendre.

Voilà quel est le train courant de la galanterie, où les étrangers n'ont pas beau jeu. Les nobles ne les admettent guère ni dans leurs maisons ni dans leurs parties. Ils veulent vivre entre eux, et avoir leurs coudées franches, pour parler devant leurs femmes, de brigues et de ballottages, articles sur lesquels le *tacet* s'observe exactement devant l'étranger. Cependant, lorsque deux personnes s'entendent, il n'est pas impossible de faire un coup fourré à la faveur des gondoles, où les dames entrent toujours seules sans surveillants ; c'est un asile sacré. Il est inouï qu'un gondolier de Madame se soit laissé gagner par Monsieur ; il serait noyé le lendemain par ses camarades. Cette pratique actuelle des dames a beaucoup diminué les profits des religieuses, qui étaient jadis en possession de la galanterie. Cependant il y en a encore bon nombre qui s'en tirent aujourd'hui avec distinction, je pourrais dire avec émulation ; puisque, actuellement que je vous parle, il y a une furieuse brigue entre trois couvents de la ville, pour savoir lequel aura l'avantage de donner une maîtresse au nouveau nonce qui vient d'arriver. En vérité, ce serait du côté des religieuses que je me tournerais le plus volontiers, si j'avais un long séjour à faire ici. Toutes celles que j'ai vues à la messe, au travers de la grille, causer tant qu'elle durait et rire ensemble, m'ont paru jolies au possible et mises de manière à faire bien valoir leur beauté. Elles ont une petite coiffure charmante, un habit simple, mais bien entendu, presque toujours blanc, qui leur découvre les épaules et la gorge, ni plus ni moins que les habits à la romaine de nos comédiennes.

Pour épuiser l'article du sexe féminin, il convient ici plus qu'ailleurs de vous dire un mot des courtisanes. Elles composent un corps vraiment respectable par les bons procédés. Il ne faut pas croire encore, comme on le dit, que le nombre en soit si grand que l'on marche dessus ; cela n'a lieu que pendant le temps de carnaval, où l'on trouve sous les arcades des Procuraties autant de femmes couchées que debout ; hors de là, leur nombre ne s'étend pas à plus du double de ce qu'il y en a à Paris ; mais aussi elles sont fort employées. Tous les jours régulièrement à vingt-quatre ou vingt-quatre heures et demie au plus tard, toutes sont occupées. Tant pis pour ceux qui viennent trop tard. A la différence de celles de Paris, toutes sont d'une douceur d'esprit et d'une politesse charmantes. Quoi que vous leur demandiez, leur réponse est toujours : *Sarà servito, sono a suoi commandi* (car il est de la civilité de ne parler jamais aux gens qu'à la troisième personne.) A la vérité, vu la réputation dont elles jouissent, les demandes qu'on leur fait ordinairement sont fort bornées ; cependant j'en trouvai l'autre jour une si jolie qu'xxxx...... Le moyen de ne pas s'y fier, elle me répondait des conséquences *per la beatissima madonna di Loreto.*

Nous avons eu quelque peine à nous mettre un peu dans le beau monde ; nous sommes arrivés dans des circonstances défavorables. La sérénissime république venait de faire main basse sur près de cinq cents courtiers d'amour qui, abusant de leur ministère public, s'en allaient offrir à tous venants, sur la place Saint-Marc, madame la procuratesse celle-ci, ou madame la chevalière celle-là ; de sorte qu'il arrivait quelquefois à un mari de s'entendre proposer sa femme. On a réformé cette licence trompeuse et insolente. Néanmoins il ne faut pas être en peine de vivre aujourd'hui, pour peu qu'on choisisse bien ses gondoliers, et ce choix est si aisé, qu'il faut être d'un grand guignon pour le faire mal. Il vient de m'arriver à ce sujet une plaisante aventure, qui m'a mis pour un moment dans un embarras fort risible. J'avais envoyé hier un gondolier faire l'*ambasciata* à la célèbre Bagatina. Le rendez-vous était pris chez elle à une heure marquée. Je ne la trouvai point ; sa femme de chambre me dit qu'elle avait été obligée de sortir avec une dame de ses amies, pour aller à la *conversation*, chez je ne sais quel seigneur, et qu'elle m'en faisait excuse, me priant de revenir le lendemain. Pendant ce discours, j'examinais un appartement vaste, magnifique, richement orné, et paraissant fort au-dessus de l'état d'une pareille princesse. Je demandai à la femme de chambre si un tel gondolier n'était pas venu de ma part parler à la Bagatina. Elle me répondit que le gondolier était venu en effet ; mais que sa maîtresse ne s'appelait point Bagatina, mais bien Abbati Marcheze, et qu'elle était la femme d'un noble vénitien. Mais, lui ai-je dit, qu'est-ce que votre maîtresse a pensé que je voulais d'elle ? Que vous aviez quelque lettre de recommandation à lui remettre, a-t-elle repris. Vous êtes le maître, monsieur, de me la laisser ou de revenir demain, si cela vous plaît. Là-dessus j'ai fait monter le gondolier ; la soubrette et lui ont persisté en leur dire, chacun de leur côté. Le gondolier a été traité de *birbante* et de *ladro* ; et j'ai été congédié avec force révérences, assez incertain si je retournerais le lendemain, et de ce que pouvait signifier un pareil quiproquo. Enfin je me suis déterminé à risquer le paquet, et j'y suis retourné aujourd'hui. J'ai trouvé une grande femme bien faite, d'environ trente-cinq ans, de grand air, d'un bon maintien, magnifiquement vêtue et chargée de pierreries, qui, s'avançant à moi d'un air très-grave, m'a demandé ce que je souhaitais d'elle. Je le savais assez, et mon embarras ne roulait que sur la manière de le lui dire. Je lui ai baragouiné un compliment inintelligible dans le plus mauvais italien que j'ai pu, et cela ne m'est pas difficile. Enfin, s'apercevant de ce qui causait mon incertitude, elle a eu le bon procédé de la lever elle-même au bout d'un instant, en quittant son faux nom et sa fausse décence[1]. Elle a même eu l'air surpris de ma libéralité ; car, en faveur du meuble et de l'habillement, j'ai doublé les sequins, ne voulant pas avoir rien mis de médiocre dans une main ornée de diamants. Les nobles, j'entends ceux qui ne sont pas d'un goût plus raffiné, font grand usage de ces princesses. Quand l'un d'eux veut faire une partie de promenade avec la sienne, elle vient tout uniment le prendre dans sa gondole au sortir du conseil, et l'on n'est pas plus surpris de l'y voir monter avec elle en pleine place Saint-Marc, qu'on ne l'a été, en temps de carnaval, de voir ce noble ôter son masque et son domino dans l'antichambre du Conseil, pour y entrer. Ma foi ! ils ont raison, c'est un doux séjour de jouissance qu'une gondole. Au surplus, ne croyez pas que, malgré la fidélité dont elles se piquent pour leurs tenants, elles soient inaccessibles. Ce scrupule né dure jamais que cinq jours de la semaine ; leurs amants mêmes leur laissent presque toujours toute liberté le vendredi, parce qu'ils font leurs dévotions, et le samedi, parce qu'ils ont affaire au *Pregadi*. Elles ont un usage politique assez bien trouvé, c'est

---

[1] E poi che la sua mano alla mia pose
Con lieto volto, onde mi confortai,
Mi mise dintro alle segrete cose.
DANTE.

de ne rien accorder qu'à la seconde entrevue, parce que, disent-elles, il faut connaître avant que d'aimer. Au moyen de ce, on leur fait au moins deux visites, et elles reçoivent des appointements doubles pour un seul service. Je crois que voilà un chapitre traité à fond. Je l'ai fait de la sorte en votre faveur, parce que je sais que vous êtes fort vicieux, et afin que vous n'ayez rien à désirer, j'ajouterai que les femmes sont plus belles ici qu'en aucun autre endroit, surtout parmi le peuple. Ce n'est pas qu'on y trouve plus qu'ailleurs des beautés ravissantes ; mais communément le grand nombre est joli et en général elles ont toutes la taille et le teint beaux, la bouche grande et agréable, les dents blanches et bien rangées.

XV. — A M. DE NEUILLY.

Suite du séjour à Venise.

20 août.

La noblesse de Venise est, si je ne me trompe, la plus ancienne de l'Europe (j'entends les premières maisons), puisqu'il en subsiste plusieurs de celles qui élurent le premier doge, il y a plus de treize cents ans. Ils ont, tant dans l'ancienne que dans la moderne noblesse, entre laquelle, par parenthèse, il n'y a point de différence comme à Gênes, beaucoup de familles puissamment riches ; bien entendu que la république met bon ordre à ce qu'elles ne le deviennent pas trop. Par exemple, en dernier lieu, la Pisani, héritière de 150,000 ducats de rente, voulait se marier à un homme de son nom presque aussi riche qu'elle ; non-seulement l'Etat le lui a défendu, mais il l'a obligée d'en épouser un autre qui n'avait rien. Cette noblesse se perpétue sûrement, et prouve sa descendance par le registre appelé le *Livre d'or*, où l'on inscrit tous les nobles qui naissent ; ceux qui auraient omis de s'y faire inscrire ne seraient pas nobles ; aussi y a-t-il des citadins qui, quoique petits bourgeois, sont de la plus ancienne noblesse ; ce qui vient de ce qu'en..... on ferma tout d'un coup le Livre d'or[1], moyennant quoi il n'y a eu que ceux qui y étaient inscrits alors et leurs descendants qui ont été nobles. Tous ceux qui avaient négligé de s'y faire inscrire furent exclus, et n'ont pas aujourd'hui plus de prérogatives que les autres citadins. Ce n'est pas beaucoup dire assurément, car cet ordre est assez mal mené par le gouvernement, et plus encore les gentilshommes de terre ferme. En récompense, le menu peuple est traité avec une extrême douceur ; la raison de ces deux points de politique n'est pas difficile à deviner.

Les nobles portent pour habillement un jupon de

---

[1] La noblesse devenant de jour en jour plus pauvre, le sénat fut contraint, en 1775, de rouvrir le *Livre d'or*. C'est un moyen dont on s'était déjà servi plusieurs fois, afin de donner à ce corps des membres opulents, et d'augmenter le trésor de la république.

R. C.

taffetas noir qui descend jusqu'aux genoux, et sous lequel on aperçoit souvent une culotte d'indienne, une veste ou pourpoint de même, et une grande robe noire moins plissée que les nôtres. Quelques-uns de ceux qui sont en dignité la portent rouge, d'autres violette. Tous portent sur l'épaule une aune de drap de couleur assortissante, placée dans la vraie position de la serviette d'un maître d'hôtel, et sont coiffés d'une perruque si démesurée, qu'en vérité celle de M. Bernardon n'est plus qu'un toquet. Ils portent à la main une barrette de drap ou de taffetas noir, faite comme nos coiffes de bonnets de nuit. La manche de la robe fait encore une distinction ; plus la dignité est grande, plus la manche est large (et cette manche n'est pas inutile pour mettre la provision de boucherie avec une salade dans le grand bonnet). La manche du doge, comme de raison, excède le panier d'une femme : elle est de drap d'or, ainsi que la robe. La façon la plus humble de saluer les nobles est d'aller solliciter au *Broglio*, et de baiser la manche de celui qu'on sollicite. L'art des révérences est encore un grand point : il faut les faire bas, bas ; encore n'en fait-on aucun compte, si la perruque ne traîne pas à terre d'un bon demi-pied. Le manteau est un habillement plus commun encore que la robe. Tout homme qui, par son état, est au-dessus de l'artisan, est moins dispensé de le porter quand il sort, quelque chaud qu'il fasse, que nous ne le sommes de porter une culotte ; mais aussi, comme chez nos femmes qui sont revenues du monde, c'est-à-dire dont le monde est revenu, le manteau de la dévotion couvre tout. Ici le simple manteau de bouracan fait le même effet. On porte dessous tout ce qu'on veut, et vous ne trouverez autre chose à la messe ou dans la place que des gens en pantoufles et en robe de chambre avec leur manteau par-dessus. Les nobles le portent quand ils n'ont pas leur robe, et alors ils sont censés être incognito par les rues; mais, comme dit Trajano Boccalini : « Il manto della religione non è in questo tanto lungo, che spesse volte non si vedano per di sotto due palme di gambe di ladro. » C'est aussi dans cet équipage qu'ils vont souvent le soir aux assemblées; surtout on ne doit point le quitter; il faut, ribon fredon, faire sa partie de quadrille, d'un bout à l'autre, en manteau, et étouffer avec décence. J'ai vu le vieux bonhomme doge Pisani prendre l'air sur le perron d'un casino dans cet habillement, avec une petite perruque bardachine. Il avait tout à fait l'air d'un jouvenceau; à la vérité il était malade alors et prenait l'air pour sa santé.

C'est une chose originale et bien occupante pour les nobles que l'intrigue de leur *Broglio*. Il y a des dessous de cartes admirables. On vient de me conter le détail d'une aventure arrivée en dernier lieu, qui fait du bruit ici; c'est à mon avis un bon conte. Monsieur, il faut que je vous en fasse récit, sans vous garantir les circonstances, quoique je les tienne d'un des ambassadeurs qui sont ici; mais vous n'ignorez pas jusqu'à quel point je pousse le scru-

pule de la fidélité historique, et que je suis incapable
de rien assurer, même dans mon histoire des anciennes dynasties assyriennes, dont je n'aie été moi-même
le témoin oculaire. Il faut donc que vous sachiez
que le procurateur Tiepolo, à qui nous sommes
recommandés ici, et le procureur Aimo sont deux
personnages d'une grande autorité dans l'Etat et
fort antagonistes l'un de l'autre. Le premier, qui est
de la plus haute noblesse, a grand crédit dans le
Sénat, et l'autre, qui n'est pas si distingué par sa
naissance, a plus de pouvoir dans le Grand-Conseil,
parce que c'est l'assemblée générale des nobles.
C'est le Sénat qui nomme aux charges ; mais il faut
que le Grand-Conseil confirme l'élection, sans quoi
elle est nulle. Il y a quelque temps que Tiepolo bri-
guait une place dans le conseil des Dix, et Aimo, ne
sachant comment le faire rejeter, prit le biais, sous
prétexte de bonne manière, de faire d'abord nommer
un autre Tiepolo, bonhomme qui ne songeait à rien,
et à qui certainement on aurait encore moins songé.
Le procurateur Tiepolo fut fort sensible à cette politesse, et retira ses cornes, parce que la loi ne permet
pas qu'il y ait deux personnes du même nom dans
le conseil des Dix ; mais il jura bien de rendre à
l'autre sa galanterie. Pour cet effet il fit nommer le
frère d'Aimo, personnage qui avait passé dans les
plus grandes charges, podestat de Vicence. C'est
une place que l'on donne aux commençants âgés de
vingt ans, et c'est à peu près comme si l'on faisait
le premier président avocat du roi au Châtelet.

Aimo le cadet cria comme un enragé, que c'était une berne, et qu'il n'y voulait point aller. Il eut beau jurer, il fallut payer l'amende de 1,000 ducats, réglée contre ceux qui refusent des magistratures, et aller en exil pour un an. Il revint d'un grand sang-froid au bout de l'année ; mais le narquois de Tiepolo l'attendait à l'affût et le fit nommer podestat de Padoue. La récidive est un peu plus chère ; elle coûte 2,000 ducats et deux années de bannissement. Aimo, pénétré de douleur, s'en allait chercher l'argent chez lui, quand son frère le procurateur l'arrêta, lui fit entendre que ces plaisanteries-là ne finiraient point et qu'il fallait qu'il allât à Padoue, lui donnant sa parole que dans six mois il le ferait nommer provéditeur général de la mer, qui est une des plus grandes charges de l'État. En effet, cette place a été vacante dans ce temps. Nous venions alors d'arriver. Aimo l'a publiquement briguée pour son frère, et Tiepolo lui a donné pour compétiteur Loredano, homme d'une grande distinction. Vous autres, bonnes gens, auriez cru qu'il allait tout uniment faire nommer Loredano au Sénat, où sa faction était prédominante ; nullement, cette voie est trop simple pour ces gens-ci, et de plus le Grand-Conseil aurait bien pu détruire son ouvrage. Le biais qu'il prit fut au contraire de faire refuser tout à plat Loredano et nommer son ennemi. Mais quand il fut question d'aller au Grand-Conseil, Loredano dit : « Messieurs, « je viens d'avoir du dessous dans l'endroit où « j'avais le plus beau jeu, à plus forte raison l'au-

« rai-je ici. Je demande donc, au cas que je sois
« refusé, d'être nommé à la seconde place, qui est
« celle de provéditeur de Dalmatie. » Alors tous
ceux qui prétendaient à cette place ouvrirent les
oreilles, bien résolus de faire agir leur faction pour
se délivrer d'un concurrent si redoutable, en le faisant nommer à la première. De cette sorte, Loredano
se rendit aussi puissant que son concurrent. Pour
emporter la balance, il s'avança une seconde fois,
demandant, en cas de refus de l'une et l'autre place,
l'ambassade de Constantinople, ce qui produisit le
même effet pour ceux qui y prétendaient. Moyennant
quoi il fut nommé, au Grand-Conseil, provéditeur
général, et le pauvre Aimo, qui ne pouvait plus
briguer les places inférieures qu'il avait déjà possédées, est demeuré à ronger ses doigts à Padoue.
Au surplus, notez que la charge ne pouvait tomber
qu'en très-bonnes mains, et que ces gens-ci sont
trop sages pour faire rouler ces sortes de jeux sur
d'autres que sur de très-bons sujets. J'ai eu le
plaisir d'avoir mon cœur clair de leur façon de *ballotter* les charges.

On nous fit la faveur de nous faire entrer au Grand-Conseil pour voir l'élection du général des galères ;
charge assez importante. Le Grand-Conseil se tient
dans une salle immense et bien ornée. Dans le fond
est une estrade où sont les places des conseillers et
des inquisiteurs d'État, avec le trône du doge au
milieu. L'estrade surbaissée tourne tout autour de
la salle, et de longs rangs de bancs adossés les uns

aux autres et rangés en allées remplissent la salle.
Tous les nobles entrèrent là sans ordre et se placèrent. Les robes rouges avaient leurs places marquées, et quelques-unes se dispersèrent en différents lieux de la salle, pour empêcher qu'il ne se fît du bruit dans une si nombreuse assemblée ; chose, à mon gré, où ils ne réussirent nullement, puisque l'on y faisait un sabbat de l'autre monde ; aussi ne faisait-on là que peloter en attendant partie. Près du grand chancelier, sur l'estrade, il y avait une urne contenant autant de petites boules qu'il y avait de personnes, et parmi ces boules un certain nombre de dorées ; chacun tira la sienne. Ceux à qui échurent celles dorées furent les électeurs de la charge en question, avec une grande quantité d'autres qui, par leurs places, étaient électeurs de droit. Cela fait, nous passâmes dans la salle du scrutin, ornée de la même manière que la première, moins grande, remplie de bancs, l'assemblée y étant moins nombreuse. Les autres électeurs entrèrent l'un après l'autre, saluant jusqu'à terre les précédents avec une gravité sans pareille. Dès qu'ils eurent tous défilé, le chancelier parut précédé du corps des secrétaires, gens subalternes, et précédant lui-même le vice-doge ; car le doge était malade, et c'est le plus vieux des conseillers qui le représente. Mais il ne s'assied pas sur le trône et n'a pas le corno ; il l'imitait tant qu'il pouvait, ayant mis sur sa tête sa barrette ou bonnet de taffetas noir, dont il ramenait le sommet par-devant en bec à la phrygienne, comme un véritable

Anténor. Il était suivi de tous les conseillers en robes rouges. Dès qu'il parut, toute l'assemblée se leva; il la salua profondément sans ôter sa barrette que pour la *Quarantie* criminelle, lorsqu'il passa devant elle. Seul, de toute l'assemblée, il l'avait sur la tête. Il monta sur l'estrade et s'assit. Les sages, grands et autres se placèrent autour de lui, et sur les ailes le chancelier à la tête des secrétaires, dont il est le chef. Cette assemblée avait l'air tout à fait majestueux. Alors le chancelier se leva et dit que les seigneurs Priuli, Badoar, Donato et Vendramini demandaient la charge en question. Sur-le-champ leurs parents proches se levèrent et sortirent. Immédiatement après, les trois *Avvogadori* prirent chacun un petit Évangile, et parcoururent les rangs en faisant toucher à chacun cet Évangile du bout du doigt, marque du serment de procéder à l'élection de bonne foi et sans brigue. Tous ces préalables finis, un grand marsouin d'huissier, ayant mis une paire de lunettes monstrueuses sur un nez qui l'était davantage, proclama d'un ton nasillard l'*eccellentissimo signore Luca Priuli*. A l'instant une vingtaine de petits enfants rouges comme ceux de l'hôpital se dispersèrent par la salle, criant comme des perdus : *Priuli ! Priuli !* Ils avaient chacun à la main une boîte à deux compartiments, l'un blanc pour nommer, l'autre vert pour refuser ; l'ouverture commune étant faite en entonnoir, afin que les assistants ne puissent voir dans laquelle des deux divisions on met la main, et à leur ceinture une gibecière pleine de petites ballottes comme des boutons de chemisette ; ils en donnèrent une à chaque noble. Ceux-ci la mirent dans celle des enchâtres qu'ils voulurent. Les enfants portèrent leurs boîtes au chancelier, qui versa les ballottes des enchâtres blanches dans un bassin, et jeta les autres. On ballotta de même les trois autres concurrents ; puis on compta les suffrages. Donato fut élu et nous sortîmes. Tout cela fut fait avec une rapidité surprenante, et en moins de temps qu'il n'y en a que je vous en écris ; mais c'était une vraie comédie que de voir en sortant les prosternations de Donato et les baisers de nourrice qu'on lui donnait. D'honneur, ils sonnaient à se faire entendre au milieu de la place.

J'ai aussi vu ce que l'on appelle une *fonction*, c'est-à-dire une cérémonie où tous les grands magistrats vont en corps à une fête d'église. Je ne vous en parlerai guère ; car cela ne vaut pas mieux que la procession de la sainte hostie ; le cortége des ambassadeurs en est le principal ornement. Ils y assistent à côté du doge avec leur maison ; mais ce qu'il y a de mieux, c'est la marche.

Une procession en gondoles est à mon gré un morceau divin, d'autant mieux que ce ne sont point alors des gondoles ordinaires, mais celles de la république, superbement sculptées et dorées, accompagnées de celles des ambassadeurs, plus riches et plus galantes encore, surtout celle du nôtre. Ils sont les seuls dans l'État à qui il soit permis d'en avoir qui ne soient pas noires. Les gondoliers de la république sont tous en chapes de velours rouge, chamarrées d'or, avec de grands bonnets à l'albanaise. Ils sont trop fiers de cet équipage pour se donner la peine de ramer. Aussi se font-ils remorquer bien et beau par des petits bateaux remplis d'instruments de musique.

C'est assez parler de choses publiques; j'aurais bien de la peine à en dire autant des maisons particulières. Ici les étrangers n'ont pas trop beau jeu là-dessus. Messieurs les nobles viennent le soir au café où ils causent de fort bonne amitié avec nous; mais, pour nous introduire dans leurs maisons, c'est une autre affaire. Avec cela il y a ici fort peu de maisons où l'on tienne assemblée, et ces assemblées ne sont ni nombreuses ni amusantes pour des étrangers. On n'y a pas même la ressource du jeu; car il faudrait être pis que sorcier pour connaître leurs cartes, qui n'ont ni le nom ni la figure des nôtres. Les Vénitiens, avec tout leur faste et leurs palais, ne savent ce que c'est que de donner un poulet à personne; j'ai été quelquefois à la *conversation* chez la procuratesse Foscarini, maison d'une richesse immense, et femme très-gracieuse d'ailleurs; pour tout régal, sur les trois heures, c'est-à-dire à onze heures du soir de France, vingt valets apportent dans un plat d'argent démesuré une grosse citrouille coupée en quartiers, que l'on qualifie du nom de *melon d'eau*, mets détestable s'il en fut jamais. Une pile d'assiettes d'argent l'accompagnent; chacun se jette sur un quartier, prend par-dessus une petite tasse de café, et s'en retourne à minuit souper chez soi, la tête libre et le ventre creux. Je vous dirai franchement qu'un des grands désagréments du voyage est de n'avoir pas, quand le soir vient, ses bonnes Pousselines, son gros Blancey, son bon Quintin, ses amis Maleteste et Bévy, sa dame Courtois, ces excellentes petites dames de Montot et Bourbonne ; enfin tout notre petit cercle, pour tenir, les coudes sur la table, des propos de cent piques au-dessus de la place Saint-Marc et du *Broglio*. Il faut s'attendre, en pays étranger, à avoir les yeux satisfaits et le cœur ennuyé ; de l'amusement de curiosité tant qu'il vous plaira, mais des ressources de société, aucune. Vous ne vivez qu'avec des gens pour qui vous êtes sans intérêt, comme ils le sont pour vous. Et, quelque aimables qu'ils fussent d'ailleurs, le moyen d'en prendre réciproquement la peine, quand on songe que l'on doit se quitter sous peu de jours, pour ne se revoir jamais.

Ici notre principale ressource a été dans notre ambassadeur, de qui nous recevons toutes sortes de bons traitements. C'est le comte de Froulay, qui répare fort bien ici l'honneur de la nation, qui avait été un peu maléficié par son prédécesseur. Il nous a menés plusieurs fois à sa maison de campagne en terre ferme, qui est vraiment fort belle, et nous a donné l'accointance de tous les ambassadeurs ; moyennant quoi notre porte est fort honorée des visites de leurs excellences, et notre appétit fort satisfait des festins dont ils nous régalent, surtout l'ambassadeur de Naples, qui est un ribaud des plus francs que l'on puisse voir, fort honnête prêtre d'ailleurs, homme de bonne compagnie et sans façon. Le métier d'ambassadeur est assez triste ici ; ils n'ont de ressource que celle de vivre ensemble, et ne peuvent absolument voir aucun noble, auxquels il est défendu, sous peine de mort, d'entrer chez eux. Ceci n'est point comminatoire, et l'on a vu un noble exécuté à mort, seulement pour avoir traversé la maison d'un ambassadeur, sans parler à personne, pour aller voir en secret sa maîtresse. Du reste, les ambassadeurs ont de très-grands droits, entre autres, un fort particulier, d'avoir autour de leurs maisons un quartier de franchise très-étendu, où l'on ne peut arrêter personne sans leur permission, et où ils exercent souverainement la police et la justice. Nous avons vu aussi le vieux bonhomme maréchal Schulembourg, général des troupes de la république ; vous savez qu'elle a presque toujours des étrangers pour cette place, qui ne vaut pas moins de cent mille écus de rente. C'est un bien honnête vieillard, qui entend la guerre à merveille et fort mal la morale. Il nous fait sur le chapitre des filles de fréquents sermons, peu écoutés et point du tout suivis ; mais il fait plus de fruit à table, en nous faisant grande chère à l'allemande. On y boit du vin des Canaries au potage, et du vin de Bourgogne au dessert. Il est encore bon à entendre quand il parle du roi de Suède et de tous les maux qu'il lui causa lors de cette fameuse retraite qui a fait tant d'honneur au maréchal. C'était un démon incarné que ce Charles XII, une créature qui n'était pas faite pour être homme, bien moins encore pour être roi.

Adieu et au revoir, mon doux et cher objet; je ne vous quitte pas pour longtemps, et je vais bientôt reprendre ma narration.

> Già son giunto a quel segno, il qual s'io passo
> Vi potria la mia istoria esser molesta,
> Ed io la vò più tosto differire
> Che v'habbia per lunghezza a fastidire.

XVI. — A M. DE QUINTIN.

Suite du séjour à Venise.

26 août.

Quoique je vous aie annoncé par Blancey, mon cher Quintin, que je ne vous parlerais point de la ville, ce serait trop que de n'en rien dire du tout. Vous pouvez avoir sur son chapitre de fausses idées qu'il est de mon devoir de narrateur de ne vous point laisser. Par exemple, vous connaissez de réputation le palais de Saint-Marc; c'est un vilan monsieur, s'il en fut jamais, massif, sombre et gothique, du plus méchant goût. La grande cour en dedans ne laisse pas cependant, surtout d'un côté, d'avoir quelque chose de magnifique dans sa construction; elle est assez singulièrement ornée par deux puits, dont les margelles prodigieuses, d'un seul jet de bronze, sont d'un travail aussi fini que considérable, et par un superbe escalier tout de marbre blanc et violet, qu'on a nommé par anticipation, sachant que j'y devais passer, l'*escalier des Géants*[1]. Il conduit à un autre, fort orné de statues et de dorures, qui conduit lui-même aux salles où se tiennent les différents conseils. Ces appartements, selon l'ordinaire des vieux palais, sont mal distribués, mal tenus et assez sombres ; mais si fort enrichis de peintures des plus grands maîtres, qu'il n'a pas fallu moins de huit jours entiers à notre badauderie pour en voir le bout. Le doge est logé dans ce palais ; c'est de tous les prisonniers de l'État le plus mal gîté à mon gré ; car les prisons ordinaires, qui sont près du palais, sont un bâtiment tout à fait élégant et agréable. Je ne veux cependant pas y séjourner trop longtemps, et je vais au plus vite à l'église de Saint-Marc.

Vous vous êtes figuré que c'était un lieu admirable ; mais vous vous trompez bien fort ; c'est une église à la grecque, basse, impénétrable à la lumière, d'un goût misérable, tant en dedans qu'en dehors, couverte de sept dômes revêtus en dedans de mosaïques à fond d'or, qui les font ressembler bien mieux à des chaudières qu'à des coupoles. Elle a double collatérale, dont les deux extérieures ne servent guère que de passage ou de promenoirs, et un long vestibule destiné au même usage. Avec les richesses immenses qu'on y a prodiguées, il a bien fallu qu'à

---

[1] Charles de Brosses était d'une très-petite taille. R. C.

la fin elle fût curieuse, en dépit des ouvriers diaboliques qui les ont mises en œuvre. Du haut en bas, en dedans et en dehors, l'église est couverte de peintures en mosaïque à fond d'or. Vous savez que la mosaïque est une peinture qui se fait avec des petites pièces d'environ trois lignes en carré de pierres naturelles, ou de verre mis en couleur, qui servent à nuer et à dessiner le sujet. Ces ouvrages ne peuvent jamais être bien délicats, mais aussi le coloris n'est pas sujet à se perdre; ce qui a engagé les premiers peintres à s'en servir souvent. Maintenant la patience inouïe qu'il faut pour cela et le peu de beauté dont ces ouvrages sont susceptibles en ont fait depuis négliger la méthode. Celles-ci doivent être regardées comme le premier monument de la peinture, puisqu'elles ont été faites dès l'an 1071, par des ouvriers grecs qu'on fit venir exprès. Ainsi, n'en déplaise aux Florentins, ce n'est point chez eux, c'est ici que cet art s'est renouvelé. Leur Cimabue, plus de cent cinquante ans après, vint en prendre l'idée sur les ouvrages de Saint-Marc. C'est en vérité la seule obligation qu'on ait, tant à lui qu'à ces gens-ci, que d'avoir eu le goût assez pervers pour faire les méchantes choses qui depuis ont donné lieu à en faire de si belles. Au coloris près, qui s'est assez conservé par le genre de l'ouvrage, on ne peut rien voir de si pitoyable que ces mosaïques; heureusement les ouvriers ont eu la sage précaution d'écrire sur chaque sujet ce qu'ils ont voulu représenter [1].

---

[1] Dans une mosaïque placée sous le portique, on voit Adam et

Les autres morceaux du même genre, que l'on a faits depuis sont mieux exécutés; il y en a beaucoup qui se distinguent par la brillante vivacité du coloris et des fonds d'or; mais en général il n'y a rien là de fort satisfaisant, si ce n'est le plafond de la sacristie où l'on a eu le bon esprit de représenter, non des figures, mais des broderies et des arabesques de la dernière beauté; c'est le seul genre où la mosaïque soit propre. Le pavé est aussi en entier de mosaïque, composé de plusieurs mille millions de ces petites pièces de marbre, jaspes, lapis, agates, serpentine, cuivre, etc., sur lequel on ne peut faire un pas sans glisser. Le tout a été si bien joint que, quoique le pavé se soit enfoncé dans certains endroits et fort relevé dans d'autres, aucune petite pièce ne s'est démentie ni n'a sauté; bref, c'est sans contredit le premier endroit du monde pour jouer à la toupie. Belle comparaison et tout à fait noble ! Une personne de goût, telle que vous êtes, ne peut manquer d'en être contente.

Je ne vous parlerai ni des reliques que Misson a traitées à fond, ni du trésor. Ce n'est pas que je ne pusse, si je voulais vous en faire une docte et ample description; mais dans le vrai, je ne l'ai pas vu. Il y a à cela trop de mystère et trop peu de curiosité. Je me suis contenté seulement d'avoir communication du fameux Evangile de Saint-Marc, que l'on conserve avec le plus grand soin, comme le plus

Ève couchés ensemble, et l'exhortation latine : *Crescite et multiplicate vos.*   R. C.

ancien manuscrit de l'univers. Il est in-4° en papier d'Egypte assez épais, et l'on n'y distingue plus quoi que ce soit, que quelques lettres majuscules grecques par-ci par-là, qui ne peuvent faire juger si c'est plutôt un livre de médecine qu'un Evangile[1].

Au-dessus du portail, on a placé quatre chevaux de bronze d'une beauté achevée, ouvrage de Lysippe, fondeur grec, qui les fit, dit-on, pour Néron. C'est la seule chose, dans tout ce bâtiment, qui soit vraiment digne d'admiration.

Je montai ensuite à la grande tour qui est près de là, d'où l'on découvre à son aise toute l'étendue de Venise, les îles et petites villes en mer qui l'accompagnent, les bâtiments qui couvrent les lagunes, toute la côte de l'Italie, depuis Comacchio jusqu'à

---

[1] Au temps de Constantin le Grand et de ses successeurs, le papier d'Égypte fut toujours en vogue dans l'empire. C'est en ce siècle-là, ou environ, que fut écrit le fameux livre de l'Évangile de Saint-Marc, qu'on garde encore aujourd'hui dans le trésor de Venise. Je l'ai vu et examiné, autant qu'on peut examiner un manuscrit qui est déjà presque tout effacé, et si pourri que les feuilles étant toutes collées l'une contre l'autre, on ne peut tenter de tourner un feuillet sans que tout s'en aille en pièces. Ces feuilles de papier d'Égypte me semblèrent beaucoup plus délicates que toutes les autres que j'ai vues en différents endroits. Sur la forme des lettres, il me parut que c'est le plus ancien manuscrit qu'on ait encore vu, et qu'on ne se hasarde guère en disant qu'il est pour le plus tard du ive siècle. Il y a cent-quarante-six ans qu'on l'a mis dans un caveau souterrain, dont la voûte même est plus basse dans les marées que la mer voisine. De là vient que l'eau dégoutte perpétuellement sur ceux que la curiosité y amène. Cette grande humidité a mis le manuscrit en un état qu'on n'y saurait lire deux mots de suite. On pouvait encore le lire quand on l'y déposa, en 1564. (*Note tirée du P. Montfaucon, par l'auteur.*)

Trévise, le Frioul, les Alpes, la Carinthie, Trieste, l'Istrie et le commencement de la Dalmatie. Je vis même, des yeux de la foi, l'Epire, la Macédoine, la Grèce, l'Archipel, Constantinople, la sultane favorite et le Grand Seigneur, qui prenait des libertés avec elle.

Avant que de sortir de la place Saint-Marc, je veux vous mener à la bibliothèque. Le vaisseau en est fort beau et bien orné de peintures; mais la quantité des livres est au-dessous de ce qu'en ont en France certains particuliers. Le cabinet ou salon des manuscrits est plus à remarquer; la quantité en est fort considérable; presque tous viennent du cardinal Bessarion. Ils sont fort bien tenus, d'une bonne conservation et entre les mains d'un bibliothécaire de la première distinction; c'est le procurateur Tiepolo. Il a sous lui Zanetti[1], jeune homme qui ne paraît pas manquer d'érudition, et fort communicatif. Ainsi, c'est à tort que le P. Montfaucon s'exhale partout en plaintes contre le peu d'accès qu'on trouve dans les bibliothèques d'Italie; il devrait plutôt dire que les gens de ce pays-ci se défient tellement des moines, qu'ils ne veulent rien montrer aux gens de cette robe, quelque mérite qu'ils aient d'ailleurs. Zanetti fait imprimer maintenant le catalogue et la notice de tous les manuscrits de Saint-Marc. Il me montra un livre qui passe pour le premier imprimé en France. Il est intitulé: *Guillelmi Ficheti alnetani,*

[1] Zanetti (Antoine-Marie), bibliothécaire de Saint-Marc, auteur d'un fort bon livre sur les peintures de l'école de Venise. R. C.

artium et theologiæ Parisiensis doctoris, Rhetorici libri, in-8°, dédié au cardinal Bessarion. L'impression en est fort belle, sur vélin, avec les lettres principales et les remplissages des alinéa en miniatures faites à la main. Au commencement du livre, contre l'usage ordinaire de ce temps-là, et non à la fin, est écrit : *Ædibus Sorbonæ Parisii scriptum impressumque anno uno et septuagesimo supra millesimum.*

Le vestibule de cette bibliothèque est digne de la plus grande curiosité, par les statues antiques qu'on y a rassemblées : un Ganymède de marbre, accroché je ne sais par où (car l'aigle qui est dessus ne le tient presque point), est suspendu au plafond. Mais tout cède à la beauté inimitable de la Léda et de son cygne. C'est une fille qui aime l'ordre et l'arrangement ; à cet effet, elle a la main passée, je ne sais comme, pour mettre chaque chose à sa place. C'est une expression qui ne peut se figurer, et au-dessus de tout ce que j'ai jamais vu dans les originaux vivants, et cependant j'en ai bien vu.

Il faut que vous preniez votre mal en patience sur le Stace ; vous ne l'aurez point, il n'a point été imprimé ici, non plus qu'aucun des rares *ad usum Delphini*. Il faut encore vous détacher d'avoir, du moins de très-longtemps, la suite du *Musæum Florentinum* ; mais si vous voulez en récompense le *Musæum Venetiarum*, qu'on grave à présent, vous en êtes le maître. Voilà le prospectus où vous trouverez tout le détail de ce que contient cet ouvrage.

Je l'ai vu; il est fort bien exécuté; les gravures sont belles et sans hachures, dans le goût de Mellan [1]. Au cas que vous en soyez curieux, je vous porterai le premier tome qui est presque fini; il n'y aura que deux volumes. Ce sont de jeunes filles qui travaillent à cet ouvrage; il est enrichi de plusieurs pierres gravées tirées du fameux cabinet de Tiepolo, qu'il faut que vous voyiez quand vous serez ici, et de celui d'Antonio Zanetti, célèbre brocanteur. N'oubliez pas non plus de voir en passant le cabinet de livres recherchés de l'Anglais Smith, où il a rassemblé une rare collection d'éditions de 1400.

Ne vous figurez pas que les canaux qui forment ici les seules rues praticables aient des quais; presque tous n'en ont point : la mer bat jusque sur le seuil des portes de chaque maison. Dès qu'on en sort, on a le pied dedans. Cela n'en est peut-être pas mieux; mais cela est plus singulier, et n'est pas plus embarrassant pour sortir. Ceux qui n'ont point de gondoles à eux trouvent à chaque instant des fiacres aquatiques dans les carrefours, et comme cette ville est toute d'îlots et de pilotis, chaque maison a aussi son issue sur la terre. Les rues, sans nombre, sont étroites à ne pouvoir passer deux de front sans se coudoyer, toutes pavées de pierres plates, ce qui les rend glissantes à l'excès à la moindre pluie : elles se communiquent par cinq cents ponts ou plus. Le la-

---

[1] Mellan (Claude), dessinateur et graveur, né en 1598, mort en 1688. Il inventa une nouvelle manière pour graver tous les objets avec une seule taille. R. C.

byrinthe de Dédale n'y fait œuvre ; aussi ne servent-elles que pour le menu peuple. Les canaux, malgré leurs agréments, ont une chose intolérable. Le flux et reflux sont ici comme dans l'Océan, et quand la mer est basse en été, les canaux étroits sont d'une horrible infection. On sait bien qu'il faut que les choses sentent ce qu'elles doivent sentir. Il est permis aux canaux, quels qu'ils soient, de puotter en été ; mais pour le coup, c'est abuser de la permission.

La ville, en général, n'est pas fort bien bâtie ; cependant elle a un air de distinction. Plusieurs belles architectures d'églises, comme Saint-Pierre, San-Giorgio, San-Francesco, la Salute, le Redentore, San-Salvatore, etc.; presque toutes du Palladio ou du Sansovino ; sans parler de nombre de palais magnifiques sur le Grand Canal, dont les meilleurs sont les palais Grimani, Pesaro, Cornaro et Labia ; mais comme je vous ai donné parole de ne point parler de tableaux, l'architecture ira de compagnie, et je n'en dirai plus mot. C'est pourtant ici que sont les chefs-d'œuvre sans nombre qu'a produits en peinture l'école vénitienne. On a imprimé une notice des tableaux publics, dans laquelle une grande quantité de belles choses se trouvent noyées dans une quantité infiniment plus grande de médiocres ou de mauvaises. Il me faudrait huit jours de narration pour faire le triage en détail ; voilà ce qui sauve mes auditeurs. Quant à vous, ainsi que je l'ai annoncé, vous n'y perdrez rien ; mais ne serait-on pas fâché de ne m'entendre rien dire de la Rosalba, cette fameuse peintre de portraits au pastel, qui a tout surpassé en ce genre ? J'étais tenté de lui faire faire le mien, si je n'avais pensé que ma figure ne valait pas trente sequins. En récompense, j'eus la folie de lui offrir vingt-cinq louis d'or d'une Madeleine grande comme la main, qu'elle a copiée d'après le Corrége. C'était le prix qu'elle l'estimait ; et, par bonheur pour mes vingt-cinq louis, elle ne veut pas s'en défaire. Ajoutez encore la remarque suivante à l'article des bâtiments. Dans une très-belle église [1] que l'on construit actuellement, parmi les jaspes de Sicile dont elle est revêtue, on y a mêlé des papiers marbrés et vernis couverts de talcs, qui font un aussi bon effet que le jaspe ; reste à savoir si cela durera longtemps.

Les palais sont ici d'une magnificence prodiguée sans beaucoup de goût. Il n'y a pas moins de deux cents pièces d'appartements tout chargés de richesses, dans le seul palais Foscarini ; mais tout se surmarche ; il n'y a pas un seul cabinet ni un fauteuil où l'on puisse s'asseoir, à cause de la délicatesse des sculptures. Le palais Labia, construit à la moderne, est le seul qui m'ait paru bien entendu en dedans. La maîtresse du logis, femme sur le retour, qui a été fort belle et fort galante, folle des Français, et par conséquent de nous, exhiba à notre vue toutes ses pierreries, les plus belles peut-être que possède aucun particulier de l'Europe. Elle a quatre garni-

---

[1] Celle des Jésuites. R. C.

tures complètes en émeraudes, saphirs, perles et diamants; le tout reste précieusement renfermé dans des écrins ; car il ne lui est pas permis de s'en orner, les femmes des nobles ne pouvant porter de pierreries et des habits de couleur, que la première année de leur mariage. Je lui offris de la conduire en France conjointement avec ses bijoux.

Venons à l'arsenal. Il est si célèbre, que je fus d'abord assez mécontent de trouver les salles des armes mal rangées, pleines de vieilleries et de rouille, et assez inférieures à d'autres que j'ai vues. Il faut néanmoins convenir qu'il est très-remarquable par sa vaste étendue et par la quantité de choses qu'il contient. Voici les principales qui me soient restées dans l'esprit : des parcs de canons de fonte et de fer, dont quelques-uns sont monstrueux, en nombre si étonnant qu'il surpasse celui des fusils et des pistolets; les tours où on les tourne pour les rendre unis en dedans; la pièce qui fut fondue devant Henri III, chargée d'ornements et de sculptures excellentes. Un recueil d'ancres de prodigieuses grosseurs; un autre de mâts à l'équivalent.... Des salles et des fabriques de toute espèce.... Trois gros robinets de fontaine qui donnent du vin ;... les ouvriers en vont prendre là tant qu'ils veulent; ils sont au nombre de trois mille, et s'amusent presque tout le jour sans travailler; mais aussi quand il le faut, ils font merveille jour et nuit ; ils voient quand l'affaire est pressante, parce qu'alors on double leur paye. Une salle des câbles, d'une architecture en bois, très-belle ; les fabriques couvertes où l'on construit les vaisseaux, et les grands canaux où on les jette. Il y a actuellement dix-huit gros bâtiments sur ces chantiers ; les péottes et gondoles dorées de la république ; et enfin le Bucentaure. Celui-ci est à mon gré une des belles et des curieuses choses de l'univers. C'est une grosse galéasse, ou fort grande galère, toute sculptée et dorée à fond en dehors, du meilleur goût et de la manière la plus finie. Le dedans forme une vastissime salle parquetée, garnie de sofas tout autour et d'un trône au bout, pour le doge. Elle est partagée dans sa longueur par une ligne de statues dorées qui soutiennent le plafond ou pont sculpté et doré en plein. Les embrasures des fenêtres, l'éperon des balcons de la poupe, les bancs des rameurs et le gouvernail sont du même goût, et toute la machine a pour toit une tente de velours, couleur de feu, brodée d'or.

Le petit arsenal du palais Saint-Marc est plus agréable et mieux rangé que le grand ; il communique à la salle du Grand Conseil, et les armes sont toujours chargées, pour être toutes prêtes à la défense en cas d'émeute populaire ; car avouez que, lorsque le corps des nobles est assemblé, une conjuration ou une sédition aurait beau jeu pour s'en défaire d'un coup de filet ; aussi y a-t-il toujours alors à la tour Saint-Marc des procurateurs qui, sous d'autres prétextes, ont l'œil alerte, tandis que l'assemblée se tient. Il est fort rempli de choses curieuses, dont il me semble que les relations imprimées parlent avec assez d'exactitude. On y conserve quantité d'armures de grands capitaines ; celle de Henri IV, dont il fit présent à la république, est comme de raison dans le lieu le plus honorable. J'ai remarqué un coup de fusil dans cette armure. C'est aussi là qu'est un cadenas célèbre, dont jadis un certain tyran de Padoue, inventeur de cette machine odieuse, se servait pour mettre en sûreté l'honneur de sa femme. Il fallait que cette femme eût bien de l'honneur, car la serrure est diablement large.

L'inquisition existe à Venise ; mais elle a les ongles tellement rognés, que c'est à peu près comme s'il n'y en avait point. Les ministres de ce tribunal ne peuvent rien conclure qu'en présence de trois personnes du gouvernement, préposées à cet effet. Dès qu'on avance une proposition tant soit peu forte, une des trois se lève et sort ; dès lors l'assemblée ne peut plus rien faire. Les gens d'Église n'ont pas beau jeu ici pour cabaler : dès qu'un homme a quelque bénéfice, quelque brevet de Rome, ou simplement le petit collet, il est exclu *ipso facto* de toute part au gouvernement, et sensé démis de sa charge s'il en a une. Toute personne qui a ou qui a eu charge de ministre de la république à Rome ne peut jamais être fait cardinal ni obtenir aucune prélature. Sage politique, qui a même son avantage pour les ecclésiastiques, car les gens qui aiment le repos ou qui ne veulent pas être ballottés n'ont qu'à se faire abbés.

XVII.—A M. DE QUINTIN.

Observations sur quelques tableaux de Venise.

A Fondaco dei Tedeschi, l'extérieur du bâtiment et une partie de l'intérieur peints à fresque, par le Giorgione, peintures presque entièrement effacées ; perte très-déplorable ; ce devait être le plus bel et le plus grand ouvrage du Giorgione, peintre d'autant plus aimable par son coloris, qu'il n'a point eu de modèle dans cette belle partie de la peinture, dont il est, à vrai dire, l'inventeur. Le coloris du Giorgione est d'une entente et d'une fierté étonnantes ; mais il y a quelque chose de brusque et de sauvage. Je le comparerais volontiers, pour le coloris, à ce qu'est Michel-Ange pour le dessin. Avant lui, on dessinait des figures gothiques que l'on coloriait avec soin et avec éclat, d'une manière sèche et sans fin. Ces deux maîtres sont les czars Pierre de la peinture, qui en ont banni la barbarie ; mais ce n'a pas été sans férocité. Au dedans, quantité d'assez bonnes peintures, surtout les Bains de Diane et le Jugement de Paris.

A Saint-Roch, la Piscine probatique, merveilleux ouvrage du Tintoret. C'est là qu'il a montré qu'il savait parfaitement, lorsqu'il voulait s'en donner la peine, ordonner sans furie, dessiner sans rudesse et colorier sans noirceur. Je serais fort enclin à juger que le Tintoret est le premier de tous les peintres vénitiens, lorsqu'il veut bien faire, ce qui lui arrive très-rarement. — Saint-Martin faisant l'aumône, bonne fresque du Pordenone.

Le Tintoret a peint à l'école Saint-Roch une partie de la vie de Jésus-Christ, dans une quantité de grands tableaux. La vie d'un autre peintre n'aurait pas suffi à faire tout ce qu'il a exécuté ici, et presque toujours fort bien. C'est là que tout peintre trouvera une école inépuisable de dessins et de clairs-obscurs : l'Annonciation, la Fuite en Égypte, la Cène, et surtout la figure de Jésus-Christ, vêtu de blanc devant Pilate, et le grand tableau du Crucifiement, chef-d'œuvre du Tintoret, dont Augustin Carrache a gravé une si belle estampe, m'ont paru admirables. Quel dommage que ce peintre, avec tant de talent, n'ait point du tout connu les grâces qui peuvent seules leur donner du prix !

Une chapelle est remplie de belles choses, mal placées dans ce lieu obscur, où on les voit à peine. Il faut considérer le mieux que l'on pourra le tableau du Baptême de Jésus-Christ, et le beau plafond représentant l'Adoration des Mages ; la Reconnaissance de saint Nicolas, les Stigmates de saint François, et les quatre Évangélistes, par le Véronèse ; la Vierge avec saint André, et la Prédication de saint Jean-Baptiste, par le Fiammingo[1], et surtout

---

[1] Denis Calvart.   R. C.

la Vierge avec saint Sébastien, saint Nicolas, etc., par le Titien. Cet excellent tableau est fort noirci par le peu de soin qu'on en a eu, et par la mauvaise disposition du lieu. La figure de saint Sébastien est très-délicate, très-agréable, mais peut-être aussi trop ronde et trop efféminée.

On pourrait appeler Saint-Sébastien l'école de Paul Véronèse. On y voit la gradation de son génie, de ses divers ouvrages et de toutes ses manières. Le plafond de la sacristie, représentant le Couronnement de la Vierge, par où il a commencé, est fort inférieur à ce qu'il a fait depuis. Les plus belles peintures qu'il ait faites ici sont le plafond de l'église, représentant l'histoire d'Esther; les portes de l'orgue représentant au dehors la Purification et la Guérison du Paralytique; le tableau représentant saint Sébastien devant le tyran, celui de saint Sébastien lié à un tronc d'arbre; le grand Festin de Jésus-Christ chez Simon le lépreux, peint dans le réfectoire; et surtout le Martyre de saint Marc et de saint Marcellian, ouvrage très-bien composé, où tout se rapporte au sujet; chose rare dans les ordonnances de Paul, qui n'a pas mieux connu l'unité d'action que le costume. Quant aux quatre grands Festins de cet auteur, le premier de tous, sans contredit, est celui des Noces de Cana, peint dans le réfectoire de Saint-Georges; puis celui chez le pharisien, qui était ci-devant aux Servites, et qui est à présent à Versailles dans le grand salon d'Hercule; puis celui chez le lévite, peint à l'église des Saints-Jean-et-Paul; mais ces deux peuvent aller en concurrence, et enfin celui que l'on voit ici à Saint-Sébastien, qui est le moindre des quatre. Paul s'est beaucoup copié lui-même dans tous ses ouvrages, mais surtout dans ses quatre Festins.

A l'école de la Charité, la Vierge Marie montant les degrés du temple, par le Titien, tableau de la première classe; avec le saint Pierre, martyr, ils passent pour les deux plus beaux du Titien : celui-ci est fort distingué pour ses airs de tête et son admirable coloris. Il m'a fait plus de plaisir que le Saint-Pierre, martyr; et le Saint-Laurent des Jésuites m'en a plus fait que l'un et l'autre. Cependant celui-ci, qui est de la seconde manière du Titien, l'emporte de beaucoup par le coloris sur le Saint-Laurent, qui n'est que de sa troisième manière; alors son coloris est devenu trop vague et négligé.

Enfin à San-Giorgio, dans le fond du réfectoire, les Noces de Cana de Paul Véronèse, tableau non-seulement de la première classe, mais des premiers de cette classe. On peut le mettre en comparaison avec la Bataille de Constantin contre le tyran Maxence, peinte au Vatican, par Raphaël et par Jules Romain, soit pour la grandeur de la composition, soit pour le nombre infini des figures, soit pour l'extrême beauté de l'exécution. Il y a bien plus de feu, plus de dessin, plus de science, plus de fidélité de costume dans la bataille de Constantin; mais dans celui-ci, quelle richesse! quel coloris! quelle harmonie dans les couleurs! quelle vérité dans les étoffes ! quelle ordonnance et quelle machine étonnante dans toute la composition ! L'un de ces tableaux est une action vive, et l'autre est un spectacle. Il semble dans celui-ci qu'on aille passer tout au travers des portiques, et que la foule des gens qui y sont assemblés vous fassent compagnie. L'architecture, qui est une des belles parties du tableau, a été faite par Benedetto Caliari, frère de Paul : il excellait dans ce genre. Paul a représenté au naturel les plus fameux peintres vénitiens exécutant un concert. Au-devant du tableau, dans le vide de l'intérieur du triclinium, le Titien joue de la basse ; Paul joue de la viole ; le Tintoret du violon, et le Bassan de la flûte, par où il a voulu faire allusion à la profonde science et à l'exécution lente et sage du Titien, aux brillants et aux agréments de Paul, à la rapidité du Tintoret, et à la suavité du Bassan. Remarquez l'attention que donne Paul à un homme qui vient lui parler, et la suspension de son archet. Une grande figure debout tenant une coupe à la main, vêtue d'une étoffe à l'orientale blanche et verte, est celle de Benedetto, son frère.

Ce n'est pas sans plaisir que j'ai trouvé, à Casa Pisani, l'admirable Famille de Darius, de ce même Paul Véronèse, tableau dont j'ai l'esquisse faite de sa main, pour l'exécution de son grand ouvrage. Il y a deux ou trois têtes finies par le maître ; le reste en partie achevé par ses élèves, en partie resté en ébauche. On y voit aussi Loth enivré par ses filles, du cavalier Liberi. Ce peintre travaillait d'une assez grande manière et avait beaucoup étudié Michel-Ange. Il réussit assez bien dans la composition des tableaux d'histoire, et aimait entre autres à peindre des nudités et des sujets libres. Ses figures sont grosses, ses chairs rouges et fort sanguines.

XVIII.—A M. DE BLANCEY.

Suite du séjour à Venise.

29 août.

Ce que j'avais prévu est arrivé, mon gros Blancey ; votre première lettre vient de m'être renvoyée de Rome ; elle n'est pas de fraîche date, quoique fort moderne en comparaison d'une autre que je reçois de Londres, laquelle a été renvoyée de Rome à la grande poste de Paris, d'où elle est revenue à Rome, puis ici. Elle vient d'arriver tout essoufflée d'une si longue traite. Il me semble, mon petit ami, que vous vous donnez assez joliment les violons ; la modestie vous siérait cependant mieux qu'à personne. C'est moi qui pourrais en manquer, tandis que je mets à Venise la nation française sur un si grand pied que tout franc, je crains qu'un autre ne puisse s'y soutenir. Pour vous, on sait assez que vous n'êtes l'aîné que *secundum quid*. Cependant il y aurait de la dureté à vouloir vous ôter la satisfaction de vous louer vous-même sur l'article, puisque vous

ne l'êtes là-dessus par personne autre. Témoignez,
je vous prie, à ces dames, combien je suis sensible
à l'empressement qu'elles veulent bien avoir pour
mes nouvelles. Je me souviens tous les jours d'elles
et avec plaisir. Dans cette commémoration, ma
bonne amie de Montot tient le premier rang. Ce
serait bien en vain que l'on courrait le monde pour
trouver ailleurs un cœur aussi sensible et aussi vrai,
une âme plus pure et meilleure, un caractère aussi
égal, aussi sociable, aussi doux; en vérité, je pense
d'elle ce que l'on a dit d'un homme célèbre, *qu'il
faisait honneur à l'humanité.* Qu'a-t-elle besoin
d'être d'une aussi jolie figure? Elle devrait la laisser
à quelque autre; elle n'en a que faire pour être universellement chérie de tout le monde. Je lui passe
cependant ses yeux si doux et si fins, parce qu'ils
sont le plus beau miroir de la plus belle âme qui ait
jamais été. Je suis vraiment affligé qu'elle ait perdu
son dernier enfant; mais je m'en console, en pensant
que c'est une perte que l'on peut réparer en deux
minutes. Au surplus, assurez-les toutes bien fort
que je persiste opiniâtrément dans la bonne religion,
et que je n'ai point encore, au milieu des infidèles,
quitté les sentiments orthodoxes, mais je ne réponds
pas de ce que la peur du martyre peut me faire faire
à Florence. Continuez-moi exactement votre chro-
nique. S'il n'y a point d'histoire, parbleu ! vous
voilà bien en peine, faites-en; moi qui vous parle,
me mets-je en peine de mentir pour vous amuser?

XVIII.—A M. DE BLANCEY.

Je quitte Dijon, non sans regrets, pour revenir à Venise.

Je voudrais bien pouvoir vous parler savamment du carnaval. On nous presse fort ici d'y revenir passer ce temps, et l'on nous promet de nous faire voir une tout autre Venise ; mais je n'imagine pas que nous lui donnions la préférence sur nos affaires et sur nos amis. Ce carnaval commence dès le 5 octobre, et il y en a un autre petit de quinze jours à l'Ascension ; de sorte que l'on peut compter ici environ six mois, où qui que ce soit ne va autrement qu'en masque, prêtres ou autres, même le nonce et le gardien des capucins. Ne pensez pas que je raille, c'est l'habit d'ordonnance ; et les curés seraient, dit-on, méconnus de leurs paroissiens, l'archevêque de son clergé, s'ils n'avaient le masque à la main ou sur le nez. Je regrette cette singularité, et encore plus les opéras et les spectacles du temps. Ce n'est pas que je manque de musique ; il n'y a presque point de soirée qu'il n'y ait *académie* quelque part ; le peuple court sur le Canal l'entendre avec autant d'ardeur que si c'était pour la première fois. L'affolement de la nation pour cet art est inconcevable. Vivaldi s'est fait de mes amis intimes, pour me vendre des concertos bien cher. Il y a en partie réussi, et moi, à ce que je désirais, qui était de l'entendre et d'avoir souvent de bonnes récréations musicales : c'est un *vecchio*, qui a une furie de composition prodigieuse. Je l'ai ouï se faire fort de composer un concerto, avec toutes ses parties, plus promptement qu'un copiste ne le pourrait copier. J'ai trouvé, à mon grand étonnement, qu'il n'est pas aussi estimé qu'il le mérite en ce pays-ci, où tout est de mode, où l'on entend ses ouvrages depuis trop longtemps, et où la musique de l'année précédente n'est plus de recette. Le fameux Saxon[1] est aujourd'hui l'homme fêté. Je l'ai ouï chez lui aussi bien que la célèbre Faustina Bordoni, sa femme, qui chante d'un grand goût et d'une légèreté charmante; mais ce n'est plus une voix neuve. C'est sans contredit la plus complaisante et la meilleure femme du monde, mais ce n'est pas la meilleure chanteuse.

La musique transcendante ici est celle des hôpitaux. Il y en a quatre, tous composés de filles bâtardes ou orphelines, et de celles que leurs parents ne sont pas en état d'élever. Elles sont élevées aux dépens de l'État, et on les exerce uniquement à exceller dans la musique. Aussi chantent-elles comme des anges, et jouent du violon, de la flûte, de l'orgue, du hautbois, du violoncelle, du basson; bref, il n'y a si gros instrument qui puisse leur faire peur. Elles sont cloîtrées en façon de religieuses. Ce sont elles seules qui exécutent, et chaque concert est composé d'une quarantaine de filles. Je vous jure qu'il n'y a rien de si plaisant que de voir une jeune et jolie religieuse, en habit blanc, avec un bouquet de grenades sur l'oreille, conduire l'orchestre et battre la mesure avec toute la grâce et la précision imaginables. Leurs voix sont adorables pour la tournure et la légèreté;

---

[1] Hasse (Jean-Adolphe), un des plus célèbres compositeurs du XVIIIe siècle; mort à Venise en 1783. — R. C.

car on ne sait ici ce que c'est que rondeur et sons filés à la française. La Zabetta des Incurables est surtout étonnante par l'étendue de sa voix et les coups d'archet qu'elle a dans le gosier. Pour moi, je ne fais aucun doute qu'elle n'ait avalé le violon de Somis. C'est elle qui enlève tous les suffrages, et ce serait vouloir se faire assommer par la populace que d'égaler quelque autre à elle. Mais, écoutez, mes amis, je crois que personne ne nous entend, et je vous dis à l'oreille que la Margarita des *Mendicanti* la vaut bien, et me plaît davantage.

Celui des quatre hôpitaux où je vais le plus souvent, et où je m'amuse le mieux, c'est l'hôpital de la Piété; c'est aussi le premier pour la perfection des symphonies. Quelle roideur d'exécution ! C'est là seulement qu'on entend ce premier coup d'archet, si faussement vanté à l'Opéra de Paris. La Chiarretta serait sûrement le premier violon de l'Italie, si l'Anna-Maria des Hospitalettes ne la surpassait encore. J'ai été assez heureux pour entendre cette dernière, qui est si fantasque qu'à peine joue-t-elle une fois en un an. Ils ont ici une espèce de musique que nous ne connaissons point en France, et qui me paraît plus propre que nulle autre pour le jardin de Bourbonne. Ce sont de grands concertos où il n'y a point de *violino principale*. Quintin peut demander à Bourbonne s'il veut que je lui en apporte une provision. Pendant que j'y songe, que Quintin me rende aussi raison pour vous des livres dont Machefoire peut m'avoir fait l'acquisition. Je viens d'en envoyer en France un gros ballot, tous d'édition de 1400, accompagnés de force marasquin de Zara, Barbades, des Indes et de Corfou, et thériaque de Venise. Croiriez-vous bien que l'espèce de *fonction* qui se fit en dernier lieu le jour de Saint-Barthélemi, et que l'on appelle le théâtre de la thériaque, est une chose tout à fait amusante? Toutes les drogues qui entrent dans cette composition y sont, non-seulement étalées en guise de dessert monté, mais encore arrangées avec autant d'adresse que de patience; ce sont des camaïeux, des broderies, des paysages et surtout des suites de médailles d'empereurs romains admirables. Les vipères y forment des guirlandes et des festons, et l'on a trouvé le secret de leur donner un air galant. Le talent de la nation italienne pour les ornements est exquis; avec une douzaine de nappes blanches et autant de mannequins, ils ont façonné en un instant autant de statues dignes de Phidias. On pose cela sur une architecture des trois ordres, de même fabrique; en vingt-quatre heures, voilà une église parée à ravir pour le jour de sa fête. Je n'ai pas vu les combats des gondoliers sur les ponts, on les a abolis à mon grand regret. En récompense, ils ont inventé un autre jeu appelé les *forces d'Hercule*. Une certaine quantité d'hommes tout nus, se rangent dans le Canal en nombre égal, vis-à-vis les uns des autres, sur deux lignes; de petites planches étroites portent des deux bouts sur les épaules; d'autres hommes montent debout sur ces planches; un autre rang d'hommes sur ceux-ci par la même méthode, et ainsi par gradation jusqu'à ce qu'il n'y ait qu'un homme, sur la tête duquel monte un enfant. Tout cela ne parvient pas à bien sans que les planches ne cassent souvent, et que la pyramide ou château de cartes ne soit dérangée par les fréquentes cascades dans l'eau. Ce petit jeu, à se rompre le cou, se pratique quelquefois près du pont de Rialto. Je ne sais pourquoi on s'extasie si fort en parlant de ce pont ; on pourrait se contenter de dire qu'il est assez beau. Il est vrai qu'il n'y a qu'une arcade ; mais le lieu n'en exige pas davantage, et elle n'est pas plus large qu'une de celles du pont Saint-Esprit. Il est vrai aussi qu'il est tout de marbre blanc et fort large ; car il y a dessus trois rues et quatre rangs de boutiques, à la vérité épaisses comme des lames de couteaux, et les rues à l'avenant. Tout cela ne fait pas un tiers en sus de la largeur du Pont-Neuf.

J'avais annoncé, ce me semble, que je ne dirais plus rien de Venise. Voilà cependant un long chapitre ; mais en vérité cela doit s'appeler n'en rien dire, tant j'omets de choses considérables sur ce sujet singulier. Nous y avons été retenus plus longtemps que nous ne croyions, tant par les lignes que l'on a faites contre les justes soupçons de peste à la foire de Sinigaglia, que par notre fainéantise, et les instances de notre ambassadeur, qui nous a priés d'assister à la visite de cérémonie que lui a rendue M. Lezé, qui s'en va ambassadeur en France, et à la fête qu'il a donnée le jour de Saint-Louis. Elle était fort bien entendue et accompagnée d'un concert sur la mer, dans des barques galamment ornées.

C'est demain, cependant, qu'il me faudra quitter mes douces gondoles. J'y suis actuellement en robe de chambre et en pantoufles à vous écrire au beau milieu de la grande rue, bercé par intérim d'une musique céleste. Qui pis est, il faudra me séparer de mes chères Ancilla, Camilla, Faustolla, Zulietta, Angeletta, Catina, Spina, Agatina, et de cent mille autres choses en *a* plus jolies les unes que les autres. Ne faites-vous pas un peu la mine, mon doux Neuilly, en me voyant l'esprit orné de si belles connaissances? Vous voyez bien que ce n'est que plaisanterie, quand je parle à vous. D'un autre côté, c'est réalité, quand je parle à ce libertin de Blancey. Lequel des deux est le véritable? Belle question! Peut-elle être faite par des gens qui connaissent l'extrême régularité de mes mœurs? Je ne crois pas que les fées ni les anges ensemble puissent, de leurs dix doigts, former deux aussi belles créatures que la Zulietta et l'Ancilla. Lacurne est très-féru de la première et moi de la seconde, depuis que je l'ai vue un jour déguisée en Vénus de Médicis, et aussi parfaite de tout point. Elle passe avec raison pour la plus belle femme de l'Italie. Notre ambassadeur me paraît avoir grande envie d'être l'ami de la première, et celui de Naples de l'être bien fort de la seconde.

Ce n'est qu'ici au monde que l'on peut voir ce que j'ai vu; un homme, ministre et prêtre, dans un spectacle public, en présence de quatre mille personnes, badiner d'une fenêtre à l'autre, avec la plus fameuse catin d'une ville, et se faire donner des coups d'éventail sur le nez. Savez-vous bien que je trouvai un jour à cette princesse un poignard dans sa poche? Elle prétendit que dans sa profession, on était en droit de le porter pour la manutention de la police dans la maison. J'en suis moins surpris depuis que je sais que les religieuses en portent, et que j'ai appris qu'une abbesse, aujourd'hui vivante, s'était jadis battue à coups de poignard contre une autre dame, pour l'abbé de Pomponne. L'aventure ne laissa pas de faire quelque éclat, car elle ne s'était pas passée dans le couvent.

L'Agatina est la plus splendide de toutes les courtisanes de Venise. Elle est logée dans un petit palais, meublé superbement, et parée de bijoux comme une nymphe. A la vérité, c'est la moins jolie de toutes celles du premier ordre; mais, d'un autre côté, qui peut nier que les faveurs d'une main couverte de diamants ne soient véritablement précieuses?

Je reviens en ce moment de Murano, où j'ai été voir travailler à la manufacture de glaces. Elles ne sont pas aussi grandes ni aussi blanches que les nôtres; mais elles sont plus transparentes et moins sujettes à avoir des défauts. On ne les coule pas sur des tables de cuivre comme les nôtres; on les souffle comme des bouteilles. Il faut des ouvriers extrêmement grands et robustes pour travailler à cet ouvrage, surtout pour balancer en l'air ces gros globes de cristal, qui tiennent à la longue verge de fer qui sert à les souffler.

L'ouvrier prend, dans le creuset du fourneau, une grosse quantité de matière fondue au bout de sa verge creuse : cette matière est alors gluante et en consistance de gomme. L'ouvrier, en soufflant, en fait un globe creux; puis, à force de le balancer en l'air et de le présenter à tout moment à la bouche du fourneau, afin d'y entretenir un certain degré de fusion, toujours en le tournant fort vite, pour empêcher que la matière présentée au feu ne coule plus d'un côté que d'un autre, il parvient à en faire un long ovale. Alors un autre ouvrier, avec la pointe d'une paire de ciseaux, faits comme des forces à tondre les moutons, c'est-à-dire qui s'élargissent en relâchant la main, perce l'ovale par son extrémité. Le premier ouvrier, qui tient la verge à laquelle est attaché ce globe, le tourne fort vite, tandis que le second lâche peu à peu la main qui tient les ciseaux. De cette manière l'ovale s'ouvre en entier par l'un des bouts, comme un marli de verre. Alors on le détache de la première verge de fer, et on le scelle de nouveau, par le bout ouvert, à une autre verge faite exprès ; puis on l'ouvre par l'autre bout avec le même mécanisme que celui décrit ci-dessus. Il en résulte un long cylindre de glace d'un large diamètre, qu'on représente, en le tournant, à la bouche du fourneau pour l'amollir un peu de nouveau ; et, au sortir de là, tout en un clin d'œil, d'un seul coup de ciseau, l'on coupe la glace en long, et promptement on l'étend tout à plat sur une table de cuivre. Il ne faut plus après que la recuire davantage dans un autre four, puis la polir et l'étamer à l'ordinaire.

A propos, ne vous avisez pas, à mon retour, de me donner moins de l'*excellence*. J'en ai contracté la douce habitude ; pour de l'illustrissime, je ne m'en soucie plus : il est ici à rien.

Nous serons demain de retour à Padoue, d'où nous partirons en poste pour Bologne et Florence. De là par le détour de Lucques, Pise et Livourne, nous nous rendrons à Rome ; c'est là que je compte trouver de vos nouvelles à l'adresse du directeur de la poste de France.

P. S. J'ai reçu votre lettre, mon charmant Neuilly, et vous pouvez juger du plaisir qu'elle m'a fait, venant d'un ami tel que vous. Je tâcherai de vous en faire raison sur la route, aussi bien que de toutes les extravagances qui sont dans celle-ci. Mais vous êtes un ami commode ; votre vertu n'est sévère que pour vous. Adieu, mes princes, mille et mille choses à nos amis et amies. On vous embrasse ici.

XIX. — A M. DE MALETESTE.

Route de Venise à Bologne.

Bologne, 6 septembre 1739.

Il a fallu, mon cher Maleteste, troquer les gondoles contre des chaises de poste, et le Grand Canal de Venise contre l'Apennin ; le marché n'est pas avantageux. Voici comment il s'est fait.

Nous partîmes de Venise, le 30 août, comme nous y étions arrivés ; c'est-à-dire dans notre petit ami Bucentaure le cadet. Le vent qui soufflait très-impétueusement nous eut bientôt fait regagner l'embouchure de la Brenta, le long de laquelle nous retrouvâmes tous ces palais, dont je vous ai parlé. Nous revîmes avec plaisir les belles peintures de Zelotti, au palais Foscarini. Cet homme, qui a travaillé dans le goût de Paul Véronèse, l'a surpassé dans les ouvrages à fresque. Nous parcourûmes à loisir les jardins du doge Pisani. Ils sont immenses et magnifiques ; mais mal entendus, mal distribués, et chargés de tous côtés de grands morceaux de bâtiments inutiles. Je ne puis souffrir qu'on fasse planter un jardin par des maçons. Nous l'emportons de beaucoup sur les Italiens pour cet article, et je n'ai rien trouvé dans celui-ci qui m'ait fait quelque plaisir, qu'une longue colonnade d'ordre dorique, très-bien figurée en charmilles.

Au bout de vingt-cinq milles, nous revîmes Padoue et notre ami le marquis Poleni, qui nous renouvela ses politesses. Il fallut séjourner le 31 pour entendre Tartini, qui passe communément pour le premier violon de l'Italie. Ce fut un temps fort bien employé. C'est tout ce que j'ai ouï de mieux pour l'extrême netteté des sons, dont on ne perd pas le plus petit, et pour la parfaite justesse. Son jeu est dans le genre de celui de Le Clerc, et n'a que peu de brillant ; la justesse du toucher est son fort. A tous autres égards, l'Anna-Maria des Hospitalettes de Venise l'emporte sur lui; mais aussi il n'a pas son pareil pour le bon esprit. Ce garçon, qui n'était pas fait pour ce métier-là, et qui s'y est vu réduit après avoir été abandonné de ses parents, pour avoir fait un sot mariage, tandis qu'il étudiait à l'université de Padoue, est poli, complaisant, sans orgueil et sans fantaisie; il raisonne comme un ange et sans partialité sur les différents mérites des musiques française et italienne. Je fus au moins aussi satisfait de sa conversation que de son jeu. Je ne fus pas moins content du jeu excellentissime, sur le violoncelle, d'un abbé Vandini qui était avec lui.

Le 1er septembre nous partîmes en poste, fort satisfaits d'abord de revoir des arbres et des champs, dont la vue est, au vrai, fort préférable à l'éternelle uniformité de la mer. Le pays est beau et assez fertile. Nous côtoyions les bords de la Bataglia, le long de laquelle sont des maisons plus belles encore que celle de la Brenta; mais en plus petit nombre. Le marquis d'Obizzi nous avait fort recommandé de voir la sienne. Il est d'une des plus anciennes et des plus illustres maisons d'Italie, originaire de Bourgogne, à ce qu'il nous dit. Quant à son château, on a fait une dépense prodigieuse pour le construire en amphithéâtre de mauvais goût, avec de hautes murailles couronnées de créneaux. Celui qui l'a fait bâtir, aussi amateur des puériles allusions de l'antiquité que du Tilliot, a jugé à propos, parce qu'il s'appelait *Æneas*, de prendre partout le surnom de *Pius*, et, parce que le lieu s'appelle *Orcini*, de mettre un gros cerbère à la porte. Les appartements sont tous peints à fresque, et même les cours, par Paul Véronèse, s'il faut le croire; car, à l'exception de certains bons morceaux qui paraissent véritablement de sa main, le reste est assez médiocre. Il y a un arsenal de vieilles cuirasses et un petit théâtre de poche fort bien imaginé pour jouer des comédies entre honnêtes gens. Conseillez de ma part à Bourbonne d'en faire construire un pareil à sa bastide de la porte Saint-Pierre. De là nous passâmes la Bataglia, puis le Golzon à Monte-Celèze, qui a une espèce de château à pointes de diamant au-dessus d'un rocher; puis le grand fleuve de l'Adige dans un bac. Ces passages fréquents dans ce pays bas, tout coupé de rivières, sont fort coûteux, et plus fastidieux encore par le retard qu'ils occasionnent.

Rovigo, où nous arrivâmes ensuite, est une petite ville qui n'est pas désagréable. C'est la capitale du Polesin vénitien. Nous en gagnâmes les confins à Canzaro, qui joint l'État du pape. Ce fut là que nous arriva ce charmant petit épisode que voici. C'est le lieu où sont les lignes faites contre la peste de Sinigaglia, qui ne sont autre chose que de grandes palissades qui ferment le passage d'une rivière et d'un pont, par où l'on entre dans l'État de Venise. Près de là sont de grands parcs palissadés, où une centaine de gredins faisaient la quarantaine. Ils nous firent force amitiés et, comme les petits présents l'entretiennent, ils nous donnèrent la peste; de sorte que, moi qui vous parle, je l'ai très-vraisemblablement en ce moment-ci ; bienheureux que ce ne soit que cela. Le *hic* de l'aventure fut que nos chevaux refusèrent absolument de nous mener plus loin, sur le prétexte assez juste qu'on ne les laisserait point repasser sans faire la quarantaine. Il fallut prendre patience et envoyer, à sept milles de là, chercher des chevaux à Ferrare. Lacurne, étourdiment à son ordinaire, passa les barrières, moyennant quoi il lui aurait fallu faire quarantaine pour les repasser ; de sorte que nous en fîmes tous autant. J'allai à la chasse le long d'un étang ; Loppin alla jouer de l'orgue dans l'église du village ; les deux frères allèrent se promener au diable, je ne sais où, puis me mandèrent par un voyageur de les venir trouver en un certain lieu. J'y allai bonnement, croyant que c'était à un pas ; il se trouva qu'il y avait près d'une lieue, et que mes chers princes n'y étaient point. Me voilà une seconde fois en quête le long du Pô. J'appris enfin, par tradition, qu'ils l'avaient passé pour aller d'un autre côté. Je le passai donc moi-même, jurant contre eux à pleine voix, et ce n'est pas une petite affaire que de le passer, puisqu'il n'est guère moins large dans cet endroit que le Rhône. Cependant vint la nuit plus noire que ne l'est l'encre d'une écritoire, et tous quatre, y compris Loppin, qui avait aussi traversé plus haut à pied, à nous chercher comme une épingle au milieu de la campagne, à crier du haut de notre tête, à faire hurler tous les chiens du Ferrarais, et à déposter des corps de garde, hurlant aussi de leur côté, de place en place.

Cependant les chevaux étaient venus, et nos valets, qui faisaient la quarantaine auprès des équipages, ayant attendu tout leur bien-aise, nous crurent aux antipodes et se mirent en quête. Tant fut procédé que tout se rejoignit avec un appétit dont je vous laisse à juger. Nous fîmes le procès à un vieux coq, en lui disant : Je te fée et refée d'être fricassée de poulet. Mais vraiment quand il fut question de le manger, le misérable se défendit tellement, que nous fûmes obligés de le laisser là, trop heureux qu'il ne nous mangeât pas nous-mêmes ; et je n'en suis pas trop surpris, car j'ai su depuis, par des mémoires secrets, qu'il avait été, pendant plusieurs siècles, poulet du clocher de la paroisse. Nous nous remîmes donc en chaise à deux heures après minuit, après avoir au préalable donné pour boire à la province entière. Par bonheur nous avions envoyé devant un domestique au cardinal-légat, le prier de ne point faire fermer les portes de la ville. Ainsi, nous fîmes sans obstacle notre entrée dans Ferrare, qui est à quarante-cinq milles de Padoue.

La ville de Ferrare est vaste et spacieuse. Je crois que ce sont les épithètes qui lui conviennent ; vaste, car elle est grande et déserte ; spacieuse, car on peut se promener fort à son aise dans de magnifiques rues tirées au cordeau, d'une longueur étonnante, larges à proportion, et où il croît le plus joli foin qu'on puisse voir. C'est dommage que cette ville soit déserte ; elle ne laisse pas que d'être belle ; non pas par ses maisons magnifiques, mais parce qu'il n'y en a point de laides. En général, elles sont toutes bâties de briques et habitées par des chats bleus, du moins ne vîmes-nous autre chose aux fenêtres.

Le palais des ducs, où demeure le légat, est un gros bâtiment composé de hautes tours carrées, environnées d'un fossé plein d'eau, bien que ce soit au milieu de la ville. La cour est peinte à fresque presque effacée. C'est là qu'une compagnie d'arlequins, c'est-à-dire de soldats du pape, vêtus de vert, jaune et rouge, de toutes pièces, monte la garde.

La place est l'endroit de la ville le plus peuplé; elle est ornée de deux statues de bronze de la maison d'Este, autrefois souveraine de Ferrare.

La cathédrale donne sur la place; contre l'ordinaire, elle a un vieux vilain portail et un intérieur tout neuf d'assez bonne manière. On l'a rebâtie en dedans en conservant seulement, je ne sais pourquoi, un fond de chœur de très-mauvais goût. Ce que j'y ai noté de plus remarquable sont: un Martyre de saint Laurent, par le Guerchin, et l'épitaphe du savant Giraldi (Lilio-Gregorio)[1], qui, par les plaintes amères qu'elle contient contre la fortune, pourrait servir de supplément au livre de Pierius Valerianus, *De Litteratorum Infelicitate*[2].

La Chartreuse mérite aussi d'être vue; l'architecture en est bonne, quoique le défaut de collatérale lui fasse tort. Il y a dans le réfectoire un bon tableau des Noces de Cana, par Bonone. Le cloître est très-

---

[1] Érudit et poëte latin du XVIe siècle.
[2] Valeriano Bolzani. R. C.

joli, et les logements des religieux sont plus grands et plus agréables que tous ceux que j'ai vus ailleurs ; ils couchent dans de beaux et bons lits, et non comme en France dans des armoires de sapin. Au lieu des fontaines qu'ils ont partout, dans le milieu du préau du cloître, ces moines conservent là les cendres de Borso d'Este, leur fondateur, dans un gros pot-à-oille.

Les autres églises dignes d'être vues sont les Bénédictins, où est le tombeau de l'Arioste[1] avec quelques tableaux passables, et dans le réfectoire une Noce de Cana, d'une belle ordonnance. Le tombeau de l'Arioste est d'une forme assez commune ; son buste est au-dessus, avec deux figures au fronton, qui m'ont paru être la Vérité et la Fiction, apparemment pour signifier qu'il a également excellé dans les sciences politiques et dans les inventions poétiques, et qu'il n'a pas été moins bon citoyen que poëte.

Son épitaphe :

D. O. M.
Ludovico Areosto,
Ter illi maximo atque ore omnium celeberrimo
Vati a Carolo V° coronato,
Nobilitate generis atque animi claro,
In rebus publicis administrandis, in regendis populis,
In gravissimis ad summum pontificem legationibus,
Prudentia, consilio, eloquentia,
Præstantissimo,
Ludovicus Areostus pronepos.

[1] On le voit maintenant à la bibliothèque publique ; les Français

Plus, Sainte-Marie *in Vado*, assez bien disposée pour l'architecture, où l'on voit plusieurs morceaux curieux de peintures anciennes par le Carpaccio : un plafond de Bonone, et surtout une façade de chapelle faite en portail d'église, d'une très-belle architecture.

Il y a dans d'autres endroits plusieurs tableaux du Guerchin, que j'ai vus en courant, et dont je n'ai pas conservé grande mémoire. Il en est de même des maisons particulières de la ville. Quoique belles, elles ne le sont point assez pour trouver place dans ce très-digne journal ; si ce n'est par grâce, un palais tout de marbre blanc, taillé à pointes de diamant, construit par un bâtard de la maison d'Este. Mais je n'oublierai pas une très-grande place, au milieu de laquelle est une statue de bronze d'Alexandre VII, sur une très-belle colonne de marbre.

Nous partîmes de Ferrare le 3. Tout le pays est couvert d'arbres à l'excès ; de façon que des hauteurs on ne découvre qu'une plaine de forêts, formée par les cimes des arbres. La campagne est fertile dans les endroits cultivés, qui ne sont pas aussi nombreux qu'ils le seraient, sans la paresse des gens du pays, et sans les marais que forment les débordements continuels du Pô dans cette contrée, la plus basse de l'Italie. Nous passâmes le Reno sur une chaussée au travers de ces marais. Ce fut immédiatement après qu'arriva un second épisode bien autrement triste

l'y transportèrent le 6 juin 1804, jour anniversaire de la mort de l'Arioste, en 1533. R. C.

que le premier. Un insigne maraud de postillon ayant indiscrètement fouetté ses chevaux sans les tenir, les chevaux de poste, qui sont aussi vifs ici que les nôtres sont pacifiques, emportèrent ma chaise le long de la levée, et la jetèrent à tous les diables, de cinquante pieds de hauteur, dans le fin fond de la vallée de Marara. La bonne chaise prenait tant de plaisir à tomber, que je la voyais se liquéfier durant la cascade. Bref, les chevaux, les harnais, la chaise, les malles, les porte-manteaux, les hardes, tout, en arrivant au fond, se trouva réduit en poussière impalpable. Sainte-Palaye, le plus bilieux de tous les hommes, me débita un beau sermon sur la modération dans les infortunes, sous prétexte que ma colère ne réparerait pas le malheur. Je ne manquai pas de l'en croire sitôt que j'eus crié assez fort et assez longtemps, pour avoir une éteinte de voix. Loppin pensa me désoler par son stoïcisme ; il trouva au fond du vallon un certain sable à son gré, et il employait ses gens à faire nettoyer ses boucles de souliers. Je le rendis bien vite furieux, en lui montrant les membres de son ménage à café ignomineusement dispersés dans la plaine. Maintenant la pauvre chaise est sur la litière réduite à l'extrémité ; on lui fait des remèdes, et j'espère qu'à force de baume de fier-à-bras et de sequins, nous pourrons la tirer d'affaire. Dans cette déconvenue, les chaises des valets (car ici ils courent en chaise) nous servirent de réconfort. Nous gagnâmes Bologne (trente-cinq milles de Ferrare) tellement quellement ; et ce fut fort bien fait à nous, car c'est une excellente ville, la plus belle pour le matériel, que nous ayons encore trouvée après Gênes. On lui donne cinq milles de tour ; j'ai peine à le croire. A la vue, elle ne paraît pas de beaucoup plus grande que Dijon, qui n'en a que deux et demi ; mais sa forme, longue et pointue par les deux bouts, en navette, la fait trouver beaucoup plus grande quand on est dedans, par la longueur des distances.

Je ne sais pourquoi Gênes est la ville d'Italie la plus superbe en bâtiments, quoique son architecture soit moins bonne que dans quantité d'autres. Elle l'est cependant en effet. La quantité de ses palais, leur extrême exhaussement et plus que tout cela, sa magnifique situation, lui auront valu cette prééminence, quoiqu'à prendre les choses en détail, ce que l'on voit ailleurs, comme ici, par exemple, vaille beaucoup mieux. Vous en recevrez sans doute bientôt une ample description, lorsque j'aurai moi-même vu Bologne autant que cette ville me paraît mériter de l'être.

XX. — A M. DE NEUILLY.

Mémoire sur Bologne.

15 septembre.

Bologne est pleine de belles églises et de beaux bâtiments particuliers, dont je pourrai bien vous dire un mot, après vous avoir donné une idée générale de la ville. Elle est toute bâtie comme Padoue, à portiques sous lesquels les gens de pied vont à couvert. Mais, au lieu des infâmes porches qui sont à Padoue, ici ce sont de larges et longues rues, bordées des deux côtés de portiques voûtés, d'un bel exhaussement, soutenus, à perte de vue, par des colonnes de toutes sortes d'ordres et par des pilastres carrés. Quoique le goût de ces colonnes soit tantôt bon, tantôt mauvais, l'ensemble de cette uniformité forme, à mon gré, le plus bel effet et le mieux entendu que l'on puisse se figurer, d'autant mieux que ces piliers soutiennent communément de fort belles maisons, toutes bâties en briques, suivant l'usage du pays.

L'architecture est de la même étoffe. On construit dans la Lombardie à peu de frais, avec des briques figurées exprès, enduites par-dessus d'un mortier très-fin. Cela dure plus qu'on ne le croirait, mais infiniment moins que la pierre, et, dans le vrai, on ferait mieux de n'employer de pareils matériaux que dans les lieux à couvert des injures du temps. Les portiques dont je vous parle sont fort larges, pavés de briques, et douze personnes de front peuvent y marcher à couvert et à leur aise ; mais, comme si ce n'eût pas été assez d'en garnir toute la ville, on en a construit un autre au dehors, qui, commençant à une des portes, va, grimpant jusque sur le sommet d'une montagne assez haute, se terminer à une petite église, où la dévotion est fréquente. Le benoît portique n'a pas moins d'une lieue de long. Dans l'endroit où la plaine finit, pour gagner plus doucement la montagne on a jeté une espèce de pont qui soutient un beau péristyle couvert d'un dôme et qui sauve très-artistement l'irrégularité du terrain. Ce serait un morceau digne des Romains, si, au lieu des méchants piliers carrés accouplés qui forment ce portique, on y eût employé des colonnes de bon goût; mais, tel qu'il est, il n'est pas moins surprenant par son exécution que par son motif. L'endroit où il se termine renferme la véritable Madone peinte, m'a-t-on dit, par saint Luc. Il y en a plus de cent en Italie; mais on soutient que celle-ci est la bonne. On la porte solennellement en procession une fois l'an à Bologne. Misson prétend que si on ne l'y apportait pas, elle y viendrait toute seule; j'ai quelque peine à le croire. Cependant, soit que les gens du pays ne soient pas de mon avis, puisqu'ils ont construit cet édifice pour qu'elle puisse venir plus commodément, soit qu'ils n'aient eu en vue que la commodité de la procession, c'est sûrement dans l'une ou l'autre de ces intentions qu'ils ont fait cette furieuse dépense. On ne fait voir la Madone qu'avec grand'peine. Il a fallu dire, pour avoir ce bonheur, que nous étions venus en pèlerinage tout exprès. Elle est couverte de volets garnis de velours; plus, d'un rideau à travers lequel, par un trou garni d'une glace, on la voit peinte sur bois, et qui pis est détestablement peinte et fort laide. J'ai trop de dévotion pour croire que ce soit là le vrai portrait de la Vierge; si je ne me trompe, on aurait mieux fait pour elle et pour saint Luc de faire honneur à ce dernier d'une Vierge de Raphaël; car, dans celle-ci, je n'ai pas trouvé le plus petit mot de cette sublimité que le R. P. Labat exalte en quarante pages. Mais ce n'est pas ici le seul endroit où je pourrais avoir occasion de donner sur les doigts à ce narrateur, dans cette mienne véridique relation, si je ne me trouvais porté à l'indulgence en sa faveur par le rapport de babil éternel qui se trouve entre lui et moi.

Rentrons dans la ville, c'était en sortir trop tôt; l'objet le plus visible est la tour *degli Asinelli*, droite et menue comme un cierge. Ma foi ! c'est bien une autre paire de manches que la tour de Crémone : elle s'élève à perte de vue, et je crois bien pour le coup que c'est la plus haute tour, ou du moins l'une des plus hautes de l'Europe. Son peu d'épaisseur contribue encore à la faire paraître plus élevée, et la tour *Garisenda*, sa voisine, à la faire paraître plus droite. Celle-ci, beaucoup plus grosse et moins haute, des deux tiers, s'avise de se donner des petits airs penchés; de sorte qu'en jetant un plomb depuis le sommet, il va tomber à plus de neuf pieds des fondations. Je ne sais si cela a été fait par malice pour effrayer les passants, qui croient qu'elle va leur faire calotte, ou si, comme d'autres le prétendent, ce sont les restes d'une tour jadis fort élevée, qui, ayant eu de méchants fondements, s'écroula par le haut, tandis que la partie inférieure, qui prit son assiette, est demeurée stable. Quoi qu'il en soit, on va de là, par une longue rue, à la place principale, ornée de la plus belle fontaine de marbre et de bronze que j'aie encore vue. C'est un Neptune colossal, accompagné de quatre petits Amours montés sur autant de dauphins, et plus bas de quatre grandes figures de femmes, qui jettent incessamment de l'eau fraîche par le bout des mamelles ; mais les jets d'eau sont si petits et si menus, que cette belle fontaine en est toute défigurée : elle est du dessin de Jean de Bologne. Non loin de là est une autre fontaine aux armes de Médicis, d'architecture en bas-reliefs. Elle est fort négligée, et je ne sais pourquoi, car c'est à mon gré un très-joli morceau dont personne n'a parlé.

Les principales choses de la place publique sont : 1º des montagnes d'oignons blancs, ni plus ni moins hautes que les Pyrénées. On en fait ici un grand commerce ; mais je ne sais s'il peut égaler celui que l'on fait à Gênes des champignons pour l'Espagne, qui s'élève annuellement à 800,000 liv. Ce qu'il y a de certain, c'est que les oignons de Bologne sont au moins les frères cadets des oignons d'Égypte. Mais, pour le dire en passant, j'ai été tout à fait la dupe de ma gourmandise en venant en Italie pour manger des fruits : ils ne valent pas même ceux de France, hors les raisins, qui sont exquis. On me promet que Florence soutiendra la réputation de l'Italie sur ce chapitre ; c'est ce qu'il faudra voir.

2º Le palais public où demeure le cardinal Spinola, légat. Cette Éminence est une des belles figures que j'aie vues : il prétend être pape un jour, et si le Saint-Esprit était femelle, je n'ai pas de peine à croire qu'il ne lui donnât la préférence. Il est, outre cela, fort poli, et nous avons eu tout lieu d'être fort contents de ses manières dans la visite que nous lui avons faite. Sa personne fait le plus bel ornement du palais, qui n'a pas grande beauté d'ailleurs. C'est un gros édifice massif, orné dans sa façade de quelques statues de bronze, et assez médiocre en-dedans, excepté quelques curiosités dont j'aurai occasion de vous parler ailleurs.

3° Le vieux palais, bâti pour servir de demeure à Enzius, roi de Sardaigne, fils naturel de l'empereur Frédéric, qui, allant porter des secours à ceux de Modène dans le temps de la célèbre guerre qui se faisait pour un seau de bois, fut fait prisonnier par ceux de Bologne, et retenu pendant vingt-deux ans jusqu'à sa mort, après laquelle on lui fit, pour le consoler, de belles obsèques et une plus belle épitaphe qui se voit à Saint-Dominique. Cependant, combien de gens traitent tout cela de fables ! Pour moi, je suis sûr que l'épitaphe est très-moderne, et que l'architecture du palais en question n'est sûrement pas du temps que l'on cite ; il est vrai qu'on peut l'avoir ajoutée depuis pour l'ornement.

4° La célèbre église de San-Petronio, édifice à simple collatérale, vaste, noble et extrêmement exhaussé. On y avait commencé un portail gothique, qu'on a eu le bon esprit de ne pas continuer. On y peut remarquer au dehors quelques statues et bas-reliefs, au dedans le baldaquin et plusieurs statues. Mais ce qu'il y a de principal est la fameuse ligne méridienne tracée sur le pavé par Cassini, laquelle, tant qu'elle existera, servira de règle aux astronomes à venir pour mesurer l'obliquité de l'écliptique. Elle est ménagée fort adroitement dans la plus grande longueur de l'église, passant avec obliquité entre deux piliers. La longueur de cette ligne fait la six-cent-millième partie de la circonférence de la terre. Elle est de marbre, divisée dans sa longueur en deux parties égales, par un filet de cuivre qui marque précisément le méridien ; et sur le marbre sont gravées toutes les choses qui peuvent avoir rapport à l'ouvrage pour le rendre parfait. L'endroit de la voûte où est le petit trou par où l'image du soleil va se porter à midi précisément sur la ligne de cuivre s'étant un peu affaissé, on fût obligé, sur la fin du siècle dernier, de restaurer l'ouvrage. Il passe maintenant pour le plus parfait de tous ceux qui sont en ce genre, et ses bonnes qualités sont inscrites sur une pierre incrustée dans le mur. J'ai été choqué de voir qu'on la foulait aux pieds sans respect, ce qui en efface beaucoup les caractères.

Bologne est le chef d'ordre des peintures de l'école de Lombardie, comme Venise l'est de l'école vénitienne. C'est ici que sont tous les chefs-d'œuvre des Carraches, du Guide, du Guerchin, de l'Albane, etc. Les peintres de Bologne excellent à mon sens pour les fresques, quoiqu'il n'y ait pas ici de tableaux de la force de deux ou trois morceaux qui sont à Venise. Généralement parlant, il y a un plus grand nombre de bons maîtres, et par conséquent de bons ouvrages. Ils se piquent surtout de donner plus encore

que les Vénitiens de furieux soufflets au restaurateur
de la peinture, Cimabue et à son historien Vasari. A
les entendre, le Cimabue est un belître et le Vasari
un ignorant. C'est chez eux, et non à Venise ni à Florence, que l'art s'est conservé ; et, pour le prouver,
ils montrent quantité de Madones peintes à fresque,
horriblement mal, sur de vieux murs, et assurent,
foi de Bolonais, qu'elles sont peintes avant l'an 1000.
Mais, pour dire vrai, à force de vouloir faire leur
cause bonne, ils la gâtent en montrant une si énorme
quantité de tableaux de cet âge, qu'il est de toute
impossibilité que les anciens historiens de la peinture
en eussent ignoré l'existence. Avec cela il y a quelques-uns de ces morceaux trop bien peints pour être
du temps en question (par parenthèse, la Madone de
saint Luc, que l'on a choisie parmi ces chiffons pour
faire des miracles, n'est pas de celles qui pèchent par
ce dernier point). Je crois donc que, l'école lombarde ayant commencé fort tard à se distinguer, on
travaillait déjà assez bien ailleurs, quand on ne faisait encore ici que des choses misérables ; et, pour
l'ancienneté, le procès des Vénitiens est celui qui me
paraît fondé sur les pièces les plus authentiques.

La raison qui m'a fait courir si rapidement dans
mes remarques sur les tableaux de Venise devrait
m'empêcher de vous rien dire de ceux de Bologne, ni
de toutes autres villes où il s'en trouve une aussi immense quantité. La suppression des peintures entraînerait pareillement celle des statues, et par compagnie la description des édifices, mais je ne puis me

résoudre à faire une Saint-Barthélemi si générale. Voici quelques petites choses sur les bâtiments publics et particuliers, et sur les principaux objets d'art qu'ils renferment.

Les édifices publics les plus considérables, outre ceux dont je vous ai déjà parlé, sont la Douane, par Tibaldi. Saint-Pierre, cathédrale toute neuve, par Magenta, d'ordre corinthien magnifique; mais les arcs sont exhaussés outre mesure, et on a voulu conserver le fond du chœur qui est beaucoup trop surbaissé pour le reste. Saint-Jean, à côté duquel est un beau portique dorique et un autre meilleur ionique au-devant, dont le dessein est continué en dedans. Saint-Sauveur, la plus belle église de toutes, quoique peu grande; son architecture corinthienne, par Magenta, fait tête à l'ancienne architecture grecque et romaine. J'ai trouvé dans cette église un tombeau et une épitaphe d'un Montmorency, baron de Nivelle, mort en 1529. Je ne sais si elle est connue de nos généalogistes.

Saint-Paul, bon portail, église propre, à pilastres corinthiens.—La chapelle des Pères de l'Oratoire, ouvrage admirable de Torregiani, où les ornements sont répandus avec tant de goût que leur grande quantité n'altère point la simplicité de l'édifice.—Le Corpus-Domini, autre chapelle fort noble.—Jésus et Marie, jolie petite église de religieuses, où il y a d'excellentes statues de Brunélli.—Saint-François, très-beau couvent.

Saint-Dominique, qu'on vante beaucoup et qui ne

me plaît guère. J'en dis autant de la chapelle fameuse où repose le corps du saint fondateur dans une tombe de marbre blanc, accompagnée de statues, dont une de Michel-Ange. Il faut encore bien d'autres mystères pour voir le bon père jacobin qui dort là-dedans que pour voir la Madone ; on ne la montre qu'en présence du sénat assemblé et de la garde suisse sous les armes. Le couvent des dominicains est beau. On fait un grand éloge de leur bibliothèque ; le vestibule, à la vérité, en est magnifique, le vaisseau passable ; quant aux livres, au diable si j'y en ai aperçu un bon. Ils ont, disent-ils, un manuscrit écrit de la main d'Esdras. Celui-ci regarde l'Évangile de saint Marc, que prônent les Vénitiens, comme une jeune barbe ; mais on le montre encore moins que le corps de saint Dominique.

Je ne sais pourquoi les couvents de Bologne passent pour les plus beaux de l'Italie ; c'est une injustice manifeste que l'on fait à ceux de Milan, qui valent au moins ceux-ci ; à l'exception toutefois de celui de San-Michele in Bosco, hors de la ville, dont on ne peut dire assez de bien, ne fût-ce que pour son admirable situation sur le premier coteau de l'Apennin. Du haut d'une terrasse qui fait l'entrée de la maison, on plonge à vue d'oiseau sur toute la ville bâtie au pied du coteau, et l'on découvre d'un côté des montagnes chargées de bois ; et de l'autre les plaines de Lombardie, unies comme la mer. L'intérieur du couvent est bâti et orné au mieux, surtout par une cour en colonnade, d'une manière excellente, dont les murs sont tous peints de la main des Carraches et du Guide. Malheureusement ces peintures se gâtent tous les jours si fort qu'à peine ont-elles maintenant encore cinquante ans à vivre. J'y ai aussi remarqué les cloîtres de l'orangerie, le grand bâtiment où logent les étrangers, le vaisseau de la bibliothèque, beau, bien orné, accompagné de deux magnifiques salons et meublé de bons livres, et enfin, dans l'église, des stalles en bois de rapport, mieux travaillées encore qu'aucune de celles qu'on m'a fait admirer jusqu'ici.

Voilà, ce me semble, ce qu'il y a de mieux en édifices publics, à quoi je n'ajouterai plus qu'un mot sur les écoles publiques, que forment d'assez grands bâtiments, dont le cloître est rempli de monuments élevés en faveur des gens qui se sont distingués dans cette Université, ou qui y ont fait du bien. Tout cela est fort peinturé, tant bien que mal; mais il y a deux morceaux de grande distinction. L'un est une fresque, imitation d'un monument de marbre blanc, si parfaite qu'il faut passer la main dessus à plusieurs reprises pour être convaincu qu'il n'y a pas de relief; l'autre est de mademoiselle Muratori, pour l'ornement du tombeau de son père. La plus belle partie des écoles (*scuole*) est le théâtre d'anatomie, de la main d'Antonio Levante; c'est une pièce superbe, faite en amphithéâtre, où les spectateurs sont assis. On y voit des statues et des bustes en bois, des anatomistes et des plus célèbres physiciens de Bologne, entre lesquels je reconnus avec satisfaction mon ami Malpighi[1]. Tout cela est au mieux, et les Bolonais ont raison de s'en faire fête.

Quant aux maisons particulières, remarquez au palais Caprara une cour et un escalier assez beau ; mais surtout une galerie, espèce de petit arsenal qui est un vrai bijou, meublé de velours vert, sur lequel sont posés des trophées de toutes espèces d'armures turques, orientales ou antiques, disposées avec toute la richesse et tout le goût possibles. Les grands bureaux qui règnent de chaque côté, tout le long de la galerie, portent des cassetins de glaces, contenant une quantité innombrable de babioles curieuses, médailles, bronzes, ordres de chevalerie, monnaies orientales, et principalement la dépouille de la tente du général hongrois Tekeli, lorsqu'il eut été défait par le maréchal Caprara, dont la statue en bronze ferme le fond de la galerie.

Au palais Fantuzzi, une façade magnifique d'ordre dorique et ionique, et, qui pis est, les colonnes sont toutes taillées en espèce de pointes de diamant, ce qui produit un effet fort singulier. Canali en est l'architecte, et je crois que c'est un Français qui a fait le superbe escalier d'ordre composite qui est au dedans.

Le palais Magnani : beau morceau de Tibaldi. Le petit palais Malvezzi.

Autre plus beau, de Michel-Ange Buonarotti (vous voyez que je ne vous donne pas des effets vé-

---

[1] Célèbre anatomiste.   R. C.

reux), sans parler du Ranuzzi, qui vante son escalier, du Monti, qui montre le cordon bleu de son oncle.... de l'Aldrovandi.... de l'Ercolani.... de celui du duc de Modène, et de quantité d'autres qui méritent d'être vus, ou pour une raison ou pour une autre..

J'ai réservé pour la dernière la principale chose qu'il y ait dans la ville, et l'une des plus curieuses qu'il y ait en Europe. C'est l'Institut ou Académie des sciences, établissement formé depuis peu par le célèbre comte Ferdinand de Marsigli. Ceci mérite un grand détail, et vous l'aurez. L'immense quantité de choses qui y sont comprises n'est pas plus admirable que l'ordre dans lequel elles sont disposées; et, ce qu'il y a de plus surprenant, c'est que tout ceci est l'ouvrage de quelques particuliers, qui l'ont entrepris depuis une vingtaine d'années. Voici donc d'une manière assez sèche le catalogue de ce qui le compose, après vous avoir dit que le bâtiment est, comme de raison, fort vaste et d'une belle architecture, de la façon de Tibaldi.

Un petit salon plein d'inscriptions et de monuments antiques.—Une académie pour dessiner d'après le naturel.—Salles contenant des modèles et des copies de statues antiques.—Deux salles pour l'Académie d'architecture, pleines de modèles de l'architecture antique. — Appartements pleins des prix qui ont été remportés par les élèves en architecture, dessin et gravure, avec les planches de cuivre.—Salle de chimie.—Salle de géographie et de marine, contenant toutes les cartes terrestres et marines, les livres qui y ont rapport, et les différentes espèces de bâtiments de mer, effectivement fabriqués en petit. — La bibliothèque qui, quoique assez nombreuse, n'est pas encore suffisamment formée. — Salle où tous les phénomènes, météores ou sites particuliers de la terre, sont peints en petits tableaux. — Salle contenant une suite universelle de toutes les plantes marines connues, éponges, coraux, madrépores, et enfin des originaux de tout ce que le général Marsigli a ramassé dans les travaux immenses qu'il a faits pendant tant d'années, au fond de la Méditerranée. — Salle des métaux, contenant la suite complète des pierres de mines, métaux, minéraux, aimants, marcassites, sables, cailloux, plâtres, dendrites, sels, soufres, ambres, bitumes, aluns, et autres fossiles de toute espèce. — Salles des végétaux, contenant la suite des bois, feuilles, fleurs, fruits, herbages, racines, écorces, champignons, ou autres tubérosités, pétrifications de végétaux et graines de toutes les espèces imaginables. — Salles des animaux, contenant la suite complète des coquillages, perles, poissons de mer, chenilles, papillons, mouches, vers, escarbots, ou autres insectes, tant d'Europe que d'Amérique; nids de mouches, serpents, lézards, crocodiles et toutes autres espèces de reptiles d'Afrique et des Indes; œufs d'oiseaux et de serpents, oiseaux et plumes de toute espèce, becs, cornes, arêtes, têtes de gros animaux, pierres engendrées dans les animaux, fœtus d'animaux et d'hommes, monstres des uns et des autres, pierres effectives prises pour des parties d'animaux ou pour des pétrifications réelles d'iceux. C'est dans ce lieu qu'a été transporté le cabinet de mademoiselle de Merian, contenant tous les insectes et reptiles qu'elle alla chercher et dessiner à Surinam.—Salles des pierres, contenant la suite des pierres, marbres, jaspes, agates, lapis lazzuli, onyx, améthystes, turquoises, opales, saphirs, émeraudes, rubis, diamants, etc.

Vous pouvez juger par ce détail si l'histoire naturelle est bien complète en ce lieu; et de vrai, toutes les autres parties n'approchent pas d'être aussi parfaitement remplies que celle-ci, dont je ne pourrais trop m'étonner. Tout cela est disposé en un ordre charmant, dans des armoires de glaces, et il n'y a si petite pièce qui ne porte son étiquette, contenant le nom et une courte description de la chose, avec la citation du livre, où on en pourra trouver l'histoire complète. Oh! mes doux objets, combien vous vous amuseriez à chiffonner en ce lieu! Pour moi, j'y voulais faire apporter mes meubles et m'y établir.

Salles d'anatomie, contenant les différentes espèces de dissections figurées et contenues dans des armoires de glaces.— Salles d'antiquités, statues, idoles, médailles, poids, urnes, lampes, lacrymatoires, bronzes.—Salles de physique expérimentale, contenant les microscopes, machines pneumatiques, et toute la multitude des verres et instruments nécessaires à cet objet. On y voit aussi une pierre d'aimant assez petite qui lève quarante-deux marcs.—

Salle de fortifications, contenant les plans sur le papier ou en relief, armures ou machines de toute espèce servant à la guerre.—Salle de mécanique, contenant les instruments des divers arts et métiers. —Salles d'astronomie, contenant les sphères, globes, quarts de cercle, cartes célestes, européennes et chinoises, etc.—Et enfin la tour de l'observatoire avec ses télescopes.

Cet Institut a bon nombre de professeurs pour tous les différents arts ou sciences. J'ai fait connaissance avec les meilleurs, qui savent plus que leur métier, car ils sont gens de bonne société et galants auprès des dames; ce sont Beccari, pour la chimie, et Zanotti[1] pour l'astronomie. Il ne faut pas oublier madame Laura Bassi[2], professeur en philosophie, laquelle a été reçue et a pris le bonnet de docteur en pleine université. Aussi en porte-t-elle la robe et l'hermine quand elle va faire des leçons publiques; ce qui n'arrive que rarement et à certains jours solennels seulement; parce qu'on n'a pas jugé qu'il fût décent qu'une femme montrât ainsi chaque jour, à tout venant, les choses cachées de la nature. En récompense, on tient de temps en temps chez elle des conférences philosophiques. Je m'y trouvai un soir, et il me fallut encore, comme à Milan, dérouiller mon vieux latin, pour disserter sur l'ai-

---

[1] Zanotti (François-Marie), était secrétaire de l'Institut de Bologne.   R. C.

[2] Née à Bologne, en 1711, morte en 1778. Elle avait épousé le médecin Veratti.   R. C.

mant et sur l'attraction singulière qu'ont les corps électriques. N'allez pas pour cela me croire un docteur ; il n'est pas besoin d'avoir beaucoup de science en pareille occasion, où il ne s'agit que de faire paraître l'habileté de celle qui répond, et non de montrer la sienne, ce qui me deviendrait fort difficile. La signora Bassi a de l'esprit, de la politesse, de la doctrine ; elle s'exprime avec aisance ; mais, avec tout cela, je ne troquerais pas contre elle ma jeune fille de Milan [1].

XXI. — A M. DE BLANCEY.

Suite du séjour à Bologne.

18 septembre.

N'êtes-vous pas bien las, mes chers amis, des longues descriptions que je vous faisais l'autre jour ? N'aurai-je rien de plus amusant pour vous et pour moi ? rien de plus vivant à vous dire ? Par exemple, j'aurais dû, avant que d'entrer dans le détail de ce que contient la ville, vous en donner une idée générale ; vous dire qu'elle était riche, commerçante, assez bien peuplée ; que le pape n'en pouvait tirer que de très-légers tributs ; qu'elle se gouvernait en espèce de forme républicaine par des sénateurs tirés de la noblesse, à la tête desquels est un premier

---

[1] Mademoiselle Agnesi. R. C.

magistrat nommé gonfalonier, lequel demeure dans le palais public aussi bien que le légat ; et même, ce qui est plus singulier, c'est que la ville a des ambassadeurs à Rome, comme un État étranger. Mais il y a longtemps que vous avez dû vous apercevoir que j'étais du régiment de Champagne qui se soucie peu de l'ordre, et que je faisais comme l'ami Plutarque, qui rapporte quelquefois la mort des gens avant que d'avoir parlé de leur naissance.

Vous ne sauriez vous figurer combien les chiens sont communs ici : on ne trouve autre chose par les rues ; vous en aurez un échantillon. Il y a un gros barbet qui libéralement s'est donné à moi ; je le destine à madame de Blancey, pour être successeur de ce petit gredin de Migret, qui a l'honneur de ses bonnes grâces, et tant d'autres préférences mal placées. Je la prie donc d'aimer cette ville-ci, tant à cause de cet honnête barbet et de ses bons saucissons, dont je mange prodigieusement à son acquit, que par rapport au bon traitement que nous y recevons de tout le monde. Nous n'avons point encore trouvé de ville où les étrangers fussent aussi agréablement et où le commerce du monde fût aussi aisé.

La ville est partagée en deux factions, la française et l'allemande. Le comte Rossi et sa femme, zélés partisans du génie français, nous ont prévenus de toutes les politesses imaginables, et nous ont fait faire connaissance avec beaucoup de dames très-gentilles, chez qui l'accès est facile et la conversation agréable. Les femmes sont ici éveillées à l'excès, passablement jolies, et beaucoup plus que coquettes; spirituelles, sachant par cœur leurs bons poëtes italiens, parlant français presque toutes. Elles citent Racine et Molière, chantent le mirliton et la béquille, jurent le diable et n'y croient guère. Elles ont une coutume qui me paraît la meilleure et la plus commode du monde; celle de s'assembler tous les soirs dans un appartement destiné à cela seul, et n'appartenant à personne, moyennant quoi personne n'en a l'embarras ni la peine d'en faire les honneurs. Il y a seulement des valets de chambre gagés qui ont soin de donner tout ce dont on a besoin. On fait là tout ce qui plaît, soit qu'on veuille causer avec son amant, soit qu'on veuille chanter, danser, prendre du café ou jouer. La première ou la dernière de ces occupations sont celles que j'y ai vu le plus communément pratiquées; mais quand on a joué et perdu, ce qui roule ordinairement entre cinquante sous et un petit écu, ce serait une malhonnêtété insigne de payer à celui qui a gagné. Les valets de chambre en tiennent registre, et deux jours après vous remettent votre compte de l'avant-veille.

Quand nous n'allons pas là, nous allons, Sainte-Palaye et moi, passer notre veillée tête à tête avec le cardinal-archevêque Lambertini, bonhomme sans façon, qui nous fait de bien bons contes de filles, ou de la cour de Rome. J'ai eu soin d'en enregistrer quelques-uns dans ma mémoire, qui me serviront dans l'occasion. Il aime surtout à en faire ou bien à en apprendre sur M. le régent et sur son confident, le cardinal Dubois. Il me dit quelquefois : *Parlate un poco di questo cardinale del Bosco.* Je lui ai dit tous les contes que j'en savais, et j'ai vidé le fond du sac. Sa conversation est fort agréable; c'est un homme d'esprit, plein de gaieté et qui a de la littérature. Il est sujet à se servir, dans la construction de ses phrases, de certaines particules explétives peu cardinaliques. Il ressemble en cela, comme en toute autre chose, au feu cardinal Le Camus[1]; car il est d'ailleurs de mœurs excellentes, fort charitable et fort assidu à ses devoirs d'archevêque.

Mais le premier et le plus essentiel de tous les devoirs est d'aller trois fois la semaine à l'Opéra. Ce n'est pas ici qu'est cet Opéra. Vraiment il n'y irait personne, cela serait trop bourgeois; mais, comme il est dans un village à quatre lieues de Bologne, il est du bon air d'y être exact. Dieu sait si les petits-maîtres ou petites-maîtresses manquent de mettre

---

[1] Évêque de Grenoble, mort en 1707, à l'âge de soixante-quinze ans. Mena d'abord une vie scandaleuse à la cour, où il était aumônier du roi (1670), puis vécut d'une manière exemplaire au milieu de son troupeau.

Lorsque ce prélat fut nommé cardinal, il mit sur sa tête la barrette rouge que le pape lui avait envoyée par un courrier, sans en demander l'autorisation à Louis XIV. Le roi fut très-irrité de cet acte d'indépendance, et ne le lui pardonna pas. Jamais il ne lui permit de sortir de son diocèse. Comme on disait au cardinal : « Maintenant vous allez quitter vos légumes (car il ne vivait que de légumes depuis sa pénitence).—Mes chers légumes, les quitter ! « non, jamais, je leur dois trop; » faisant allusion à la dignité de cardinal, dont le pape avait voulu récompenser sa haute piété.

R. C.

quatre chevaux de poste sur une berline, et d'y voler de toutes les villes voisines comme à un rendez-vous. C'est presque le seul Opéra qu'il y ait maintenant en Italie, où l'on n'en fait guère que le carnaval. Pour un Opéra de campagne il est assez passable. Ce n'est pas qu'il y ait ni chœurs, ni danses, ni poëme supportable, ni acteurs; mais la musique italienne a un tel charme, qu'elle ne laisse rien à désirer dans le monde, quand on l'entend. Surtout il y a un bouffon et une bouffonne, qui jouent une farce dans les entr'actes, d'un naturel et d'une expression comiques qui ne se peuvent ni payer ni imaginer. Il n'est pas vrai qu'on puisse mourir de rire ; car à coup sûr j'en serais mort, malgré la douleur que je ressentais de ce que l'épanouissement de ma rate m'empêchait de sentir, autant que je l'aurais voulu, la musique céleste de cette farce. Elle est de Pergolèse. J'ai acheté sur le pupitre la partition originale, que je veux porter en France. Au reste, les dames se mettent là fort à l'aise, causent ou, pour mieux dire, crient pendant la pièce, d'une loge à celle qui est vis-à-vis, se lèvent en pied, battent des mains, en criant *bravo! bravo!* Pour les hommes, ils sont plus modérés ; quand un acte est fini, et qu'il leur a plu, ils se contentent de hurler jusqu'à ce qu'on le recommence. Après quoi, sur le minuit, quand l'opéra est fini, on s'en retourne chez soi en partie carrée de madame de Bouillon, à moins que l'on n'aime mieux souper ici, avant le retour, dans quelque petit réduit.

Les lanternes d'équipage ne sont point placées comme les nôtres, mais en bandeau sur le front des chevaux; ce qui me paraît plus commode de toutes façons.—Cependant les œuvres pieuses ne sont point oubliées, et j'ai toujours vu madame de Marsigli venir faire la quête à l'Opéra pour le luminaire de la paroisse.

L'Opéra et le violon Laurenti, célèbre virtuose, sont tout ce que nous avons vu en musique à Bologne, quoique cette ville soit le grand séminaire de la musique de l'Italie; mais nous sommes mal tombés. La Cazzoni est à Vienne, la Pernozzi et Cafferello sont allés en Espagne pour le mariage de l'infant, et Farinelli, le premier châtré de l'univers, y est établi pour toujours. Il a, soit du roi, soit de la cour, lui alimenté, désaltéré, porté, plus de 80,000 liv. de rente; cela s'appelle vendre ses effets un peu cher, sans compter que le roi a anobli lui et toute sa postérité.

J'oubliais de vous dire qu'en allant à l'Opéra, nous nous détournâmes un peu pour aller voir le fameux îlot de la petite rivière Lavinus, dans laquelle les triumvirs restèrent, en présence de leurs armées, trois jours et trois nuits à partager l'univers. La rivière ne représente pas assez dignement pour avoir mérité d'être le théâtre d'une si grande scène. C'est un torrent de la force de Suzon[1]. Je n'ai pu juger de la grandeur de l'île, qui n'en est plus

---

[1] Petite rivière qui passe à Dijon. R. C.

une, l'un des bras du torrent étant maintenant tout à fait effacé. Il y a sur la place un méchant bout de pyramide, avec une inscription moderne plus méchante encore. Je m'assis là gravement; et, tel qu'un autre Auguste, faisant la part du monde, je vous cédai l'Égypte, parce que votre grand nez vous donne l'air de Marc-Antoine, aux conditions toutefois d'en faire part à Jehannin[1], qui ressemble à Marc-Antoine par un autre endroit assez distant du nez.

Selon la bonne coutume qu'ont les Italiens de ne point ménager les pas des voyageurs, ils nous ont envoyés à quelques lieues de la ville voir une maison de campagne des Albergati, appelée par excellence *Sala*, à cause d'un salon qui s'y trouve, et qui effectivement est digne d'être vu, par son air de grandeur et sa construction singulière. Il a l'air d'un temple, et n'est guère moins élevé qu'un dôme d'église. Quatre rangs de colonnes ioniques, dont trois étages l'un sur l'autre, enferment le carré, accompagné de quatre collatérales surbaissées, dont pareillement trois étages, les deux derniers étages faisant deux espèces de tribunes ou corridors. Quatre gros chevaux dans les angles soutiennent un cintre ouvert et recouvert d'une coupole qui fait le comble. Cela serait à merveille, si ce lieu n'était pas beaucoup trop étroit eu égard à son exhaussement, et trop obscur, les jours n'étant tirés que des collaté-

[1] Jehannin de Chamblanc, conseiller au parlement de Dijon, ami de Piron. R. C.

rales par de petites fenêtres. Le salon distribue grandement tous les appartements, qui, quoique passablement vastes, sont tout à fait écrasés par ce gigantesque préambule. Les fresques ne manquent pas aux plafonds; il y en a même quelques-unes dignes de remarque. On monte aux corridors d'en haut par un escalier fort droit et fort étroit. L'architecte, pour remédier à cet inconvénient, a très-adroitement imaginé de le construire à marches interrompues par le milieu verticalement. C'est-à-dire, que la moitié à droite de la première marche est une fois moins haute que la moité à gauche, et ainsi des autres jusqu'au-dessus; moyennant ce, chaque pied ayant alternativement une moitié d'avance pour poser l'autre, on ne s'aperçoit plus de la roideur. De cette manière on monte assez aisément; mais en redescendant, à moins d'une grande attention, on ne manque pas de se rompre le cou. Au-dessus de la coupole, il y a une terrasse extérieure, d'où l'on découvre fort au loin de longues allées d'arbres en échiquier, chargés de vignes à festons. On ne peut rien voir de plus agréable. Les vignes qui recouvrent les branches donnent aux arbres un air étranger fort plaisant : on les prendrait pour des palmiers.

Je m'étonne fort que les plus belles villes que j'aie encore vues dans ce pays n'aient pas de promenades publiques qui vaillent celles de nos moindres petites villes. Le lieu où on se promène ici est infâme; cependant, faute d'autre, il est tous les soirs assez fréquenté. Je ne puis digérer cette manière de se promener en carrosses, rangés à la file les uns des autres, sans avancer ni reculer. Les équipages sont assez nombreux à Bologne ; mais il y en a peu de bon goût, la plupart étant fabriqués en Italie ou en Allemagne ; en récompense, les chevaux sont bons et fort malins.

Quant à la façon de se vêtir, les femmes se mettent à la française et mieux que nulle part ailleurs. On leur envoie journellement de grandes poupées vêtues de pied en cap, à la dernière mode, et elles ne portent point de babioles qu'elles ne les fassent venir de Paris. Les bourgeois portent le jupon noir, le pourpoint de même, un manteau, un rabat d'une demi-aune de long et une perruque nouée. Les femmes du peuple, quand elles sortent, s'enveloppent de la ceinture en bas d'une pièce de taffetas noir, et de la ceinture en haut, y compris la tête, d'un vilain voile ou écharpe de pareille étoffe, qui leur cache le visage ; c'est une vraie populace de fantômes.

Enfin, il a fallu quitter cette bienheureuse Bologne ; j'ai laissé, en partant, mon cœur et mes pensées à la marquise Gozzadini, qui aura soin, jusqu'à mon retour, de le conserver soigneusement pour la chère petite dame, ma bonne amie, à laquelle il appartient de droit depuis si longtemps.

XXII. — A M. DE QUINTIN.

Observations sur quelques tableaux de Bologne.

Bologne, 19 septembre.

A Casa Sampieri. — Apothéose d'Hercule, plafond d'une grandissime force, figures verticales; Louis Carrache.

Danse d'enfants, de l'Albane. Ce sont de petits Amours qui se réjouissent de l'enlèvement de Proserpine. Invention agréable; tableau gracieux, délicat et bien colorié.

Géant foudroyé, d'Annibal Carrache; fresque d'une grande vigueur.

La Sainte Cécile de Raphaël, copiée par le Guide. On peut juger quelles sont les adorations que mérite Raphaël, en voyant une copie de la main d'un si grand maître, et aussi inférieure à l'original.

Saint Pierre et Saint Paul, par le Guide; au-dessus de tout éloge, pour le dessin et le coloris.

Agar renvoyée, par le Guerchin. Remarquez les excellentes expressions, surtout la disposition et l'air de tête de Sara.

A Casa Zambeccari. — Le Christ bafoué, du Guerchin, de sa manière forte.

Loth et ses filles, du même; admirable.

Judith coupant la tête à Holopherne, par Michel-Ange de Caravage, composition et expression uniques. Remarquez l'horreur et la frayeur de Judith, les affreux débattements d'Holopherne, le sang-froid et la méchanceté de la suivante.

Mort de Didon, fresque fière et savante, d'Annibal Carrache.

Saint François, par le Dominiquin; chef-d'œuvre de vérité de dessin, et de laideur.

A Casa Tanara.—La Vierge qui donne à téter à l'enfant Jésus, Salomon avec sa maîtresse; miracles de l'art, l'un et l'autre, pour la disposition et le coloris, par le Guide. Le premier, noble et naturel; le second, fin et recherché.

A Casa Aldrovandi.—L'Amour dormant, par le Guide; excellent.

Famille-Sainte, par Raphaël; c'est tout dire.

Un combat, par Michel-Ange des batailles; c'est le troisième Michel-Ange; le quatrième est Michel-Ange des fleurs. Je ne parle pas des deux autres, Buonarotti et Caravage, qui sont assez connus.

Aux Pères de l'Oratoire.—Une Vierge peinte, dit-on, en 1300, *si credere fas est*.

La Sainte-Famille et les Anges, fameux tableau de l'Albane et l'un de ses plus beaux ouvrages. La figure de l'Enfant est d'une beauté achevée. A la chapelle remarquez le bon goût des ornements, dont la profusion n'altère pas la simplicité de l'édifice.

Jésus-Christ montré au peuple, Louis Carrache;

fresque excellente, par la beauté du dessin et l'habileté du pinceau.

A Gesù e Maria.—La Circoncision, du Guerchin; parfaitement beau, et de plus on prétend que le Guerchin a peint ce tableau en une seule nuit, à la lumière des flambeaux.

A Saint-Jacques-le-Majeur. — Le Mariage de sainte Catherine en présence de saint Joseph et des deux saints Jean; Imola. Ce tableau, qui a beaucoup de réputation, ne serait pas fort au-dessus du médiocre, sans la figure tout à fait raphaélique du saint Jean.

A Saint-Fabien.—La Vierge avec son enfant, la Madeleine et sainte Catherine; Albane. C'est un de ses plus beaux ouvrages; il l'a traité d'une grande manière, qui ne lui est pas ordinaire, et qu'il aurait toujours dû prendre en traitant de grands sujets.

A Saint-Grégoire. — Le fameux tableau de saint Georges combattant le dragon, l'un des chefs-d'œuvre de Louis Carrache. On remarque qu'il tient de la manière de Raphaël et de celle du Parmesan.

A Saint-Nicolas et Saint-Félix.—Un Christ en croix avec saint Pétrone et autres. Ce tableau est curieux pour être le premier ouvrage d'Annibal Carrache. Il est bon, mais faible, et très-éloigné, comme il est facile de le croire, de la perfection et de la fierté qu'Annibal acquit dans la suite.

A Sainte-Marguerite. — Sainte Marguerite et le dragon; Parmigianino. Ce tableau, le chef-d'œuvre de l'auteur, mérite une place dans la première classe des tableaux de chevalet. La perfection du dessin, l'expression, la suavité, la grâce, tout y est sans prix. C'est une manière raphaélique exquise : Raphaël lui-même n'aurait pas mieux fait.

A Sainte-Agnès. — Le Martyre de sainte Agnès, excellent ouvrage du Dominiquin. Ce tableau est de la première classe ; je le tiens peu inférieur au Saint Jérôme du même auteur et si vanté avec raison par de Piles.

A Saint-Antoine. — Prédication de saint Antoine aux ermites ; Louis Carrache. Parfaitement beau, prodigieusement fort et savant. La figure du saint est de la première beauté et le paysage mérite beaucoup d'éloges.

A Saint-Pierre-Martyr. — La Transfiguration, fameux tableau de Louis Carrache. Composition, attitudes, expressions vraiment sublimes ; mais les draperies sont cassantes et le coloris fort négligé.

A Saint-Jean-in-Monte. — Une Madone peinte sur le mur ; les Bolonais prétendent avoir des preuves par écrit que cette peinture est antérieure au XIe siècle ; si cela est vrai, elle serait excellente pour le temps ; mais ce fait est peu croyable.

A Saint-Michel-in-Bosco. — Remarquez le beau cloître octogone d'une insigne et noble architecture, par Fiorini. Louis Carrache et ses élèves ont peint à l'huile, sur le mur du cloître, la Vie de saint Benoît et celle de sainte Cécile. Le temps et l'humidité ruinent presque entièrement ces beaux ouvrages, dont on ne peut trop regretter la perte.

Remarquez dans le tableau des présents offerts à saint Benoît, par le Guide, les statues soutenant des colonnes et cette tête de femme coiffée d'un turban, si belle et si gracieuse, connue sous le nom de la *Turbantine* du Guide, et dont on voit partout tant de copies.

Aux Chartreux.—Prédication de saint Jean-Baptiste au bord du Jourdain; Louis Carrache. Tableau de première classe à mon gré, et de tous ceux de Louis Carrache celui qui m'a causé le plus d'admiration. La hardiesse et la facilité du pinceau, la beauté du coloris, la composition du paysage, tout enfin y est excellent.

A l'Institut.—Tibaldi et Dell' Abate ont peint l'intérieur: le premier est excellent pour le dessin et les attitudes: le second, remarquable par la beauté de son coloris.

Aux Mendicantes.—Saint Joseph demandant pardon à la Vierge d'avoir soupçonné sa fidélité, par Tiarini. Je suis étonné que ce peintre ne soit point connu du tout en France, et qu'aucun des écrivains des vies de peintres n'ait fait mention de lui. Alessandro Tiarini, Bolonais, disciple, ainsi que le célèbre Louis Carrache, de Prospero Fontana, mérite d'être mis dans la troisième classe des peintres. Il a de grands défauts; il est presque toujours sec et triste; son coloris est détestable: son dessin, quoique correct, a de la roideur et tient du barbare; mais il excelle dans l'invention, la composition et l'ordonnance. Il est exact à conserver l'unité d'action, et traite ses caractères de façon que la vue de ses tableaux cause toujours de l'émotion aux spectateurs. Son Miracle de saint Dominique est admirable à cet égard. En un mot, nul peintre n'a plus d'esprit que lui dans ses ouvrages; mais il en abuse quelquefois, comme dans le tableau dont il est ici question. On y voit Joseph à genoux, d'un air touché, devant Marie qui est debout et fort avancée dans sa grossesse. Elle lui parle avec douceur, en lui montrant de la main le ciel, dont la volonté suprême l'a choisie pour procurer le salut du genre humain. Tout était bien jusque-là; mais cinq ou six petits anges, qui sont dans la chambre derrière Joseph, rient et se le montrent l'un à l'autre, pendant qu'un autre ange, plus grand et d'un âge raisonnable, leur fait signe de se taire, de peur que Joseph ne s'en aperçoive.

Comparez à présent ce tableau à celui du Miracle de saint Dominique ressuscitant un enfant au berceau. Les figures de ce tableau sont saint Dominique, un autre moine son compagnon, et un autre assistant; le père, la mère et l'enfant qui est étendu sur une table, autour de laquelle sont rangées toutes les personnes. Le moment de l'action est celui où l'enfant, reprenant la vie, commence à remuer et à ouvrir les yeux. Dominique n'a pas un autre caractère que pourrait être celui d'un habile chirurgien qui fait une opération commune, à laquelle il est accoutumé. Le moine, son compagnon, regarde tout ceci de l'air d'un homme qui d'avance était certain de la réussite, pour en avoir déjà vu de fréquents exemples; l'autre assistant est saisi de la plus grande surprise : l'enfant, tout en ouvrant les yeux, les a tournés du côté de sa mère. Il l'aperçoit, sourit et commence à lui tendre les bras. La joie incroyable qu'a la mère de voir son enfant en vie ne laisse place dans son âme à aucun autre sentiment : elle ne songe ni au saint, ni au miracle, et se jette à corps perdu sur son enfant, tandis que le premier mouvement du père, plus sage et plus réfléchi, est de tomber aux genoux de saint Dominique.

J'ai un tableau d'Angélique et de Médor gravant leurs noms sur l'écorce d'un arbre. L'auteur ne m'en est pas bien connu. Nous convenons tous qu'il est de l'école de Bologne. M. de Saint-Germain, grand connaisseur en ceci, l'a jugé du Tiarini; c'est de quoi je ne puis convenir avec lui : j'y retrouve bien l'esprit et les airs de tête du Tiarini, mais non pas la sécheresse de son dessin et de son coloris. Mon tableau est au contraire très-moelleux et très-agréable dans l'une et l'autre de ces parties. J'ai soupçonné qu'il était du Cavedone, ou peut-être même de Louis Carrache; mais il faut avouer, en ce dernier cas, que ce ne serait pas un de ses meilleurs ouvrages. Louis Carrache est assurément un peintre du plus grand mérite. Si on en excepte Raphaël et le Corrège, je ne connais point de grands maîtres supérieurs à lui, ni qui aient réuni à un même degré plus de parties de son art, soit que l'on considère son dessin et son coloris, soit que l'on fasse attention à la quantité de ses ouvrages et à la variété de leur composition. Il a plus de mérite d'avoir formé l'école de Bologne, la plus agréable de toutes à mon gré, et celle qui a produit le plus grand nombre de fameux artistes : Annibal et Augustin Carrache, les deux Guido (Reni et Cagnacci), le Dominiquin, le Caravage, le Guerchin, l'Albane, le Gessi, Cavedone, Sementi, etc. Louis Carrache est moins célèbre qu'Annibal, parce qu'il n'a jamais travaillé hors de son pays ; mais à Bologne, où tout est plein de ses ouvrages admirables, on le regarde avec raison comme le chef de toute l'école de Bologne. Il n'est pas toujours aisé de connaître sa manière ; ce Protée de la peinture, cherchant sans cesse à inventer quelque chose de nouveau, l'a varié en cent façons différentes. On jurerait, par exemple, que son beau tableau qui se voit aux Converties est un ouvrage du Guide. Cependant, quoiqu'il soit un de ses meilleurs ouvrages, le Guide l'a encore surpassé dans cette manière ; mais je ne crois pas que personne autre que Raphaël ait jamais surpassé Louis Carrache, dans la grande connaissance de l'art.

Job remis en possession de ses biens, l'un des beaux ouvrages du Guide, d'une grâce, d'une douceur, d'une mollesse de pinceau inexprimables. Il y a entre autres la figure d'un page exquise et précieuse. — Sainte Anne à qui le ciel révèle la gloire de la vierge Marie ; Cesi. Le haut du tableau est médiocre ; mais la figure de sainte Anne est de la première classe.

La Sainte Cécile, de Raphaël. Voici le fameux tableau qui a formé toute la bonne école de Bologne. C'est à force de le voir et de l'étudier que les Carraches et leurs disciples sont devenus de si grands maîtres : admirable effet de ce que peut produire sur de beaux génies l'exemple d'un maître parfait dans son art. Il y a assurément à Bologne des tableaux supérieurs à celui-ci, qui, tout beau qu'il est, n'est pas dans le premier rang de ceux de Raphaël ; cependant j'ai remarqué avec surprise, parmi plusieurs copies qui en ont été faites par les Carraches et par le Guide, qu'il n'y en a aucune, quoique peinte dans le meilleur temps de ces peintres, qui ne soit restée tout à fait au-dessous de l'original. J'ai ouï raconter que Raphaël avait fait le tableau à la prière de Francia, qui le lui avait demandé, et que Francia, qui se croyait bon peintre, fut si saisi à la vue de cet ouvrage, qu'il en mourut peu après de chagrin. Cela est fort ; mais en honneur et en conscience, il ne pouvait moins faire, vu l'énorme distance qu'il y a de Raphaël à lui. Plus on regarde la Sainte Cécile de Raphaël, plus on l'admire ; il faut même la regarder longtemps pour en sentir tout le mérite ; la pensée de ce tableau, étant extrêmement fine, ne frappe pas d'abord ; d'ailleurs l'ordonnance de la partie inférieure du tableau n'est pas fort bonne. On y voit sainte Cécile, saint Jean, saint Paul, etc., rangés à peu près sur une ligne ; et c'est d'abord une chose déplaisante que de voir ensemble des personnages qui, selon la vérité de l'histoire, ne pouvaient pas se trouver réunis. Les grands peintres d'Italie ont été malheureux de vivre dans un siècle et dans un pays rempli d'une dévotion superstitieuse. Au lieu de leur laisser suivre leur génie, pour traiter l'histoire sacrée et profane, dans de beaux sujets qui leur donnaient lieu de développer tout leur talent, on les employait le plus souvent à peindre des saints dans les églises, et même des saints qui n'ont jamais pu se voir ni se connaître; car telle était la dévotion des confréries ou des bigots particuliers, qui voulaient avoir tout à la fois sur la même toile, pour leur chapelle, saint Jean-Baptiste, saint Paul, saint Augustin, saint Charles, saint François, et tout autre à qui ils avaient dévotion; de sorte que le peintre, au lieu d'avoir la liberté de représenter dans son tableau une action de la vie du saint, était obligé de se borner à y peindre simplement quatre ou cinq figures froides, qui n'ont ni ne peuvent avoir aucune relation l'une avec l'autre. C'est ce dont on voit dans toutes les églises d'Italie mille exemples déplaisants; c'est ce qui est arrivé ici à Raphaël. Les figures de ce tableau sont sans action, toutes debout occupées à écouter un concert d'anges qui a lieu au ciel dans le haut du tableau. Sainte Cécile a divers instruments et des livres de musique à ses pieds; elle les a laissés tomber; et le concert céleste qu'elle entend lui a fait aussitôt perdre le goût de la musique d'ici-bas. Cette pensée est très-ingénieuse, et tout le détail des figures est traité comme le sait faire cet incomparable peintre.

XXIII. — A M. DE BLANCEY.

Route de Bologne à Florence.

3 octobre 1739.

Nous nous mîmes en marche le 19 septembre, fîmes cinquante-cinq milles et arrivâmes le même jour à Florence. Quoique cela ne fasse qu'environ vingt-deux lieues, on peut dire, qu'à cause de la difficulté des chemins, c'est une journée de poste des plus fortes. Il faut sans cesse grimper ou descendre les Apennins. Les superlatifs Italiens s'étaient épuisés à nous en faire un vilain portrait; mais en vérité c'est une calomnie. Je vous assure que tous ceux que l'on trouve tant qu'on chemine sur l'État du pape sont de bons petits diables d'Apennins, d'un commerce fort aisé. A la vérité, ceux de Toscane sont plus difficiles à vivre. A les voir de loin si bien élevés, je leur aurais cru plus d'éducation qu'ils n'en ont. Ils sont rustiques et sauvages au possible. La petite ville de Firenzuola, qu'on trouve en route, se ressent de leur compagnie; elle est fort maussade, et la vallée où elle est située est sèche et stérile. On passe ensuite le lieu nommé Pietramala, dont les rochers, à force d'être pelés ou calcinés, boivent la lumière du soleil et font une espèce de phosphore;

mais c'est terriblement exagérer que de dire, comme Misson, qu'ils jettent une flamme haute et claire comme un feu de fagots. Après eux se trouve le mont Giogo, le plus haut des Apennins de ce canton. La descente en est longue et roide à l'excès ; c'est le plus mauvais endroit de la route, et cependant ce n'est qu'une glissade, pour des gens qui ont, comme nous, pratiqué les montagnes de la côte de Gênes. La vallée de Scarpieria, qui fait le fond, donne un avant-goût des beautés admirables du pays de Toscane ; mais on s'en détache encore une fois pour une nouvelle montagne, du haut de laquelle je commençais à découvrir toute cette belle terre de promission, lorsque la nuit, la fatigue et le sommeil me fermèrent les yeux ; de sorte que, dormant tout vif, j'arrivai aux portes de Florence, où pour réconfort on nous fit attendre trois petites heures pour nous ouvrir.

Je me suis amplement dédommagé de ce que la nuit m'avait dérobé, en montant au-dessus de la tour du Giotto, d'où j'ai découvert que les Apennins, en arrivant à Florence, se partagent en deux branches, et que la plaine forme une espèce de golfe au fond duquel la ville est située. Cette plaine, qui s'étend du côté de Livourne, est, ainsi que les côtes de la mer, couverte et recouverte d'une quantité incroyable de maisons de plaisance. Joignez à cela la beauté naturelle de la campagne et la rivière d'Arno qui la traverse, et vous conviendrez avec moi que cela ne fait pas un vilain coup d'œil.

La ville, à vue de pays, me parut d'environ

deux lieues de tour. Les rues sont assez larges et droites, toutes pavées de pierres de taille et disposées irrégulièrement en tout sens, à la manière des pavés des anciens chemins romains, ce qui est commode pour les gens de pied, mais détestable pour les chevaux et pour ceux qui vont en carrosse, à cause du méchant entretien de ce pavé qui ne fait pas de petites ornières, quand il est une fois rompu.

Les palais à Florence sont en grand nombre et fort vantés ; malgré cela ils ne me plaisent pas beaucoup. Presque tous sont d'architecture rustique et tout d'une venue ; et moi je suis si fort accoutumé aux colonnes, que je ne puis m'en passer, ou tout au moins me faut-il des pilastres. Ainsi, toute réflexion faite, je préfère Bologne à Florence. Toutes les églises de marque n'y ont point de portail, si ce n'est toutefois celle des Théatins[1], dont la façade, d'ordre composite, du dessin de Nigetti, ornée de bonnes statues, forme un portail des plus beaux et des plus nobles que j'aie encore vu ; c'est le cardinal Charles de Médicis qui en a fait la dépense. L'intérieur est d'assez bon goût, j'y ai distingué plusieurs bons bas-reliefs de marbre, un tableau de l'Adoration des Mages, par Vanini, une Nativité, de Rosselli ; et une Assomption, de Pierre de Cortone. Je remarque ceci, parce que j'ai trouvé la peinture à Florence fort au-dessous de ce que j'en attendais. Le Vasari a beau donner de l'encensoir à son pays sur cet article ;

---

[1] L'église de Saint-Gaëtan. R. C.

si c'est pour se faire valoir lui-même, il devrait cacher ses tableaux, qui ne sont pas fort au-dessus du médiocre. En un mot, ce qu'il y a plus curieux ici en ce genre, c'est d'y voir les premiers monuments de l'art qu'ont fabriqués Cimabue, le Giotto, Gaddo Gaddi, Lippi, etc.; très-méchants ouvrages pour la plupart, mais qui servent cependant à faire voir comment le talent s'est développé et perfectionné peu à peu.

Mais si la peinture est faible ici, en récompense la sculpture y triomphe. C'est la ville des statues par excellence; elles y sont répandues de tous côtés, dans les carrefours, aussi bien que les colonnes de toutes sortes de jaspes et d'agates. Parmi les statues qu'elle contient à l'air, je vous citerai, à la place de l'Annunziata, la statue équestre de Ferdinand de Médicis, par Tacca, qui a fait celle du Pont-Neuf à Paris; Hercule tuant Nessus, excellent groupe de Jean de Bologne, place du Vieux-Palais; le fameux Enlèvement des Sabines, par le même; le David, de Michel-Ange; Hercule et Cacus, par Bandinelli, assez méchant; Persée tuant Méduse, en bronze, admirable, de Benvenuto Cellini; Judith et Holopherne, par le Donatello; un gros vilain Neptune, au milieu d'un grand bassin de fontaine, par Ammanato, et, sur les bords du bassin, une douzaine de jolies nymphes et tritons de Jean de Bologne; la statue équestre du grand Cosme, par le même, et les Quatre Saisons aux quatre coins du pont Santa-Trinità.

Ce pont, construit par Ammanato, est le plus beau des quatre, par qui communiquent l'une à l'autre, les deux parties de la ville; c'est une pièce très-hardie, n'étant, malgré sa longueur, composé que de trois arches, dont celle du milieu est fort large et quasi toute plate.

C'est une chose incroyable que la magnificence outrée des Florentins en équipages, meubles, livrées et habillements. Nous avons vu ici tous les soirs des assemblées ou conversations, dans diverses maisons dont les appartements sont autant de labyrinthes. Ces assemblées sont composées d'environ trois cents dames couvertes de diamants, et de cinq cents hommes portant des habits que le duc de Richelieu aurait honte de mettre. J'aime assez ces sortes d'assemblées de huit cents personnes; quand on est en plus grand nombre, c'est cohue : raillerie cessante, je ne sais comment ce fracas énorme peut amuser les gens de ce pays-ci. Cela leur plaît néanmoins; mais ce n'est pas d'aujourd'hui que j'ai reconnu que les Italiens n'entendent rien à s'amuser. Au reste, on m'a donné avis que ces riches habits ne paraissaient que dans les occasions d'importance et duraient toute la vie; que ces magnificences, ces bals, ces nombreuses assemblées extraordinaires, ces conversations si illuminées se faisaient à l'occasion de deux noces distinguées qui avaient rassemblé toute la ville, et dont le cérémonial est fort long dans ce pays-ci.

Ces *conversations* sont chères pour celui qui les

donne, tant à cause de la quantité de bougies que de l'immense quantité d'eaux glacées et de confitures qui s'y distribuent incessamment. On y danse, on y fait de la musique. J'ai entendu à cette occasion les deux virtuoses du pays; l'un est Tagnani, petit violon minaudier, dont le jeu est tout rempli de gentillesses assez fades; il a inventé une clef aux violons faite comme celle des flûtes, qui s'abaisse sur les cordes en poussant le menton, et fait la sourdine; il a aussi ajouté, sous le chevalet, sept petites cordes de cuivre, et je ne sais combien d'autres mièvretés; mais il accompagne parfaitement : cette justice lui est due. L'autre est Veracini, le premier, ou du moins l'un des premiers violons de l'Europe; son jeu est juste, noble, savant et précis, mais assez dénué de grâce. Il avait avec lui un autre homme qui jouait du téorbe et de l'archiluth, et en jouait aussi bien qu'il est possible; et par-là il m'a convaincu qu'on n'avait jamais mieux fait que d'abandonner ces instruments.

Les lettres et les sciences sont extrêmement cultivées ici, soit par les gens du métier, soit par les gens de qualité; et il faut avouer qu'il n'y a point d'endroit où l'on trouve d'aussi grands secours par la quantité de monuments antiques en tout genre, de bibliothèques et de manuscrits que les Médicis y ont rassemblés, ainsi que l'ont fait beaucoup d'autres particuliers, et entre autres les Grecs, qui se réfugièrent à Florence lors de la prise de Constantinople, et auxquels l'Italie dut la renaissance des lettres.

La bibliothèque de Médicis, à Saint-Laurent, est une grande galerie uniquement composée de manuscrits rangés, non à l'ordinaire, mais sur de grands pupitres, où chaque volume est attaché par une chaîne de fer, de sorte qu'on ne peut les déplacer. Il serait difficile de rien trouver de plus rare et de mieux composé que cette bibliothèque. Les principales pièces sont un manuscrit unique de l'Histoire de Tacite, un Virgile en lettres majuscules de la première antiquité, qu'on a dessein de faire graver en entier tel qu'il est; projet assez frivole, si je ne me trompe..... Certains livres de médecine très-rares que je n'ai eu garde de regarder, et un recueil d'épigrammes latines dans le goût des Priapées, qui n'a jamais été imprimé, et qu'on m'avait dit être antique. J'eus la patience de le dépouiller d'un bout à l'autre pour voir s'il valait la peine d'être publié, et tout le fruit que j'en retirai fut de savoir qu'on avait fort bien fait de le laisser là. On travaille maintenant à imprimer le catalogue et la notice de cette bibliothèque.

Celle de Magliabecchi est très-grande, très-fournie de bons livres, et passablement riche en manuscrits. Il y en a encore plusieurs autres dont je ferai mention en temps et lieu, si je m'en souviens. En attendant, vous pouvez dire à Quintin qu'il se console de la mauvaise antienne que je lui avais annoncée sur la cessation du *Musœum Florentinum;* heureusement pour lui, l'abbé Niccolini est revenu de Rome et a remis l'ouvrage en train. J'ai vu le quatrième volume qui contient les médailles, presque achevé d'être gravé; cependant je ne pourrai le lui apporter à mon retour, comme je l'avais d'abord espéré : il ne sera prêt que dans un an, et aussitôt après on donnera le cinquième volume, contenant les portraits des peintres tant désirés par le dulcissime Quintin.

Savez-vous bien, puisque nous sommes sur ce chapitre, que c'est à crever de rire que de voir comment, à l'abri du titre d'académicien que porte Sainte-Palaye, et de quelques vieux rogatons de manuscrits sur lesquels on nous a vus renifler dans les bibliothèques, nous passons pour de très-scientifiques personnages? Ce qu'il y a de plus original, c'est que nous avons poussé l'impudence jusqu'à tenir chez nous *conversation*, où les érudits de tous les ordres avaient la bonté de se rendre. Ceux de la première volée, de qui nous avons reçu toutes sortes de bons offices, sont le marquis Riccardi, monsignor Cerati, président de l'université de Pise ; l'abbé Buondelmonti, neveu du gouverneur de Rome ; le comte Lorenzi ; l'abbé de Craon, primat de Lorraine, et l'abbé Niccolini, dont le frère a épousé la nièce du pape. C'est un maître homme que cet abbé Niccolini ; je n'en ai pas encore trouvé un sur la route qui eût autant de justesse et d'agrément dans l'esprit, une mémoire et une facilité de parler aussi grandes, ni des connaissances aussi étendues sur toutes choses imaginables, depuis la façon d'ajuster une fontange jusqu'au calcul intégral de Newton. Il

serait parvenu à tout ce qu'il aurait voulu, s'il ne se
fût cassé le cou de dessein prémidité par son extrême
liberté de langue, qui l'a fait passer pour janséniste,
en quoi sans doute on lui a fait tort; car il n'est rien
de tout cela [1].

Quoique la réputation des Florentins ne soit pas
bonne sur l'article des dames, cependant il ne faut
pas croire que les méchantes pratiques soient si universellement
suivies parmi eux, qu'il ne se rencontre
pas un juste dans Israël. Soit qu'on commence à
reconnaître l'abus du préjugé, soit que le beau sexe
y soit complaisant, je vois que les dames sont assez
fêtées, et de plus l'amour anti physique n'est pas
toléré comme vous vous imaginez peut-être; car,
sans parler de la bulle d'Adrien, qui ordonne le
contraire, il y a ici une loi précise qui défend l'autre,
à peine de dix sous d'amende contre ceux qui seront
pris sur le fait; à moins, dit la loi, qu'ils ne l'aient
fait pour leur santé. Mais laissons cet article, qui,
comme dit très-bien le doux objet, *redolet hæresim*,
pour venir avec Quintin aux curiosités de la ville.
Il me semble qu'il prend là-dessus le carême un peu
haut, et que je n'en serai pas quitte à bon marché
avec lui.

[1] Niccolini voyagea dans les pays étrangers. Lorsque, sous le
ministère Lorrain, il reçut l'ordre de ne point rentrer en Toscane,
Montesquieu, qui avait su l'apprécier, s'écria, en apprenant cette
nouvelle : « Oh! il faut que mon ami Niccolini ait dit quelque
grande vérité. » R. C.

XXIV. — A M. DE QUINTIN.

Mémoire sur Florence.

4 octobre.

J'avais commencé, mon cher Quintin, à brocher à l'ordinaire un bout de mémoire sur les peintures et les sculptures de Florence; je comptais, quand le papier serait rempli, le mettre sous une enveloppe à votre adresse; mais je vois, par votre lettre, que vous êtes plus difficile à satisfaire à cet égard que je ne l'aurais cru. Il vous faut une belle et bonne description détaillée. Eh bien! vous l'aurez, mais à ma manière, et sans préjudice du mémoire, qui vous sera envoyé, tout brut comme il est, par-dessus le marché. Voici donc une description abrégée de Florence, réduite à vingt petites pages, « attendu la discrétion du prêteur. »

A tout seigneur tout honneur : commençons par la cathédrale, vieux, vaste et beau bâtiment, tout revêtu en dehors de marbres à compartiments, rouges, noirs et blancs, du dessin d'Arnolfo di Canbio (ou di Lapo), écolier de Cimabue. Il n'y a point de portail, c'est la coutume; on a barbouillé sur la façade une architecture à fresque[1] en attendant

[1] Cette peinture fut faite à l'occasion du mariage de Ferdinand de Médicis avec Violante de Bavière, en 1688.   R. C.

mieux. L'intérieur est d'une belle proportion et pavé de marbres à compartiments; mais le chœur surtout est vraiment beau et singulier dans sa construction, formée en octogone par des colonnes ioniques accouplées. Il est ouvert de tous côtés en arcades, et fermé par en bas d'une balustrade, sur la partie intérieure de laquelle sont force bas-reliefs. Le dôme est pareillement octogone. On l'admire extrêmement comme le plus ancien et peut-être le plus beau qui ait été fait. Brunelleschi en est l'architecte. On dit que Michel-Ange aimait si fort ce dôme, que, partant pour aller faire celui de Saint-Pierre de Rome, il alla prendre congé de lui, et lui dit : *Adieu, mon ami; je vais faire ton pareil, mais non pas ton égal.*

Voilà un propos des Florentins : chacun vante sa marchandise; mais il ne faut pas avoir de trop bons yeux pour reconnaître que le dôme de Saint-Pierre n'est ni pareil ni égal à celui-ci, mais si supérieur que cela ne se compare point.

Le Jugement dernier y est peint à fresque, par Frédéric Zuccheri, de manière assez bizarre, et la petite lanterne par le Vasari. Sur le maître autel, en devant, sont deux bonnes statues d'un Christ mort, soutenu par un ange, et Dieu le Père assis, toutes trois de Bandinelli; derrière, un autre groupe d'un Christ mort, sur les genoux de la Vierge, par Michel-Ange, et qu'il a laissé imparfait, parce qu'il y avait des défauts dans le marbre. C'est dans cette église qu'a été tenu le concile général pour la réunion des Grecs[1]. J'ai vu outre cela dans le même lieu force bustes et tombeaux du Giotto, du Dante, d'Ange Politien, de Marsilio Ficino. A côté est le campanile ou clocher isolé, riche, élégant et excellent au possible, tout incrusté comme l'église, de marbre blanc, noir et rouge. Le dessin est du Giotto; les statues qui l'accompagnent sont assez belles, surtout un vieillard à tête chauve, du Donatello.

Vis-à-vis de l'église est un vieux temple de Mars, de figure octogone, qu'on a métamorphosé en baptistère contre l'intention des fondateurs. Il est ouvert par trois portes de bronze, sur lesquelles sont moulées en petits cadres les histoires du Vieux Testament. On prétend encore que Michel-Ange les jugeait dignes d'être les portes du paradis; mais ce n'est pas la seule sottise qu'on lui fasse dire. Quoi qu'il en soit, si ceux qui les admirent tant avaient vu les portes du château de Maisons, près Saint-Germain, je crois qu'ils feraient de belles exclamations. Sur chacune de ces trois portes sont trois statues : saint Jean disputant avec un docteur et un pharisien, assez bon; la Décollation de saint Jean, belle; le Baptême de Jésus-Christ, assez méchant. Je suis

---

[1] J'ai maints chapitres vus
Qui pour néant se sont ainsi tenus;
Chapitres, non de rats, mais chapitres de moines,
Voire chapitres de chanoines.
LA FONTAINE, *Conseil tenu par les rats.*
(Citation faite par l'auteur.)

fâché que ce soit le Sansovino qui l'ait fait, car il est de mes amis.

Le dedans de l'édifice est soutenu par seize colonnes de granit, et comblé par un dôme peint en mosaïque, à fond d'or, par Tafi, très-ancien peintre. L'ouvrage est un peu moins méchant que le dôme de Saint-Marc, à Venise, c'est-à-dire qu'il n'est qu'archidétestable. Au-dessus du grand autel est un Saint-Jean porté au ciel par des anges, groupe assez médiocre; mais les douze Apôtres, qui sont dans le tour de la rotonde, sont de bonnes mains. Il y a une Madeleine en bois, par le Donatello, grandement prisée, qui est tellement sèche, noire, échevelée et effroyable, qu'elle m'a pour jamais dégoûté de la pénitence.

A l'autre bout de la rue, vis-à-vis, se trouve la petite église des jésuites, qui a un joli portail de la façon d'Ammanato; elle est assez propre en dedans. J'y ai trouvé deux bons tableaux, l'un de la Prédication de saint François-Xavier, l'autre de la Chananéenne, par le Bronzino, dont l'expression est excellente, mais le coloris fort négligé; défaut presque général chez les peintres florentins.

Pour me débarrasser tout de suite des églises, les principales, après le dôme, sont l'Annonciade, dans une place bâtie régulièrement à portiques de trois côtés. En entrant dans le cloître qui précède l'église, on trouve le tombeau et le buste d'Andrea del Sarto. Je remarque ceci particulièrement, parce qu'il n'est pas possible de trouver nulle part ailleurs une plus belle physionomie d'homme. Il a peint à fresque un des cloîtres du couvent; et la Vierge, assise au-dessus de la porte (la *Madonna del Sacco*) passe pour le meilleur ouvrage qu'il ait jamais fait; c'est, pour le dire en passant, de tous les peintres florentins celui qui m'a paru le meilleur. Le plafond de la nef est fort doré, et la voûte du chœur admirablement peinte par Franceschini Volterrano, qui y a représenté l'Assomption de la Vierge dans le ciel, et j'ai pris garde qu'il a eu soin de ne mettre dans le ciel que les saints qui pouvaient honnêtement y être selon la chronologie.

Je laisse toutes les autres peintures pour ne m'arrêter qu'à celles de la riche chapelle de l'Annonciade, qui fut faite par miracle, tandis que le peintre qui y travaillait s'était endormi. Les murs de cette chapelle, quoique tous d'agates et de calcédoines, sont recouverts du haut en bas de bras de jambes, et autres membres d'argent, qu'y ont consacrés ceux qui ont eu la grâce d'être estropiés. En France, nous nous contentons de porter aux processions des têtes sur des brancards; dans le reste de l'Italie, ils portent des madones; mais ici ils n'en font pas à deux fois; ils portent le maître autel de la chapelle tout brandi.

Saint-Marc, aux Jacobins, a un riche plafond, un maître autel fort orné, une chapelle de Saint-Antoine qui ne manque pas de mérite, une assez belle tribune d'orgues, quelques tableaux des meilleurs qui soient ici, par Santi Titi et Fra Bartolommeo ; une belle Noce de Cana, et un Tombeau de Pic de la Mirandole, dont l'épitaphe est trop connue pour vous la rapporter. C'est de cette maison qu'était le bonhomme Savonarola,

> Que l'on fit cuire en feu clair et vermeil,
> Dont il mourut par faute d'appareil.

Il y a là une grande et belle bibliothèque fort riche en manuscrits, surtout en manuscrits grecs fort anciens, qui viennent la plupart du célèbre Nicolas Nicoli ; plus, une grande parfumerie où se composent les quintessences de Florence, par le moyen desquelles les bons moines volent tant qu'ils peuvent les étrangers, le tout *ad majorem Dei gloriam*.

Sainte-Croix est un bâtiment antique assez majestueux, construit par maître Arnolfo di Lapo (ou di Canbio). Je laisse les tableaux, parce qu'ils ne sont que passables à mes yeux, trop gâtés par les peintures exquises de Venise et de Bologne, pour ne vous parler que des tombeaux de Leonardo Bruni Aretino ; de celui de Michel-Ange, orné de trois statues représentant la Peinture, l'Architecture et la Sculpture, faites par trois de ses écoliers, et de son buste fait par lui-même ; et de celui de Galilée, plus beau qu'aucun des précédents. L'Astronomie et la Géométrie accompagnent un médaillon contenant le portrait de ce restaurateur de la bonne philosophie, au bas duquel on a dépeint en or, sur le lapis, la planète de Jupiter, avec les quatre satellites qu'il découvrit. C'est un particulier qui a fait construire en dernier lieu ce monument, pour honorer la mémoire de ce grand homme; et les frais ont été pris sur un legs que Viviani, élève de Galilée, avait fait pour cela par son testament.

N'oubliez pas de voir dans cette église l'admirable chapelle des Niccolini, toute simple, faite en entier de marbre de Carrare, sans autres ornements que cinq statues de même matière. Vous ne croiriez pas pouvoir jamais rien trouver de plus noble, si vous ne passiez dans le cloître, où se trouve la chapelle des Pazzi, d'ordre corinthien, que je ne donnerais pas, je crois, tout imparfaite qu'elle est, pour le temple d'Éphèse. Vous pouvez aussi, puisque vous êtes là tout porté, donner un coup d'œil à la bibliothèque, qui n'est pas mal composée.

Saint-Laurent, d'une belle architecture en dedans, n'a rien d'ailleurs de plus considérable que l'ancienne sacristie et un tombeau en porphyre, de Jean et de Pierre de Médicis, dans la fameuse chapelle des Médicis. La sacristie est toute de la main de Michel-Ange, soit pour l'architecture, soit pour la sculpture; c'est en faire assez l'éloge. D'un côté est le tombeau de Julien de Médicis, sur lequel sont couchées des statues parfaitement correctes et bien dessinées, représentant le Jour et la Nuit; au-dessus, dans une niche, est la statue de Julien, assise. L'autre tombeau, de Laurent de Médicis, est tout à fait pareil au premier; les deux statues sont le Crépuscule et l'Aurore. Tout cela est parfaitement beau et n'a nulle grâce, mais seulement beaucoup de force; les deux statues de Julien et de Laurent m'ont paru les plus belles. Michel-Ange craignait-il qu'on doutât qu'il était grand dessinateur et savant anatomiste? Il muscle ses femmes comme des Hercules et dédaigne d'imiter le bon goût de l'antique, dont il s'est approché dans son Bacchus de la galerie, pour faire voir sans doute qu'il réussirait dans ce genre, s'il voulait s'y adonner. L'autre chapelle est la merveille de la Toscane, du moins pour les richesses; elle est vaste comme une église, octogone, à dôme, si remplie de pierres précieuses, travaillées avec tant de soin et si polies, que l'œil en est ébloui. Tous les murs du haut en bas en sont revêtus; le jaspe sanguin est une des choses communes de ce revêtissement. Le ciel du dôme, ou du moins la frise, car il n'y a encore que cela de fait, est de lapis-lazzuli, étoilé d'or. Chaque angle a dans son encoignure un pilastre d'albâtre, à corniche de bronze doré, et chaque face une grande niche de pierre de touche, dans laquelle est alternativement un tombeau de granit et un de porphyre; sur le tombeau un oreiller de jaspe rouge, bordé d'émeraudes et de diamants; sur l'oreiller une couronne d'or, et dans le haut de la niche une statue de bronze d'un des grands-ducs, dont cette chapelle fait la sépulture. Toutes ces richesses sont surpassées par la magnificence incroyable du maître autel. Vous vous imaginez là-dessus que les palais des fées n'ont pas autant d'agréments que cette chapelle, et vous vous trompez fort. Avec les sommes immenses qu'on y emploie depuis un siècle et demi et le faste qu'on y a répandu, cela ne fait qu'un tout assez triste et nullement agréable. La chapelle Niccolini, toute simple et toute blanche, me paraît infiniment préférable et me confirme dans l'opinion que le bon goût sert beaucoup mieux que la magnificence. Cette riche chapelle est fort loin encore d'être achevée, et probablement ne le sera jamais. La pauvre Florence a furieusement perdu en perdant ses Médicis, les pères des sciences et des arts.

C'est dans la maison de Saint-Laurent qu'est la bibliothèque de Médicis, dont je vous ai parlé. Le vestibule est d'une construction bizarre au dernier point : au lieu de mettre les colonnes au-dehors des murs, à l'ordinaire, on a pratiqué des niches creuses pour les poster dans l'enfoncement. Il faut croire que cela est admirable, car c'est Michel-Ange qui l'a fait; pour moi, j'avoue mon ignorance, et je ne vois pas où est le gentil de ceci. L'escalier à trois rampes parallèles et à marches contournées en rond, en volutes, en carrés, en ressauts, n'est pas d'un effet moins extraordinaire, mais il a quelque chose de riche et de magnifique. Toute la galerie des livres est pareillement du dessin de Michel-Ange, de même que le pavé. Les vitres sont peintes en arabesques du goût de Watteau.

Au-dessous de la grande chapelle, il y en a une autre souterraine, qui n'a rien de curieux qu'un Christ en croix de Jean de Bologne, qui a, d'un côté une Mater Dolorosa de Michel-Ange et un saint Jean d'un de ses écoliers.

Au sortir de Saint-Laurent, on trouve dans le coin de la place une espèce de gros piédestal sur lequel est un bas-relief représentant des prisonniers de guerre amenés au grand Côme ; c'est un morceau de marque de Bandinelli.

Santa-Maria-Novella est tout incrustée en dehors, comme la cathédrale, de marbre noir et blanc. Je crois que c'est une des meilleures de Florence pour sa grandeur et sa belle proportion. Il y a nombre de peintures du bon temps, soit du Vasari, soit de Santi-Titi ou du Bronzino, dont la meilleure est la Samaritaine de ce dernier.

Tous les peintres d'ici dessinent assez correctement ; mais ils n'ont qu'un coloris dur et tranchant, sans aucune harmonie, et très-peu de bonnes ordonnances. Il ne faut pas être la dupe de tout ce que dit le Vasari à l'honneur de son école florentine, la moindre de toutes, du moins à mon gré. Je laisse ceux-là pour m'attacher à ceux du méchant temps comme plus curieux ; ainsi je vous ferai voir par préférence la madone de Cimabue, qui est probablement le premier tableau peint dans l'école florentine, et qui ne me paraît point indigne d'un peintre de jeu de paume. Il n'y a ni dessin, ni relief, ni coloris dans ce tableau, que je ne puis mieux comparer qu'aux peintures sur les écrans de deux sous. C'est un simple trait mal fait et barbouillé à plat de diverses couleurs. Les peintures du Giotto, successeur de Cimabue, sont beaucoup meilleures, quoique fort mauvaises. La chapelle espagnole, peinte par Gaddo

Gaddi, où il commence à y avoir du coloris, mais pas encore la plus petite ombre de dessin. Le cloître en camaïeu vert, par Paolo Uccello, qui, quoique méchant au possible, a des expressions qui ne déplaisent pas. La Vie de la Vierge et celle de saint Jean, dans le chœur, d'une manière plus moderne et qui commence à être bonne, par Ghirlandajo (Domenico), mais surtout un devant d'autel, l'Enfer, le Paradis et le Purgatoire, du Dante, à la chapelle Strozzi, par Orcagna, dit Cione, qui y a mis son nom et le millésime 1357. On y trouve des idées tout à fait pittoresques, du feu, une composition hardie et de belles et bonnes têtes. C'est tout ce que j'ai vu de mieux pour être d'une aussi grande antiquité. Il faut remarquer aussi la sacristie, qui est très-propre et bien ornée.

Les pères de l'Oratoire et les bénédictins ont d'assez bonnes architectures intérieures. Ces derniers possèdent une bibliothèque, ou plutôt un cabinet de livres, mais très-bien choisis et force bons manuscrits.

Sainte-Félicité, église toute neuve et fort jolie, d'ordre corinthien architravé, où est le tombeau de Guichardin. Saint-Michel, fort orné de statues en dehors, et dont la principale est le Saint Georges du Donatello.

Le vaste temple du Saint-Esprit, excellent ouvrage de Brunelleschi, tout de colonnes corinthiennes de pierres grises. Le chœur, qui est comme un petit temple au milieu du grand, le baldaquin et le riche maître autel de pierres précieuses, n'en sont pas le moindre ornement, sans parler de quantité de bonnes statues et de peintures que je passerai à l'ordinaire, pour ne m'arrêter qu'à un seul morceau du Giotto, un peu moins mauvais que ceux de Cimabue. Les cloîtres de ce couvent sont les plus beaux de la ville.

En voilà assez sur ce chapitre. Je supprime le reste, ou parce qu'il ne me paraît pas valoir la peine d'être rapporté, ou parce que je ne l'ai pas vu. Une impertinente fièvre double-tierce, qui m'avait déjà un peu lanterné en partant de Venise, voulait renouveler connaissance avec moi et me faire perdre du temps. Je l'ai expédiée en bref avec tout l'attirail de : *Clysterium donare, ensuita seignare, postea purgare.*

Parmi les palais, celui de Strozzi mérite, quoique non terminé, de tenir le premier rang par son admirable architecture, tant extérieure qu'intérieure. L'ouvrage est de Scamozzi et de Buontalenti. Après celui-là, je donne la pomme à la petite maison Ugolini. Il y a tant d'autres palais, que ce serait folie de les vouloir parcourir. Ils m'ont paru, quand je les ai vus lors de ces nombreuses assemblées dont je vous ai parlé, fort vastes et remplis de peintures, que je ne pouvais pas examiner à mon aise. Je ne m'arrêterai guère qu'à l'immense palais Riccardi, autrefois la demeure des Médicis; mais le marquis Riccardi ne l'a pas apparemment trouvé assez grand pour lui, car il l'a fait encore augmenter. Il est tout construit en rustique par Michelozzo, avec des corniches soutenues par des colonnes du dessin de Michel-Ange. La cour est à colonnades, avec un jet d'eau au milieu, et les murs sont bâtis d'inscriptions antiques bien arrangées ; les appartements sont ennuyeux à force d'être grands : ils sont assez garnis de beaux tableaux. La galerie est peinte par le Giordano ; c'est la principale pièce de la maison, à cause de certaines grandes armoires toutes remplies de bronzes et meubles antiques, et d'une quantité prodigieuse d'admirables camaïeux et pierres gravées antiques, parmi lesquelles est le fameux cachet d'Auguste, représentant un sphinx ; c'est peut-être celui dont parle Suétone. Il est substitué à perpétuité dans cette maison, et le testateur a mis une clause prohibitive de le remuer de l'endroit où il est scellé, à peine de dix mille écus d'aumône. J'ai vu dans cette galerie le plus grand lustre de cristal de roche qui soit à ma connaissance ; il a bien dix pieds de haut. Près de là est la bibliothèque, dont le vaisseau est extrêmement orné ; elle n'est pas fort grande, mais plus de la moitié est composée de fort bons manuscrits, entre autres les deux Plines d'une grande antiquité. Le bibliothécaire, nommé Lami, est un des savants hommes d'Italie.

La maison Niccolini a quantité de statues, basreliefs et bustes antiques rares, et un fameux médailler.

Gherini a de beaux et agréables appartements, ornés à la française avec des cheminées de glaces, ce qui est très-rare en Italie. On y trouve des porcelaines de vieux Japon, dont la grandeur est le principal mérite ; une collection de tableaux nombreuse et bien choisie, et un cabinet tout revêtu de glaces et de tableaux posés sur les glaces.

Gualtieri a un recueil immense de coquilles, dont il fait imprimer et graver la suite.

La collection de Baillon, Français, n'est pas moindre ; mais elle excelle encore plus dans la suite des plantes marines, des marcassites et de toutes les pierres imaginables, depuis le sable qu'on foule aux pieds jusqu'au diamant couleur de rose. Tout cela est rangé dans un ordre très-propre à prendre la nature sur le fait dans la formation de ses ouvrages, et le livre chimique et physique auquel il travaille là-dessus me parut instructif et bien digéré. J'ai retenu de bonnes leçons de sa façon.

Le baron de Stock, Allemand, a un recueil incroyable, surtout en ce qui concerne la géographie, l'architecture et les édifices anciens et modernes, entre autres quantité de plans levés de la main de Raphaël, de bâtiments antiques et de dessins d'arabesques, copiés de sa main, et déterrés dans ces monuments où ils étaient presque effacés ; ce qui sert à prouver que c'est dans l'antique que Raphaël a trouvé tous les beaux dessins de ce genre qu'il a exécutés depuis. Ce Stock vient d'être chassé de Rome comme espion du Prétendant ; il s'est réfugié ici, où l'on voulait lui faire le même traitement, si le roi d'Angleterre n'eût déclaré qu'il l'y maintiendrait par toutes les voies imaginables. Cela n'a pas servi à diminuer les soupçons qu'on avait. Voici une petite histoire assez comique que j'ai ouï conter de lui en France. Hardion, notre confrère, montrait le cabinet du roi à Versailles à plusieurs personnes, du nombre desquelles était ce galant homme. Tout à coup certaine pierre, fort connue de vous, sous le nom de *cachet de Michel-Ange,* se trouva éclipsée. On chercha avec la dernière exactitude : on se fouilla jusqu'à se mettre nu, le tout sans succès. Hardion lui dit : « Monsieur, je connais toute la compagnie, vous seul « excepté ; d'ailleurs je suis en peine de votre santé ; « vous paraissez avoir un teint fort jaune, qui dénote « de la plénitude. Je crois qu'une petite dose d'émé- « tique, prise sans déplacer, vous serait absolument « nécessaire. » Le remède pris sur-le-champ fit un effet merveilleux, et guérit ce pauvre homme de la maladie de la pierre qu'il avait avalée.

Je me suis aussi amusé à voir le théâtre des combats d'animaux, fort joliment construit en loges de pierres grises, avec une arène ou parterre au milieu. La ménagerie est à côté : il y a une lionne qui rapporte comme un barbet, un tigre d'une grandeur démesurée et beau comme un ange, avec deux petits tigrons qui sont bien du plus méchant caractère que l'on puisse se figurer.

Il faut voir aussi une autre espèce de ménagerie ; c'est la salle de l'Académie de la Crusca, où le siége de toutes les chaises sur lesquelles on se met est une hotte et le dos une pelle à four ; le directeur est élevé sur un trône de meules ; la table est une pétrissoire, les garde-robes sont des sacs : on tire les papiers d'une trémie. Celui qui les lit a la moitié du corps passé dans un bluteau, et cent autres coïonneries relatives au nom de la Crusca, qui signifie *son de farine*: car le but de son institution est de bluter et ressasser la langue italienne, pour en tirer ce qu'il y a de plus fine fleur de langage, rejetant ce qu'il y a de moins pur. Vous savez combien cette Académie est célèbre et mérite de l'être ; mais ce n'est assurément pas par cette puérile allusion, qu'on ne doit imputer, ainsi que les noms bizarres que se sont donné la plupart des académies d'Italie, qu'au mauvais goût qui était en vogue lorsqu'elles ont commencé. Mais jusqu'à présent nous n'avons fait que peloter. Allons au Vieux-Palais et passons devant le Marché-Neuf, construit en halle à colonnades de bon goût, au-devant de laquelle est un sanglier de cuivre qui jette de l'eau. C'est un jeune gentilhomme fort bien tourné.

Ce Vieux-Palais n'est autre chose par lui-même qu'une vieille bastille, surmontée d'un grand vilain donjon. Il est aussi obscur et massif au dedans qu'en dehors ; soutenu par de grosses méchantes colonnes avec des statues assortissantes, dans lesquelles il ne faut pas confondre une fontaine d'un joli petit enfant de bronze qui étrangle un poisson. Les appartements d'en bas sont peints par le Vasari, Salviati et Frédéric Zuccheri. La première chose qu'on trouve en montant est un salon un peu plus grand qu'une place publique, il sert à donner des fêtes ; le plafond à trente-quatre compartiments, est peint par le Vasari, qui y a représenté les conquêtes des Florentins; dans le fond est le groupe d'Adam et Ève et du serpent; c'est le chef-d'œuvre de Bandinelli; vis-à-vis, sur l'estrade, les statues de Léon X et de Clément VII, de Jean, d'Alexandre et du grand Côme de Médicis, toutes du même Bandinelli; dans les côtés, la Victoire et un Prisonnier, groupe de Michel-Ange; et six autres groupes d'Hercule qui étouffe Antée, qui porte le ciel, qui tue le Centaure, qui défait la reine des Amazones, qui emporte le sanglier d'Érymanthe, qui jette Diomède aux chevaux; le tout de la main de Rossi : le dernier est le meilleur. Dans le haut sont les cabinets contenant des richesses prodigieuses de toute espèce; savoir : une vingtaine de grandissimes armoires toutes remplies de vases d'argent ciselés à l'usage, soit de la chapelle, soit de la chambre ou du buffet; un châlit à quatre colonnes tout de lapis, jaspe ou agate, monté en vermeil; un équipage de cheval, dont la selle, les étriers et la bride sont de turquoises, et la housse de perles. Un parement d'autel de six pieds de long, d'or massif ciselé, avec des inscriptions de rubis. C'est un vœu de Côme II, qui est représenté en émail, vêtu d'émeraudes et de diamants. Des services de vaisselle d'or. — D'autres armoires pleines de couronnes, sabres, poignards, vases, écussons, coupes, etc.; tout cela fait ou garni des différentes pierres dont on fait les bagues; et enfin, le fameux original du Digeste, connu sous le nom de Pandectes florentines. C'est un manuscrit en deux volumes in-folio, très-bien conservé, écrit en grosses lettres, non majuscules : on le croit du temps même de Justinien. Entre chaque feuillet on a mis, pour le conserver, un autre feuillet de satin vert. Ce livre est un présent que les Pisans firent aux Florentins, en reconnaissance de ce qu'ils avaient bien conservé leur ville, pendant une expédition d'outre-mer qu'ils avaient été faire, et pendant laquelle ce livre avait été trouvé à Amalfi. Jadis on ne le montrait ici qu'avec de grandes considérations, en allumant des cierges et se mettant à genoux ; aujourd'hui on le fait voir très-familièrement, ce qui prouve combien la robe perd tous les jours de son crédit.

Le Vieux-Palais communique au Cabinet du grand-duc. Ah! nous y voici donc ; serai-je assez hardi pour mettre le pied dans cet abîme de véritables curiosités? Mais si j'y entre, dites adieu à votre pauvre Brossette ; c'est un homme confisqué, noyé. Cependant, il en faut sauter le bâton, ne fût-ce qu'afin que quand Quintin en voudra faire l'emplette, il n'achète pas chat en poche.

Vous saurez donc que ce qu'on appelle le Cabinet du grand-duc sont les deux côtés parallèles d'une assez longue rue, qui se rejoignent à l'un des bouts par un corps de logis percé dans le bas de trois arcades, le tout d'ordre dorique uniforme, si bien exécuté par le Vasari, que Michel-Ange n'a jamais rien fait de mieux à mes yeux. Ces deux lignes de la rue forment deux galeries qui ont, dans leur double contour, quantité de cabinets ou salons remplis de tant de choses diverses, que je prétends ne vous en dire qu'un mot en gros, seulement pour vous en donner une notion.

Les galeries qui se communiquent tout d'une pièce par le corps de logis du fond, contiennent les bustes et les statues, alternativement deux bustes et une statue, avec de grands groupes dans les angles et dans les fonds. Rien n'est placé là qui ne soit antique, et deux statues modernes seules ont mérité d'y avoir place ; ce sont les deux Bacchus, chefs-d'œuvre, l'un de Michel-Ange, l'autre de Sansovino. Cela posé, je ne m'amuserai pas à vous faire l'éloge de ce peuple de pierre ; je remarquerai seulement combien, par la comparaison que le voisinage m'a donné lieu de faire, j'ai trouvé les Grecs au-dessus des Romains. Les bustes sont encore plus précieux, non pas tant par l'ouvrage, qui est cependant excellent, que parce qu'ils font une suite parfaitement complète de toutes les têtes d'empereurs romains depuis Jules-César jusqu'à Alexandre Sévère ; les usurpateurs même ou les concurrents n'y sont pas omis ; et, outre cela, il y a une quantité de têtes de femmes ou filles de ces empereurs. Je suis toujours émerveillé de voir comment on a pu rassembler tous ces morceaux, parmi lesquels il y en a qui probablement sont uniques. Depuis Alexandre jusqu'à Constantin, la suite est continuée, mais fort incomplète, et c'est une chose assez curieuse que de voir la décadence de l'art cheminer d'un pas égal avec la décadence de l'empire, de sorte que les derniers ne valent quasi plus rien.

Les plafonds de ces galeries sont peints en arabesques charmantes par les élèves de Raphaël.

Dans le vestibule, quantité d'inscriptions, d'urnes et de bas-reliefs avec deux gros chiens grecs, de la taille du bon Sultan, autrement dit Pluton.

Dans le premier cabinet, une haute colonne torse à cannelures, d'albâtre oriental transparent; une suite de petites idoles égyptiennes ou asiatiques, une suite d'autres idoles grecques ou romaines, un choix des plus beaux bustes de bronze, une quantité de petits meubles antiques de bronze, un très-grand lustre tout d'ambre jaune transparent, au travers duquel on voit en dedans la généalogie de la maison de Brandebourg, en ambre blanc... Un cabinet de lapis-lazuli, et une grande table de fleurs et de fruits parfaitement représentés au naturel, en pierres précieuses.

Dans la seconde pièce, trois superbes cabinets sous des pavillons. Le premier d'ivoire, contenant toutes sortes d'ouvrages infiniment curieux, soit en sculpture, soit au tour. Le second d'ambre, rempli d'ouvrages du même genre en ambre. Le troisième, fort supérieur aux deux autres, est d'albâtre avec un pareil assortiment.

Deux autres cabinets ou châssis de glaces, ayant au dedans le spectacle horrible et dégoûtant, l'un d'un charnier, l'autre d'une peste exécutée en cire.

Deux tables, l'une de jaspe de rapport, faisant un paysage; l'autre représentant le plan de Livourne en pierres précieuses, avec la mer en lapis-lazuli ondé.

Dans le troisième, un cabinet d'ébène, où le vieux Breughel a peint l'Ancien et le Nouveau Testament en petits tableaux sur pierres précieuses; au dedans est une Descente de Croix, bas-relief en cire par Michel-Ange, et douze statues d'ambre assez grandes. Une grande cuvette antique d'agate, des anatomies en cire.

Dans la quatrième, une sphère armillaire prodigieusement grosse et toute dorée, selon le système de Ptolomée. Une pierre d'aimant portant quarante livres, et force instruments d'astronomie ou de mathématiques.

Dans le cinquième, la statue grecque appelée l'*Hermaphrodite*, femelle de la ceinture en haut, et mâle de la ceinture en bas. Un colosse grec représentant un instrument à forger le genre humain. Ma foi! cela mérite pour le coup d'être appelé une belle machine. Il faut que toutes les autres baissent pavillon devant celle-là; elle est montée sur deux pattes de lion et ceinte par le milieu d'un collier où sont suspendus toutes sortes d'oiseaux à têtes, non de celles qui se portent sur les épaules; et enfin, pour comble de folie, elle est coiffée de l'autre machine sa compagne ordinaire, si petite et si peu assortissante, qu'on peut recueillir de là ce point d'érudition, qu'il fallait que les Grecs connussent dès lors le proverbe: *colla pazienza e collo sputo*, etc. Un Terme avec tous ses attributs, un groupe d'Amours dormant l'un sur l'autre, un Euripide, de marbre d'Éthiopie couleur de fer, un manuscrit latin très-bien conservé, écrit à la romaine sur des tablettes de bois cirées. Il paraît être un mémoire des appointements qu'un Philippe, roi de France, donnait aux officiers qui l'accompagnaient dans un voyage : il est presque impossible de le lire. Je crois que ces feuilles appartiennent à un manuscrit tout pareil à l'un de ceux que j'ai vus à la bibliothèque de Genève, et qui a été déchiffré par le jeune Cramer, homme de beaucoup d'esprit et grand mathématicien. Quantité de bronzes, un cabinet en architecture de pierres précieuses, toutes d'une pièce, orné de bas-reliefs d'or sur un fond d'agates. Un autre petit cabinet fait en médailler, contenant des cadres, sur chacun desquels sont cinq petits tableaux à bordures d'argent. Ce cabinet servait au cardinal de Médicis, qui le faisait porter partout où il voyageait, et en un moment il avait sa chambre tendue en tableaux.

Dans le sixième, environ cent quarante portraits de peintres faits par eux-mêmes. Il manque là beaucoup de portraits de peintres fameux qui sont communs ailleurs ; mais l'on n'a voulu y placer que ceux qui ont été peints par la personne même qu'ils représentaient.

Dans le septième, qui est l'arsenal, toutes sortes d'armures antiques, modernes et orientales, d'une richesse et d'un choix surprenants. Je passe légèrement là-dessus, pour ne rapporter que le gros mousquet dont le canon est tout d'or.

Dans le huitième, environ cinquante mille médailles de toutes sortes d'espèces, grandeurs et métaux, parmi lesquelles j'ai vu deux Othon de cuivre moyen bronze ; car c'est une erreur de croire qu'il n'y en a point. *Item*, plusieurs milliers de camaïeux en relief ou de pierres gravées d'un travail achevé pour la plupart ; vous êtes à portée d'en juger ; elles sont gravées dans votre *Musœum Florentinum.*

Dans le neuvième enfin, que l'on appelle la Tribune octogone, on a réuni tout ce qu'il y avait de plus précieux. La première chose qui frappe, en entrant, sont les six célèbres statues grecques, savoir : les Lutteurs, le Rémouleur qui écoute la conjuration de Catilina, la grande Vénus, le Faune qui danse, l'Uranie et la Vénus de Médicis. Il semble que ces six morceaux sortent de la main de l'ouvrier, tant ils sont bien conservés et polis ; leur beauté est au-dessus de toute expression, surtout celle du Faune et de la Vénus de Médicis. Misson s'est trompé en disant que la base n'est que d'une seule pièce avec la statue, et que les mots grecs *Cléomènes*, etc., qui sont écrits au-dessous marquaient l'ouvrier. La base a été rompue, le morceau qui y est a été rapporté, et Pline, qui parle de cette statue, dit précisément qu'elle était de Phidias. Les critiques les plus sévères ne pourraient rien trouver à redire aux beautés et aux proportions du corps de cette femme ; le cou est long, la tête fort petite, et, quoique belle, ce n'est pas d'une beauté qui nous plairait. Mylord Sandwich, que je trouvai une fois dans la Tribune et qui revient de Grèce, me dit que toutes les femmes qu'il y avait vues, et qui passaient pour belles, avaient de cet air-là. A propos de cet Anglais, il faut que je vous dise qu'il y a dans un coin de la galerie un buste de Brutus, le meurtrier de César, laissé imparfait par Michel-Ange. Au bas sont écrits ces deux vers si connus :

> Dum Bruti effigiem sculptor de marmore ducit,
> In mentem sceleris venit, et obstupuit.

Je ne vous les rapporte que pour vous ajouter que, tandis que M. Sandwich et moi, nous le regardions, celui-ci, choqué qu'on eût osé blâmer ce grand républicain, fit sur-le-champ ces deux vers en contre-partie.

> Brutum effecisset sculptor, sed mente recursat
> Tanta viri virtus, sistit et obstupuit.

Je reviens aux principales choses de la Tribune. Huit autres petites statues qui le cèdent peu aux premières ; je voulais trouver parmi celles-là le Cupidon de Praxitèle, dont on fait une histoire connue de tout le monde, et qu'on prétendait être ici ; mais on me dit que c'était une fable. Plusieurs autres petites statues antiques, de marbre et de pierres précieuses. Parmi celles de marbre, les plus remarquables sont le jeune Britannicus, le jeune Néron, le Marc-Aurèle enfant et l'Amour qui tire de l'arc ; parmi celles de pierres précieuses : le Lysimachus, de calcédoine ; le Canopus, d'agate ; le Jupiter sans barbe de cristal, et le Tibère de turquoise, et non le César, comme dit Misson, ni le Néron, comme d'autres le prétendent. Ce dernier morceau est un des plus précieux de toute la galerie, tant par la dimension et la beauté de la pierre que par la perfection de l'ouvrage. Une table de fleurs figurées en pierres de rapport, où il y a de quoi s'amuser pendant une semaine. Un grandissime cabinet plus superbe que tous les précédents, tout en colonnes de jaspe et de lapis avec les bases et les corniches d'or; il est plein de porcelaine de vieux Japon des plus rares, d'ouvrages exquis de cristal de roche, de grandes cuvettes de lapis, et enfin, pour terminer ma phrase, le diamant gros comme une noix lombarde fort aplatie, d'une belle forme ronde, taillé à facettes, du poids d'environ cent quarante carats : c'est le plus gros que l'on connaisse en Europe, mais il est d'une eau tirant sur le jaune.

Malgré tout le détail que vous venez de lire, je n'ai fait que de vous rapporter en gros les choses qui m'avaient le plus affecté, en passant sur une infinité d'autres. Par exemple, tous ces salons sont garnis de tableaux des premiers maîtres. A la Tribune, il n'y a rien que d'exquis et d'une célébrité classique. Un seul Corrége, la Vierge à genoux devant son fils; mais quel coloris! quelle expression! que de grâce et de gentillesse! Il y en a trop peut-être, car elles approchent de la mignardise.—Le Saint Jean dans le désert, par Raphaël. Ce qu'il y a de singulier, c'est que j'ai vu ce même tableau à Bologne; qu'on m'a assuré que le même était encore à Rome, et que nous le connaissons tous encore dans le cabinet de M. le duc d'Orléans, qui l'acheta du fils du premier président de Harlay. De Piles [1], l'un des plus grands connaisseurs qu'il y ait jamais eu en peintures, regarde ce tableau de M. le régent, comme un des premiers qui existent. Vasari en parle à peu près de même et il ajoute qu'il est peint sur toile, circonstance qui veut dire que celui du grand-duc est le véritable parmi les quatre, les trois autres étant sur bois. Il serait fort singulier que l'un des bons connaisseurs qu'il y eût jamais eût placé une copie au premier rang. Au reste, si le tableau de M. le régent est une copie, c'est à coup sûr une copie de la main de Raphaël même; car les grands maîtres ont souvent copié leurs propres ouvrages. Mais on prétend que ces copies n'ont pas pour l'ordinaire le feu original de la première main. Ce tableau, soit ici, soit au Palais-Royal, est assurément d'une grande beauté; mais j'aurais peine à le mettre, comme de Piles, dans la première classe. Il n'a qu'une figure; il est tout à fait triste et sans agréments [2]. Il est vrai que la composition en est excellente, et qu'on ne pouvait mieux rendre le sujet

---

[1] Roger de Piles, peintre et littérateur, né en 1635, mort à Paris en 1709. Ses ouvrages sur la peinture font encore autorité, malgré le ridicule qu'attira sur lui l'invention de sa balance pour peser les hommes de génie. Cette malencontreuse idée éveilla l'attention et donna naissance à d'assez nombreux écrits, perfectionnés, rectifiés, etc., etc., aujourd'hui à peu près ignorés.
R. C.

[2] Le Saint Jean fut dessiné par Raphaël, d'après le corps d'un jeune nègre fort beau. R. C.

vox clamantis in deserto, très-difficile à traiter par lui-même. Le dessin est d'une correction achevée, le paysage convenable au sujet, la figure pleine de feu, et il n'y avait que Raphaël capable de mettre autant de vie et d'action dans une seule figure.

Pour communiquer de la galerie au palais Pitti où loge le grand-duc, et qui est assez éloigné, on a jeté par-dessus les maisons et par-dessus les ponts, comme on a pu, de très-longs corridors. Le palais Pitti donne sur une place longue et étroite, dont il occupe tout un des grands côtés ; aussi sa façade est-elle énormément longue, toute d'une venue et sans ornement, à moins que l'on ne veuille prendre pour tels les masses de pierres rustiques et inégales dont elle est entièrement construite. En récompense, la cour intérieure est d'un très-beau dessin, composé des trois ordres l'un sur l'autre, dont toutes les colonnes sont rustiquées et à collier comme celles du Luxembourg, auquel ce palais ressemble beaucoup ; et en effet, c'était l'idée de Marie de Médicis, de faire bâtir à Paris sa maison natale. Le palais de Florence est construit par Brunelleschi et par Ammanato. Si on l'avait fait en entier sur le dessin qu'on m'a montré, ce serait un des plus beaux ouvrages de l'Europe. Le fond de la cour est une grande grotte ornée en dedans de statues et contenant un vivier rempli de poissons. Le comble du dôme forme une fontaine de marbre blanc, avec trois jets d'eau.

Les appartements du dedans ne répondent, ni pour les ameublements, ni même pour les tableaux qui y sont en très-grand nombre, à ce que j'en attendais ; mais il faut observer que la galerie est un gouffre qui a englouti tout le plus beau et le meilleur.

Les mezzanines ou entre-sols, richement et galamment ornées, sont ce qu'il y a de plus agréable dans les appartements.

Les jardins du palais n'ont pas le sens commun, et, par cette raison, me plaisent infiniment : ce ne sont que montagnes, vallées, bois, buttes, parterres et forêts, le tout sans ordre, dessin ni suite, ce qui leur donne un air champêtre tout à fait agréable.

Il y a par-ci par-là quelques belles statues, des fontaines et des grottes, dont l'une a un plafond à fresque du premier mérite. On élève dans les jardins quelques animaux étrangers non féroces, comme gazelles, civettes, etc.

XXV. — A M. DE NEUILLY.

Suite du séjour à Florence.

8 octobre.

J'ai appris de vos nouvelles, mon cher Neuilly, par Maleteste et par Blancey, indépendamment de la charmante lettre que j'ai reçue de vous à Venise. Vous vouliez venir en Italie, mon roi ; c'était donc pour y faire un second voyage, car, à moins d'y avoir déjà été, on ne peut si bien être au fait de tout que vous l'êtes. Comment diable! les îles Borromées, les maisons de la Brenta, le détail de Venise et cent autres choses, vous sont aussi bien connues et vous m'en parlez comme si précisément vous les aviez devant les yeux? combien souhaiterais-je que cette vue fût à présent effective et non idéale; maintenant surtout que je me trouve au milieu du Cabinet du grand-duc et de tous les chefs-d'œuvre d'art, de sciences, de curiosités, et de douces chiffonneries, qui en font véritablement la chose la plus surprenante du monde! Je suis si outré de ne vous y pas voir, quand je pense combien ces sortes de choses sont dans votre genre et dans votre goût, que je ne m'y trouve moi-même qu'à moitié. Je ne dis pas non sur la proposition que vous me faites de revenir ici avec vous, si jamais vous avez occasion de le pouvoir faire avec commodité; mais que dites-vous de la petite lanternerie que je fais ici, vous envoyant le plan [1] de la galerie de ce cabinet, contenant les statues, selon leur ordre et leur disposition, quoique ce soit beaucoup grossir ma lettre inutilement? mais j'ai jugé que vous ne seriez pas fâché de donner un coup d'œil sur le bel arrangement des bustes surtout, et d'admirer comment on a pu rassembler cette suite de têtes antiques d'empereurs romains jusqu'à Alexandre Sévère, si complète que les concurrents même de l'empire n'y

---

[1] Ce plan, fort minutieusement établi, fait de la main de M. de Brosses, est joint au manuscrit resté dans sa famille. R. C.

manquent pas, non plus que la plupart des femmes ou filles d'empereurs. Avec cela, comme personne n'avait encore pris ce plan de la position de chaque chose, et qu'on ne l'a pas donné dans le *Musæum Florentinum*, j'ai été bien aise de le lever, et je vous prie de ne le pas perdre. Je ne vous parle pas de ces six statues grecques, si connues, ni de l'autre appelée l'Hermaphrodite; mais, parmi celles qui sont rangées entre les bustes, de deux en deux, il y en a de dignes d'adoration, c'est-à-dire qui approchent bien fort de la beauté des six premières. Les statues grecques surtout l'emportent sur les romaines, et vous pouvez juger du mérite de ces pièces, puisqu'il n'y en a qu'une de Michel-Ange et une du Sansovino, qui aient été jugées dignes d'avoir une place parmi elles.

C'était une famille bien recommandable à mon sens, par son amour pour les bonnes choses, que celle des Médicis. Rien ne fait mieux son éloge que de voir combien, après avoir usurpé la souveraineté sur un peuple libre, elle est parvenue à s'en faire aimer et regretter. Réellement Florence a fait une furieuse perte en la perdant. Les Toscans sont tellement persuadés de cette vérité, qu'il n'y en a presque point qui ne donnassent un tiers de leurs biens pour les voir revivre, et un autre tiers pour n'avoir pas les Lorrains; je ne crois pas que rien n'égale le mépris qu'ils ont pour eux, si ce n'est la haine que les gens de Milan portent aux Piémontais. Dans le temps de la dernière guerre, les Français étaient reçus à

bras ouverts et les Piémontais exclus de partout.
De même, à Florence, nous avons accès dans toutes
les maisons, et les Lorrains n'entrent nulle part ;
enfin je me suis aperçu que les Florentins ne vivent
que dans l'espérance d'avoir le gendre du roi pour
grand-duc [1] ; et même ils s'étonnent fort que le roi
n'ait pas déjà fait ce cadeau à sa fille, sans trop
s'embarrasser du dédommagement qu'on pourrait
donner au duc de Lorraine, dont ils n'ont pas les
intérêts fort à cœur. Il est vrai que les Lorrains les
ont maltraités, et qui pis est, méprisés. M. de Raige-
court de Lorraine, qui a tout pouvoir de la part de
son maître, est homme d'esprit et a du talent, on en
convient ; mais on assure qu'il fait peu de cas des
ménagements qui font goûter une domination nouvelle. On dirait que les Lorrains ne regardent la
Toscane que comme une terre de passage, où il faut
prendre tout ce qu'on pourra, sans se soucier de
l'avenir.

Pour un pays qui a eu ses souverains propres,
distribuant aux nationaux les grâces et les dignités,
et dépensant, dans l'État même, les revenus de l'État,
il n'y a rien de si dur que de devenir province
étrangère. Le goût dominant de la nation serait
pour un prince de la branche d'Espagne. Ils ont
vu don Carlos arriver en qualité de successeur,
répandre à pleines mains l'argent du Pérou que lui

---

[1] L'infant D. Philippe, depuis duc de Parme, fils du roi Philippe V.   R. C.

fournissait madame Farnèse [1], et ne rien demander à personne, parce qu'alors il n'était pas en position de rien exiger. Ce premier début leur a fait quelque illusion ; mais si don Carlos fût resté en Toscane, les sujets auraient payé à leur tour comme de raison. Il vient de se répandre ici un bruit sans fondement, c'est qu'un gros corps de troupes françaises marchait pour passer les Alpes. Là-dessus le marquis *** m'a demandé tout haut ce qu'on m'écrivait de France à ce sujet, et si ces troupes ne seraient pas destinées à assurer la succession des Médicis à l'infant don Philippe. Cependant un homme de beaucoup d'esprit me disait l'autre jour « qu'il préférait encore
« les Lorrains aux Espagnols, parce que, dit-il, les
« premiers m'ôteront bien jusqu'à ma chemise,
« mais ils me laisseront ma peau (c'est-à-dire ma
« liberté de penser), que m'arracheront les seconds
« en ne me laissant pas le reste. En général, con-
« tinua-t-il, tout maître trouvera le secret de nous
« contenter, pourvu qu'il reste à Florence, qu'il
« protége les sciences, et qu'il ait le goût des arts ;
« car c'est un vice capital ici que d'en manquer. »
Le même homme me disait une autre fois qu'il avait été longtemps sans comprendre ce que voulait dire ce proverbe de la langue française : *Lorrain vilain*, mais qu'il en avait depuis peu une ample explication. « Cependant, ajouta-t-il,
« ils nous traitent nous-mêmes de vilains, parce que

---

[1] Voir la note, tom. II, lettre XLII.

« nous ne sommes pas ici dans l'habitude d'avoir
« une table ouverte : mais je leur demande quel
« est celui qui est le plus vilain, de celui qui ne
« donne pas à manger ou de celui qui veut manger
« aux dépens d'autrui ? »

N'avons-nous pas eu aussi, nous autres Français, une lance à rompre contre le corps des Lorrains ? On vient de recevoir la nouvelle de la paix de Belgrade conclue entre l'Empereur et le Grand Seigneur, par l'intervention de M. de Villeneuve, notre ambassadeur à la Porte. Cette paix n'est ni utile, ni honorable à l'Empereur. Là-dessus les partisans du génie autrichien déclament contre nous, en disant que c'est là notre manière ordinaire de favoriser la Porte Ottomane au préjudice de l'Empire. Je leur ai doucement représenté que M. de Villeneuve n'était pas là pour décider que leur maître avait le choix d'accepter ou de refuser les propositions; que, s'il les avait acceptées, c'est qu'il avait sans doute sagement prévu qu'en continuant la guerre dans la position où il se trouvait vis-à-vis des Turcs, il s'exposait à n'avoir d'eux que de pires conditions. Sur quoi le primat s'est écrié brusquement : « C'est votre France qui, après avoir écrasé la maison d'Autriche par le traité de Vienne, l'a laissée à la merci de ses ennemis. » — « Sur mon Dieu ! lui ai-je répliqué, il n'y a pas de ma faute ; ce n'est pas moi qui ai fait la paix de Vienne, et si c'eût été moi, je ne l'aurais pas faite, ou j'en aurais tiré un parti décisif pour les guerres à venir, comme il paraît que c'était l'avis de M. de Chauvelin. Qu'il ait eu ou non les motifs particuliers que ses ennemis lui imputent, que nous importe, dès que l'avantage général de l'État se trouvait joint à son sentiment?» Ce qui rend ces Lorrains de mauvaise humeur contre le traité de Vienne, c'est l'échange de la Lorraine contre la Toscane. Le troc est néanmoins fort avantageux pour leur maître. On a beau alléguer l'affection à l'héritage patrimonial; quelques millions de plus mis dans la balance y font un suffisant contre-poids.

Le prince d'Elbeuf, qui tient ici rang de premier prince du sang, tâche, autant qu'il peut, par ses manières polies de réparer les mauvaises manières des Lorrains, dont il est le premier à convenir. Il joue à merveille le bon homme et l'affable ; et ce que j'y trouve le mieux, il nous fait très-bonne chère, sans aucune façon qui sente le prince. Vous connaissez la politesse innée des princes de la maison de Lorraine ; vous connaissez aussi de réputation celui dont je vous parle ici, c'est le même qui a été marié à Naples, qui a fait en Europe tant de diverses sortes de figures, et… que je lui pardonne, tant qu'il me donnera du vin de Tokai de la cave du grand-duc. La princesse de Craon tient aussi une fort bonne maison et fort commode pour les étrangers. C'est une femme qui me plaît beaucoup par son air et ses manières; et, quoiqu'elle soit grand'mère d'ancienne date, en vérité je crois qu'en cas de besoin, je ferais bien encore avec elle le petit duc de Lorraine. Son mari tient ici un grand état, ainsi que le marquis du Châtelet, gouverneur de la ville. Tous ceux-ci ne sont point compris dans la haine jurée à leurs compatriotes par les nationaux. Elle se réunit toute contre ceux qui se mêlent du gouvernement, où ceux-ci, malgré leur naissance et leurs places, n'ont presque aucune part.

Rien ne nous venait mieux que de trouver quelque bon débouché à Florence, car les auberges y sont détestables au possible ; j'y ai trouvé pis que ce que l'on m'avait pronostiqué des cabarets d'Italie. La nuit y est encore pire que le jour ; de petits cousins, plus maudits cent fois que ceux qui sont en Bourgogne, avaient pris à tâche de me désoler, et me feront quitter Florence sans nul regret, soit parce que j'y ai été malade, soit que le mauvais temps qu'il fait m'ait prodigieusement contrarié. La ville ne m'a pas plu en gros autant que d'autres. Il y a cependant plus de curiosités d'un certain genre qu'on n'en trouve ailleurs, et à coup sûr plus de gens d'esprit et de mérite: Nul autre peuple d'Italie n'égale les Florentins à cet égard, ce sont même eux qui en fournissent souvent les autres contrées. Ajoutez à ceci que j'y ai gagné au jeu quelques centaines de louis, ce qui devrait encore me mettre en bonne humeur ; mais la première base de la gaieté, c'est la santé.

La littérature, la philosophie, les mathématiques et les arts, sont encore aujourd'hui extrêmement cultivés dans cette ville. Je l'ai trouvée remplie de gens de lettres, soit parmi les personnes de qualité, soit parmi les littérateurs de profession. Non-seulement ils sont fort au fait de l'état de la littérature dans leur propre pays, mais ils m'ont paru instruits de celle de France et d'Angleterre. Ils font surtout cas des gens dont les recherches ont pour but quelque utilité publique profitable à toute la nation ; et j'ai vu que, parmi nos savants, ceux dont ils parlaient avec le plus d'estime étaient l'abbé de Saint-Pierre pour la morale, et Réaumur pour la physique et les arts. Il faut avouer que les Florentins ont plus de facilité pour cultiver les lettres qu'aucun autre peuple de l'Italie; ils sont aisés dans leurs fortunes ; ils ont du loisir ; ils n'ont ni militaire, ni intrigue, ni affaires d'État. Toutes leurs occupations doivent donc se réduire au commerce ou à l'étude ; et à ce dernier égard, les habitants de Florence ne peuvent manquer de se ressentir de toutes les commodités qu'on y a rassemblées pour eux pendant plusieurs siècles, principalement en monuments de l'antique, bibliothèques et manuscrits. Je suis assez occupé à collationner le texte de Salluste sur plus de vingt manuscrits qui se trouvent dans la bibliothèque de Médicis, et sur une dizaine d'autres répandus çà et là. J'en userai de même au Vatican ; après quoi, je pourrai croire d'avoir ce Salluste aussi correct qu'on puisse l'avoir. J'ai donné commission d'en faire autant sur les manuscrits de Suétone, qui en a infiniment plus besoin, et qui est indéchiffrable en quelques endroits. Je cherche aussi à ramasser ou à prendre la notice de tous les monuments antiques qui ont un rapport direct à l'un et l'autre de ces auteurs.. C'est avec des statues, des bas-reliefs et des médailles du temps, que l'on fait de bonnes notes aux historiens. Je veux surtout rassembler, autant qu'il sera possible, les portraits des principaux personnages : il me semble qu'un lecteur s'intéresse davantage aux gens qu'il connaît de vue.

Mais Maleteste ne se moque-t-il pas de moi, peut-être avec quelque raison, s'il me sait assez fou pour donner dans les variantes? Je n'en fais pas plus de cas que raisonnablement on en doit faire; mais quand on a entrepris de donner une édition d'un ancien auteur aussi bonne et aussi complète qu'il soit possible, il me semble que l'on doit commencer par ne rien omettre pour avoir le texte parfaitement correct, et que l'on ne peut s'assurer sans cela d'avoir fait une traduction tout à fait fidèle. Je suis encore plus en peine de mes notes, qui ne sont que trop longues, quoique je me sois borné au seul historique qui est de mon sujet, sans toucher, qu'autant qu'il a été indispensable de le faire, au sec et insipide grammatical : encore trouvera-t-on peut-être que j'y suis trop entré. Tout ce qui est du ressort de la littérature n'est plus guère du goût de notre siècle, où l'on semble vouloir mettre à la mode les seules sciences philosophiques, de sorte que l'on a quasi besoin d'excuses, quand on s'avise de faire quelque chose dans un genre qui était si fort en vogue il y a deux cents ans. A la vérité, nous n'en n'avons plus aujourd'hui le même besoin ;

mais, en négligeant, autant qu'on le fait, les connaissances littéraires, n'est-il pas à craindre que nous ne retournions peu à peu vers la barbarie dont elles seules nous ont retirés? Si je ne me trompe, nous avons déjà fait quelques pas de ce côté-là.

A force d'analyse, d'ordre didactique et de raisonnements très-judicieux, où il ne faudrait que du génie et du sentiment, nous sommes parvenus à rectifier notre goût en France, au point de substituer une froide justesse, une symétrie puérile, ou de frivoles subtilités métaphysiques, au grand goût naturel de l'antique, qui régnait dans le siècle précédent.

Mille embrassements à nos amis. Que dites-vous de l'aventure de Buffon[1]? Je lui ai écrit de Venise; et j'attends avec impatience de ses nouvelles. Je ne sache pas d'avoir eu de plus grande joie que celle que m'a causée sa bonne fortune, quand je songe au plaisir que lui fait ce Jardin du Roi. Combien nous en avons parlé ensemble! Combien il le souhaitait et combien il était peu probable qu'il l'eût jamais à l'âge qu'avait Dufay! Écrivez-moi souvent, et toujours désormais à Rome, poste restante. Adieu, mon cher objet; si je ne savais combien vous avez le cœur sensible, je ne croirais pas que vous pussiez m'aimer autant que je vous aime.

---

[1] Buffon fut nommé intendant du Jardin du Roi (aujourd'hui le jardin des Plantes), en 1739, à l'âge de trente-deux ans. Né en 1707, à Montbard, mort en 1788. R. C.

XXVI. — A M. DE BLANCEY.

Route de Florence à Livourne.

14 octobre.

Nous quittâmes Florence le 9 octobre sur le soir, et trouvâmes la plaine entre deux branches de l'Apennin; ce n'est qu'un village et un jardin pendant vingt milles jusqu'à Pistoja, où nous couchâmes. Cette ville ancienne et déserte ne me parut rien avoir de remarquable qu'un baptistère d'une forme ronde assez élégante; il faut que vous sachiez que, dans toutes les villes de la Toscane, il y a une église ou chapelle où se font tous les baptêmes, et affectée à cela seulement. Vis-à-vis est la cathédrale qui, malgré le marbre qui y est prodigué, a tout l'air d'une église de village. J'employai tout le temps de mon séjour à Pistoja à aller à cheval dans les montagnes voisines, examiner un lieu appelé *Il piano di vaione*, où l'on prétend que s'est donnée la bataille entre Petreius et Catilina. Malgré la pluie, je levai de gros en gros une carte du terrain, et je fis diverses observations relatives à mon sujet; mais je tirerai un meilleur secours encore de M. de Médicis, gouverneur de Prato, et ci-devant de Pistoja. Il m'a promis de faire lever le plan de toutes les montagnes voisines, et de m'envoyer tout ce qui me serait nécessaire en géographie, pour éclaircir ce point d'histoire, dans mon édition de Salluste.

Après avoir traversé deux villettes, Borgo a Buggiano et Pescia, nous nous trouvâmes sur les frontières exiguës de l'Etat de Lucques. Je n'aurais jamais imaginé que dans un si petit Etat il pût faire une si grande pluie : à peine eûmes-nous mis le pied sur les terres de cette république myrmidonne, que l'eau se mit à tomber d'une telle force, que, si j'en voyais la peinture dans une relation, à coup sûr je n'en croirais rien. En moins d'une demi-heure, l'impériale de ma chaise fut percée, et en même temps votre serviteur le fut aussi, et arriva à Lucques, comme feu Moïse, sauvé des eaux. La situation de Lucques est assez singulière ; elle est absolument environnée d'un cercle de montagnes, et placée dans le fond au milieu d'une petite plaine, comme au fond d'un tonneau. Je lui trouve en tout un peu de l'air de Genève, si l'on en excepte le lac et le Rhône. La ville est de même grandeur, les fortifications se ressemblent beaucoup ; elles sont belles, moins cependant que celles de Genève. Leur principal défaut est d'être trop basses ; elles sont peu soignées, et le fossé est presque comblé. Le rempart, garni d'une artillerie nombreuse, est coupé en terrasses à quatre gradins du côté de la ville, et, sur chaque gradin, un rang d'arbres ; de sorte qu'on fait par là fort agréablement le tour de la ville : c'est ce qu'il y a de mieux à Lucques, qui, entre nous, ne valait pas trop la peine de se détourner. Le pavé de la ville, tout de pierre piquée pour la commodité des chevaux, est néanmoins le plus beau qu'on puisse trouver, et les rues ne manquent pas d'avoir de temps en temps d'assez belles maisons. Le palais de la république serait très-vaste et d'un grand air, s'il n'était imparfait plus qu'à demi. Mais aussi si on l'eût fini, tout l'Etat aurait bien tenu dedans. Voici le surplus en bref. — A Saint-Martin, un portail gothique curieux à force d'être mauvais. Un beaucoup plus méchant à la cathédrale; le dedans de cette église est obscur de quelques nuances plus qu'un four : le pavé, de petite marqueterie de marbre, mérite d'être remarqué. Dans la nef à gauche, il y a une chapelle, ou plutôt un petit temple isolé, au milieu duquel est le fameux crucifix appelé le *Santo Volto* ou *Volto Santo*, sculpté par les anges sur le dessin de Nicodème, qui était aussi méchant sculpteur que saint Luc était mauvais peintre. Le crucifix est vêtu, comme un seigneur, d'une belle redingote de velours rouge, et coiffé d'une couronne de pierreries. La Vie de la Vierge est peinte dans la chapelle à gauche, d'assez bonne main. Les tableaux de la droite ne sont pas mauvais non plus; j'ai noté une Cène, du Tintoret, et une autre en entrant, meilleure encore... A la Madone, voyez un Saint Pierre guérissant le boiteux, dont je n'ai pas reconnu l'auteur.... A Saint-Dominique, église assez ornée, le Martyre de saint Romain, du Guide; Saint Thomas d'Aquin, du Boni, assez bon peintre bolonais, et un autre tableau de manière ancienne curieuse... A San-Frediano, le Tombeau d'un prétendu saint Richard, roi d'Angleterre, quoique assurément il n'y en ait jamais eu de ce nom ni saint, ni enterré à Lucques... A Sainte-Marie, force colonnes de marbre et dorures, faisant un très-méchant tout, et une chapelle isolée faite trait pour trait sur celle de Loreto, avec la dernière exactitude, à ce qu'on m'a assuré. J'en ai été fort réjoui ; car dès lors je tiens la Santa Casa pour vue et le voyage de Loreto pour fait. *Item*, là ou ailleurs, car je ne m'en souviens plus, un Christ avec saint Romain, du Guide.

On trouve au centre de la ville les restes informes d'un amphithéâtre des Romains, dans lequel on a bâti de méchantes cabanes qui achèvent de le défigurer. On a mieux fait en ruinant près de la cathédrale la maison d'un noble qui avait conspiré, car cela donne une assez jolie place.

Je ne veux pas omettre de vous dire qu'étant le soir allé à la comédie, tout était plein, même de dames ; je fus fort surpris de voir que la catastrophe de la pièce était un grand feu d'artifice distribué le long de la salle, tout au travers des toiles peintes et des loges, sans que l'exécution de ce feu, dans un lieu si périlleux, ni la pluie enflammée qui tombait à seaux, fissent peur à personne qu'à moi, qui trouvai, à cela près, le feu d'artifice plus joli que je n'en ai jamais vu en France. Je remarquai encore que les magistrats de la république, pour singer les anciens Romains, avaient leur place distinguée au spectacle.

Les chefs de ces magistrats sont au nombre de quatre, dont le premier, nommé le gonfalonier, ressemble d'autant mieux au doge, qu'il n'est presque fait que pour la représentation, l'autorité étant entre les mains des trois autres appelés secrétaires de l'État. Leur pouvoir dure un an et celui du gonfalonier deux mois seulement. Le conseil est composé de soixante nobles; je ne présume pas qu'il ait beaucoup d'affaires, puisque l'État ne contient que la ville et onze villages; mais en revanche ce pays est bien ramassé.

La plaine ronde qui fait le fond du tonneau dont je vous ai parlé est fertile et cultivée comme un jardin. Les maisons de campagne passent pour les plus agréables et les plus ornées de toute l'Italie. Nous ne jugeâmes pas à propos de profiter du beau temps pour aller nous y promener. L'huile de Lucques qui, avec les draps de soie, fait le principal commerce de l'État, est la meilleure de l'Italie, où en général elle est assez mauvaise. Notez que les jésuites n'ont jamais pu s'introduire à Lucques, quelque moyen qu'ils y aient employé... que les quatre massiers ou huissiers de l'État portent un bas blanc à une jambe et rouge à l'autre... que j'ai vu au palais une garde suisse qui, quand le sénat passe, se met en haie d'un côté seulement, n'étant pas assez nombreuse pour se mettre des deux côtés... que personne n'y porte l'épée, et qu'elle est interdite aux étrangers au bout de trois jours... que la république (respectable, quoique j'en badine, car tout petit État qui sait se maintenir l'est toujours) est sous la protection de l'Empereur, dont on met tantôt l'effigie sur la monnaie, tantôt celle du Volto Santo ; et qu'enfin, aux Augustins, il y a un petit trou qui va jusqu'en enfer, par où fut englouti ce misérable soldat qui battait la Vierge Marie, dont l'histoire est dans Misson. Je sondai ce trou avec une perche pour voir si l'enfer était bien loin, et ne lui trouvai qu'une aune et demie de profondeur. Fort surpris de me voir si près de ce vilain séjour, je m'enfuis tout droit jusqu'à Pise, malgré l'orage affreux qu'il faisait alors, et qui, par les amas d'eau qu'il produisait, nous obligea de prendre un détour assez long. Nous fîmes seize milles, côtoyant presque toujours les racines des montagnes, et en quelques endroits les bords du Serchio, fort grossi par les pluies.

La situation de Pise, malgré le mauvais temps, me parut charmante. L'Arno, large et beau fleuve, partage la ville par le milieu ; les deux rives sont bordées de quais qui se communiquent par trois beaux ponts. En un mot, rien n'approche plus de l'aspect de Paris, vu du Pont-Royal. Le plus beau de ces trois ponts est celui du milieu, tout construit de marbre blanc. Près d'un des bouts de ce pont est Banchi, où la loge des marchands, d'ordre dorique ; et près de l'autre bout, le palais Lanfreducci, tout de marbre blanc. Notez cependant le palais Lanfranchi, plus beau que celui-ci, construit par Michel-Ange.

Quoique tous les voyageurs veulent que Pise soit

une fort grande ville, elle ne m'a pas paru telle, encore que j'aie fort bien vu toute son étendue ; elle est mal peuplée, et presque seulement sur les bords de la rivière. La perte de sa liberté et le voisinage de Livourne lui ont fait grand tort. De vous dire que le marbre y est commun comme l'eau, ce discours, qui peut être vrai presque tous les jours de l'année, serait ridicule aujourd'hui, vu l'énorme pluie qui tombe maintenant. Je ne pense pas que nulle part ailleurs on puisse trouver, dans un si petit espace qu'est la place du Dôme, quatre plus jolies choses que les quatre qui y sont rassemblées ; elles sont toutes de la tête aux pieds, c'est-à-dire des fondations aux toits, même le pavé de la place, de marbre de Carrare plus blanc et presque aussi fin que l'albâtre.

Le premier de ces quatre morceaux est la cathédrale, l'une des nobles et des belles églises que j'aie trouvées. Le portail, qui est ce qu'il y a de moindre, est gothique avec des colonnes fort ouvragées. On entre par trois grandes portes de bronze, sculptées par Jean de Bologne, beaucoup meilleures que celles qu'on prise tant au baptistère de Florence. L'intérieur est majestueusement soutenu par soixante-huit colonnes de granit disposées sur quatre lignes ; celle où est la chaire du prédicateur est la plus curieuse, à cause des deux rampes d'escalier qui y montent ; chaque marche est isolée, infixée dans la colonne et soutenue par une console. On ne peut rien de plus svelte ni de plus joli. Le pavé ne dément pas le reste du bâtiment. Des deux chapelles de la croisée, l'une et l'autre construites d'une belle architecture, celle de la gauche a, en guise de tabernacle, un temple de vermeil, soutenu par des anges, le tout sculpté d'un grand goût; et derrière l'autel, la Tentation d'Ève par le serpent, à qui le sculpteur a donné fort hors de propos une tête de femme, puisque, de toutes les têtes qu'il pouvait lui donner, celle-là était la moins capable de tenter Ève. A la chapelle de la droite, un tombeau d'un dessin admirable, enrichi de bronze doré. On me fit remarquer dans le fronton de cette chapelle, sur les nuances du marbre, deux têtes humaines qu'on prétend être un jeu de la nature, mais trop correctement dessinées pour n'y pas soupçonner de l'artifice. Les voûtes de ces deux chapelles, aussi bien que celle du chœur, sont peintes en mosaïque à fond d'or, de manière fort ancienne ; c'est comme si je disais fort méchante. J'ai noté dans le chœur, à gauche, une colonne de porphyre dont le chapiteau est une jolie danse d'enfants. Au dehors de l'église, une autre colonne de granit sur laquelle est une très-belle urne antique, et le prétendu tombeau de la fille de la comtesse Mathilde, lequel, dans le vrai, est un ancien tombeau sur lequel est représentée en bas-relief une chasse au sanglier. C'est un des beaux monuments qui reste de la sculpture antique.

On ne peut rien de mieux tourné que le baptistère qui est près de là : la forme est en rotonde, couverte d'un joli dôme à figure de turban; l'intérieur est comme celui d'un temple païen, tout vide et n'ayant rien autre chose que deux étages de colonnes. Lorsqu'on parle en dedans, la voix retentit pendant plusieurs secondes comme le son d'une grosse cloche, et le son se dégrade de même peu à peu d'une manière fort amusante. Il y a là un beau tableau des Enfants de Zébédée, par Andrea del Sarto.

Le *Campo santo*, ou cimetière, est la troisième pièce, plus singulière que les deux précédentes. C'est un grand cloître carré long, qui enferme un préau tout de terre apportée de Jérusalem, qui, à ce que l'on prétend, égaie mieux que nulle autre les mânes des pauvres défunts. Le cloître est d'architecture gothique, assez jolie, tout pavé de tombes de marbre, contenant pour la plupart quelque chose de remarque. On a rangé tout le long des murs un grand nombre de tombeaux antiques, lesquels ont donné lieu au savant ouvrage du cardinal Noris, *Cenotaphium Pisanum.* Il y en a aussi quelques-uns modernes, dont les meilleurs sont ceux du jurisconsulte Decius[1] et de Buoncompagni, oncle du pape Grégoire XIII. Les murs sont tous peints à fresque de la main du Giotto, d'Orcagna, de Gozzoli Benozzo, etc., qui y ont représenté les histoires de la Bible d'une manière fort bizarre, fort ridicule, parfaitement mauvaise et très-curieuse. Je me souviens d'un Noé montrant sa nudité, près duquel est une jeune fille qui, se bouchant les yeux avec la main,

---

[1] Decio (Philippe). R. C.

écarte les doigts de toute sa force pour ne point voir.

La quatrième est la célèbre tour de Pise, toute ronde, entourée de huit étages de colonnades et toute creuse en dedans, de sorte que ce n'est qu'une croûte; elle penche tellement, qu'un niveau, jeté du haut, va tomber à plus de douze pieds des fondations. A examiner les symptômes apparents de cette tour, il semble qu'elle se soit affaissée d'un côté tout d'une pièce. Cependant il paraît bien dur à croire, vu la forme de sa construction, qu'elle ait pu faire un pareil pas de ballet sans se dégingander le reste du corps.

L'église des chevaliers de Saint-Étienne, ordre du grand-duc, est toute tapissée d'étendards pris sur les Turcs. C'est un beau trophée, mais je voudrais bien savoir s'il n'y en a pas aussi quelques-uns des leurs dans les mosquées. Le plafond est fort doré et peint par le Bronzino, qui y a représenté la vie de Ferdinand de Médicis. Le maître autel en architecture, tout de porphyre incrusté de calcédoine, est une pièce fort remarquable.

Au milieu de la place qui est au-devant de l'église est la statue du grand Côme, fondateur de l'ordre, et tout autour les maisons des chevaliers.

Autre statue de Ferdinand, faisant la charité à une femme et à deux enfants... Il me semble que la chapelle gothique de marbre, bâtie aux frais d'un mendiant, n'est pas loin de là [1]. Remarquez encore le

---

[1] Santa Maria della Spina. R. C.

grand et bel aqueduc d'une lieue et demie de long, qui apporte, des montagnes voisines, d'excellentes eaux à la ville... Le jardin des simples, qui n'est pas grand, mais où il y a quantité de plantes américaines curieuses. Le vestibule du jardin est un cimetière où l'on a rassemblé de grands vilains squelettes de baleines. *Item,* le cloître de l'archevêché ; une fontaine et une statue de Moïse au milieu... l'arsenal où se construisent les galères du grand-duc, que l'on conduit ensuite à Livourne par un canal pratiqué exprès. Ce n'est pas grand'chose que cet arsenal pour ceux qui ont vu les chantiers de France et de Venise... Aux Dominicains, un tombeau de Démétrius Cantacuzène, capitaine dans les troupes de Florence, 1536. Voyez si Ducange en a parlé.

Quoique ma coutume soit de m'étendre principalement sur les villes dont les autres relations ont peu parlé, et qu'il y ait encore quantité d'autres choses à noter sur celle-ci, je les supprime, attendu que cette épître commence à me paraître moins courte que celle aux Corinthiens, que j'ai toujours trouvée trop longue, pour une lettre, s'entend. Ainsi, je ne parlerai pas d'un assez bon nombre de tableaux de manière florentine, passablement bonne, dispersés çà et là dans les églises ; je ne note qu'un Saint François, de Cimabue, au chapitre des Cordeliers, et un tableau d'autel, aux Jacobins, d'un nommé Traini (Francesco), peintre fort ancien, de qui je n'ai jamais vu le nom que là. J'allai passer ma soirée avec le père Grandi, qui a la réputation en France d'être le plus savant mathématicien de l'Italie. Le bonhomme est fort vieux et n'y est plus guère; mais il a un jeune clerc nommé Fromond, de Besançon, qui me parut un garçon de beaucoup de mérite.

Le lendemain 13, nous nous rendîmes à Livourne d'assez bonne heure. Le pays qu'on traverse est tout plat et peu agréable. Nous passâmes dans une forêt où l'on a établi des haras de buffles et des haras de chameaux. J'y trouvai encore une autre singularité; ce sont des arbres de liége. C'est une espèce de chêne vert fort haut, à feuille épineuse; on lève tous les ans l'écorce, qui se reproduit comme les feuilles. Voilà le liége.

Nous sommes ici depuis près de vingt-quatre heures, sans avoir encore pu mettre le nez dehors, à peine d'être submergés. La saison devient furieusement incommode pour voyager. Je compte cependant être à Rome dans cinq jours, où vous m'écrirez désormais poste restante.

Que dites-vous de la galanterie de notre saint-père, qui a la politesse de se laisser mourir pour nous faire voir un conclave? On n'a pas encore la nouvelle de sa mort, mais autant vaut. J'ai reçu à Florence votre lettre du 30 août. Vraiment, les dames ont bien de la bonté de se battre pour mes lettres : sur ce pied-là, elles se battront bien mieux à mon retour pour l'original; mais dites-leur que je suis capable de les mettre toutes d'accord.

XXVII. — A M. DE BLANCEY.

Route de Livourne à Rome.—Sienne.

Rome, le 21 octobre 1739.

Si je m'en souviens bien, mes chers Blancey et Neuilly, vous me laissâtes en dernier lieu à Livourne, pestant d'importance contre la pluie. Voyant donc qu'elle voulait avoir le dernier avec moi, je pris, d'une âme héroïque, la résolution de me mouiller, plutôt que de rester plus longtemps prisonnier.

Figurez-vous une petite ville de poche toute neuve, jolie à mettre dans une tabatière, voilà Livourne. Elle débute aux yeux du voyageur par des fortifications construites et entretenues avec une propreté charmante ; elles sont de briques, ainsi que la ville entière. Les fossés, revêtus de même, sont remplis par l'eau de la mer. On entre par une rue large et longue, tirée au cordeau, à laquelle aboutissent les deux portes de la ville. Presque toutes les rues sont de même, alignées, les maisons plus hautes dans la partie de la ville à gauche, où demeurent les juifs ; mais plus agréables dans celles de la droite, où l'on a creusé des canaux pleins de l'eau de la mer, comme à Venise, et bordés de quais de part et d'autre.

La grande rue est interrompue par une place carrée, fort vaste, terminée d'un bout à la maison d'un négociant, beaucoup plus belle que le palais du grand-duc, qui l'avoisine, et de l'autre à la principale église catholique. Cette église a meilleure mine que bien des cathédrales de ma connaissance, ne fût-ce que par son riche plafond peint et doré, et par ses marbres de brèche violette.

La plupart des maisons de la ville étaient peintes à fresque, ce qui devait faire un fort joli effet; mais le voisinage de la mer, ennemie naturelle de toute peinture, les a presque entièrement effacées.

De dire par quelle nation cette ville est habitée, ce ne serait pas chose aisée à démêler; il est plus court de dire qu'elle l'est par toutes sortes de nations d'Europe et d'Asie; aussi les rues semblent-elles une vraie foire de masques, et le langage celui de la tour de Babel : cependant la langue française est la vulgaire, ou du moins si commune qu'elle peut passer pour telle. La ville est extrêmement peuplée et libre ; chaque nation a l'exercice de sa religion. Je ne vous parle ni de la synagogue, ni de l'église des Arméniens, qui n'a rien de singulier que des inscriptions de tombes, écrites de façon qu'il faudrait être pis qu'un démon pour les lire ; mais l'église grecque a quelque chose dans sa forme qui mérite de s'y arrêter. Le chœur est entièrement séparé et fermé, on ne le voit qu'à travers les jalousies des trois portes. La nef est faite, non comme celles de nos églises, mais tout précisément comme un chapitre de moines, sans autel, chapelles ni autres ornements quelconques, que quelques méchantes peintures à la grecque et une tribune dans le haut.

Outre ses fortifications, Livourne a plusieurs châteaux qui donnent, les uns sur le port, les autres sur la place, laquelle malgré cela est, à ce qu'on prétend, plus forte en apparence qu'en réalité.

Le port est divisé en trois parties ; les deux intérieures, qu'on appelle communément la Darse, sont, pour ainsi dire, cachées dans les terres et séparées de la troisième par un long môle sur lequel sont construits les magasins du grand-duc. La première de ces deux parties contient les galères ; je n'y en vis que trois ; c'est sur les bords de la seconde qu'est la statue de Ferdinand de Médicis, flanquée de ces belles statues de bronze que vous connaissez, et qu'on nomme les quatre esclaves ; l'ouvrage est de Pierre Tacca. La rade et le vrai port étaient fort remplis de vaisseaux marchands. L'ouverture de ce port me parut beaucoup trop large et fort exposée à la tramontane. Il est fermé d'un côté par le môle ci-dessus, et de l'autre par une longue jetée, au bout de laquelle est un petit fort au-dessous d'un fanal. Pour rompre les coups de la mer et empêcher qu'elle n'endommage la jetée, on a amoncelé au-devant plus de quartiers de rochers que n'en lança jamais Briarée. En un mot, ce port et toute cette ville doivent avoir coûté des sommes immenses. Je ne m'étonne pas si les Toscans regrettent si fort leurs Médicis ; on trouve à chaque pas des monuments de leur magnificence; mais, d'avoir fait cette ville comme elle est, depuis la première pierre, c'est sans contredit le plus grand de tous, et celui qui pourrait faire honneur aux plus puissants souverains : aussi c'est un cri général en leur faveur par tout l'État, chose singulière pour une famille qui a ruiné la liberté de ses compatriotes! Aujourd'hui les Toscans n'ont des yeux que pour l'infant don Philippe; et vous ne leur ôteriez pas de la tête qu'actuellement trente mille Français marchent pour l'en mettre en possession.

Le commerce de Livourne ne vaut pas en marchandises du Levant ce que j'avais imaginé ; je n'y ai trouvé que de la drogue en ce genre. Tout ce qu'ils ont de mieux vient de France ou d'Angleterre.

J'en repartis sur le soir, du même jour 14 où je vous écrivis. Ce fut trop tôt; la ville valait plus de séjour ; non pas pour ses beautés ou curiosités particulières, mais pour l'ensemble du tout, qui fait un spectacle bon à voir, et une police bonne à connaître.

Je retournai coucher à Pise où, dans le court intervalle, l'orage avait fait hausser le fleuve d'Arno de six pieds de haut. Je passai ma soirée à faire de nouvelles connaissances pour les quitter le lendemain (mais c'est un petit malheur auquel je suis habitué) et à examiner l'excellent plafond qui vient tout nouvellement d'être peint par les frères Melani. Il paraît élevé de quinze pieds au moins au-dessus de la corniche, et ne l'est cependant que de deux et demi.

Le 15, nous allâmes coucher à Sienne, soixante milles, forte traite que nous n'aurions jamais achevée sans l'entremise d'un quidam de postillon qui avait une botte en pantoufle dans un pied et une mule du palais dans l'autre. La route est fort inégale, ainsi que le pays, tantôt beau, tantôt vilain. On trouve sur le chemin Poggibonzi, méchant bourg, autrefois fameux par son tabac, dont je crois qu'on ne fait plus d'usage.

Quoique Sienne soit bâtie dans une position fort élevée, elle ne paraît pas telle, en arrivant de ce côté-ci, plus élevé encore. Son bel aspect est du côté de Rome, d'où on l'aperçoit garnie d'une quantité de tours carrées de brique. Chaque famille de considération en avait autrefois une dans sa maison ; c'était la marque distinctive au temps de la république. La ville est peu jolie et triste, comme le sont toutes les villes bâties de brique. Elle en est aussi entièrement pavée, et même fort mal ; cela est commode pour les chevaux et fort désagréable pour les gens à pied. Sa situation sur toutes sortes de montagnes en rend le terrain fort inégal et l'enceinte très-irrégulière. La place publique est d'une forme particulière : elle est quasi faite comme une coquille ou tasse à boire. On la remplit d'eau quand on veut, par le moyen d'une grande et abondante fontaine qui est dans le haut, et l'on peut alors se promener sur la place dans de petits bateaux, tandis que les carrosses s'y promènent de leur côté, sur les bords et tout autour de la tasse. Ce sont des loups qui jettent l'eau de la fontaine : ils sont en grande recommandation à Sienne, à cause de la louve qui allaita Rémus et Romulus, dont on trouve l'effigie à chaque coin de rue, nommément sur une belle colonne de granit antique au coin du palais public.

Ce palais est un vieux bâtiment qui n'a rien de recommandable, ou du moins de curieux, que quelques peintures plus antiques encore et plus laides que lui. La salle du conseil est de Pietro et Ambrosio Lorenzetti, en 1328. La chapelle de Taddeo Bartoli, en 1407, excepté le tableau de l'autel plus moderne et d'assez bonne manière, par le Sodoma, dont la manière est fort estimée dans le pays. La salle du fond est bien ornée d'une quantité de portraits de papes et de cardinaux siennois, d'un plafond représentant diverses actions républicaines des Romains, par Beccafumi, et de plusieurs autres bons tableaux; mais la plus fameuse peinture de la ville est la Madone des Dominicains, peinte en 1221 par Guido de Sienne et qui ébranle furieusement la priorité accordée à Cimabue; puisque cette Madone est antérieure de vingt ans à la naissance de celui-ci, et qu'elle est authentiquée par des titres en forme, conservés dans les archives publiques; car il ne faut pas que vous vous figuriez que ces sortes de choses soient traitées de bagatelles en ce pays-ci. Nous cherchâmes, Sainte-Palaye et moi, toutes les chicanes possibles, tant à la date qu'à la peinture, sans y pouvoir trouver à redire. Ainsi, il fallut se rendre et accorder aux Siennois la prééminence de date contre les Florentins, sauf le droit des Vénitiens. La manière de cette peinture est la même que celle de Cimabue, sans dessin, sans rondeur, sans coloris, fade et misérable de tout point. Voilà le bel objet qui nous appliqua le plus, tant il est vrai qu'il n'y a sorte de lanternerie si plate dont nous ne nous sentions fort capables.

Sienne a la réputation d'être la ville de l'Italie la plus aimable pour le commerce du monde et la bonne compagnie. En effet, pour le peu que nous l'avons vu, les dames, surtout madame Bichi, nous ont paru également agréables, spirituelles et prévenantes. C'est là qu'est le centre du beau langage, tant pour le discours que pour la prononciation ; car, bien que les Florentins parlent très-purement, ils prononcent si désagréablement, non pas de la gorge, mais de l'estomac, que j'avais cent fois plus de peine à les entendre que le patois vénitien. Les étrangers sont fort bien en carrosses de remise ici, les cochers des particuliers ne se faisant aucun scrupule de louer les équipages de leurs maîtres : je ne sais si c'est là la façon d'être payés de leurs gages, ou si *c'est qu'à monsieur ils en rendent quelque chose*[1].

Vous me sauriez mauvais gré de ne vous rien dire

---

[1] Il est vrai qu'à Monsieur j'en rendrai quelque chose.
(RACINE. *Les Plaideurs*.)

de la cathédrale; effectivement elle vaut la peine d'être citée : son portail gothique est fort riche et agréable à la vue. Misson remarque fort judicieusement que le bâtiment est fini en entier. Il a raison d'en faire l'observation; car c'est ce qu'on ne peut dire d'aucun autre grand édifice d'Italie. Les colonnes et l'intérieur, tout de marbre noir et blanc, disposé à bandes horizontales d'une égale largeur, font un très-joli coup d'œil; c'est la seule fois que j'aie vu ce genre d'ouvrage réussir. Le plafond est d'un outremer fort vif, semé d'étoiles d'or; la coupole élégante, et le pavé entre en concurrence avec celui de Sainte-Justine de Padoue : ce dernier l'emporte par la simplicité, et celui-ci par le travail; c'est une espèce de camaïeu fait de marbre blanc, gris et noir, où le Beccafumi a représenté les histoires de la Genèse avec un travail et un goût de dessin admirables. Le Sacrifice d'Isaac et le Frappement du rocher m'ont paru les deux meilleurs morceaux. Dans la chapelle d'Alexandre VII, tout est à remarquer, les belles portes et colonnes de bronze, la jolie coupole, l'architecture à colonnes de vert antique, la Visitation et la Fuite en Égypte, par Carle Maratte; le Saint Jérôme, statue, par le Bernin; la Niobé, du même, qu'on a mise là en guise de Madelaine; la Sainte Catherine et le Saint Bernardin, par un de ses élèves presque égal à son maître; et enfin le grand miroir de lapis-lazuli qui fait le dessus de l'autel, et qui, comme vous pouvez juger, n'est pas tout d'une pièce. Vis-à-vis de cette chapelle est celle de Saint-Jean-de-Jérusalem, au-devant de laquelle on a mis le tombeau de Zondadari, avant-dernier grand maître de Malte. Un piédestal antique, chargé de beaux bas-reliefs, soutient une des colonnes de la porte, et l'intérieur de la chapelle est peint par le Pérugin, ou autres meilleurs ouvriers. Notez encore le derrière du maître autel, peint par Beccafumi ; aux deux côtés, la Manne du désert et l'histoire d'Esther à fresque, par Salimbeni ; dans une des chapelles, la Prédication de saint Bernardin, par le Calabrais ; le baptistère soutenu par neuf colonnes de granit, dont quatre portées par des lions ; douze belles statues des apôtres le long de la nef, et au-dessus de la corniche tous les bustes des papes. Parmi ceux-ci était celui de la papesse Jeanne, qu'on a depuis ôté ou défiguré ; mais, puisque je vous ai déjà mandé quelque chose sur le chapitre de cette princesse, j'ajouterai ici que je ne sais point de plus frivole argument sur son existence que celui qu'on tire de ce buste. Si tous ces bustes avaient été faits successivement sous le règne de chaque pape et sur leur figure effective, il n'y aurait rien à répliquer ; mais je ne vois pas quelle preuve on peut tirer de toutes ces figures ingrates, fort mal fabriquées toutes à la fois d'une même main, rangées sans ordre et avec beaucoup d'ignorance, dans un temps où cette fable de la papesse avait cours.

L'endroit de la cathédrale le plus curieux est la sacristie, à cause de la Vie d'Énée Piccolomini, qui y a été peinte à fresque par le Pinturicchio, sur les dessins de Raphaël, alors très-jeune, et encore fort éloigné de la perfection où il est parvenu depuis. Quoique cet ouvrage soit fort au-dessus de tout ce qui avait paru jusqu'à ce temps pour l'ordonnance et le dessin, surtout le morceau qui représente la promotion d'Énée au cardinalat, on peut dire que son principal mérite est dans la vivacité surprenante du coloris. Le peintre a damasquiné les habillements de ses figures d'or en relief, ce qui ne se fait jamais; cependant cela produit un assez bon effet. L'éclat de ces peintures est une chose toute particulière et que je n'avais jamais vue. Leur coloris ne ressemble ni à la richesse du Véronèse, ni à la vérité de Rubens ou du Titien, ni au frais enchanteur du Corrége, ni à la suavité du Caravage ou du Guide, ni même à l'émail brillant des peintres flamands, dont il approche un peu plus, mais moins qu'il n'approche de celui des peintres de manière ancienne, tels que Conegliano ou Capanna. En un mot, il est tout à fait singulier et surprenant; je me suis attaché par cette raison à le décrire plus particulièrement. Au milieu de la sacristie, dans un grand bénitier, il y a trois figures antiques des Grâces nues, qui dansent en rond. Je vis, avec grand plaisir, dans ce même lieu, les miniatures excellentes des livres de plain-chant, par D. Giulio Clovio, et de très-jolies arabesques sculptées en bas-reliefs sur les montants des portes.

Au sortir de là, on voit la façade bizarre de l'archevêché en marbre blanc et noir, et la chapelle de l'hôpital, dans le fond de laquelle Conca, peintre vivant, a peint la Piscine probatique, d'une très-belle ordonnance.

Je saute par-dessus le reste des curiosités de la ville, de moindre valeur que ce que je vous ai dit; si ce n'est toutefois dans le couvent des dominicains; le terrain, entouré d'une grille, dans lequel jadis la bienheureuse sainte Catherine de Sienne *souloit de se promener avec le petit Jésus, qui lui faisoit l'amour*, comme dit la légende; mais c'était pour une fin honnête, car vous savez qu'il l'a épousée depuis. C'est la sainte qui a le plus de crédit dans le pays; aussi lui a-t-on fait une belle chapelle, peinte par le chevalier Vanni et par le Sodoma. Ne me trompé-je pas en mettant ici deux personnes au lieu d'une? Vanni pourrait bien être le même peintre qu'on a surnommé le Sodoma [1].

Le spectacle le plus singulier que nous ayons eu pendant notre séjour à Sienne nous a été donné par le chevalier Perfetti, improvisateur de profession. Vous savez quels sont ces poëtes qui se font un jeu de composer sur-le-champ un poëme impromptu, sur un sujet *quolibétique* qu'on leur propose. Nous donnâmes au Perfetti l'aurore boréale. Il rêva, tête baissée, pendant un bon demi-quart d'heure, au son d'un clavecin qui préludait à demi-jeu. Puis il se leva, commençant à déclamer doucement strophe à strophe en rimes octaves, toujours

---

[1] Vanni et le Sodoma sont deux peintres différents.
R. C.

accompagné du clavecin qui frappait des accords pendant la déclamation, et se remettait à préluder pour ne pas laisser vides les intervalles au bout de chaque strophe. Elles se succédaient d'abord assez lentement. Peu à peu la verve du poëte s'anima, et à mesure qu'elle s'échauffait, le son du clavecin se renforçait aussi. Sur la fin, cet homme extraordinaire déclamait comme un poëte plein d'enthousiasme. L'accompagnateur et lui allaient de concert avec une surprenante rapidité. Au sortir de là, Perfetti paraissait fatigué ; il nous dit qu'il n'aimait pas à faire souvent de pareils essais, qui lui épuisaient le corps et l'esprit. Il passe pour le plus habile improvisateur de l'Italie. Son poëme me fit grand plaisir ; dans cette déclamation rapide il me parut sonore, plein d'idées et d'images. C'était d'abord une jeune bergère qui se réveille, frappée de l'éclat de la lumière ; elle se reproche sa paresse, et va réveiller ses compagnes ; leur montre l'horizon déjà doré des premiers rayons du jour, leur représente qu'elles auraient déjà dû conduire leurs troupeaux dans les prairies émaillées de fleurs. Les bergères se rassemblent ; le phénomène augmente : la foudre du maître des cieux s'élance de toutes parts d'un globe obscur qui menace la terre ; les vagues enflammées se débordent sur les campagnes : la terreur saisit toutes les bergères. Vainement une d'entre elles, plus instruite que les autres, veut leur expliquer les causes physiques du phénomène ; tout fuit, tout se disperse, etc. Ce canevas, tourné poétiquement, rempli de phrases harmonieuses, déclamées avec rapidité ; jointes à la difficulté singulière de s'assujettir aux strophes en rimes octaves, jette bien vite l'auditeur dans l'admiration et lui fait partager l'enthousiasme du poëte. Vous devez croire néanmoins qu'il y a là-dessous beaucoup plus de mots que de choses. Il est impossible que la construction ne soit souvent estropiée et le remplissage composé d'un pompeux galimatias. Je crois qu'il en est un peu de ces poëmes comme de ces tragédies que nous faisons à l'impromptu, M. Pallu et moi, où il y a tant de rimes et si peu de raison ; aussi le chevalier Perfetti n'a-t-il jamais rien voulu écrire, et les pièces qu'on lui a volées tandis qu'il récitait n'ont pas tenu à la lecture ce qu'elles avaient promis à la déclamation.

Le 17 au matin nous commençâmes à descendre la montagne et à prendre tout de bon la route de Rome. Je passai à San-Quirico, devant le palais Zondadari, dont je n'ai garde de vous rien dire ; car le maître de la maison, par une inscription posée sur sa porte, a expressément défendu aux passants d'en parler ni en bien, ni en mal, par la raison, dit-il, qu'il n'a que faire des louanges, et que le blâme lui déplaît : sans cela, je ne manquerais pas de vous dire que c'est un grand animal, d'avoir fait la dépense d'une si belle maison dans un si vilain endroit.

J'ai de fâcheuses nouvelles à vous apprendre du chemin de Sienne à Rome ; il est *cattif*, mais je dis très-*cattif*, et plus que suffisant pour désoler les voyageurs par lui-même, sans parler des brancards ou essieux cassés; des culbutes et autres pretintailles du voyage. La première fois que nous versâmes, je n'y étais pas encore bien accoutumé; et je lâchai quelques coups de pied dans le cul du postillon. Loppin, plus sage que moi, laissa tranquillement remettre les choses en bon état; puis il fit venir le postillon, et d'un grand sang-froid, sans colère, il le fouetta comme fouette le correcteur des jésuites. «Mon ami, lui dit-il ensuite, je vous châtie sans me fâcher, et seulement pour que votre exemple serve de leçon aux postillons des siècles futurs; allez, et souvenez-vous une autre fois que l'axe vertical d'une chaise doit faire un angle de plus de quarante-cinq degrés sur le plan de l'horizon. » Je ne sais si les postillons à venir profiteront beaucoup de cette morale; toujours sais-je bien que ceux du siècle présent n'en ont pas tenu grand compte, car ils nous versèrent deux fois le lendemain. A tous ces menus suffrages se joignit une pluie horrible, qu'il fallut nécessairement essuyer *sub dio*, les montagnes étant si roides qu'il fallait presque toujours aller à pied. Après avoir laissé à droite Montepulciano, fameux par ses bons vins; après avoir traversé, non pas des montagnes, mais des squelettes, des cimetières de rochers, tout couverts de débris de montagnes calcinées, sans un seul brin de verdure, nous arrivâmes à nuit noire à Radicofani, méchant village campé sur la plus haute sommité des Apennins, mouillés jusqu'aux os, perdus de faim et de fatigue. Le Radicofani, plus funeste que ne le fut jamais le Croupignac[1], est fameux chez tous les voyageurs, comme étant le plus détestable gîte de l'Italie.

Un moment avant nous, il y était arrivé le prince de Saxe, fils aîné du roi de Pologne, qui courait à cinquante chevaux, circonstance touchante pour des gens qui courent à dix. Le plus grand malheur ne fut pas d'apprendre qu'il avait arrêté tous les chevaux et tous ceux des postes au delà qu'on lui avait amenés en relais; il fallut encore avoir la douleur d'entendre qu'il occupait par lui, ou par sa suite, tous les logements de ce méchant trou, et, qui pis est, qu'il avait dissipé tous les vivres, sans en excepter une miette de pain. Nous voilà donc pendant une demi-heure au milieu de la rue, sans pouvoir avancer ni reculer, dans l'état pitoyable que vous voyez. Notre sort ne pouvait être plus déplorable; la fortune nous tenait au plus bas de sa roue, et par la vicissitude des choses humaines, notre situation ne pouvait plus que devenir meilleure, et en effet le devint-elle bientôt. Le premier astre qui brilla à nos yeux dans cette tempête fut un frère capucin, qui, touché de nos misères, nous offrit de faire étendre

---

[1] Le Croupignac est très-funeste;
Car le Croupignac est un lieu
Où six mourants faisaient le reste
De cinq ou six cents que la peste,
Etc., etc.
(CHAPELLE).
R. C.

des matelas pour coucher dans sa cellule; ensuite vint un paysan qui nous dit qu'il lui restait une cave où il pourrait faire du feu pour nous sécher; mais tous ces faibles lénitifs n'apaisaient point les cris de mon estomac. Je pris donc la résolution de monter dans l'auberge où soupait le prince, pour lui demander s'il aurait bien la cruauté de me voir mourir de faim, tandis qu'il faisait si bonne chère. Au-dessus de l'escalier, je fis rencontre d'un laquais, ou plutôt d'un ange tutélaire, à qui je dis que j'étais un pauvre gentilhomme savoyard qui n'avait pas mangé depuis huit jours, et que, s'il pouvait me procurer le reste des assiettes, j'en conserverais une reconnaissance éternelle. Ce disant, je lui glissai un demi-louis dans la main. Mon homme partit comme un trait; je le suivis du coin de l'œil jusqu'auprès de la table. Vous n'avez jamais vu de laquais si agile à desservir les plats, ni si officieux pour le maître d'hôtel. Je le vis revenir à moi chargé d'une entrée excellente et presque entière, de quatre pains et d'une grosse bouteille; le tout fut porté au plus vite dans notre cave, où l'honnête laquais fit jusqu'à six voyages, toujours chargé d'un nouveau plat. Nous fîmes un souper de roi, et, pour surcroît de bonne fortune, on vint sur la fin nous avertir que les cuisiniers de monseigneur, qui devaient faire le dîner pour le lendemain, venaient de se lever et de partir, et que, si nous voulions leurs lits, la place était toute chaude. Nous ne nous le fîmes pas dire deux fois; le capucin en fut pour ses préparatifs, et nous allâmes attendre tranquillement que les chevaux fussent en état de nous mener.

Le 18, nous descendîmes la montagne ; je crus que cela ne finirait jamais, et qu'elle descendait jusqu'aux antipodes : le mauvais chemin et les roches désertes contribuaient, je pense, beaucoup à me la faire trouver si longue. Enfin, après avoir traversé dans le fond de la vallée un large torrent, nous quittâmes les États du grand-duc pour entrer dans ceux du pape, et primes congé pour longtemps de ces vilaines montagnes pelées. Je puis bien assurer qu'il n'y a pas un homme dans le monde plus mal en Apennins que le grand-duc. Il semble que cela lui soit affecté ; car, dès que nous eûmes passé le torrent, nous retrouvâmes les montagnes chargées d'arbres et de verdure : pour les chemins, c'est la même chose, ils sont tout aussi mauvais dans l'un des États que dans l'autre. On ne peut rien de plus détestable ni de plus fatigant que la route de Sienne jusqu'au lac de Bolsena. C'est une indignité que des souverains laissent des chemins dans un pareil état ; mais ce qui me parut plus original par rapport à nous, c'est qu'à chaque poste où nous arrivions moulus de coups, on nous faisait acquitter un péage pour avoir de quoi les raccommoder un jour à venir. Nous ne sommes pas dans l'intention de retirer jamais l'intérêt de notre argent ; au contraire, notre dessein au retour est de passer par la Marche d'Ancône pour éviter cette mauvaise route, et voir un nouveau pays. Ceci nous allongera le chemin d'une quarantaine de lieues, mais c'est une bagatelle sur une traite comme la nôtre. Continuons notre route de ce côté.

Nous montâmes par une échelle à la petite ville d'Acquapendente ; de là nous tirâmes vers le beau lac de Bolsena, et dès que nous l'eûmes joint, nous trouvâmes de jolis paysages et des chemins fort neufs.

Je ne vous dirai rien de la ville de Bolsena ni de celle de Montefiascone. Cette dernière est dans une jolie situation, sur une hauteur entourée de vignes, qui produisent de célèbres vins blancs. Je n'entrai pas dans la ville, et je poussai jusqu'à Viterbo (trente-deux milles) que je ne fis non plus qu'entrevoir, y étant arrivé tard et parti de grand matin ; mais, pour le peu que j'aperçus, la ville me parut bien bâtie et ornée de belles fontaines.

Il ne nous restait plus que quarante-deux milles jusqu'à Rome. Nous les commençâmes le lendemain en gravissant la montagne de Viterbo, fort longue mais non pas ennuyeuse. Cela nous mena à peu près jusqu'à Ronciglione, bicoque embellie par les maisons de campagne des Romains ; et puis voici la vraie campagne de Rome qui se présente. Savez-vous ce que c'est que cette campagne fameuse? C'est une quantité prodigieuse et continue de petites collines stériles, incultes, absolument désertes, tristes et horribles au dernier point. Il fallait que Romulus fût ivre quand il songea à bâtir une ville dans un terrain aussi laid. A la vérité, à deux milles autour des murailles de la ville, la campagne est tenue un peu plus proprement, mais jusque-là on ne trouve aucune maison que la cabane où est la poste.

Nous la joignîmes donc enfin cette ville tant désirée ; nous passâmes le Tibre sur le Ponte Molle, et entrâmes par la porte del Popolo, ayant fait depuis Venise jusqu'ici quatre cent treize milles, qui font environ cent soixante-cinq lieues.

Nous courûmes à Saint-Pierre comme au feu, et vous pouvez compter que le 19 octobre, à quatre heures du soir, j'étais dans la chaire de Saint-Pierre, à lancer les foudres du Vatican contre ceux qui parlent mal de mon journal. Marquez-moi s'ils ne sont pas maigris de ce jour-là.

XXVIII. — A M. DE BLANCEY.

Route de Rome à Naples.

Naples, 2 novembre.

Je me laisse encore séduire par votre éloquence melliflue, mon cher Blancey, pour vous tracer succinctement la route de Rome à Naples ; mais je vous avertis tout de bon que ce sont ici les derniers efforts du journal expirant. Il y en a mille raisons ; mes courses, mes occupations à Rome, la paresse qui me laissera certainement arrérager quinze jours ou trois semaines, après quoi, je me connais, je n'aurai jamais la force de me remettre au courant. D'ailleurs il faudrait de beaux in-folio pour donner une idée succincte de Rome, et tant d'autres l'ont fait! qu'en pourrais-je dire que vous n'eussiez déjà vu ou pu voir? Plus que tout cela, je ne la verrai peut-être pas moi-même cette précieuse ville, pour laquelle j'ai tant pris de peine et dépensé tant de sequins. Vous savez les affaires imprévues et pressantes qui me rappellent en France.—Oh! archibélître [1] de la première classe, qui ne m'a fait enrager pendant quatre-vingt-huit ans que pour s'aviser de vouloir mourir si mal à propos! Je combats tant que je puis les bonnes raisons qui me pourraient déterminer à partir; mais je crois, Dieu me pardonne, que ces jours passés, j'allais enfin succomber à la tentation de retourner en France, si le ciel ne m'eût inspiré la salutaire pensée de fuir encore mieux le danger, en m'éloignant davantage des lieux d'où l'on me tente, en me jetant brusquement dans ma chaise de poste pour venir à Naples. Nos compagnons ont pris la même résolution, et le 28 au soir, nous partîmes de Rome par la porte de Saint-Jean de Latran.

Nous retrouvâmes cette malheureuse campagne déserte et désolée, dont je vous ai parlé dans ma dernière lettre. Elle est cependant un peu moins triste que de l'autre côté, surtout à cause des longues files de ruines d'aqueducs qui la décorent, et qui servaient autrefois à amener à Rome les eaux des montagnes distantes de plusieurs lieues.

[1] L'auteur veut parler d'un oncle qui ne l'aimait guère aussi, et qui est mort à Tournay, à l'âge de quatre-vingt-onze ans. R. C.

XXVIII.—A M. DE BLANCEY.

C'est une chose surprenante que les ouvrages de ces Romains; on ne se lasse point d'admirer la grandeur de leurs entreprises, qui est une preuve de celle de leur génie. Tous ces aqueducs sont composés d'une quantité prodigieuse d'arcades longues et étroites, formées par des piliers et des voûtes de briques, au-dessus desquels, comme sur une terrasse, court le canal qui va prendre les eaux à leur source, pour les amener à leur destination. Ils ne sont pas tirés en droite ligne, mais font de temps en temps quelques coudes en serpentant, tel que le cours d'une rivière. On a voulu que l'art imitât la nature, et l'on a cru que les eaux en étaient plus saines en se travaillant ainsi par différents chocs. C'est fort peu de chose que chacune de ces arcades de briques prise en soi, mais vous ne sauriez croire combien, en fait d'architecture, la quantité des choses médiocres, soit piliers, pilastres ou colonnes rassemblés en grand nombre, produit un bel effet. C'est ce que j'ai déjà remarqué en plusieurs endroits, entre autres à la grande galerie couverte hors des murs de Bologne.

Nous voilà donc dans cette campagne, misérable au delà de tout ce qu'on peut dire. Pas un arbre, pas une maison, et ne vous en prenez point à Romulus. J'ai eu tort de l'en accuser dans ma précédente lettre; le terrain est le plus fertile du monde, et produirait tout ce qu'on voudrait s'il était cultivé. Vous me direz : Pourquoi ne l'est-il point? On vous répondra : A cause de l'intempérie de l'air, qui fait mourir tous ceux qui y viennent habiter. Mais moi je réponds que la proposition est réciproque. Il n'est point habité parce qu'il y a de l'intempérie, et il y a de l'intempérie parce qu'il n'est point habité. Comment est-il possible qu'il n'y en ait point dans cette vaste plaine, bordée de tous côtés de montagnes qui la gardent des vents comme le fond d'un tonneau; où il n'y a ni maisons, ni bois, ni arbres pour rompre l'air et lui donner du cours, ni jamais de feu allumé pour le purifier; où les terres ne sont point remuées; où l'on ne donne aucun écoulement aux eaux? L'air, sans mouvement, y croupit dans les grandes chaleurs comme l'eau dans les marais, et produit l'intempérie, qui véritablement tue les habitants. Mais la marque évidente que ceci ne vient point du climat même, c'est qu'il n'y a d'intempérie ni à Rome, qui est située au milieu de cette même plaine, ni hors de Rome à un quart de lieue ou une demi-lieue à la ronde[1], parce que le terrain y est habité. La première source de cette fâcheuse aventure vient, à ce qu'on prétend, d'une fausse politique de Sixte V, qui sans doute n'en sentit pas les conséquences. Quand il fut élevé à la papauté, le désordre et l'impunité régnaient dans l'État, où les principaux nobles s'étaient tous érigés en autant de petits tyrans. Il n'y avait guère moins de danger que de difficulté à remédier au mal bien ouvertement. Sixte V voulut leur ôter leurs richesses, sources de

---

[1] Ou les choses ont bien changé depuis 1739, ou il y a erreur.
R. C.

leur insolence, en diminuant le produit immense qu'ils retiraient de leurs terres. Il fit défense absolue de sortir des blés de l'Etat ecclésiastique. Le peuple vit d'abord avec plaisir un édit qui semblait lui procurer des vivres en plus grande abondance et à meilleur marché; mais comme le pays produisait beaucoup plus de grains qu'il n'en pouvait consommer, ils furent bientôt à si vil prix que l'agriculture tomba. On ne cultiva plus que ce qui était nécessaire; de grandes terres demeurèrent en friche, et ensuite devinrent malsaines, par conséquent se dépeuplèrent, si bien que, le mal ayant gagné de canton en canton, le tout est devenu comme je vous ai dit. La destruction des terres a occasionné celle des hommes, et la destruction des hommes celle des terres; elles ne sont presque plus d'aucun prix dans ce pays-ci. La princesse Borghèse m'assurait l'autre jour qu'elle en avait plusieurs dont elle donnerait volontiers les deux tiers en propriété à ceux qui voudraient venir les habiter et cultiver l'autre tiers. Je lui répondis : « Madame, il en est des hommes comme des arbres, il n'en vient point qu'on n'en plante. » Le moyen que la race des hommes ne s'éteigne à la fin dans un pays où l'on ne parvient à la fortune qu'en faisant profession d'un état où il est défendu de le peupler? Oh! l'étrange vertu que celle dont le but et l'effet sont de détruire le genre humain!

Aujourd'hui ce sont des paysans de la Sabine et de l'Abruzze qui viennent de temps en temps semer quelques cantons de la campagne, et s'en retournent jusqu'à la récolte. Un gouvernement qui aurait des vues plus longues que n'en a celui d'un vieux prêtre qui ne songe qu'à enrichir aujourd'hui sa famille, parce qu'il mourra demain, pourrait à la longue apporter remède à ceci, en favorisant la génération, et peuplant le pays successivement de proche en proche, depuis les environs de Rome, où l'intempérie ne règne pas, jusqu'aux montagnes.

Pendant cette digression, mon cher Blancey, je vous ai amené jusqu'à Torre di Mezza-Via, maison isolée où est la poste ; puis jusqu'à l'endroit où l'on commence à monter la montagne ; bientôt on quitte la campagne de Rome pour entrer dans la Romagne. On retrouve le pays habité et le gros bourg de Marino. C'est l'ancienne *Ferentinum*, depuis, Villa Mariana. Il y a une assez belle fontaine, à ce qu'il m'a paru. Nous y fîmes rencontre du duc de Castropignano, qui s'en va ambassadeur à Paris, et lui remîmes les lettres de recommandation que nous avions pour lui, lesquelles, comme vous voyez, ne nous seront pas de grand usage. Je m'en console aisément, j'en ai quantité d'autres, entre autres, du prince de Campo-Fiorido, qui m'en a donné à Venise pour toute sa famille. Il me semble qu'il y a déjà longtemps que je suis parti de Rome, et cependant je n'ai encore fait que douze milles. Il se fait tard néanmoins, et nous avons de grands bois à traverser pendant l'obscurité. Là-dessus nous avons imaginé de faire monter à cheval quatre domestiques avec des flambeaux pour courir devant nos chaises. La nuit, l'épaisseur des forêts, la lumière de ces torches, l'air diabolique de nos postillons, joint à la mine peu orthodoxe de ceux qu'ils conduisaient, tout cela mis ensemble formait un spectacle très-singulier; c'était une magie admirable qui nous amena à Velletri, dont je ne vous dirai rien, parce que nous ne le vîmes pas. Ce fut mal fait; car il y a quelques choses assez bonnes, entre autres le palais Ginetti.

Le 29, nous suivîmes le pied de la montagne, laissant à droite l'ancien *Palus Pomptina,* autrefois si fertile, aujourd'hui plaine absolument déserte, sans une seule plante; elle est marécageuse, empestée, en un mot hideuse à voir; elle s'étend jusqu'à la mer, le long de laquelle on trouve *Antium* (Nettuno).

. . . . Æeæque insula Circes.

Nous ne vîmes rien de tout cela, qui n'était point sur notre route (et ce serait bien fait d'y passer à notre retour pour l'amour de l'antiquité); seulement, lorsque nous fûmes vis-à-vis de la demeure de feu mademoiselle Circé :

Proxima Circææ raduntur littora terræ,

je voulus lui faire des remercîments de votre part de ce qu'elle ne vous avait pas mis autrefois au Perdouillet, et je prêtai l'oreille pour voir si je n'entendrais point,

Hinc exaudiri gemitus iræque leonum
Vincla recusantûm, et sera sub nocte rudentûm
. . . .
Sævire, ac formæ magnorum ululare luporum.

Mais j'eus beau faire, je n'entendis rien. Le pays est si détestable, qu'il n'y a pas jusqu'aux sorciers qui ne veulent plus l'habiter. Je ne trouvai rien dans tout ce canton digne de vous être présenté, qu'une chaîne de fer auprès de Sermonnette, que les gens du duc Gaetani tendent habituellement à travers le chemin, dans un petit endroit escarpé, exigeant, pour l'abaisser, une contribution des passants, qui ont plus tôt fait de la leur payer que de perdre du temps à les rouer de coups de canne. Vous pouvez juger par cet échantillon de la police des grands chemins. Nous vînmes à Piperno (*Privernum*), ville de peu d'importance, où l'on trouve une jolie place plantée d'une allée de grands et magnifiques orangers, en pleine terre; je ne dois pas omettre non plus un oranger, le plus beau que j'aie vue de ma vie, droit comme un jonc, de haute tige, la tête ronde, et grand comme un tilleul médiocre. Je le remarquai près de Piperno, à mi-colline ; au delà, nous entrâmes dans une grande forêt de liéges, qui sont des espèces de chênes verts fort hauts; après quoi, deux postes du dernier détestable nous mirent à portée d'apercevoir

Impositum saxis late candentibus Anxur.

Vous qui n'ignorez de rien, vous savez, comme il le faut savoir, que cet *Anxur*-là est Terracine.

Cette ville est fort joliment située, en une magnifique vue, sur une hauteur voisine de la mer. On l'aperçoit encore de fort loin, comme au temps d'Horace ; non à cause de ses rochers qui ne sont plus blancs, le temps les a salis ; mais les maisons blanches qu'on a bâties au-dessus font à présent le même effet. Ce que Terracine a de mieux, c'est un portique composé de quelques colonnes, au-devant d'un temple de Jupiter ; on suppose ce Jupiter sans barbe, *axuron*, d'où est venu, dit-on, le nom d'*Anxur*. C'est une étymologie honnêtement forcée et passablement ridicule, puisque les Grecs nommaient cette ville *Trachyna*, et que le nom d'*Anxur* lui a été donné, en langue volsque, par cette nation qui l'habitait avant les Romains.

C'est ici le cas ou jamais de vous parler de la *via Appia*, c'est-à-dire du plus grand, du plus beau et du plus estimable monument qui nous reste de l'antiquité ; comme, outre l'étonnante grandeur de l'entreprise, il n'avait pour objet que l'utilité publique, je crois qu'on ne doit pas hésiter à mettre cet ouvrage au-dessus de tout ce qu'ont jamais fait les Romains ou autres nations anciennes, à l'exception de quelques ouvrages entrepris en Égypte, en Chaldée, et surtout à la Chine, pour la conduite des eaux, auxquels on peut joindre le canal de Languedoc. Le chemin, commençant à la porte Capène, va l'espace de trois cent cinquante milles de Rome à Capoue et à Brindes, ce qui faisait la grande route pour aller en Grèce et dans l'Orient :

Appia longarum teritur regina viarum.

Pour le faire, on a creusé un fossé de la largeur du chemin jusqu'au terrain solide. Ce fossé ou fondation a été rempli d'un massif de pierrailles et de chaux vive qui forme l'assiette du chemin, que l'on a recouvert en entier de pierres de taille de grandeur et de figures inégales, mais si parfaitement dures qu'il n'y a pas encore une ornière, et si bien jointes que, dans les endroits où l'on n'a pas encore commencé de la rompre par les bords, il serait très-difficile d'en arracher une pierre du milieu avec des instruments de fer. De chaque côté du chemin régnait une banquette de pierre de taille dure, pour l'usage des gens de pied, et qui en même temps formait deux parapets ou contre-murs qui empêchaient la maçonnerie du chemin de s'écarter. Tout le long de la route, de cent en cent pas, on trouvait alternativement un banc pour s'asseoir ou une borne pour monter à cheval; enfin elle était bordée de distance en distance de mausolées, tombeaux ou autres édifices publics, dont on trouve encore plusieurs ruines. Ce chemin est étroit; dans les places où les deux banquettes subsistent encore, deux de nos grosses voitures n'y passeraient pas commodément; d'où nous pouvons conclure que les essieux des Romains étaient beaucoup plus courts que les nôtres. Il y a bien quinze ou seize siècles que non-seulement on n'entretient point ce chemin, mais, qu'au contraire, on le détruit tant que l'on peut. Les misérables paysans des villages circonvoisins l'ont écaillé comme une carpe, et ont enlevé en quantité d'endroits les grandes pierres de taille, tant des banquettes que du pavé. C'est ce qui occasionne les plaintes amères que font sans cesse les voyageurs contre la dureté de la pauvre *via Appia*, qui n'en peut mais ; car, dans les endroits où on ne l'a point ébréchée, elle est toute roulante, unie comme un parquet, et fort glissante pour les chevaux qui, à force de battre ces larges pierres, les ont presque polies, mais sans y faire de trous. Il est vrai que dans les endroits où le pavé manque, il est de toute impossibilité que les croupions y puissent faire leur salut, tant ils se mettent de méchante humeur d'avoir à rouler sur le massif de pierres mureuses et posées de champ et de toutes sortes de sens inégalement. Cependant depuis si longtemps que l'on roule là-dessus, sans rien raccommoder ni entretenir, le massif ne s'est pas démenti. Il n'y a que peu ou point d'ornières, mais seulement de temps en temps d'assez mauvais trous.

Comme le chemin que l'on tient aujourd'hui pour aller à Capoue n'est pas exactement le même que celui que tenaient les Romains, on s'écarte souvent de la voie Appienne, et souvent on la retrouve. Près de Terracine, elle donnait contre un rocher appelé *Pisca Marina*, baigné par la mer. Pour la continuer, on a bien et beau coupé le rocher, d'une largeur beaucoup plus grande que n'est le chemin ordinaire et de la hauteur perpendiculaire de cent vingt pieds, du moins à ce qu'il semble par les chiffres qui sont gravés sur le roc, de distance en distance ; car vous vous figurez sans peine que je n'ai pas pris celle de la mesurer. On a employé, en traçant ces chiffres, un artifice assez singulier ; c'est de diviser les distances inégalement, et de grossir les chiffres eu égard à la perspective, et en raison proportionnelle de l'éloignement de la vue ; de telle sorte que les divisions paraissent toutes égales, et les caractères, dont le dernier est CXX, tous de la même grosseur. C'est une manière géométrique assez compliquée de donner à deviner quelle est la hauteur du tout et quelle est la gradation de chaque division. Près de la cime de ce bel ouvrage, qu'on ne peut se lasser d'admirer, il y a un autre roc absolument escarpé de tous les côtés, sur le sommet duquel je crus apercevoir les restes d'un vieux bâtiment : je ne suis plus en souci que de la manière dont on y entrait. Quelques particuliers de mes amis m'ont averti en confidence qu'il y avait là un trésor.

. . . . Mais il peut y rester,
Tout franc, je ne crois pas que j'aille l'y chercher.

A quelques milles de là, vous trouverez, au milieu d'un champ, entre deux poteaux, une porte de sapin fermant à double tour ; un Suisse du roi d'Espagne, Philippe Second, vous l'ouvrira, à moins que vous n'aimiez mieux passer à côté ; et c'est par cette porte de dégagement que nous entrâmes dans le royaume de Naples. Le pays est joli, avec force vignobles dont les ceps sont soutenus par des roseaux ; cela fait un effet agréable. Notre journée se termina par aller coucher à Fondi, méchant bourg enfoncé dans la gorge des montagnes, où l'on ne trouve ni pain ni pâte, accident auquel on est cruellement sujet le long de cette route. Nous le quittâmes sans regret de très-grand matin; et passant par Itri, autre village d'assez mauvaise mine, nous vînmes à Mola di Gaeta, très-jolie petite ville, située agréablement et en belle vue, tout au bord de la mer. Gaeta lui fait perspective à main droite. Mola est l'ancienne Formie, renommée du temps des Romains pour ses bons vins. Je ne crois pas qu'il reste aucun autre de leurs fameux vignobles qui soit encore aujourd'hui en rapport.

Falerne et Massique qu'on laisse sur la gauche, du côté de Minturnes, ne sont plus que des pointes de rochers entièrement nus et calcinés. Faute de culture et d'avoir eu soin de remonter les terres à mesure que les pluies les entraînaient de ces coteaux escarpés, les vignobles se sont dès longtemps entièrement détruits. Il y a apparence que c'est dommage, quoique ces vins ne dussent pas être propres à une débauche légère et gentille; mais c'étaient sans doute des esprits solides et bons à connaître. Les vins de Formie, quoique inférieurs aux deux précédents, sont encore les meilleurs d'Italie, et ceux qui ont le plus de qualité après les vins du Vésuve. Ils sont forts et foncés comme nos gros vins de Nuits ou de Pontac. Il faut les garder quelques années, et je ne doute pas qu'ils ne fussent excellents si on les conservait pendant longtemps, après les avoir faits à l'ancienne manière des Romains. Formie produit aussi, comme autrefois, quantité d'oliviers. Son huile était fort vantée; mais, pour vous dire vrai, toutes celles de Calabre, du royaume de Naples et de l'Italie entière, même celle de Lucques, la plus estimée de toutes, sont détestables, onguentifères et vrais gibiers de pharmacopole.

Je ne puis me lasser de le dire, ce petit canton de Mola est tout à fait charmant; mais un *paese di Dio abitato da diavoli*: c'était jadis, à ce qu'on croit, la demeure des Lestrigons, dont la race félonne s'est dignement conservée en la personne de certains chiens de douaniers, qui nous éparpillèrent toutes nos valises le long du rivage, et d'un cardinal d'enfer, jadis valet de chambre (le C. Fini), qui s'empara de haute lutte de tous les chevaux de poste. D'impatience, je m'en allai à Gaeta dans une barque. La promenade est de près de trois lieues, tant l'allée que le retour. Elle fut faite assez promptement et le séjour fort court. La situation escarpée de cette place, ce qu'elle a de fortifications, et son port assez bon, la rendent la principale clef, et, je crois, la plus forte ville du royaume de Naples. Il n'y a pas eu, ce me semble, d'autre siége à faire dans les formes, lorsque le roi fit en dernier lieu la conquête de son État. Je voulais apporter à Quintin un des os de la nourrice d'Énée pour son cabinet de curiosités. D'ailleurs je ne remarquai rien à Gaeta qui n'ait été détaillé par Misson. Ainsi je ne vous en dis mot, non plus que de quelques ruines qui sont à Formie, et que j'ai fort légèrement examinées : il y a entre autres un tombeau de Cicéron. C'est ici aux environs que le pauvre diable fut assassiné ; un *De profundis*.

En revanche de ces pièces que j'ai négligées, je veux vous faire voir des portraits fort ressemblants que je ferai un de ces jours, tant des restes d'un amphithéâtre et d'un gros palais, qui se trouvent dans une plaine, en suivant la route, que d'un bel aqueduc venant de je ne sais quelle montagne, pour aller à je ne sais quelle ville. Tout cela est, non pas auprès de Minturnes, qui n'existe plus, mais auprès d'une façon de hameau qui représente assez maussadement cette ancienne ville au milieu des champs.

. . . . . . quæ Liris quieta
Mordet aqua, taciturnus amnis.

Je vais plus loin ; et, pour indemniser le roi des chiffonniers de n'avoir pas eu un os de sa mie *Caïetta,* je lui apporte les roseaux positifs dans lesquels se cacha Marius au bord des marais de Minturnes. Le Liris d'aujourd'hui ne s'appelle plus comme cela. Au bout du compte, les noms ne peuvent pas toujours durer, c'est le Garigliano, rivière belle et paisible comme la Saône, mais moins large. Nous la passâmes en barque, traversâmes une belle prairie et vînmes prendre, à Sainte-Agathe, un relais de petits chevaux malins comme des ânes rouges, qui marquaient une impatience démesurée de venir quitter leurs selles à Capoue, où ils nous eurent bientôt rendus.

> Hinc muli Capuæ clitellas tempore ponunt.
> (HORACE, *Voyage à Brindes*.)

Si je voulais, je vous ferais bien encore quelque citation sur le Volturne, que nous passâmes en entrant à Capoue; mais j'y perdrais peut-être mon latin, avec le chagrin de vous entendre dire que je n'ai pas perdu grand'chose. Que voulez-vous? on est toujours sur cette route-ci en compagnie d'Horace, Virgile, Silius, Stace et autres de ces messieurs qui causent infailliblement aux voyageurs un débord de poésie latine.

Pour revenir où j'en étais, Capoue est une ville passablement grande, bâtie tant bien que mal, où je ne remarquai rien de curieux; et quand j'y aurais remarqué quelque chose, je n'en sonnerais mot, car je suis indisposé contre elle. *Lei si figuri* que je ne m'étais pas donné le temps de manger un morceau à Mola. A Santa-Agata, communément il n'y a pas de pain; cependant c'était sur le soir, et vous savez mieux que personne combien il est difficile de faire entendre raison à cette heure-là à un estomac qui s'est laissé mener en poste depuis quatre heures du matin. Le mien faisait des hypothèses charmantes sur les auberges de Capoue; mais, ne vous en déplaise, en ramassant en un tas toutes les provisions de la ville et des faubourgs, nous ne pûmes jamais mettre ensemble que deux os de jambon rance, qui furent avalés sans mâcher ; après quoi, m'armant d'une généreuse fermeté, je m'arrachai moi-même aux délices de Capoue, et remontai dans ma chaise plein de dédain pour Annibal.

Je ne pouvais me lasser d'admirer les riches et fertiles campagnes de la Campanie et de la Terre de Labour, ni deviner pourquoi il n'y avait point de pain dans un tel pays, et par quelle étrange obstination des gens qui avaient tant de froment ne pouvaient se résoudre à en faire de la farine. Ces réflexions morales me menèrent à Aversa et ensuite à Naples, le 30 au soir, fort tard, où un splendide souper, servi sur le minuit, nous eut bientôt fait oublier toute la fatigue de cette mauvaise route. En vérité, elle est grande ; c'est la plus rude et la plus longue traite que l'on fasse en Italie. On y compte cent quarante milles que j'estime soixante bonnes lieues ; j'aimerais infiniment mieux aller de Dijon à Paris, quoiqu'il y ait plus loin, que de venir de Rome ici : outre le désagrément des mauvais chemins, vous avez celui de ne pas trouver l'apparence d'un logement supportable. Pour les mots de *cuisine, victuailles, manger, marmites,* etc., ils ne sont pas connus dans la langue du pays. Il est étonnant qu'une route aussi fréquentée soit si fort négligée. En récompense, on peut aller fort vite, les postes sont servies par excellence ; les chevaux y sont vifs, ardents, traîtres et malins comme leurs maîtres : peu s'en fallut que nous n'en fussions les victimes par maintes et maintes versades. M. Loppin ne peut pas s'y accoutumer, et m'empêche assidûment de dormir en chaise, par les fréquents sermons qu'il fait aux postillons, dans l'espérance de les ramener à une meilleure conduite. Pour moi, c'est un article sur lequel, à force d'habitude, je me suis fait un calus.

Bonsoir, mon ami; un galant homme doit se coucher à l'heure qu'il est. Dites à votre femme que je vais m'endormir avec son image; cela ne peut manquer de produire un bon effet.

XXIX. — A M. DE NEUILLY.

Séjour à Naples.

Rome, 18 novembre 1739.

Vous savez, mon cher Neuilly, comment je me suis déterminé à dérober un petit moment aux affaires qui me rappellent en France, pour faire une escapade à Naples toujours courant, et il faut bien courir malgré soi. Ce sont cent vingt grandes lieues aller et venir; et sur la route, presque toujours détestable personnellement, on ne trouve ni pain ni matelas, mais bien un grand lambeau de la *via Appia*, long de plus de quarante milles, et plus digne d'admiration que tout ce que l'on pourrait voir au monde, puisque le bien public en a été le motif. Naples mérite plus par ses accessoires que par elle-même. Sa situation est ce qu'il y a de plus beau, quoique inférieure, aussi bien que l'aspect, à celle de Gênes. Il n'y a pas un bon morceau d'architecture ; des fontaines mesquines ; des rues droites à la vérité, mais étroites et sales ; des églises fort vantées et non vantables, ornées sans goût et riches sans agréments. Aujourd'hui que j'ai entrevu Rome et le grand goût qui y règne, je deviens beaucoup plus difficile et moins louangeur que je n'étais ci-devant. Le palais du roi est la seule pièce qui ait vraiment du mérite. Bel édifice en dehors, et ajustements qui y répondent au dedans. Si mon journal vivait encore, que de détails et d'exclamations j'aurais faits sur les admirables tableaux de la maison Farnèse qu'on y a transportés ! mais ces barbares Espagnols, que je regarde comme les Goths modernes, non contents de les avoir déchirés en les arrachant du palais de Parme, les ont laissés pendant trois ans sur un escalier borgne, où tout le monde allait pisser. Oui, monsieur, on pissait contre le Guide et contre le Corrége.

Jugez de ma douleur à ce récit funeste.

Le théâtre du palais est une pièce qui épouvante par sa grandeur, son exhaussement et sa magnificence. Il y a cent quatre-vingts loges, chacune grande comme un petit cabinet d'assemblée, le tout desservi par de grands corridors et de beaux escaliers. Je laisse les opéras ; cet article est du district de Maleteste. La cour est somptueuse et nombreuse ; le peuple et les équipages y sont dans une si prodigieuse affluence, que je ne crains pas de dire que

Naples, proportion gardée, est à l'un et à l'autre de ces égards au-dessus de Paris. En général, ces deux villes se ressemblent beaucoup par le mouvement infernal qui y règne. Il y a bien ici vingt-cinq mille personnes qui n'ont d'autre métier que celui de mendier. Le fameux port de Naples n'est ni beau, ni bon, et la Darse, ou sérail de galères, ne mérite guère un autre éloge. Mais que vous dirai-je du Vésuve, au sommet duquel je me suis fait guinder avec une fatigue que je ne recommencerais pas pour mille sequins, puis descendre au fond du gouffre, ce qui n'est point si dangereux qu'on le fait? de la Solfatara, petit Vésuve de poche, non moins curieux que le grand; enfin de mon voyage à Pozzuoli, à Baja, vrai lieu de délices s'il subsistait avec toutes les beautés dont à peine aperçoit-on encore des traces; à Cumes, au promontoire de Misène; de ma promenade aux rives de l'Achéron, aux Champs-Élysées, à l'Averne, à l'entrée de la Sibylle, et par tout le sixième livre de l'Énéide de Virgile; des huîtres du lac Lucrin, des bains de Néron, de la superbe piscine d'Agrippa, de la grotte du Chien, etc.? ce sont toutes choses qui ne peuvent entrer dans une lettre, tout au plus pourraient-elles tenir dans un journal, et jamais il n'aurait mieux mérité de vivre qu'en pareille circonstance. J'ai bien envie, en dépit des détracteurs et des affaires, de vous en faire un jour un petit là-dessus, pour vous tout seul. En tous cas, nous aurons de quoi en causer ensemble.

Dès aujourd'hui je ne vous passerai point sous

silence mon voyage à l'ancienne ville d'Ercolano[1], enterrée depuis près de mille sept cents ans au pied du Vésuve, par la terrible quantité de matières qu'il vomit lors de l'aventure de Pline. Le bourg de Portici, bâti sur ses ruines, a encore été lui-même ruiné à peu près de même, et rebâti de nouveau tel qu'il est maintenant. C'est donc au-dessous de tout cela que l'on a tout nouvellement découvert sous terre la ville même d'Ercolano, où l'on travaille à force à tirer quantité de monuments antiques de toute espèce. J'y suis entré par la porte de la ville, qui est un puits fort profond. *Je n'y ai pas vu de clochers, que je crois, mais un amphithéâtre, tout comme je vous vois;* quantité de statues, de mosaïques, des murs peints, les uns droits, les autres renversés; et de jour en jour on y découvre de nouvelles choses. La plus précieuse est un morceau de peinture antique à fresque, plus considérable par sa grandeur qu'aucun autre qui existe, et très-bien conservé. Il représente les enfants d'Athènes rendant grâce à Thésée pour la défaite du Minotaure. La figure de Thésée est debout, de hauteur naturelle, toute nue et d'une grande correction de dessin. Vous savez combien le peu qui nous reste en peinture antique doit faire priser ce qu'on en a. Il y en a beaucoup d'autres encore, non moins grandes et moins bien conservées. On a aussi trouvé dans une salle une

---

[1] Fondée soixante ans avant le siége de Troie, la ville d'Herculanum périt le 24 août de l'an 79 de notre ère; elle exista donc pendant quatorze cent vingt ans. R. C.

famille tout entière en statues, divers meubles effectifs du temps, et autres choses précieuses. Si on pouvait se déterminer à vider comme il faut le terrain, je ne doute pas qu'on fût bien payé de la dépense. Je compte, au surplus, écrire plus au long sur cet article au président Bouhier; ainsi je ne vous en entretiendrai pas davantage pour aujourd'hui.

Je ne sais si vous vous attendez à être, à mon retour, pendu à bon marché faire. Ah! perfide! c'est donc comme cela que vous examinez mon Salluste, pour lequel je prends la peine de courir vingt fois à un chien de Vatican, où l'on ne peut être servi et où l'on n'a pas de honte de demander trente louis de ce qui vaut cinquante livres!

XXX. — A M. DE NEUILLY.

Suite du séjour à Naples.

Rome, 24 novembre.

Puisque ma lettre du 18 n'est pas partie par cette poste, mon cher Neuilly, et que par celles que je reçois en ce moment je ne me vois plus si pressé de retourner en France, je veux vous donner une seconde édition de cette même lettre, revue et augmentée considérablement. Aussi bien, ai-je passé un peu trop rapidement sur divers articles; sans parler de la suppression du journal, suppression occasionnée par l'idée où j'étais que je n'aurais le temps ni de rien écrire, ni de rien examiner comme il faut. J'ai cependant écrit quelques petites choses, mais tout cela est à bâtons rompus et ne vaut pas la peine de faire le voyage. Je vais seulement vous illustrer ma lettre précédente d'un beau commentaire, infiniment plus long que le texte. C'est ainsi qu'en use tout honnête scoliaste, et vous n'êtes point en droit de vous inscrire contre un usage reçu.

La situation de Naples et celle de Gênes ont beaucoup de rapport entre elles; toutes deux au fond d'une espèce de golfe, et étendues en demi-lune, le long du rivage, contre un rocher. Je dis que celle de Gênes est préférable. Il me semble que ce n'est pas le sentiment commun; mais je vous jure que c'est le mien : la raison m'en paraît sensible. Il y a eu place à Naples pour bâtir la ville entre la mer et la montagne ; en sorte que la ville est en quelque façon plate, à l'exception des Chartreux et du fort Saint-Elme, situés au-dessus de la montagne. A Gênes, au contraire, le pied du rocher touche quasi la mer; ainsi on a été obligé de construire à mi-côte tout en amphithéâtre, ce qui, joint à l'exhaussement prodigieux des bâtiments, forme un aspect bien plus magnifique. Arrivez par mer en ces deux villes, et je m'assure que vous serez de mon sentiment : à cela près, Naples mérite la préférence. Le climat y est tout autrement riche et riant; sa baie est si bien ramassée qu'on en voit tout le tour d'un coup d'œil. Le côteau du Pausilippe la termine d'un côté; de l'autre le mont Vésuve, et plus loin le cap de Sorrento, en face de l'île de Caprée, la ferme, et fait perspective à la ville. Tout le long, depuis le Pausilippe jusqu'au môle du château de l'Œuf, règne une espèce de large rue appelée la *Piaggia* (la Plage), vulgairement *Chiaja*, bordée de maisons d'un côté, et de l'autre ouverte sur la mer. C'est véritablement un des beaux aspects qu'il y ait; aussi le vante-t-on beaucoup et on a raison. Mais je ne puis souscrire de même aux éloges merveilleux que Misson et autres voyageurs donnent aux édifices publics et à la ville en général. S'ils veulent louer les églises pour leur grand nombre et les richesses immenses qui y sont prodiguées, j'en suis d'accord; pour le goût et l'architecture, c'est autre chose : l'un et l'autre sont à mon gré la plupart du temps assez mauvais; soit qu'ils le soient en effet, comme je le crois, ou que, comme on juge de tout par relation, j'aie les yeux trop gâtés par les véritables beautés des édifices de Rome. Les dômes sont oblongs, de vilaine forme, sans lanterne au-dessus, les tremblements de terre les ayant renversés, en un mot, de vrais Sodomes (sots dômes). Véritablement les maîtres autels, et surtout les tabernacles, y sont dignes de remarque, superbes et ornés de marbre et de pierres précieuses avec une étonnante profusion. J'en dis autant des palais des particuliers que des bâtiments publics; ils n'ont point au dehors cet air de noblesse qui prévient, si l'on en excepte un petit nombre, comme ceux de Caraffa, de Monte-Leone, et principalement celui de Montalte, bâti avec des péristyles, galeries et colonnades, sur le bord de la mer : c'est un grand et beau morceau. Tous les combles des maisons sont en terrasses, pavées de dalles, liées d'un ciment de pouzzolane. Franchement cela ne me plaît point de voir ainsi toutes les maisons sans toit ; il me semble toujours qu'on vient de leur couper la tête : c'est peut-être un effet de l'habitude. Je ne le pardonne qu'à celles qui sont terminées par des balustrades.

La rue de Tolède est certainement la plus longue et la plus belle rue qui soit dans aucune ville de l'Europe. Mais, quoi! elle est indignement défigurée par un demi-pied de boue, et par deux rangs d'infâmes échoppes et boutiques de charcutiers qui règnent tout le long et masquent les maisons. Outre ceci, il y a en divers quartiers de la ville, trois ou quatre points de vue, qui méritent d'être remarqués. Pour le surplus, les autres rues sont borgnes et vilaines.

La façade du palais royal, à trois ordres de pilastres, par Dominique Fontana, est un morceau d'architecture d'une rare beauté. Le nouveau roi, depuis sa conquête, vient de le faire orner en dedans et à grands frais. Tous les chambranles des portes sont de marbre. Les meubles sont riches et neufs. Je remarquai qu'il n'y avait point de lit dans l'appartement du roi, tant il est exact à coucher dans celui de la reine. Voilà sans doute un beau modèle d'assiduité conjugale ; *che' buon pro' faccia alla di loro maestà!* Je veux aussi mettre en note une chose fort commode et aisée à pratiquer, que j'ai vu mettre en

usage dans le palais; c'est d'étendre pour l'hiver
dans chaque chambre une natte de paille de la grandeur et de la figure exacte de la chambre. Je crois
que nous ferions fort bien d'introduire cette coutume
en France; moyennant quoi, on pourrait avoir pour
l'été de beaux parquets de pierres polies, au lieu de
nos parquets de bois difficiles à nettoyer en tout
temps, qui forment pendant l'hiver de vraies pépinières de vents coulis, dont un lambeau de tapis de
Perse qui les couvre alors ne garantit que dans une
petite partie de l'appartement.

Les curiosités du palais sont en grand nombre;
c'est toute la riche collection de la maison Farnèse
qu'on a transportée de Parme à Naples. La précipitation avec laquelle on a arraché les tableaux à cause
de la circonstance de la guerre, et la négligence
indigne avec laquelle on les a tenus depuis, les a fort
endommagés. Tout ceci était resté jusqu'à présent
fort mal en ordre, et ne commence que depuis peu à
prendre quelque arrangement, par les soins du sieur
Venuti, lieutenant de galères; c'est un gentilhomme
florentin, fort habile, surtout en ce qui regarde les
médailles. Il y a ici de quoi satisfaire son goût à cet
égard. Le recueil de la maison Farnèse est un des
plus beaux et des plus complets qu'il y ait en Europe.
J'ai été charmé, en particulier, de la manière heureuse et commode dont elles sont disposées dans de
grandes armoires, sans épaisseur, grillées et couchées
à la renverse sur des tréteaux. Les médailles sont disposées en lignes horizontales au-devant de l'armoire

comme des rayons ; elles sont enfilées, ou font semblant de l'être, dans des verges de cuivre comme des éperlans. Les brochettes portent des deux bouts sur les montants de l'armoire, dans de petites échancrures, où elles sont mobiles ; de sorte que, les extrémités des brochettes perçant en dehors, on peut tourner les médailles pour en voir les têtes et les revers, et cela sans ouvrir l'armoire : moyennant quoi on a la facilité, sans pouvoir toucher ni déplacer les médailles, de les voir fort à son aise, têtes et revers, et même tous les revers d'une même tête d'un seul coup d'œil. Les principales médailles qu'on nous fit remarquer sont un *Britannicus*, avec le mot *alabanda* pour exergue au revers ; un *Pescennius Niger*, frappé à Antioche, revers *Dea salus* ; un *Pertinax*, etc. La bibliothèque est assez nombreuse, autant que j'en puis juger par les tas de livres qui sont encore en monceaux dans deux ou trois salles. Le canton des manuscrits me parut assez considérable ; j'en mis à part quelques-uns de Salluste et de Suétone, pour l'usage que vous savez.

A présent que nous voici arrivés à l'article des tableaux, comment ferez-vous ma paix, mon doux objet, avec le terrible Quintin, dont je vois d'ici la rage impétueuse s'allumer contre moi, de ce que je n'ai pas pris la moindre notice de tous ceux qui sont ici ? Il y en a pourtant de délicieux du Titien et de Raphaël, en petit nombre ; davantage du Parmigianino, d'Annibal Carrache, d'Andrea del Sarto et du Corrége : ceux de ce dernier ne sont pas de ses meilleurs, à mon gré. On me fit examiner comme infiniment précieuse la *Madonna alla Zingara* (à la bohémienne), du Corrége : c'est, dit-on, un de ses plus fameux morceaux. J'avoue qu'il ne me plut guère. Je n'y trouvai rien qui me rappelât l'idée de ce peintre si ravissant. Il est vrai qu'il est fort gâté, ou, pour mieux dire, entièrement défiguré ; mais remarquez deux morceaux du Schedone. Je n'ai jamais vu de ce maître que ces deux tableaux-ci, et un troisième à Rome, tous trois d'une beauté singulière, et, qui plus est, je n'avais jamais ouï parler de lui. J'en suis tout surpris, car ils m'ont paru au niveau des meilleurs maîtres. Sa manière participe de celle d'Annibal et de celle de Guido Cagnacci ; son coloris est un peu sec, quoique assez agréable ; le dessin d'une correction parfaite, et les attitudes tout à fait savantes. Remarquez aussi les miniatures de Clovio. Parmi les peintures de ce genre, il n'y en a point qui aient plus de réputation que celles-ci, celles de la bibliothèque du Vatican, et celles de la sacristie de Sienne. Je demande à mondit seigneur Quintin la même indulgence que ci-dessus, au sujet des tableaux de la Chartreuse [1] dont j'ai oublié de dresser un mémoire. Il y a cependant des pièces d'une grande distinction ; qu'il écrive à tout hasard sur son agenda que le plus beau de tous est celui de l'Espagnolet, au fond d'une sacristie : c'est le meilleur ouvrage de cet auteur. C'est aussi là qu'on voit le prétendu crucifix

---

[1] L'église Saint-Martin. R. C.

de Michel-Ange, peint d'après nature. Vous connaissez ce vieux conte. Il y a une Nativité du Guide dont on fait grand cas, et que je n'aimai pas beaucoup, malgré ma prédilection pour le Guide. Plus, deux autres tableaux de la Passion de Jésus-Christ, l'un par Joseppin[1], l'autre par le Pontormo; plus, des Festins d'Annibal Carrache, du Véronèse et du Massimo.

Mais pour voir un tableau bien plus merveilleux que tous ceux-là, mettez la tête à la fenêtre, mon doux objet, et me dites ce que vous pensez de ce coup d'œil-là. Eh bien! avez-vous regret maintenant à la peine que je vous ai donnée, en vous faisant grimper au-dessus des rochers de cette damnée Chartreuse, où j'ai cru que nous n'arriverions jamais?

D'une extrémité à l'autre je vous précipite aux catacombes, cela vous épargnera la peine de voir celles de Rome; car ce ne sont pas de ces objets qui soient curieux deux fois : moi, qui vous parle, j'ai pourtant eu la sottise de visiter encore celles de Sainte-Agnès; mais que mon exemple vous rende sage. Ce sont de longs corridors souterrains creusés dans des carrières de pierres. De côté et d'autre la pierre est taillée en niches, comme une bibliothèque. On peut assurer avec certitude que ceci n'a jamais été fait que pour servir de cimetière, soit depuis qu'on eût quitté l'usage de brûler les corps, soit

---

[1] Le chevalier d'Arpino. R. C.

peut-être même avant que cet usage ne fût introduit ; du moins on le pourrait penser des catacombes de Rome. On logeait un ou plusieurs cadavres dans chaque niche, après quoi on la murait, selon les apparences, pour prévenir l'infection. C'est une folie ridicule que de dire qu'elles aient été creusées par les premiers chrétiens pour s'y loger et célébrer les saints mystères, à couvert de la persécution. Le joli logement, s'il vous plaît, que de pareilles galeries, sans air et sans lumière ! Ce serait d'ailleurs un bel ouvrage à faire *incognito,* que toute cette suite de larges et hauts corridors, dont le labyrinthe n'a pas moins de neuf milles de parcours, à ce qu'on assure. Les chrétiens de Naples n'étaient pas en assez grand nombre pour entreprendre, même publiquement, un ouvrage pareil à ces catacombes-ci, qui sont bien plus belles et plus exhaussées que celles de Rome. Je ne dis pas que quelquefois par hasard quelqu'un n'ait pu s'y cacher ; mais, à coup sûr, ceci n'a jamais servi de demeure aux vivants. Les restes d'autels et de peintures barbouillées sur les murs, qui se voient dans une assez grande salle, à l'entrée des catacombes de Naples, sont apparemment des marques de quelque cérémonie pieuse qui s'y sera faite jadis en l'honneur de feu messieurs les saints, qu'on se figurait y avoir tenu leur ménage. Voilà tout ce que vous aurez de moi sur cet article ; si vous en voulez davantage, lisez Misson et Burnet, qui en parlent fort au long.

Tandis que vous êtes en train de dévotion, voulez-vous que je vous fasse voir le miracle de saint Janvier? Ce n'est pas marchandise bien rare à Naples que les miracles. Le peuple, qui n'a que cela à faire, s'en occupe volontiers : *Et otiosa credidit Neapolis.* Celui-ci est un assez joli morceau de chimie; mais, pauvres chanoines de la cathédrale, vous n'en avez pas les gants; le miracle est plus ancien que vous dans le pays. J'ai actuellement sous les yeux la relation d'un voyage qu'Horace a fait dans ces cantons-ci, et d'où il résulte assez clairement que la liquéfaction du sang de saint Janvier est née et native de *Gnatia.* Cependant l'opération ne réussit pas toujours aussi bien que l'on voudrait; un saint a quelquefois des fantaisies, et alors grande désolation parmi le peuple, qui comprend bien par là que les tremblements de terre ne sont pas loin. Franchini de Florence, frère de l'abbé qui est envoyé de la cour à Paris, m'a conté que, porteur comme il est d'une physionomie un peu anglaise, s'étant trouvé pour son malheur dans l'église un jour que le miracle n'allait pas bien, il aurait été mis en pièces, s'il ne se fût enfui, par la canaille *dei lazarielli*, qui alla se figurer que c'était la présence de ce chien d'hérétique qui mettait le saint de mauvaise humeur. A bon compte, c'est le seigneur suzerain du pays; et le roi vient d'instituer en son honneur un ordre de chevalerie dont le cordon est cramoisi. Cette institution a plu au peuple, et attache la noblesse à don Carlos, chose dont a besoin tout nouveau conquérant.

A vrai dire, la conquête de ce royaume n'a pas coûté beaucoup de peine aux Espagnols. Le Montemar a acquis à bon marché sa réputation et son titre, puisque sa victoire de Bitonto ne fut autre chose que la rencontre de quelques troupes allemandes qui abandonnaient le royaume de Naples, selon l'ordre qu'elles en avaient reçu de l'empereur; cependant cette victoire l'a fait regarder en France et en Espagne comme un grand homme de guerre, tandis que je ne vois pas que ceux qui l'ont connu en Italie soient fort prévenus de son mérite. Entre nous, il passe ici pour un homme qui n'a pas grand'tête. Ce royaume-ci sera toujours la proie du premier occupant, pour peu que l'attaquant ait l'avantage sur son adversaire. Il n'a point de place de défense, et Naples même, autant que je m'y puis connaître, n'est pas capable d'une grande résistance du côté de la mer, étant fort exposée et trop ouverte de ce côté-là. J'ai peine à croire qu'en l'état où sont les choses, son château de l'Œuf, son château neuf, son môle et le fortin qui est au bout l'empêchassent d'essuyer quelque fâcheuse insulte. Joignez à cela un mal intérieur plus grand et tout à fait incurable : c'est l'esprit du bas peuple, pervers à l'excès, méchant, superstitieux, traître, enclin à la sédition, et toujours prêt à piller à la suite du premier Mazaniello qui voudra saisir une occasion favorable de faire du tumulte. C'est la plus abominable canaille, la plus dégoûtante vermine qui ait jamais rampé sur la surface de la terre. Et, par malheur, ce qui vicie abonde, la ville est peuplée à regorger. Tous les bandits et les fainéants des provinces se sont écoulés dans la capitale. On les appelle *lazarielli*; ces gens-là n'ont point d'habitations; ils passent leur vie au milieu des rues à ne rien faire, et vivent des distributions que font les couvents. Tous les matins ils couvrent les escaliers et la place entière de Monte-Oliveto, à n'y pouvoir passer : c'est un spectacle hideux à faire vomir.

A mon sens, Naples est la seule ville d'Italie qui sente véritablement sa capitale; le mouvement, l'affluence du peuple, l'abondance et le fracas perpétuel des équipages; une cour dans les formes, et assez brillante, le train et l'air magnifique qu'ont les grands seigneurs : tout contribue à lui donner cet extérieur vivant et animé qu'ont Paris et Londres, et qu'on ne trouve point du tout à Rome. La populace y est tumultueuse, la bourgeoisie vaine, la haute noblesse fastueuse, et la petite avide des grands titres : elle a eu de quoi se satisfaire sous la domination de la maison d'Autriche. L'empereur a donné des titres pour de l'argent à qui en a voulu, d'où est venu le proverbe : *E veramente duca, ma non cavaliere*; le boucher dont nous nous servions n'exerce plus que par ses commis depuis qu'il est duc. La femme d'un commerçant ne sort jamais de chez elle dans son équipage sans un autre carrosse de suite, dans lequel vous vous doutez bien qu'il n'y a personne; mais cela fait toujours du bruit et va comme la tempête. Vous savez que c'est ici le pays des chevaux. Sur leur réputation, je m'étais fait d'eux une tout autre idée : ils ne sont point beaux ; au contraire, ils sont petits et effilés, mais fins, diligents, malins et pleins de feu. On fait grand usage ici de petites voitures en coquilles, à roues fort basses et attelées d'un seul cheval qui les emporte à toutes jambes.

Le discours commun est que les habitants de Naples montent à cinq cent mille : c'est une hyperbole excessive. Je m'en suis informé au cardinal Spinelli, qui est plus que personne à portée de le savoir, en sa qualité d'archevêque, et il ne pense pas qu'il y en ait au delà de deux cent quatre-vingt mille. Mais leur habitude de se tenir tout le jour dans la rue ferait supposer une population plus considérable. La nation est plus heureuse sous la domination espagnole qu'elle ne l'était ci-devant. Les vice-rois autrichiens avaient à la vérité déjà commencé, mais l'autorité royale achève d'éteindre la tyrannie étrange dont usaient les seigneurs des terres envers leurs vassaux. La vieille connétable Colonna, Marie Mancini, ne manquait jamais de demander pour première parole à tous ceux qui venaient de Naples : *Che fanno questi baroni tiranni?* A propos de la connétable, je fus fort surpris d'apprendre que cette sempiternelle, qui était maîtresse de Louis XIV, il y a un siècle, n'était morte que depuis peu d'années. On me conta aussi en même temps que lorsqu'elle arriva à Rome, dans le temps de son mariage, son mari lui faisant voir le palais Colonna, lui montra une certaine

chambre, et lui dit : « Madame, voilà où logeait
« votre grand-père dans le temps qu'il était maître
« de chambre du mien.—Monsieur, répliqua-t-elle,
« piquée de l'observation, je ne sais qui était mon
« grand-père ; mais, ce que je sais fort bien, c'est
« que de toutes mes sœurs, je suis la plus mal
« mariée. » Ce n'est pas à dire pour ceci que les
Mancini soient des gens de rien ; ils ne laissent pas
que d'être d'une noblesse passable. Ce n'est pas chose
rare à Rome que de voir des gentilshommes se
mettre au service d'autres gentilshommes plus
riches. J'ai vu plusieurs chevaliers de Malte domestiques de cardinaux ; véritablement cela paraît
d'abord un peu extraordinaire à nous autres Français.

Mais revenons aux grands seigneurs napolitains.
Ils vivent à l'espagnole bien plus qu'à l'italienne ;
ils représentent, sont accessibles chez eux aux étrangers, et ont un air de politesse noble, tiennent une
maison, et même assez souvent une table. Le duc de
Monte-Leone (de la maison Pignatelli) n'admet pas
chez lui ce dernier article, quoiqu'il y tienne tous
les jours la plus nombreuse et la plus magnifique
assemblée de la ville, qui lui coûte, à ce qu'on prétend, au delà de 50,000 écus, en bougies, glaces et
rafraîchissements ; c'est l'homme le plus riche de
l'État. Nous avons reçu beaucoup d'accueil tant
de lui que du marquis de Montalegre, premier
ministre ; du gros duc Caraffa, de l'abbé Galiani [1],

---

[1] Savant prélat, né à Foggia en 1681, mort à Naples en 1753.
Il occupa de hauts emplois dans le gouvernement, et était oncle

l'une des bonnes têtes du pays; du prince Jacci, et de don Michel Reggio, général des galères, que j'estime particulièrement pour la bonne chère qu'il nous faisait fréquemment. C'est ici l'endroit où on la fait la meilleure; de très-bons vins, et d'autant meilleurs, que nulle part ailleurs ils ne sont supportables, pas même celui de Montepulciano, qui est âpre, plat et mat; du bœuf excellent, des raisins comme vous le pouvez croire, et des melons au milieu de l'hiver; il est vrai qu'il ne tiendrait qu'à eux d'être concombres. Mais quelle langue assez éloquente pourrait dignement célébrer les louanges des pigeons et du veau de Sorrento! Pensez donc ce que c'est que des pigeons qui, s'avisant déjà d'être

du célèbre abbé Galiani, si connu en France par son esprit et par ses écrits, notamment par ses *Dialogues sur le commerce des blés.* —Ce dernier était le plus fameux conteur du xviiie siècle; il se vantait de n'avoir jamais raconté deux fois une anecdote devant la même personne. On savait les maisons où il devait conter; on s'estimait heureux d'y être admis. Un cercle nombreux passait quelquefois la nuit à l'écouter; son répertoire était immense. Il raconta un jour l'anecdote suivante :

Le supérieur d'un monastère d'Italie s'était emparé de tous les revenus de son couvent, sous prétexte d'une réforme. Il condamnait les moines à toutes les privations, et poussait l'avarice jusqu'à leur mesurer le vin qui servait au sacrifice de la messe. Les moines se plaignirent au pape. Le supérieur se défendit contre leurs accusations. Les débats s'étaient prolongés longtemps, et les moines allaient perdre leur cause, lorsque l'un d'eux, s'adressant au pape, peignit avec vivacité l'avare tyrannie du supérieur, et finit par ce trait : *Enfin vous le dirai-je, très-saint père? on nous mesure jusqu'au sang de Jésus-Christ!* Ce seul mot fit évanouir toutes les raisons alléguées par le supérieur, qui fut condamné à laisser jouir les moines des revenus de leur monastère.   R. C.

exquis à Milan, ne font que toujours croître et embellir à mesure qu'on s'enfonce dans l'Italie. Pour le veau Mongana, si vanté, si gras, si blanc et si dur, faites-moi l'honneur d'être persuadé que ce n'est qu'un fat à côté de celui de Sorrento.

Après avoir donné un temps considérable à l'examen de ce que dessus, nous allions souvent employer une partie de notre après-dînée à raisonner de physique avec l'abbé Entieri, Florentin ; quand vous verrez quelque part en Italie un homme qui a de l'esprit et de la science, dites toujours que c'est un Florentin (voilà ce que c'est d'avoir eu des Médicis), ou avec la princesse de Pralombrano, qui excelle aussi en géométrie. La soirée était consacrée à l'opéra. Sur ce récit, vous vous figurez peut-être que le séjour de Naples nous a plu, que nous nous y sommes amusés. Nullement; il ne règne point ici un air aisé. Les assemblées n'y ont rien d'agréable ; il y a un certain vernis de superstition et de contrainte qui se répand sur tout. Les femmes y sont beaucoup plus gênées qu'ailleurs. Toute la jalousie italienne est venue se réfugier ici, où elle s'est crue plus à l'abri des manières des peuples septentrionaux.

Enfin, j'en reviens toujours avec plaisir à mes bonnes gens de Romains ; ce sont encore de tous, ceux avec qui il fait meilleur vivre et commercer : et puis cette Rome a tant de ressources, elle est si belle, si curieuse, qu'on n'a jamais fait d'avoir tout vu.

Nous n'avons point dans ce moment-ci d'ambassadeur à Naples. Le Puisieux[1] dont on dit mille biens, est parti, et le marquis de l'Hôpital, nommé en sa place, n'est pas encore arrivé. Dans l'intervalle, M. Ticquet, secrétaire de l'ambassade, est chargé des affaires. C'est un garçon d'un vrai mérite, qui a l'esprit agréable et cultivé ; il attend avec impatience de pouvoir retourner en France, à cause de sa santé. En attendant, il s'est retiré au couvent de Monte-Oliveto, ce qui ne l'empêche pas de faire fort bien les honneurs de sa nation. (Écrivez sur votre registre que ce monastère est dans le nombre des plus beaux qui soient en Italie ; c'est là que se fabrique le meilleur savon de Naples.)

Quand nous arrivâmes, le roi était à Portici, petite maison au pied du Vésuve : c'est son Fontainebleau ; il en revint le 3 au soir, et le lendemain nous lui fûmes présentés. Ce même jour, il y eut grand gala à la cour, à cause de la fête du roi, qui donne sa main à baiser à tous les gentilshommes. Tous les seigneurs étaient vêtus avec beaucoup de magnificence, et Sa Majesté s'était ornée d'un vieux habit de droguet brun à boutons jaunes. Il a le visage long et étroit, le nez fort saillant, la physionomie triste et timide, la taille médiocre et qui n'est pas sans reproche. Il s'occupe peu, ne parle point, et n'a de goût que pour la chasse ; en quoi, par parenthèse, il n'a pas trop de quoi se satisfaire, tout ce pays étant de longue main dépeuplé par le paysan

---

[1] Le marquis Brulart de Puisieux fut depuis ministre des affaires étrangères. R. C.

ou les lazariels qui chassent en pleine liberté; de sorte que Sa Majesté revient fort satisfaite quand elle a tué deux grives et quatre moineaux. En faveur de la fête la reine donna aussi sa main à baiser, ce qui faisait, selon mon sentiment, beaucoup plus d'honneur que de faveur. Ils dînèrent tous deux en public et furent servis, selon l'étiquette espagnole, qu'on suit exactement dans cette cour, le roi par son gentilhomme de la chambre, la reine par la comtesse de Charny. Elle est boiteuse; mais, peste! qu'elle est jolie! Notre cousin Loppin vous la regardait, comme *frère Lubin, avec des yeux ardents;* si bien que je ne sais ce qui en serait arrivé sans Lacurne, qui le retint par le milieu du corps, dans le temps qu'il allait s'élancer pour violer tout net le précepte *non mœchaberis*. Son très-cocufiable mari est un vieux jaloux, fils de mon frère Charny, dont on a tant les oreilles rebattues dans les mémoires de mademoiselle de Montpensier. Celui-ci, comme vous savez, était fils naturel du duc d'Orléans, Gaston, et de mademoiselle Saugeon, fille d'honneur de Madame. On se met à genoux pour présenter à boire au roi et à la reine, et l'on ne se relève point qu'ils n'aient rendu le verre. A ce propos, je fus un peu indisposé contre la reine qui, au grand scandale des genoux de ma divine Charny, s'amusa pendant une demi-heure à faire la soupe au vin de Canarie dans son verre. Elle a l'air malicieux, la digne princesse, avec son nez fait en gobille, sa physionomie d'écrevisse et sa voix de pie-grièche. On dit qu'elle était jolie quand elle arriva de Saxe ; mais elle vient d'avoir la petite vérole. Elle est toute jeune, et n'est même pas encore grande fille. (*Nota*. Elle a été prise sur le temps. Au moment où j'écrivais ceci à Naples, elle était grosse d'un mois ou cinq semaines, ce qui lui est arrivé avant que rien ne parût.) L'après-dînée fut employée à voir quelques exercices de troupes dans la grande place ; cela fut assez long. Le soir, on fit l'ouverture du grand théâtre du palais, par la première représentation de l'opéra de *Parthenope*, de Domenico Sarri. Le roi y vint ; il causa pendant une moitié de l'opéra et dormit pendant l'autre.

Cet homme assurément n'aime pas la musique[1].

Il a sa loge aux secondes, vis-à-vis des acteurs : c'est beaucoup trop loin, vu l'énorme grandeur de la salle, dans une partie de laquelle on ne voit guère, et dans l'autre on n'entend point du tout. Les théâtres d'Aliberti et d'Argentina, à Rome, sont bien moins grands, plus commodes et mieux ramassés. En vérité, nous devrions être honteux de n'avoir pas dans toute la France une salle de spectacle, si ce n'est celle des Tuileries, peu commode et dont on ne se sert presque jamais. La salle de l'Opéra, bonne pour un particulier qui l'a fait bâtir dans sa maison[2], pour jouer sa tragédie de *Miramè*, est ridicule

---

[1] Molière, *Amphitryon*. R. C.

[2] Le cardinal de Richelieu et la salle des Français, au Palais-Royal, autrefois Palais-Cardinal, où l'on joua la tragi-comédie de *Mirame*. R. C.

pour une ville et un peuple comme celui de Paris. Soyez bien certain que le théâtre proprement dit de la salle de Naples est plus grand que toute la salle de l'Opéra de Paris, et large à proportion ; et voilà ce qu'il faut pour déployer des décorations ; encore m'a-t-on dit que le fond du théâtre n'était fermé que par une simple cloison, qui donne sur les jardins du palais ; et, dans les cas où l'on veut donner des fêtes de très-grand appareil, on enlève cette cloison et l'on prolonge la décoration tout le long des jardins. Jugez quel effet de perspective cela doit faire ; c'est en cet article que les peintres italiens excellent aujourd'hui autant que jamais ; et je ne puis me lasser d'admirer le goût exquis et la variété avec laquelle ils en font usage pour le théâtre : du reste, la peinture est entièrement déchue. Salimbeni à Naples, Trevisani à Rome, et le Canaletto à Venise, sont les seuls peintres de réputation qui restent en Italie ; et de ces trois, les deux premiers sont si vieux qu'ils sont depuis fort longtemps hors d'état de travailler. Pour le Canaletto, son métier est de peindre des vues de Venise ; en ce genre il surpasse tout ce qu'il y a jamais eu. Sa manière est claire, gaie, vive, perspective et d'un détail admirable. Les Anglais ont si bien gâté cet ouvrier, en lui offrant de ses tableaux trois fois plus qu'il n'en demande, qu'il n'est plus possible de faire marché avec lui. Il y a encore dans le même goût Pannini à Rome, qui a fait l'intérieur de Saint-Pierre pour le cardinal de Polignac. C'est un tableau singulièrement joli pour le détail, l'exacte ressemblance et la distribution des lumières; mais je m'égare en bécarre : ce n'est pas de peinture dont il s'agit maintenant, c'est de musique.

C'était ici le premier grand opéra que nous eussions vu. La composition de Sarri, musicien savant, mais sec et triste, n'en était pas fort bonne, mais en récompense elle fut parfaitement exécutée. Le célèbre Senesino faisait le premier rôle; je fus enchanté du goût de son chant et de son action théâtrale. Cependant je m'aperçus avec étonnement que les gens du pays n'en étaient guère satisfaits. Ils se plaignaient qu'il chantait d'un *stile antico*. C'est qu'il faut vous dire que le goût de la musique change ici au moins tous les dix ans. Tous les applaudissements ont été réservés à la Baratti, nouvelle actrice, jolie et délibérée, *che recitava da uomo* : circonstance touchante, qui n'a peut-être pas peu contribué à réunir pour elle une si grande quantité de suffrages. En vérité, elle les mérite, même comme fille; mais la vivacité avec laquelle on lui a prodigué les acclamations publiques a si fort fait monter ses actions de jour en jour, que quand je suis parti elles étaient à 180 sequins la pièce.

La construction du poëme, dans les opéras italiens, est assez différente de la nôtre. Un de ces jours je traiterai cela *ex professo* avec Quintin, qui, dans sa dernière lettre, m'a fait diverses questions sur les spectacles. On y donne beaucoup au goût du petit peuple. Un opéra ne plairait guère s'il n'y avait, entre autres choses, une bataille figurée : deux cents galopins, tant de part que d'autre, en font la représentation; mais on a soin de mettre en première ligne un certain nombre de seigneurs spadassins qui sachent très-bien faire des armes. Ceci ne laisse pas que d'être amusant; au moins n'est-il pas si ridicule que nos combattants de Cadmus et de Thésée, qui se tuent en dansant. Dans cet opéra-ci de *Parthenope*, il y avait une action de cavalerie effective qui me plut infiniment. Les deux mestres-de-camp, avant que d'en venir aux mains, chantèrent à cheval un duo contradictoire d'un chromatique parfait, et très-capable de faire paroli aux longues harangues des héros de l'*Iliade*. Nous avons eu quatre opéras à la fois, sur quatre théâtres différents. Après les avoir essayés successivement, j'en quittai bientôt trois pour ne plus manquer une seule représentation de la Frascatana, comédie en jargon, de Leo.

N. B. Ce jargon napolitain est peut-être le plus détestable baragouin dont on se soit avisé depuis la fondation de la tour de Babel. J'ai pourtant voulu en prendre une teinture, tant à cause des opéras que par rapport aux douceurs que j'espérais trouver dans le commerce des lazariels. Je me souviens même d'avoir expliqué en France, à Alessandro, des airs en langage de son pays, qu'il n'entendait point.

Quelle invention! Quelle harmonie! quelle excellente plaisanterie musicale! je porterai cet opéra en France, et je veux que Maleteste m'en dise des nouvelles. Mais sera-t-il organisé pour comprendre cela? Naples est la capitale du monde musicien; c'est des séminaires nombreux où l'on élève la jeunesse en cet art que sont sortis la plupart des fameux compositeurs, Scarlatti, Leo, Vinci, le vrai dieu de la musique ; les Zinaldo, Latilla et mon charmant Pergolese. Tous ceux-ci ne se sont occupés que de la musique vocale : l'instrumentale a son règne en Lombardie. M. Loppin s'est donné un petit claveciniste Ferdinando, bélître de profession, qui vous joue familièrement à livre ouvert toutes les parties d'un quatuor, un demi-ton plus haut que cela n'est noté.

La transition est naturelle et le passage presque insensible de l'opéra aux courtisanes. Elles sont ici, à ce qu'on prétend, en plus grand nombre qu'à Venise. Ce n'est pas la faute des filles, dit-on, c'est le climat qui y porte de toute ancienneté,

> Littora quæ fuerant castis inimica puellis,

et par conséquent c'est la nature qui le demande. N'est-ce pas Sénèque qui raconte qu'autrefois les anciens n'osaient pas amener dans cette contrée les filles qu'on ne voulait pas encore marier, parce que l'air du pays leur donnait une disposition à titillation. Enfin, leurs descendantes ont si bien soutenu cette réputation, qu'elles ont eu l'honneur de donner le nom au mal de Naples, dont nous avons réservé à nous pourvoir jusqu'à notre arrivée en cette ville. Car lorsque l'on veut avoir les choses, encore est-on bien aise de les tenir de la première main, et vous allez juger par la petite histoire suivante, si l'on court risque de les avoir mal conditionnées. L'autre jour Perchet, premier chirurgien du roi, frère de celui que vous connaissez, nous contait que la semaine précédente un Anglais l'était venu consulter sur quelque petit accident qui lui était arrivé. Il fallut en venir à l'examen, pendant lequel l'Anglais lui dit qu'il avait déjà consulté là-dessus un autre chirurgien qui l'avait mis fort en colère en lui disant qu'il le fallait couper. « Le couper, interrompit Perchet ! Quel est l'ignorant qui vous a dit cela ? Allez, allez, monsieur, c'est un âne qui ne sait ce qu'il dit ; il n'y a que faire de le couper, il tombera bien tout seul. » Vous ne sauriez croire combien ensuite de ce récit Lacurne s'est grippé de mauvaise humeur contre le coït et ses conséquences. Cela s'appelle être furieusement attaché à la bagatelle. Eh bien ! mon doux objet, vous ai-je tenu parole et m'acquittai-je bien de mon métier de commentateur ? Dites-moi si vous connaissez aucun savant en *us* qui sache mieux que moi noyer son texte dans un océan de scolies ; encore n'en auriez-vous pas été quitte à si bon compte, si j'eusse tenu un journal comme ci-devant. Si faut-il cependant que vous vous chargiez encore d'une remarque pour le doux Quintin ; savoir, qu'on a la coutume à Naples, dans les grandes églises, au-dessus de la porte, de mettre un grand morceau de peinture au lieu où nous plaçons les orgues en France. C'est ordinairement une grande composition de Luca Giordano ou de Solimena. Ce dernier est encore vivant, et il n'a pas moins de quatre-vingt-douze ans, et d'un million et demi de bien, qu'il a amassé à son métier. *Oh ! che vergognia mentre che messer Annibale tirava la carretta come un cavallo*, pour gagner 1,500 écus en six ans. S'il n'y avait eu que Solimena et moi dans le monde, il n'aurait jamais gagné cinquante sous, avec sa manière fade et ses compositions sans force et sans génie. Peste ! je n'en dis pas autant de Luca Giordano ; c'est un maître homme que celui-ci ; et presque digne d'être mis parmi les peintres de la seconde classe. Il a excellé surtout à peindre des animaux. A la vérité ses touches ne sont pas si moelleuses, ni son clair-obscur aussi bien entendu que celui de Castiglione ; mais sa manière est bien plus grande, et le maniement de son pinceau libre et bien entendu. De plus, il a fait voir une vaste étendue de génie dans ses tableaux d'histoire, dont les inventions sont nobles et les ordonnances surtout admirables.

XXXI. — A M. DE NEUILLY.

Excursion au Vésuve.

Rome, 26 novembre.

Doucement, doucement, mon ami, ce n'est pas fait ; croyiez-vous en être quitte à si bon marché ? Allons, secouez un peu votre petite paresse ; je vais vous faire faire un voyage de fatigue au sommet du mont Vésuve. Au retour, pour vous délasser, je vous mènerai promener à Pozzuoli, comme on donne du bonbon aux enfants après une médecine. Venez, montez dans cette chaise à perroquet qui vous aura bientôt rendu au pied de la montagne que vous avez vue, en partant, toute couverte d'un nuage brillant ; c'est la fumée qui réfléchit les rayons du soleil. Le gouffre en jette incessamment une fort épaisse : pour de la flamme, on en voit quelquefois la nuit ; mais cela est extrêmement rare. Au pied du Vésuve, nous quittâmes nos chaises pour prendre des chevaux. Nous montâmes, pendant un long espace de temps, cette riche et fertile montagne à travers les beaux vignobles qui portent le *lacryma-christi* et autres vins, les meilleurs de l'Italie sans contestation. Il est aisé de juger de l'abondance et du goût des fruits que produit un terrain si capable d'exalter la séve. Il est vrai que dans quelques endroits nous vîmes l'économie des bourgeons un peu dérangée par les torrents de fer rouge qui ont coulé d'en haut ; mais, malgré les ruines irréparables que causent les accidents et le danger de s'y voir exposé sans cesse, je comprends fort bien comment les gens du pays ne peuvent se détacher d'habiter ni de cultiver un canton de la terre si riche, si agréable et si abondant. Au bout d'un certain temps, il fallut quitter les chevaux et prendre des ânes, qui nous conduisirent pendant environ une demi-lieue à travers de mauvaises ravines obstruées de gros quartiers de rochers ferrugineux, et d'un cimetière de vignobles ravagés, dont on ne voit plus que les squelettes par-ci, par-là. C'est ici que commence l'abomination et la désolation. On trouve déjà des crevasses plus ou moins larges, d'où il sort une fumée tiède et humide. Ces crevasses, pour la plupart, ne sont pas plus larges que celles que les chaleurs de l'été produisent dans les marais desséchés ; elles se multiplient à mesure qu'on approche du sommet où est l'ouverture du gouffre. Mais retournons un peu la tête pour jouir du plus beau spectacle qu'on puisse trouver en Europe ; de ce coup d'œil si merveilleux qui ravit d'étonnement, quelque idée qu'on s'en fût faite d'avance.

Les sommets des arbres et les vignobles étendus sous vos pieds, comme un tapis à qui les villages de Portici, Resina et autres, ainsi que les maisons de campagne répandues tout le long du rivage, servent de bordure ; Naples plonge à vue d'oiseau : les plaines de la Terre de Labour toutes semées de métairies, jusqu'aux montagnes *del principato* d'Otranto, qui ferment l'aspect à droite. A gauche, la mer à perte de vue ; le rivage peuplé de bâtiments, avec ses tours et ses contours, qui courent depuis l'entrée du golfe de Salerno, depuis le détroit de l'île de Capri, tout le long de Naples, du Pausilippe, de Procida, Pozzuoli, Baja, Cuma, jusqu'à Gaeta, qui fait le fond de la décoration. Arrêtez-vous là tant qu'il vous plaira, et tâchez de prendre du courage pour les peines inouïes qu'il vous reste à essuyer. Ici il faut aller à pied ; il n'y a ni âne ni mulet qui puisse vous porter plus loin. La place est entièrement couverte des vomissements du Vésuve, tant anciens que modernes, qui se sont amoncelés là, pour la plupart, à l'exception de ce que les ruisseaux de feu ont entraîné jusqu'en bas. Ce sont des tas de quartiers de pierres, de terre, de fer, de soufre, d'alun, de verre, de bitume, de nitre, de terre cuite, de cuivre, pétris ou fondus d'une manière écumeuse, en forme de marcassites et de mâchefer. Les pluies ont délavé cela à la longue, par où l'on voit quels sont les plus anciens ou les nouveaux dégorgements. Il n'y a rien en vérité de si hideux à voir, ni de si fatigant à traverser, que ces amas d'éponges de fer, aussi dures que raboteuses. Vous ne pouvez rien vous figurer de plus dégoûtant que ces infâmes déjections ; on marche là-dessus avec une fatigue inconcevable. Toutes ces mottes de mâchefer roulent incessamment sous les pieds et vous font, grâce à la détestable rapidité du terrain, descendre deux toises, quand vous croyez monter d'un pas. Par malheur, nous avions avec nous une troupe de paysans qui avaient quitté les vignes, tout le long du coteau, pour nous suivre ; ils étaient tous vêtus en capucins (l'habit des capucins est celui des paysans de la Calabre), et, soi-disant ciceroni, armés de cordes, courroies, lanières et ceintures, dont ils s'enveloppèrent et nous aussi. Chacun de nous se vit saisi, malgré sa résistance, par quatre de ces coquins qui, nous tirant par les quatre membres, chacun de son côté, nous pensèrent écarteler, sous prétexte de nous guinder en haut ; tandis que d'autres, en nous poussant par le cul, nous faisaient donner du visage en terre si adroitement, qu'il n'y avait que le nez qui portât. Je suis persuadé que, sans le soulagement que nous procurèrent ces maroufles impertinents, nous eussions eu les deux tiers moins de fatigue ; avec cela, il faisait une froidure si exécrable ce jour-là, que je n'ai pas d'idée d'en avoir jamais éprouvé de plus forte.

La bise et la roideur du talus nous coupaient la respiration, ou nous jetaient aux yeux un agréable tourbillon de fumée. Ainsi se passèrent trois quarts d'heure et plus, pendant lesquels je ne cessais de soupirer pour un joli pain de sucre pointu et tout uni par les côtés, dégagé de ces vilaines scories, et qui formait l'extrémité de la montagne. Oh! hommes inconsidérés, qui ne savent ce qu'ils souhaitent! Je sais bien pourquoi ce bout pointu était si bien nettoyé, c'est qu'il est si roide que rien ne peut tenir dessus. Autant vaudrait qu'il fût perpendiculaire, le malheureux, tant il s'en faut de peu. Joignez à cela qu'il est tout couvert (non pas de cendres, car on n'en trouve ni peu ni beaucoup sur le Vésuve), mais d'un petit sable lourd et rougeâtre, qui n'est autre chose que de la mine de fer pulvérisée, dans laquelle on entre à chaque pas jusqu'à mi-jambe ; et, tandis qu'on en dégage une, l'autre creuse un long sillon dans le sable qui vous ramène tout juste au point d'où vous étiez parti. Ah! chienne de montagne, apanage du diable, soupirail de Lucifer, tu peux bien abuser de moi tandis que tu me tiens ! Je reviendrais bien mille fois à Naples, que jamais tu ne me serais rien ; et, plutôt que de retourner voir ton gouffre infect, j'aimerais mieux

> Devenir cruche, chou, lanterne, loup garou,
> Et que monsieur Satan m'y vînt rompre le cou !

Dieu me soit en aide ! nous voilà pourtant tout au sommet sur le bord du gouffre, fondant en eau du travail, et percés à jour de la bise qui nous flagelle. J'ai bien peur d'y attraper *quelque méchante púrisie*, comme dit Brantôme. A quelque chose malheur est bon. Quand le temps est calme ou humide, la fumée nage et se condense dans le gouffre, de manière qu'on n'y peut rien voir; il faut, pour y venir, prendre toujours le temps d'un vent du nord violent qui, tourbillonnant dans ce gobelet, le balaye et nous le fit voir aussi net qu'à travers un cristal. Je vois bien qu'il faut vous en faire une exacte description. Dans le moment j'y viens, mon ami; mais, je vous prie, laissez-moi un peu reprendre mon souffle.

Le Vésuve a deux sommets, l'un méridional, où est le volcan actuel et sur lequel j'étais; l'autre septentrional, appelé Monte di Somma, où le volcan a certainement été. Il est roide et perpendiculaire de son côté intérieur, assez semblable à une muraille brûlée et ruinée, enveloppant à demi-cintre le sommet précédent : ce qui me fit aussitôt conjecturer que le cintre, autrefois entier, s'était écorné et ruiné à la longue, à force de feu et de mines ; que le Somma était le Vésuve des anciens, à un seul sommet, dont le cratère avait un prodigieux diamètre, et que notre Vésuve était une montagne nouvelle, formée de l'amas de matériaux que le gouffre lance depuis dix-sept siècles, et qui, retombant sur eux-mêmes, ont formé le second sommet, proprement dit le Vésuve d'aujourd'hui, comme un coqueluchon au fond d'une tasse.

Ces conjectures paraîtraient trop hardies aux gens qui ne sont pas faits aux grandes opérations de la nature; mais non pas à vous et à notre chef Buffon, qui connaît mieux que personne la construction de notre globe et les révolutions auxquelles il est sujet.

Il peut se faire que la terrible éruption où périt Pline ait fait sauter la voûte, le *cacumen*[1] de la grosse montagne, et ait commencé bien fort à écorner les bords de la tasse; du moins savons-nous qu'avant cet événement, du temps d'Auguste, le sommet du Vésuve était plein et presque plat.

Le gouffre actuel a la forme d'un cône renversé, ou d'un verre à boire, terminé dans son fond par une plaine rougeâtre, d'environ cinquante toises de diamètre et légèrement crevassée en quelques endroits; le sol en paraît être de soufre et de mine de fer: les parois intérieures de la tasse sont de rocher vif, scabreux, brûlé jusqu'à calcination, comme de la chaux, blanc, citron, recouvert en mille endroits de soufre pur et de salpêtre; en d'autres endroits ten-

---

[1] Le sommet, le faîte, le comble. R. C.

dant à vitrification ; en quelques-uns ferrugineux, presque partout fendus de longues crevasses, d'où sort une grande quantité de fumée mal odoriférante. Vous jugerez encore mieux de la qualité du sol, à la vue de plusieurs petits morceaux des différentes espèces que j'ai fait ramasser, et que je vous montrerai.

L'orifice du volcan peut avoir, à ce que l'on m'a dit, trois cent cinquante toises, dans son plus grand diamètre, d'orient en occident, et sa hauteur perpendiculaire n'est que de quatre-vingt-quatre toises, mesurée aussi bien qu'on l'a pu, selon les lois de l'accélération de la chute des corps, au moyen de pierres qu'on y a fait tomber à plusieurs reprises. Il est donc certain, à voir le peu d'étendue de ce gouffre, que ce ne sont pas les matières qui en sont sorties qui ont pu recouvrir la ville d'Ercolano, ni produire l'énorme quantité de toises cubiques de terres ou autres matières dont le rivage de la mer est exhaussé, depuis l'ancien sol d'Ercolano jusqu'au sol actuel de Portici ; mais il faut remarquer qu'autrefois la montagne, autant qu'on en peut juger par le récit des anciens, n'avait qu'un sommet. J'avais fait porter des cordes pour me faire descendre par-dessous les bras dans le gouffre, quoi qu'il en pût arriver : mais cela n'était ni si difficile, ni si périlleux que je me l'étais imaginé : la descente, quoique rapidissime, n'est pas impraticable d'un côté. Je me fis sangler par le milieu du corps, et tenir en laisse par deux ciceroni, pour prévenir la roulade en cas de chute. En cet équipage, je descendis dans le gouffre soixante ou quatre-vingts pas ; puis, reconnaissant que je ne verrais rien de plus à aller jusqu'au fond, que je découvrais parfaitement, et faisant quelques réflexions sur mes souliers qui brûlaient déjà et sur l'épouvantable fatigue qu'il y aurait pour remonter, je me fis retirer en haut à peu près comme on tire un seau d'un puits. Vous me direz peut-être que j'eusse été bien étonné si, pendant que j'étais là, mons du Vésuve fût venu à flamboyer? Étonné! Ah! je vous le jure, et même confondu. Mais cela n'est pas à craindre.

Quand il doit y avoir une éruption, elle s'annonce d'avance par des espèces de coups de canon que la montagne a coutume de tirer. A présent ne vous attendez pas que je vous explique quelle est la cause qui produit de si terribles effets. Je n'en ferai rien pour plusieurs raisons, dont la première est que je ne le sais pas. Je crois qu'il y a bien d'autres personnes dans le même cas. Les académiciens de Naples me disaient qu'il n'y a point de feu intérieur; que c'est un simple ferment qui y cause la chaleur et la fumée, que les vapeurs qui s'élèvent de la mer sont l'aliment perpétuel de ce gouffre qui les englobe, ainsi que tout l'air d'alentour, par une attraction chimique, et s'en remplit jusqu'à ce que l'abondance de la matière y produise inflammation, et ensuite dégorgement. En effet, le cratère commence à bouillir par le fond, et s'élève comme du lait sur le feu, jusqu'à ce que la force de la chaleur, cassant le pot en quelque endroit, le fasse couler. Ils veulent encore douter s'il y a dans la montagne des souterrains intérieurs ; mais, outre que les tremblements de terre l'indiquent assez, ce me semble, je ne comprendrais pas comment, s'il n'y avait pas de tuyau intérieur pour faire l'effet d'un canon ou au moins d'un mortier à bombes, la montagne pourrait lancer, comme on m'a dit qu'elle avait fait en dernier lieu, des pierres d'un calibre épouvantable aussi haut qu'elle est haute. Elle jette des cendres ou du sable jusqu'à plus de trente lieues. Il est de notoriété qu'elle en a porté d'autres fois, peut-être à la faveur du vent, jusqu'à Rome ; c'est une distance presque double : Dion Cassius dit même jusqu'en Égypte, lors de l'accident de Pline, ce qui me semble incroyable. Lors de l'éruption de 1631, l'une des plus terribles qu'il y ait eu et où cinq à six mille personnes périrent, le gouffre tirait des rochers rouges qui allumaient les arbres en les touchant. Malgré les ravages que font ces évacuations, c'est encore pis quand la montagne ne les a pas ; elle souffre alors des vents et de la colique, si bien qu'elle secoue tout le pays d'alentour, et cause encore bien plus d'épouvante. Enfin, si vous en voulez savoir davantage sur les causes de tout ceci, je vous renvoie à un long passage de Lucrèce (lib. VI), qui s'est efforcé d'expliquer en beaux vers les effets de l'Etna ; mais, pour vous dédommager de la stérilité de ma physique, je vais vous donner un petit détail de l'éruption arrivée il y a deux ans. Je l'ai extrait d'un journal qu'en a tenu l'abbé Entieri.

Dès la fin d'avril 1737, le Vésuve s'était mis à jeter fréquemment des flammes avec de la fumée. Le 14 mai, ceci se renforça beaucoup, et le 16 la cime commença à lancer des pierres rouges et à laisser couler quelque peu de matières fondues. Le 18, le sommet était tout couvert extérieurement d'une pluie de soufre. Le 19, le bruit et le frémissement intérieur devinrent horribles à entendre, la fumée était d'une noirceur extrême, et il partit des quartiers de roches qui roulaient en retombant le long du talus, avec un terrible fracas. Le 20, l'incendie fut à son plus fort période; la fumée, noire comme de la poix, enveloppa toute la montagne de gros tourbillons; la cime prit feu de tous côtés; la flamme parut très-vive malgré la clarté du jour, et le gouffre lançait incessamment le fer, le soufre, la pierre ponce, etc., comme une grenade qui éclate. Sur le soir, la fumée se mit à tourbillonner plus vite et devint grisâtre. Peu après, la montagne tira un coup de canon épouvantable; au coucher du soleil on vit que c'était le creuset qui s'était fendu près de son fond, du côté du midi. De cette fente sortait une épaisse fumée, interrompue de temps en temps d'éclairs et de lances de feu, avec le bruit qu'elles ont coutume de faire. Au bout d'une heure ou deux la nouvelle crevasse vomit un gros torrent rouge, qui se mit à descendre lentement le long du talus, et à prendre le chemin du village de Resina; mais il s'amortit et n'avança plus, tandis que le grand orifice continuait de jouer de la grenade. Quatre heures après, la montagne se remit en furie pis que jamais, surtout à tirer des mousquetades et à secouer la terre ; elle vomit par la bouche du côté de l'occident, et fit par la nouvelle crevasse une déjection si abondante, qu'elle occupait cinq cents pas de long et près de trois cents de large. Ce torrent de fer rouge enflamma la campagne, et, continuant à couler, se divisa en plusieurs rameaux, dont le plus large avait quelque quarante-cinq pieds de large. Un d'eux descendit le 21, vint aboutir à Torre del Greco, heurta la muraille du couvent des Carmes, qu'il eut bientôt renversée, entra dans la sacristie et dans le réfectoire, où il ne fit qu'un fort léger repas de tout ce qui s'y trouva ; de là il traversa le grand chemin, et vint s'arrêter au bord de la mer sur les six heures du soir. Jusqu'au 24 l'éruption continua par l'orifice supérieur. Ce jour-là, après avoir fait, sur le midi, un feu d'enfer, le volcan commença à s'arrêter et à ne plus éparpiller que des tourbillons de cendres. Le 28, le feu n'était presque plus rien. Le 29, il cessa tout à fait ; la fumée, aussi abondante que jamais, devint claire, blanche et délavée. Le 6 juin, une grosse pluie qui tomba sur le Vésuve tira des torrents de fer, une odeur de soufre insupportable, et qui ne s'était pas fait sentir à beaucoup près si fort dans le temps du grand bombardement. Tous les arbres à un quart de lieue à la ronde en perdirent leurs feuilles et leurs fruits. Une autre pluie, peu de jours après, fit exhaler de ces mêmes torrents une nouvelle puanteur presque insupportable ; mais d'un autre genre, et qui n'avait de rapport avec aucune des mauvaises odeurs connues. Le torrent, qui avait coulé le 21, demeura rouge à sa superficie pendant trois ou quatre jours, après lesquels l'ardeur se concentra ; au bout d'un mois et plus, quand on creusait cette espèce de gueuse, et qu'on y enfonçait un gros pieu de bois, il s'enflammait à l'instant. Pendant tout le temps de cette éruption, le vent régna le plus souvent entre le sud et le sud-ouest.

Nous descendîmes du sommet avec plus de satisfaction et de facilité que nous n'y étions montés ; mais, ô Dieu ! quelles furent ma surprise et la véhémence de mon indignation, lorsqu'en plongeant mes regards, j'aperçus au bord d'une ravine mon très-cher cousin (la paresse l'avait empêché de monter avec nous), qui, d'un air fort posé, achevait de manger deux dindons et de boire quatre bouteilles de vin que nous avions apportées pour la halte. Je fis au plus vite écrouler sous mes pieds pierres ponces et mâchefer ; à chaque coup de talon je descendais de vingt pieds : heureusement j'arrivai assez à temps pour lui arracher un dernier pilon, sur lequel il avait déjà porté une dent meurtrière. Je me refis aussi avec un fond de bouteille et un petit flacon d'eau-de-vie qui me sauvèrent à coup sûr d'une pleurésie, baigné comme j'étais de sueur et percé d'un froid si violent. Là-dessus, je pris congé du Vésuve, avec promesse solennelle de ne lui faire de ma vie de seconde visite, et je vins à Portici, maison de campagne du roi, dont je ne vous parlerai pas. Elle n'a rien qu'un fermier général y voulût conserver, s'il l'achetait. Le village de Portici est joli ; il y a des jardins agréables et plusieurs maisons de campagne, dont quelques-unes valent mieux que celles du roi. Je pensai à aller de là à Sorrento (*Surrentum*) et à Salerne, où voulait nous mener un officier français de nos amis (M. du Fresnay, major du régiment des gardes napolitaines). J'avais encore plus d'envie d'aller dans l'île de Caprée visiter les mânes de feu Tibère, et exécuter quelques *spinthries*[1] avec la Barrati ; mais je n'eus le temps de ne rien faire de tout ceci. Je me suis consolé de Caprée, voyant depuis qu'Addisson y avait été et qu'il l'avait parfaitement décrite.

Nous rentrâmes le même jour à Naples, fort tard et très-fatigués. Mais voudrais-je aujourd'hui n'avoir pas eu cette peine ? Voilà une considération qu'il ne faut jamais que les voyageurs perdent de vue ; il serait bon même d'en faire une maxime générale ou précepte obligatoire.

XXXII.—A M. DE NEUILLY.

Promenade à Baja, Pozzuoli, etc.

Rome, 26 novembre.

Le 14, à la pointe du jour, nous nous mîmes en marche pour aller dîner dans le golfe de Baies, chez don Michel Reggio, qui nous voulait faire un *regalo*

---

[1] Voy. Suétone, *in Tiber.*   R. C.

sur sa *Reale*. Toutes les galères, après avoir mené le roi à Procida, en attendant qu'il en revînt, faisaient une station dans ce golfe. Nous laissâmes nos chaises au pied du Pausilippe pour aller, à la pointe du coteau appelée Mergellina, rendre visite au tombeau de Sannazar, dans l'église des Servites. L'église est jolie, et ce tombeau de marbre blanc de Carrare, placé derrière l'autel, en fait le principal ornement; c'est un très-bel ouvrage d'un père servite nommé Montorsolo. Le buste de Sannazar, entre deux petits amours, en fait le couronnement; deux statues, l'une d'Apollon avec sa lyre, l'autre de Minerve avec sa lance, accompagnent le tombeau. Elles se sont faites chrétiennes depuis qu'elles sont là, et ont pris au baptême les noms de David et de Judith. Je ne vous fais pas mention de l'épitaphe, qui est copiée partout. De là j'allai au tombeau de Virgile. Si vous avez jamais vu un bout de muraille ruinée, c'est la même chose. Il est tout solitaire dans un coin, au milieu d'une broussaille de lauriers dont le Pausilippe est farci, ce qui diminue un peu le prodige de l'honneur qu'avait fait la nature au prince des poëtes, en faisant, disait-on, croître un laurier sur son tombeau. Je trouvai dedans une vieille sorcière qui ramassait du bois dans son tablier, et qui paraissait avoir près de quatre-vingts siècles; il n'y a pas de doute que ce ne soit l'ombre de la sibylle de Cumes, qui revient autour de ce tombeau. Cependant je ne jugeai pas à propos de lui montrer *ramum qui veste latebat*. Avant que de descendre le Pausilippe, je ne manquai pas de courir chez le peintre Orazio, qui a fait ces charmants tableaux de l'incendie du Vésuve, de la Solfatara, et autres que vous avez vus chez Montigny, pour en acheter de pareils. Le fat s'est laissé mourir depuis le mois de mai dernier. Tous ses ouvrages sont vendus, et il ne reste là qu'un mince écolier, son faible imitateur.

Remontés dans nos chaises, nous nous enfournâmes dans la grotte ou chemin percé en voûte à travers le Pausilippe, par où l'on gagne l'autre côté de la colline; c'est une fort singulière invention, pour s'épargner la peine de la monter. L'ouvrage est si ancien que quelques-uns l'attribuent aux premiers habitants du pays. Quoique le travail soit immense, il étonnera un peu moins si l'on fait attention que le sol de cette caverne est plus souvent sablonneux que pierreux.

Sénèque en pense fort mal (Épître LVII), et il raconte de fort bonne foi la frayeur que lui causait ce long passage obscur. Pour moi, j'en parlerai mieux; je ne l'ai pas trouvé fort incommode, et il faut qu'on y ait fait quelques réparations depuis son temps. Au milieu du chemin, qui me parut avoir environ mille pas de long, on a fait à la voûte une ou deux grandes lucarnes qui percent jusqu'en haut pour donner un peu de jour. D'ailleurs, pour mieux éclairer la traversée de la caverne, on a tenu le chemin allant en s'élargissant depuis les deux entrées jusqu'au milieu. Enfin, quoique fort obscur, il ne l'est pas au point de se heurter, et deux voitures de front y passent assez commodément.

L'issue de la caverne vous mène droit au lac Agnano, où l'eau bout naturellement sur le rivage sans être chaude. Il est assez spacieux, et le poisson ne peut pas se plaindre d'y être au court-bouillon. Sur son bord, on trouve d'abord la grotte du Chien, qui n'est qu'un mauvais trou carré, grand comme une cheminée, et quinze ou seize fois plus profond. Je ne vous en fais pas l'histoire, que vous savez du reste. La vapeur mortelle n'a pas d'activité à plus d'un pied ou un pied et demi de terre; mais là, elle suffoque en peu de moments. Je crois avoir ouï dire que de tous les animaux, la vipère était celui qui y résistait le plus longtemps. Nous y éteignîmes des flambeaux et des mèches soufrées, et fîmes rater nos pistolets. Le chien y joua son rôle, tomba en convulsions, et se vit prêt à mourir, si son maître ne l'eût tiré de là et jeté sur l'herbe comme un cadavre, où il reprit bientôt ses esprits. Il ne fut pas besoin de le plonger dans le lac; ce qui apporte un soulagement plus prompt. M. le barbet qu'on a coutume de mettre en expérience est fait à cela, comme un valet de charlatan à boire du jus de crapaud; dès qu'il voit arriver des étrangers, il sait que cela veut dire : Couchez-vous, et faites le mort. Près de la grotte sont des étuves naturelles appelées il Sudatorio di San-Germano. Quand on veut suer à grosses gouttes en deux minutes et être empesté d'odeur de soufre, il n'y a d'autre préparation que d'entrer un moment dans cette maison.

De là je viens à la Solfatara, autrefois la marmite de Vulcain, *olla Vulcani;* elle n'est guère moins curieuse que le Vésuve, ou plutôt c'est un Vésuve sur le retour, qui a bien dû faire des siennes en son jeune âge, il y a dix mille ans. La montagne est d'un large diamètre et de peu de hauteur, comme si on en eût tranché net horizontalement les deux tiers; si bien qu'on ne peut s'empêcher de dire en la voyant qu'elle avait apparemment trois fois plus de hauteur, et que le volcan, à force d'agir, a consumé et dissipé ce qui en manque. Le dessus fait voir encore plus clairement qu'il est le fond de la chaudière d'un volcan tout usé. Il a parfaitement la forme d'un amphithéâtre un peu ovale. L'arène est une plaine vaste, unie, de couleur sulfureuse et alumineuse; quand on frappe du pied contre terre, on entend tout à l'entour de soi un bruit sourd, ce qui peut faire conjecturer que ce n'est qu'une voûte ou faux fond. La fumée s'élève de toute part, tant de la plaine que des éminences qui en font l'enceinte. Elle est de mauvaise odeur; et, quand nous sortîmes de là, nous nous aperçûmes que nos cannes, nos montres, nos épées, les galons de nos habits, et tout ce que nous avions en or ou doré était noir ou terni : les galons n'ont pu se nettoyer assez bien pour reprendre leur lustre. Il y a dans la plaine quelques flaques d'eau tellement imprégnées d'alun, qu'il suffit de la faire chauffer jusqu'à évaporation pour avoir l'alun pur. Pour faire bouillir les chaudières, on fait un creux à terre sur lequel on les pose; il n'y faut ni feu ni plus grande préparation. Près de là sont des halles où l'on achève de travailler l'alun. Pour le soufre, on le tire presque tout pur.

Le chemin n'est pas long de là à Pozzuoli, où, dès que nous arrivâmes, nous nous vîmes entourés de polissons qui nous voulaient faire acheter une foule de petits bronzes, de pierres gravées, de morceaux de statues et autres chiffons, dont le meilleur ne valait pas quatre parpailloles, et dont nous ne jugeâmes pas à propos de nous charger. Pozzuoli est bien situé, tout au bout du cap. J'y vis, en passant, un petit colisée ou amphithéâtre, et les restes d'un temple de Jupiter, aujourd'hui Saint-Procule. Je ne fis que jeter les yeux là-dessus, n'ayant pas le loisir de l'examiner, parce qu'en arrivant nous trouvâmes le prince Jacci, qui était venu au-devant de nous nous prendre dans la chaloupe du roi; nous y entrâmes pour traverser la baie, et passâmes devant le môle ou pont de Caligula. Voici encore un ouvrage merveilleux des Romains. Ce môle, qui s'étend fort avant dans la mer, fermait le port de Pozzuoli. Il est ouvert par des arcades, dont quelques-unes sont ruinées; il y en avait vingt (Voy. Jul. Capitol., *in Antonin. Pio*). J'en comptai encore quatorze. Que ce ne soit pas là le pont sur lequel Caligula traversa le golfe à cheval, c'est ce qui paraît assez clairement par l'inscription que rapporte Addisson; elle prouve que c'est un ouvrage d'Antonin le Pieux. Si Misson l'eût connu, il en aurait tiré une autorité bien meilleure encore qu'il ne fait de Suétone; je vous y renvoie et je mettrai ici une autre inscription pareille, trouvée il y a deux siècles; elle est sur la porte de la ville : *Imp. Cæsar. Divi Adriani. fil. Divi Trajani Parthici. nepos. Divi Nervæ. pronepos. T. Ælius. Adrianus. Antoninus. Aug. Pius. pont. max. trib. pot. II. cos. II. desig. III. P. P. opus. pilarum. vi. maris. conlapsum. A. Divo. patre. suo. promissum. restituit.*

En arrivant à Baja, nous allâmes d'abord donner le bonjour à don Michel, qui était à peine remis d'une chute fâcheuse qu'il avait faite l'avant-veille dans la mer, où il se serait noyé sans le roi, qui fut le plus prompt de tous à le secourir ; après quoi nous nous mîmes au plus vite à continuer notre visite des curiosités. Le golfe de Baja et sa colline en demi-amphithéâtre, si renommée chez les Romains pour être le plus voluptueux endroit de l'Italie, est comme ces vieilles beautés qui, sur un visage tout ruiné, laissent encore deviner, à travers leurs rides, les traces de leurs anciens agréments ; ce n'est plus qu'une colline pleine de bois et de masures, qui se mirent dans une mer toujours claire et calme. On n'y sait presque ce que c'est que froid ni qu'hiver, la terre étant d'une nature très-chaude, en ce lieu et aux environs ; aussi était-ce là que les Romains venaient en *villeggiatura* à la fin de l'automne. Toutes les louanges qu'on a données à cette charmante baie ne me paraissent point outrées. Quant à la vue de la colline et des masures, je me représente quel spectacle admirable c'était que cette lieue demi-circulaire de terrain, pleine de maisons de campagne d'un goût exquis, de jardins en amphithéâtre, de terrasses sur la mer, de temples, de colonnes, de portiques, de statues, de monuments, de bâtiments dans la mer, quand on n'avait plus de place, ou qu'on se lassait d'avoir une maison sur la terre. Que je me répandrais là-dessus en citations des poëtes, si Addisson ne m'avait prévenu! La bonne compagnie que l'on trouvait là du temps de Cicéron, de Pompée, d'Horace, Mécénas, Catulle, Auguste, etc.! Les jolis soupers qu'on allait faire en se promenant à pied à la bastide de Lucullus, près du promontoire de Misène! Le beau spectacle pour sa soirée que ces gondoles dorées, ornées tantôt de banderoles de couleur, tantôt de lanternes, que cette mer couverte de roses, que ces barques pleines de jolies femmes en déshabillé galant, que ces concerts sur l'eau pendant l'obscurité de la nuit; en un mot, que tout ce luxe si vivement décrit et si sottement blâmé par Sénèque! O Napolitains, mes amis, que faites-vous de vos richesses, si vous ne les employez à faire renaître en ce beau lieu ses anciennes délices?

Les antiquités que je remarquai sur le rivage sont: un petit temple de Diane, en dôme fort ruiné. Les murailles n'en subsistent plus que d'un côté; néanmoins la voûte, plus qu'à moitié pendue en l'air, se soutient comme une calotte par la seule force de sa maçonnerie.

Un temple de Vénus... Un autre d'Hercule... Un autre au milieu d'une flaque d'eau, où nous nous fîmes porter à bras; on nous le donna pour temple de Mercure. J'y remarquai quelques restes de l'enduit qu'on appelait *opus reticulatum*. Quand le massif des anciens bâtiments de brique était fait, on recouvrait les murs d'un parement de petites briques carrées, de la taille de nos carreaux de faïence ou de petits carreaux de marbre, soit blanc, soit de couleur : on les disposait en losange, et le stuc d'autre couleur, qui en faisait la liaison, mis avec soin et propreté, formait sur le mur l'image d'un grand filet de pêcheur et un effet fort agréable à la vue... Des bains antiques fort curieux avec les cuves où places d'icelles, rangées tout le long des deux côtés comme des lits dans un hôpital... Tout est plein aux environs de bains naturels : on ne fait autre cérémonie que de se mettre dans la mer en certains endroits du rivage. On dit ce remède spécifique pour une longue liste de maladies. La forteresse de Baja est au-dessus du rocher qui fait la pointe avancée du demi-cercle. Don Michel Reggio nous fit une chère somptueuse sur sa galère; ce fut le plus bel endroit de ma journée que le dîner. Grâce à l'exercice étonnant que j'avais fait, jamais appétit ne fut si fougueux, besoin de boire et manger si pressant, ni manière de s'en acquitter si rapide.

Incontinent après on se remit dans la chaloupe ; on alla parcourir le rivage; on y vit la piscine admirable que fit construire Agrippa pour servir de réservoir d'eau à la flotte qui stationnait au promontoire de Misène. C'est une espèce de lac *pensile*, fait comme une terrasse en l'air, porté sur quatre-vingt-quatre grands piliers. Le sol de cette terrasse aérienne est enduit d'un ciment de Pozzolana, dur comme du granit. Sans doute qu'elle avait de hauts bords de tout côté, pour retenir l'eau qui s'y déchargeait par des conduits, et on allait puiser à l'aise dans cette grande tasse. Elle n'est pas fort élevée au-dessus du rez-de-chaussée, quoique les piliers soient très-hauts; mais ils sont enterrés en partie, et forment un vaste et magnifique souterrain. Cet ouvrage est tout à fait singulier, et je ne puis comprendre quel motif a pu déterminer à le construire de la sorte.... La Dragonaria, qui paraît avoir été un grand conduit pour les eaux... La mer morte... L'ancienne maison de campagne d'Agrippine... L'endroit du rivage où elle fut tuée... Le promontoire de Misène, joli et tout carré; et en deçà, Procida, où le roi était à la chasse. Il a là une petite maison, et c'est une grande fête pour lui que d'y aller passer quelques jours... Certaines ruines qu'on nous donna pour être celles d'un cirque; ce lieu se nomme aujourd'hui il *Mercato di Sabato*... Une petite plaine jolie, mais inculte et négligée, qui passe pour être les Champs-Elysées. Il serait bon d'entretenir, au risque de leur vie, quelques jardiniers pour en avoir soin, et pour y semer au moins de l'asphodèle... Le lac d'Achéron ou d'Acherusia, au delà duquel on voit quelques restes des ruines de Cumes, sur une hauteur... Le lac d'Averne, tout rond, beau, clair et vermeil, au-dessus duquel les oiseaux volent maintenant tant qu'il leur plaît. Vous voyez qu'il a fait une jolie fortune depuis que vous n'avez ouï parler de lui ; mais vous fera-t-elle autant de plaisir que la misère dans laquelle est tombé le lac Lucrin vous causera de douleur ? Ce n'est plus qu'un mauvais étang bourbeux ; ces huîtres précieuses du grand-père de Catilina, qui adoucissaient à nos yeux l'horreur des forfaits de son petit-fils, sont métamorphosées en malheureuses anguilles qui sentent la vase... Une grande vilaine montagne de cendre, de charbon et de pierre ponce, qui, en 1538, s'avisa de sortir de terre en une nuit comme un champignon ; elle est venue coudoyer ce pauvre lac, et l'a réduit dans le triste état que je vous raconte...

Il ne tiendrait qu'à moi de vous dire quantité de choses encore sur la maison de campagne de Cicéron, qu'on appelait l'Académie, d'où il a écrit ses *Questions académiques* ; mais comme elle était un peu avant dans les terres, et qu'il n'y a pas si bonne compagnie qu'autrefois, je n'y allai point : à présent ce sont des bains assez fameux. J'ai sans doute aussi négligé divers autres articles dans ce même canton. A bon compte, il était nuit noire quand nous quittâmes notre chaloupe à Pozzuoli, et montâmes dans nos chaises pour retourner à Naples, fatigués et recrus si on le fut jamais ; d'ailleurs extrêmement satisfaits de notre journée. Cependant, pour ne pas faire le charlatan avec vous, je dois vous avouer que tous les grands plaisirs que j'avais goûtés étaient beaucoup plus en idée qu'en réalité ; une bonne partie des articles mentionnés dans cette mienne fidèle relation seraient un peu plats pour quelqu'un qui ne lirait pas la gazette du temps de Caligula ; mais aussi ils sont délicieux par réminiscence, et tirent un agrément infini des gens qui n'y sont plus. Addisson vous a donné une description exacte et suivie de toute cette côte-ci, tirée de Silius Italicus. Pour lui faire paroli, je veux vous la donner d'après Virgile. Je sais, mon doux objet, que cela vous fera un plaisir singulier ; et j'en ai eu un très-grand moi-même à relire, à cette occasion, de bons lambeaux de l'*Enéide ;* car,

A mon gré le *Virgile* est joli quelquefois.

La mer, l'impertinente mer ne me pardonna pas plus cette fois-ci qu'elle n'avait fait ci-devant sur les côtes de Gênes. Oh ! que le proverbe italien a raison de mettre une condition au plaisir qu'il y a d'aller sur mer (*che gusto d'andar per mare, se la posta fosse la nave*). J'avais cru ici lui faire pièce en ne demeurant pas assez dessus pour lui donner le temps de me faire vomir, et en descendant à terre à tout moment pour voir une chose ou une autre ; mais la maligne bête me garda bien sa rancune. Avant que de rentrer à Naples, je me sentis tourmenté de prodigieuses tranchées. Le lendemain matin la fièvre me prit, ce qui me détermina à repartir incontinent pour Rome.

Ce même jour, 15 au soir, nous reprîmes la poste. Je courus une longue traite tout d'un train. *Dehinc Mammurarum lassi consedimus urbe* : c'est la petite vilaine ville d'Itri ; il fut bien forcé de s'y arrêter.

Outre la pluie grosse comme le bras et la fatigue, ma chaise avait cassé tout net, ce qui fut un vilain trait d'ingratitude de la part de la *via Appia*, à qui j'avais marqué toute sorte d'amitié. J'entrai dans une auberge; il n'y avait, comme de raison, ni vivres ni lits. J'étendis près d'un grand feu une figure de matelas sur le pavé, où je passai quelques heures dans l'agitation d'une violente fièvre, suivie enfin du vomissement, qui me soulagea un peu. Je n'avais pour toute consolation que celle d'entendre à mes côtés Lacurne ronfler comme une pédale d'orgue. Je l'aurais tué de bon cœur; mais, mettant un frein à ma colère, je me contentai de reprendre ma course. Le 17, à sept heures du matin, je rentrai à Rome, où je me porte bien actuellement, si ce n'est que j'ai la main cruellement lasse de la longueur et de la rapidité de ma lettre.

La peste, en voilà bien tout d'une suite écrit.

Pourvu que cela amuse un peu votre curiosité, mon doux objet, j'en suis content. Je pense que vous êtes assez sage pour faire souvent mention de moi avec nos amis Bévy, Maleteste, et autres, surtout avec cette charmante petite Montot, que je ne perds pas de vue un seul instant : elle est le Neuilly des femmes comme vous êtes la Montot des hommes. Souvenez-vous de moi près la dame de Bourbonne, dont je raffole aussi tout le jour.

XXXIII. — A M. LE PRÉSIDENT BOUHIER.

Mémoire sur la ville souterraine d'Ercolano.

Rome, 28 novembre 1739.

La découverte que l'on vient de faire près de Naples, mon cher président, de l'ancienne ville d'Herculanum, est un événement si singulier et si capable d'amuser un homme aussi amateur que vous l'êtes de la belle antiquité que je ne dois pas me contenter du peu que j'en ai écrit à Neuilly, et dont il vous aura fait part sans doute; j'en vais faire, en votre faveur, une petite relation plus circonstanciée, que vous communiquerez réciproquement au doux objet.

Il y a plusieurs années que le prince d'Elbœuf, alors général des galères de Naples, faisant creuser un terrain à Portici, village au pied du Vésuve, sur le bord de la mer, on y découvrit divers monuments antiques, et des vestiges de bâtiments propres à donner envie de pousser plus avant la fouille des terres.

On y descend comme dans une mine, au moyen d'un câble et d'un tour, par un large puits profond d'environ douze à treize toises. La matière solide de cet intervalle qui couvre et remplit la ville est fort mélangée de terre, de minerais, d'un mortier de cendre, boue et sable, et de lave dure ; c'est ainsi qu'on appelle la fonte qui coule du Vésuve. Elle devient en se refroidissant presque aussi dure que le fer. Entre Ercolano et le sol extérieur, on aperçoit quelques restes d'une autre petite ville rebâtie autrefois au-dessus de celle-ci, et de même couverte par de nouveaux dégorgements du Vésuve. C'est sur les ruines de ces deux villes qu'est aujourd'hui bâti le nouveau bourg de Portici, où le roi des Deux-Siciles et plusieurs seigneurs de sa cour ont leurs maisons de campagne, en attendant que quelque révolution semblable aux précédentes le fasse disparaître, et qu'on bâtisse un autre bourg en quatrième étage. Car, malgré les dégâts presque irréparables que causent de tels accidents, et le danger de s'y voir exposé sans cesse, il ne faut pas croire qu'on se lassera jamais d'habiter ni de cultiver un canton de la terre si riche, si agréable par la variété des aspects, la beauté du terroir et la fertilité du sol échauffé de cette montagne, qui produit abondamment, jusqu'au milieu de sa hauteur, les meilleurs fruits du monde. Les maux qu'on regarde comme éloignés, et dont le moment n'est pas prévu, font peu d'impression, mis en balance avec une utilité journalière. Au fond, il n'y a presque jamais rien à risquer pour la vie des habitants, le Vésuve annonçant d'ordinaire son éruption par un grand bruit, plusieurs jours avant de lancer ses feux.

Les ruines du second bourg ne m'ont pas paru occuper beaucoup d'espace, ni rien contenir de curieux, ou peut-être moi-même n'y ai-je fait que peu d'attention. Arrivé au fond du puits, je trouvai qu'on avait poussé de côté et d'autre des conduits souterrains assez mal percés et mal dégagés, les terres ayant été souvent rejetées dans un des conduits, à mesure qu'on en perçait un autre; l'aspect de ceci est presque entièrement semblable aux caves de l'Observatoire. On ne peut distinguer les objets qu'à la lueur des torches qui, remplissant de fumée ces souterrains dénués d'air, me contraignaient à tout moment d'interrompre mon examen pour aller, vers l'ouverture extérieure, respirer avec plus de facilité. On distingue dans ces allées divers pans de murailles de brique, les uns couchés ou inclinés, les autres debout; les uns bruts ou travaillés dans le goût que les anciens appelaient *opus reticulatum*, les autres ornés d'architecture mosaïque, carreaux de marbre, ou peintures à fresque en fleurs, ornements légers, oiseaux ou animaux d'une manière qui tient beaucoup de l'arabesque, mais plus légère. On y aperçoit des colonnes, bases et chapiteaux; des pièces de bois quelquefois brûlées; des fragments de meubles ou de statues en partie engagés dans la terre; des restes de bronze à demi fondus; des inscriptions sur quelques-unes desquelles on lit le nom d'*Herculée*; j'en vis tirer une en ma présence, qui me parut contenir un catalogue des magistrats municipaux. L'objet principal était un amphithéâtre dont on a commencé à découvrir les degrés, ou plutôt un théâtre: car on n'est pas encore en état de décider lequel des deux.

Près de là, dans un endroit qui paraît y appartenir, on trouve quantité de débris d'architecture en marbre ou stuc, et des pièces de bois réduites en charbon.

Un des principaux endroits excavés paraît faire partie d'une rue assez large, bordée de côté et d'autre de banquettes sous des porches. On me dit que ce lieu conduisait ci-devant à un bâtiment public en portiques, dont on avait tiré beaucoup de fresques, de colonnes et quelques statues assises dans des chaises curules. Je n'y ai vu aucune maison vide dont on pût examiner l'intérieur ; tout paraît affaissé ou rempli, la fonte ou le mortier ayant pénétré au-dedans des bâtiments, par les ouvertures, au moyen des pluies abondantes dont les éruptions sont presque toujours suivies. Celles qui accompagnèrent l'éruption de 1631 furent si épouvantables, et les torrents qui descendirent de la montagne si violents, que quelques historiens crédules ont débité que le Vésuve avait aspiré et vomi par son gouffre les vagues de la mer. Ces eaux, mêlées aux cendres, faisaient un mortier qui coulait par flots jusque dans la ville de Naples. On ne peut douter que cette espèce d'enduit n'ait fort bien servi à maçonner la voûte qui couvre Ercolano, et qu'un pareil événement n'ait autrefois cimenté le massif qui en remplit l'intérieur.

Il est aisé de juger qu'on ne peut voir que d'une manière très-imparfaite les restes d'une ville enterrée, quand on n'a fait qu'y pousser au hasard quelques conduits bas et étroits. Il n'y a point de place un peu spacieuse où l'on se soit donné du vide. On

ne fera jamais rien de bien utile si on continue à
travailler de la sorte, et si on ne prend le parti d'enlever les terres dans un espace considérable, depuis
le sol extérieur jusqu'au rez-de-chaussée de la ville ;
après avoir examiné cet espace, et retiré tout ce qui
s'y trouverait de curieux, on pourrait découvrir l'espace voisin en rejetant les terres sur le précédent ;
et ainsi de proche en proche. Ce serait un grand
travail, dont on se trouverait indemnisé par une
quantité de raretés, surtout en sculpture et en peinture. Tout ce qu'on y a trouvé dans ce genre, en
fouillant à l'aveugle, peut faire juger de ce que
produirait une recherche méthodique. Les bustes ou
statues qu'on en a retirés jusqu'à présent sont un
Jupiter-Ammon, un Mercure, un Janus, quelques
autres divinités, une Atalante de manière grecque,
un Germanicus, un Claude, une Agrippine, un Néron, un Vespasien, un Memmius avec l'inscription
au bas : *L. Memmio maximo Augustali*; les débris
de deux chevaux et d'un chariot de bronze, et
beaucoup d'autres statues mutilées d'hommes et de
femmes ; mais ce qu'il y a de plus considérable en
statues, c'est la famille entière des Nonnius Balbus,
trouvée dans une salle. L'ouvrage en est médiocre,
mais la suite est précieuse en cela même qu'elle fait
une suite, et que nous n'en connaissons, ce me semble, que quatre parmi tout ce qui nous reste de la
sculpture antique ; savoir : celle-ci, l'histoire d'A-
chille reconnu par Ulysse chez Lycomède, que possède le cardinal de Polignac ; l'histoire de Niobé et

de ses enfants, par Phidias, à la vigne Médicis, et l'histoire de Dircé, au palais Farnèse ; car je ne pense pas qu'on doive donner le nom de suite à des groupes de trois figures, quoiqu'ils représentent une action historique complète, tels que l'admirable Laocoon du Belvédère, le chef-d'œuvre de la sculpture antique.

La famille Nonnia, reconnue par l'inscription qui donne à l'un des Nonnius le titre de préteur-proconsul, était plébéienne, comme le prouve la charge de tribun du peuple qu'elle a possédée. L'histoire fait mention de trois branches de cette famille : les Suffenas, les Balbus, dont il est question ici, et les Asprenas, desquels descendait par adoption la branche des Quintilianus, originairement sortie de l'illustre maison Quintilia, par un frère de Quintilius Varus, qu'adopta Nonnius Asprenas. Le fils de celui-là était, au rapport de Tacite, lieutenant de l'armée de Varus son oncle, lors de la victoire complète que remporta sur elle en Germanie le fameux Irmensul, vulgairement nommé par les Romains Arminius. Cette famille Nonnia n'a commencé à s'élever dans la république que par Sext. Nonnius Suffenas, fils d'une sœur du dictateur Sylla, femme d'une très-haute naissance, mais née, comme on le sait, avec une fortune au-dessous de la médiocre. Suffenas fut questeur en 658, puis tribun du peuple en 663. Quelques années après, n'ayant pu obtenir l'édilité à cause du mauvais état où étaient alors à Rome les affaires de son oncle, il alla le trouver en Asie au milieu de

la guerre contre Mithridate, et fut après son retour
fait préteur en 672 ; ce fut alors qu'il fit célébrer des
jeux publics en réjouissance des victoires de son
oncle, et frapper une fort belle médaille d'argent,
que nous avons encore dans le nombre des sept médailles qui nous restent sur cette famille; ses descendants ont été depuis, pendant deux siècles, dans les
grandes charges de l'État. Les Asprenas ont possédé
trois fois la dignité de consul, en 760, en 790 et en
845. La branche la moins illustrée de cette famille
est celle des Balbus, dont nous venons de retrouver
tant de statues. On ne trouve parmi ceux-ci d'autre
magistrat qu'un tribun du peuple en 721, l'année de
la bataille d'Actium. Dion rapporte qu'il s'était fortement attaché au parti d'Auguste dès le commencement des nouvelles brouilleries qui éclatèrent entre
Marc-Antoine et lui, et qu'il mit opposition, par le
droit de sa charge, aux édits violents que les deux
consuls voulaient faire passer contre celui-ci. Il est
vraisemblable que ces importants services ne restèrent pas sans récompense pour lui ou pour sa postérité ; du moins, malgré le silence des historiens contemporains, il est certain, par les inscriptions qu'on
vient de découvrir, qu'un petit-fils du tribun Balbus
a été élevé à la dignité de préteur avec puissance
proconsulaire. On a trouvé à Ercolano un assez long
fragment des fastes consulaires. L'un des directeurs
des fouilles (docteur espagnol), s'en vint un beau
jour à Naples, toujours courant, annoncer qu'il avait
trouvé les litanies des Romains.

Quant aux peintures à fresque trouvées à Ercolano, elles sont d'autant plus précieuses qu'il ne nous restait presque rien d'antique en ce genre. Tout ce que nous avions consistait en un dessus de porte carré long dans une maison des Panfili, connu sous le nom de la « Noce Aldobrandine »; en deux morceaux tirés du jardin de Salluste qu'on montre au palais Barberini, et dans les petits ornements de la pyramide, qu'on appelle communément les « Figurines de Cestius » : encore ne faut-il plus compter ce dernier morceau, qui est si effacé aujourd'hui que je n'y ai presque rien pu voir. Ceux d'Ercolano sont en grand nombre ; mais la plupart en pièces, ou du moins fort gâtés. J'ai déjà parlé de ces espèce d'arabesques qui décoraient, selon l'apparence, l'intérieur des maisons. Les tableaux de figures que je me rappelle sont un Satyre qui embrasse une Nymphe, et l'éducation d'Achille par le centaure Chiron, petit tableau en hauteur, fort précieux. J'ai ouï parler de plusieurs autres, tels qu'un Hercule, un tableau de l'histoire de Virginie, un autre d'un orateur qui harangue le peuple, une Pomone, des bâtiments, des paysages, des tritons, des jeux d'enfants travaillés dans le même goût de badinage que certains tableaux de jeux d'enfants de nos peintres modernes; d'autres enfin où l'on remarque des choses si semblables à nos modes actuelles les plus bizarres, qu'on est prêt à les soupçonner d'y avoir été ajoutées après coup. Peut-être ne les ai-je pas vus; car on ne m'a pas tout fait voir : en tout cas, je n'en ai pas conservé d'idée;

on nous montrait ces pièces avec tant de rapidité, que quelquefois à peine avais-je le loisir d'entrevoir. Le tableau dont j'ai la mémoire la plus présente mérite d'être mis au premier rang des choses curieuses trouvées dans ce lieu ; c'est une fresque peinte en hauteur, de la grandeur à peu près d'une glace de cheminée : ainsi c'est sans contredit le plus grand tableau antique qui existe. On a séparé et tiré en entier le pan de muraille sans l'offenser : on a encadré la muraille avec des poutres contenues par de longues clefs de fer ; c'est ce que les ouvriers italiens savent faire avec une adresse infinie, c'est aussi de cette manière que, pour prévenir la ruine totale des fresques de Saint-Pierre de Rome, causée par l'humidité de cette église, on a enlevé des masses énormes de maçonnerie, et remplacé le vide par des copies de ces mêmes tableaux en mosaïque de verre coloré, dont la durée sera éternelle.

Le tableau du souterrain contient trois figures groupées sur un fond rougeâtre, tout uni, comme si on l'eût peint sur du papier coloré. Il représente un homme nu, debout, de hauteur naturelle, ayant à ses pieds deux enfants qui lui embrassent les genoux. On voit au bas du tableau, dans l'angle, la tête d'un monstre assez difforme. On ne peut guère douter que la figure principale ne soit un Thésée, à qui les enfants d'Athènes rendent grâce après la défaite du Minotaure. Les figures sont d'une grande correction de dessin : l'attitude et l'expression sont belles, quoique la figure principale soit un peu roide et tienne de la statue ; mais le coloris n'est pas bon, soit par la faute du peintre, soit qu'il ait été altéré par le temps et le séjour dans la terre. Tel qu'il est, on doit souhaiter qu'il se puisse conserver ; car un des grands inconvénients de ces peintures antiques est, qu'après avoir été tirées du sein de la terre en état passable, elles dépérissent en peu de temps sitôt qu'elles sont exposées au grand air. Un ouvrier croit avoir trouvé un vernis qui préviendra ce dépérissement. Il en avait fait usage sur le Thésée ; et, jusque-là, on avait lieu de se flatter de la réussite.

Vous savez combien le peu de tableaux de peintures antiques qui nous restent rendent précieux ce que nous en avons. Si la Noce Aldobrandine [1] l'emporte sur le Thésée pour la beauté de l'ouvrage et pour la correction du dessin, l'autre l'emporte à son tour par l'étendue et par la grandeur des figures, qui d'ailleurs sont groupées d'une manière convenable au sujet ; au lieu que dans la Noce elles sont toutes rangées à la file, comme dans un bas-relief. Ni l'un ni l'autre de ces tableaux, il faut l'avouer, n'a de perspective ; mais il semble que ce que l'on peut le plus justement reprocher aux anciens est le défaut d'ordonnance et de distribution des masses : quand le coloris d'une pièce est entièrement perdu, est-il bien aisé de juger de sa perspective, de son clair-obscur et des couleurs locales ? On doit cependant convenir que nous surpassons en ceci les an-

[1] Cette peinture se voit maintenant au Vatican, dans la salle dite Borgia. R. C.

ciens autant qu'ils nous surpassent dans l'article du dessin. L'hyperbole du Poussin est excessive, lorsqu'il dit que si Raphaël, comparé aux autres modernes, est un ange pour le dessin, il est un âne comparé aux anciens. Peut-être que le Poussin, trop accoutumé à la sévérité du dessin des statues antiques qu'il copiait sans cesse, et dont la roideur se fait un peu sentir dans ses ouvrages, n'avait pas l'esprit tout à fait propre à goûter les grâces divines de Raphaël. Il est vrai néanmoins qu'il n'y a peut-être, dans aucun tableau de ce maître des maîtres, aucune figure qui égale, pour la beauté du dessin, celle de la mariée dans le tableau de la Noce. Si on la considère seule et isolée, c'est la plus belle qui existe au monde ; mais, si l'on considère le tableau en entier, il est assurément inférieur à tous ceux de la bonne manière de Raphaël ; le morceau de maçonnerie sur lequel cette fresque est peinte est fendu par le milieu. On connaît assez la forme de ce tableau, qui est longue et de peu de hauteur ; il fait à présent un dessus de porte, dans une maison appartenant aux Panfili. Sa manière participe de celle du Poussin et de celle du Dominiquin, surtout de celle de ce dernier. Le Thésée paraît tenir de Louis Carrache et de Raphaël. N'êtes-vous pas étonné de voir qu'on tire un pan de muraille comme cela tout entier du fond d'une ville souterraine, sans blesser la peinture ? vous en entendrez bien d'autres quand il sera question des mosaïques de Saint-Pierre de Rome. Remarquez néanmoins que, lorsque je compare ici la manière d'un tableau antique avec celle d'un peintre moderne, c'est pour en donner une idée à ceux qui n'ont pas vu le tableau antique; non que je veuille dire que ces manières soient fort semblables, mais seulement que le tableau m'a paru plus approcher de la manière d'un tel peintre que de celle d'aucun autre.

Je me suis étendu sur la description et la comparaison de ces deux peintures anciennes, parce que ce sont les deux principaux morceaux qui nous restent dans ce genre. Au reste, nous ignorons si le hasard, qui a bien voulu nous les conserver, les a choisis parmi les bons ouvrages du temps, ou parmi ceux du second rang.

Avant même que de les quitter, je reviens encore à la connaissance de la perspective que pouvaient avoir les anciens; et je veux vous citer un exemple récent, qui prouve qu'ils ne l'ignoraient pas. Il y a dix ou douze ans que M. Furietti, faisant fouiller près de Tivoli, dans les ruines de la maison de campagne d'Adrien, trouva un parquet de marbre de neuf feuilles, dont huit sont en mosaïques à compartiments; la neuvième, aussi en mosaïques de pierres naturelles, faisait le centre. On y a figuré deux pigeons buvant dans une jatte de bronze, posée sur un cube de pierre, qui se présente un peu en biais, de sorte qu'on en voit trois faces et plusieurs angles disposés selon les règles de la plus exacte perspective. Je remarquai que le bord de la jatte de bronze était gaudronné, comme l'était, il y a peu de temps, notre vaisselle d'argent. C'est dans ce même lieu que M. Furietti trouva ces deux admirables centaures de basalte (marbre noir d'Éthiopie), l'un jeune, l'autre vieux, portant chacun sur le dos un Amour qui les dompte. Le sculpteur a exprimé, dans l'attitude et sur le visage des centaures, les différents effets de l'amour dans les différents âges. Le jeune centaure est vif, alerte et joyeux; le vieillard est morne, pensif et succombe sous le faix.

Je ne suis pas en état d'entrer avec vous dans le détail de ce qui concerne les inscriptions, les médailles, les pierres gravées, les meubles et autres espèces d'ustensiles déterrés à Ercolano. Je ne les ai pu voir qu'en partie et en courant, quoique le chevalier Venuti, antiquaire du roi, eût fait de son mieux pour que l'on me donnât le loisir de satisfaire ma curiosité. Les gens qui montrent ces antiquités sont maussades et fort jaloux; ils croient, je pense, qu'on va dérober leurs richesses avec les yeux. Je me souviens qu'il y a beaucoup de meubles de ménage et de cuisine, quelques-uns en terre cuite, la plupart en bronze. Je crois bien que ceux-ci se retrouvent en plus grand nombre, parce qu'ils ont mieux résisté qu'en toute autre matière, même en fer, qui a plus souffert que le bronze, du long séjour dans la terre; car le peu de pièces en fer qui se retrouvent sont toutes dissoutes ou mangées de la rouille. Mais, indépendamment de cela, il m'a paru que les anciens employaient le bronze à beaucoup de pièces que nous faisons aujourd'hui en fer.

Je ne vous parle pas non plus de la quantité de lampes, de vases, d'instruments de sacrifice, de guerre ou de bain, d'urnes, etc.; mais je ne veux pas oublier quelques articles singuliers, tels qu'une table de marbre, non à pieds de biche, mais à pieds de lion, autour de laquelle est une inscription en langue osque ou étrusque, dont j'aurais voulu avoir le temps de copier les caractères; un miroir de métal tirant sur le blanc; un morceau de pain, des noix et des olives, conservant encore leur figure, quoique réduits en charbons, etc. On trouvera sans doute dans la suite quantité d'autres choses fort curieuses, surtout si la recherche est mieux conduite à l'avenir que par le passé. En arrangeant en bel ordre tout ce qu'on y déterrera, on aura sans doute le plus singulier recueil d'antiquités qu'il soit possible de rassembler. Je voudrais bien, mon cher président, qu'on pût se flatter de faire la découverte de quelque ancien auteur de nos amis, d'un Diodore, par exemple, d'un Bérose, d'un Mégasthène, ou d'un Tite-Live, même des cinq livres de l'Histoire romaine de Salluste que nous avons perdus, quoique alors toute la peine que je me suis déjà donnée pour les refaire fût elle-même perdue; mais ce serait folie d'imaginer que quelques manuscrits eussent pu résister, et à l'événement qui a causé la ruine d'Ercolano, et à dix-sept siècles de séjour dans le sein de la terre.

XXXIV. — A M. DE BUFFON.

Mémoire sur le Vésuve.

Rome, 30 novembre 1739.

Je viens, mon cher Buffon, de m'entretenir avec M. de Neuilly et notre ami le président Bouhier du Vésuve, ainsi que de la découverte nouvellement faite de l'ancienne ville d'Herculée, ensevelie sous les ruines du mont Vésuve. Rien au monde n'est plus singulier que d'avoir retrouvé une ville entière dans le sein de la terre. Je parle au président des antiquités que l'on en tire tous les jours; maintenant, sans répéter ici ce que je dis à l'un et à l'autre, soit sur mon excursion au Vésuve, soit sur ma visite à Ercolano, je veux chercher avec vous par quelles causes les villes du rivage de la Campanie ont été enterrées de la sorte, et vous communiquer une idée singulière à ce sujet.

Après être sorti du souterrain, mon plus grand étonnement fut d'avoir vu qu'Ercolano et le bourg qu'on avait postérieurement bâti par-dessus avaient été purement couverts et enterrés; que l'amphithéâtre et les murailles gardaient, dans la plupart des endroits, une situation à peu près perpendiculaire, ou du moins qu'elles n'étaient inclinées que du côté de la mer ; de telle sorte que la ville ne paraissait ni avoir été beaucoup secouée par un tremblement de terre, ni abîmée ou engloutie comme on l'aurait cru d'abord, mais seulement poussée par le poids des terres que le Vésuve avait fait ébouler, et ensevelie sous la quantité de matières qu'il avait vomies de son gouffre : ce qui donnerait lieu de supposer que la cavité de ce gouffre était d'une énorme étendue. Ce fut dans cette idée que je montai la montagne pour examiner avec soin la disposition du local, et la manière dont pouvait s'être produit un effet si étonnant.

Dans ma lettre à M. de Neuilly, je développe de mon mieux les conjectures qui me portent à penser que le Vésuve actuel est une montagne de nouvelle formation, tandis que le Monte di Somma a été le cratère du volcan, dans les temps anciens. Voici les preuves que je puis vous donner à l'appui de mon opinion ; elles sont tirées de l'examen des lieux, et de ce que je me rappelle d'avoir lu touchant le Vésuve, dans différents auteurs.

On n'ignore pas qu'il y a des volcans qui se forment où l'on n'en avait jamais vu ; d'autres qui s'éteignent tout à fait ; d'autres dont les éruptions s'interrompent pendant si longtemps, qu'il n'en subsiste plus aucune tradition, mais seulement quelques traces des embrasements passés ; traces physiques et plus durables que ce qui dépend de la mémoire des hommes. Le Vésuve, dont les éruptions sont aujourd'hui si fréquentes, était dans ce dernier cas jusqu'au

temps de la ruine d'Herculanum. Voici comment Strabon le décrit. « C'est, dit-il, une montagne revê-
« tue de terres fertiles, et dont il semble qu'on ait
« coupé horizontalement le sommet. Ce sommet forme
« une plaine presque plate, entièrement stérile, cou-
« leur de cendre, et où l'on rencontre de temps en
« temps des cavernes pleines de fentes, dont la pierre
« est noircie, comme si elle avait souffert de l'action
« du feu ; de sorte que l'on peut conjecturer qu'autre-
« fois il y a eu là un volcan qui s'est éteint après
« avoir consumé toute la matière inflammable qui
« lui servait d'aliment. Peut-être est-ce à cette cause
« qu'il faut attribuer l'admirable fertilité du talus
« de la montagne? On prétend que le territoire de
« Catane ne produit ses excellents vins que depuis
« qu'il a été recouvert par les cendres vomies de
« l'Etna. Il est constant que ces terrains gras, in-
« flammables et sulfureux, deviennent très-propres
« à produire de bons fruits, après que le feu les a
« travaillés, consumés et réduits en cendre. » Tel est le rapport de Strabon, où il est essentiel de remarquer qu'il ne dit point que la montagne ait deux sommets, circonstance qu'il n'aurait assurément pas omise. Dion Cassius garde le même silence à cet égard. Il me parut donc presque certain qu'autrefois le cintre du Monte di Somma était entier et recouvert d'une voûte formant une plaine d'un grand diamètre, minée par-dessous; que c'était là toute la montagne ou l'ancien Vésuve de Strabon; que l'inflammation qui s'y mit peu après, au temps de Pline,

l'an 79 de l'ère vulgaire, produisit la terrible éruption qui fit sauter toute la voûte de cette grosse montagne; qu'elle lança une effroyable quantité de pierres et de matières de toute espèce, et qu'elle fit couler, comme il arrive encore de notre temps, des laves ardentes ou torrents mélangés de terre, de cendre, de soufre et de métaux fondus, dont le poids, joint aux secousses réitérées des mines, fit ébouler du talus de la montagne une quantité de terres assez grande, pour ensevelir la ville d'Herculanum et les contrées voisines, sous la chute de tous ces mélanges.

Vous voyez par le récit de Strabon qu'il n'est pas possible de mettre en question, comme quelques savants l'ont fait à ce qu'on m'a dit, si l'éruption qui a couvert Herculanum de ses ruines est la première éruption du Vésuve, et qu'il est au contraire certain que bien avant cette date, la montagne était un volcan qui avait, dans le cours des siècles antérieurs, vomi des flammes et laissé couler des torrents de cette matière fondue qu'on appelle *lava*. Quelques personnes qui ont observé ici les anciens édifices de la ville souterraine plus à loisir, et mieux que je ne l'ai pu faire, m'ont assuré qu'on y voyait des fondations de bâtiments faites en laves; car la lave devient extrêmement dure, et étant commune dans tout le canton, on l'emploie fort bien, soit pour bâtir, surtout dans les fondements, soit pour paver. On la voit mise en œuvre dans les anciens grands chemins des Romains et même, à ce qu'on dit, à de grandes distances du Vésuve; et tout le long des montagnes depuis Naples jusqu'en Toscane, on trouve des pierres fondues ou calcinées en forme de laves ou de scories. De sorte qu'il semblerait qu'en des temps dont on a perdu toute mémoire, cette chaîne de l'Apennin, qui partage l'Italie dans sa longueur, a été une suite de volcans. Nul doute que celui du Vésuve ne soit d'une très-haute antiquité. Vous en verrez la preuve dans le fait observé par Pichetti, que je vous rapporterai tout à l'heure.

Quand il arrive une éruption, on commence à entendre dans la montagne un frémissement intérieur et du bruit semblable à celui du tonnerre. La fumée, aussi noire que de la poix, interrompue d'éclairs et de lances à feu, enveloppe tout le sommet de tourbillons. Peu après elle devient grisâtre; le gouffre lance de son fond des quartiers de rochers d'un calibre prodigieux, qui faisaient obstacle à l'éruption. Ils roulent en retombant le long du talus, et entraînent les terres avec un terrible fracas. La cime prend feu de tout côté; on en voit partir le fer, le soufre, la pierre ponce, le sable, les cendres, la terre, comme une grenade d'artifice qui éclate de toutes parts. Tous les lieux où ces mélanges viennent à tomber en demeurent couverts. En 1631, il en tomba sur des vaisseaux à la rade vers la côte de Macédoine. En 472, les cendres, au rapport de Carlo Sigonio, volèrent jusqu'à Constantinople; elles allèrent bien plus loin lors de l'éruption qui couvrit Herculanum. Ce fut la plus terrible de toutes. On

peut juger combien cette pluie de terre fut abondante, par ce que marque Pline le jeune à Tacite, dans la lettre où il lui fait le récit de la mort funeste de son oncle. Il raconte que « ce dernier étant entré
« pour se reposer avec quelques gens de sa suite,
« dans une maison près du rivage, où il s'endormit
« accablé de lassitude, il fut, au bout de peu de
« temps, contraint d'en sortir, sur l'avis qu'on vint
« lui donner qu'il allait être bloqué dans la maison,
« dont la porte était presque à demi bouchée par les
« terres et les minerais que faisait pleuvoir le Vésuve;
« de sorte qu'avant que la sortie leur fût tout à fait
« interdite, ils se hâtèrent de s'échapper, portant des
« coussins sur leur tête, pour parer, le mieux qu'il
« serait possible, le coup de la chute des pierres. »

Le gouffre, après avoir jeté au dehors toutes ces matières, commence à bouillir par le fond, et s'élève comme du lait sur le feu, jusqu'à ce que la force du feu, cassant la chaudière en quelque endroit, laisse écouler la matière fondue, ou torrent d'un fer rouge, qu'on appelle lave. Elle descend lentement le long du talus, enflamme la campagne sur son passage, creuse et fait écrouler les terres qui lui font obstacle. On sent quel doit être le poids énorme de ces torrents enflammés, puisque lors de l'éruption de 1737, qui n'a pas été une des plus vives, l'un de ces torrents occupait un espace de trois cents pas en largeur. On prétend avoir vérifié que, pendant l'éruption de 1694, la lave s'était amoncelée dans un fond jusqu'à la hauteur de soixante toises.

Le gouffre que la première éruption creusa dans l'ancien Vésuve n'a pu manquer d'être d'une énorme étendue. L'abréviateur de Dion, dans la Vie de Titus, le compare pour la forme à un amphithéâtre. « Le sommet du Vésuve, dit-il, aujourd'hui fort
« creux, était autrefois tout uni. Toute la surface
« extérieure, à l'exception de ce qui fut ravagé sous
« le règne de Titus, est aussi haute et aussi bien
« cultivée que jamais jusqu'à la cime, qui est encore
« couverte d'arbres et de vignes; car le feu qui con-
« sume l'intérieur ne mine que le dedans, et donne
« au sommet la forme d'un amphithéâtre, s'il est
« permis de comparer les petites choses aux gran-
« des. Nous le voyons souvent jeter de la flamme,
« de la fumée, des cendres et des pierres; mais les
« accidents ne sont rien en comparaison de ce qui
« se passa du temps de l'empereur Titus; on crut
« alors que le monde allait rentrer dans le chaos.
« Le Vésuve jeta tant de matériaux, que non-seule-
« ment les bestiaux, les oiseaux et même les pois-
« sons du rivage périrent, mais que deux villes de
« Campanie, Herculanum et Pompéia, furent ense-
« velies sous les débris de la montagne; les cendres
« furent portées jusqu'en Égypte et en Syrie. Il en
« vint de si gros nuages à Rome, que le soleil en
« fut obscurci, au grand étonnement des habitants,
« qui ignoraient encore ce qui se passait du côté
« d'Herculanum. »

L'amphithéâtre décrit ici par Xiphilin ne peut s'entendre que de la forme du Monte di Somma, qui ressemble aujourd'hui au Colisée de Rome, dont une moitié de l'enveloppe est détruite. On ne pourrait comparer à un bâtiment de cette espèce un trou en pyramide renversée, tel qu'est le gouffre actuel du Vésuve; l'embrasement, à force de miner les bords de l'ancien cratère, a ruiné par calcination tout le côté méridional de l'enveloppe, ne laissant subsister que la partie septentrionale, tandis que le gouffre a continué à lancer successivement de son fond des matières qui, retombant sur lui-même, ont formé dans son milieu le second sommet, proprement le Vésuve d'aujourd'hui, ainsi qu'un pain de sucre au fond d'un creuset ébréché : sommet qui est miné lui-même et où le feu, continuant à percer dans le centre un tuyau vertical, dépouille sans cesse l'intérieur de la nouvelle montagne, des matières enfermées dans son sein, pour en augmenter sa surface extérieure. Quand les matières fondues que contient le cratère viennent à se refroidir et à s'affaisser, elles y forment dans le fond une masse ou croûte endurcie, composée des débris de toutes sortes de matières hétérogènes, liées ensemble, qui se tiennent coagulées vers le fond de la chaudière, près duquel la force du feu qui avait soulevé cette espèce de fonte doit avoir laissé des intervalles vides; ce sont autant de mines prêtes à jouer à la première éruption, et à revêtir de nouveaux matériaux les côtés de la montagne. Il ne paraîtra pas fort extraordinaire que le pic du Vésuve ait pu se former, tel que nous le voyons, en dix-sept cents ans, si l'on fait attention que son axe perpendiculaire, depuis l'endroit où commence la divergence des deux sommets. jusqu'au-dessus, ne paraît pas être haut de plus de deux cents cannes, tandis que l'élévation totale de la montagne, depuis le niveau de la mer, est de près de onze cents; que, depuis le temps de Pline, les éruptions n'ont pas cessé d'être très-fréquentes ; que les matières lancées du fond du gouffre, où le feu a percé au milieu du cône, retombant sans cesse sur les côtés, ne peuvent manquer, à la suite des siècles, d'augmenter considérablement le diamètre horizontal du pic ; de même que la pyramide de sable qui se forme au fond d'un clepsydre grossit toujours à mesure que le sable tombe dessus : c'est la comparaison judicieuse que donne Addisson. Misson et Addisson, surtout ce dernier, ont parfaitement bien vu le Vésuve. On ne peut en douter en le voyant soi-même, après avoir lu leurs descriptions. Il n'est pas moins vrai, cependant, qu'il n'y a presque plus rien de pareil aujourd'hui à ce qu'ils en rapportent. Un gentilhomme napolitain dit à Addisson qu'il avait vu, de son temps, le pic grossir de vingt-quatre pieds en diamètre. Du temps de Misson, en 1688, il y avait près du sommet, à l'endroit où le pic commence, une espèce de petit amphithéâtre ; de telle sorte qu'une vallée peu profonde, enveloppée d'une enceinte peu élevée, entourait les racines du pic. Le fond de cette vallée paraissait formé par des laves refroidies : elle était comblée en 1720, au temps d'Addisson ; l'enceinte de l'amphithéâtre avait disparu ; les racines du pic n'étaient plus entourées que d'une plaine circulaire. Aujourd'hui de nouveaux matériaux tombés d'en haut ont presque fait de cette plaine un talus le pic est devenu d'un plus grand diamètre; les éruptions de 1730 et 1737 ont dégagé les parois intérieures du gouffre de plusieurs roches saillantes, que ces deux voyageurs y avaient vues. L'orifice du gouffre, que Misson n'avait trouvé large que de cent pas, et Addisson que de quatre cents pieds, est de trois cent cinquante toises.

Il arrivera de là que le feu, à force de vider l'intérieur et de miner l'épaisseur des bords du cratère, les rendra trop faibles pour résister à l'action du feu, qui les ébréchera d'un côté, comme il a fait au Monte di Somma, ou les minera tout autour dans toute la partie supérieure, qui est toujours la plus mince; c'est ce qui est arrivé à la Solfatara, autrefois *olla Vulcani*, montagne voisine du Vésuve, et située de l'autre côté de Naples. On voit clairement que celle-ci n'est qu'un volcan usé, qui avait autrefois le double au moins de hauteur. Cette montagne est peu élevée, son sommet est d'un large diamètre, comme si on en eût rasé horizontalement toute la moitié supérieure. Le feu, à force d'agir, a jadis consumé, dissipé ou renversé toute la partie du dessus, sur celles d'en bas; l'inspection du sommet de cette montagne ne laisse aucun doute qu'elle n'ait été presque semblable au Vésuve et à son gouffre; c'est un véritable amphithéâtre dont l'enveloppe a peu de hauteur. En un mot, comme on ne peut mieux comparer la figure du Vésuve qu'à un verre à boire, on ne peut donner une meilleure idée du sommet de la Solfatara qu'en le comparant à un pâté ou à une jatte, dont le fond est large et les bords peu élevés. Tel serait à peu près le Monte di Somma ou l'ancien Vésuve, si l'abondance des matières n'eût pas produit au milieu un second sommet. Tel sera peut-être un jour le Vésuve actuel, quand tout ce qu'il contient d'inflammable sera consumé, et comme le gouffre actuel de celui-ci s'élargira nécessairement toujours par la violence de l'action qui le mine, son diamètre deviendra assez étendu pour qu'une partie des matières lancées, retombant dans le fond, y vienne former un troisième pic ou sommet entouré de deux enceintes extérieures; et ainsi de suite, jusqu'à ce qu'à la longue les éruptions aient comblé tous les vallons et rempli les intervalles qui se trouvent entre les enceintes, au point de ne faire du sommet de cette montagne tronquée qu'une large plaine entourée par les bords du premier cratère, qui est toujours le plus élevé, et de lui donner la forme qu'a aujourd'hui la Solfatara; mais, avant que ceci n'arrive, les dégorgements des gouffres, continuant les effets commencés, jetteront une quantité de terrain, du sommet au pied de la montagne, sur le bord de la mer, et augmenteront de plusieurs couches la hauteur du sol du rivage au-dessus du niveau de la mer.

Comme la ville d'Ercolano et le bourg qu'on a bâti au-dessus, ont été successivement les victimes de cette superaddition de couches, le bourg de Portici et peut-être plusieurs autres le seront de même à l'avenir, sans qu'il soit nécessaire de supposer que tous les édifices en doivent être détruits et renversés. Ils ne peuvent, à la vérité, résister aux coups des torrents enflammés, dans le lieu où ils coulent, ni à l'impétuosité des pierres lancées dans l'endroit où elles frappent ; mais tous les bâtiments qui ne seront exposés qu'à l'immense pluie de terres, sables, cendres, mines ou fragments que l'éruption fait retomber sur le rivage, après les avoir élevés en l'air, seront seulement en danger d'être couverts sans être renversés. On en peut dire autant de l'éboulement des terres du talus, auquel les murailles sont capables de résister. Par là on doit cesser de s'étonner de trouver debout une partie des murs et des édifices de la ville souterraine, et expliquer comment elle se trouve enterrée sans avoir été abîmée, et sans qu'il n'y ait péri qu'une seule personne, tous les habitans ayant eu le temps de s'enfuir ; car on n'y a trouvé qu'un seul cadavre. Mais par là aussi on peut conjecturer quel sera le sort des villes actuelles et de cette contrée florissante qui continueront toujours à disparaître, jusqu'à ce que les matières inflammables que le Vésuve contient dans son sein soient entièrement épuisées.

Ces nouvelles couches du rivage étaient, il y a cinquante ans, au moins au nombre de onze. En 1689, un architecte de Naples, nommé François Pichetti, faisant creuser un terrain entre le Vésuve et la mer, près de l'endroit où avait été ensevelie la ville de Pompéi, trouva, dans l'espace d'environ soixante-huit pieds de profondeur, au bout desquels l'eau ne permit pas d'aller plus loin, onze lits ou couches disposés alternativement; savoir : six de terres naturelles et cinq de laves ou matières vitrifiées des torrents du Vésuve; la onzième couche était de tuf, la dixième de lave, la neuvième de terre presque aussi dure que le tuf ; entre la quatrième et la cinquième couche, à seize pieds de profondeur, on trouva du charbon, des ferrures de portes et deux inscriptions latines, d'où l'on conjectura que c'était là l'ancien sol de la ville de Pompéi, qui se trouverait, si cela est, beaucoup moins enterrée que celle d'Ercolano. On a plus d'une fois eu lieu d'observer cette alternative de lits de terre; dans des endroits où le terrain végétable a été recouvert par accident et est redevenu végétable à la longue. Richard Pococke, célèbre voyageur anglais, parcourant la province de...... en Égypte, vit au village de...... près des ruines d'Arsinoé, dans un sol de terre noire et fertile, de trois pieds d'épaisseur, un puits où l'on remarquait des couches alternatives de sable jaune, qui recouvraient d'autres couches semblables à celle de la surface.

Je ne m'étends pas davantage sur l'opération de Pichetti, dont vous pourrez voir le détail, soit dans la troisième décade de l'*Histoire universelle* de Bianchini, soit dans l'extrait qu'en a donné Fréret au tome IX de nos *Mémoires*. Je me contente de vous marquer qu'il y aurait bien des choses à dire sur le calcul hypothétique que fait Bianchini, d'où il prétend inférer que la dixième couche, qu'il regarde comme la plus ancienne lave qu'ait jamais vomie le Vésuve, et par conséquent la première éruption de cette montagne, peut être fixée à l'an 2500 avant l'ère vulgaire. J'essayerai tout à l'heure de faire un calcul plus exact que celui de Bianchini, et, selon l'apparence, il nous donnera une antiquité plus reculée de nombre de siècles. Il est évident que toute cette augmentation de terrain n'est pas sortie de la cavité actuelle du Vésuve, et n'a pu être fournie que par le gouffre spacieux du Monte di Somma, que j'ai dit être l'ancien gouffre qui sauta au temps de Pline; et même la vallée qui le sépare du Vésuve s'appelle encore *Atrium* ou foyer, marque évidente que c'est là qu'était autrefois le volcan. Mais voici une observation qui prouve sans réplique que l'ancien Vésuve n'avait qu'un sommet, et que ce sommet unique était le Monte di Somma : cette observation est tirée d'un manuscrit que l'abbé Entieri m'a communiqué à Naples, duquel j'ai déjà tiré quelques-unes des choses ci-devant alléguées. En creusant dans le voisinage d'un monastère situé vers la racine extérieure du Monte di Somma, du côté du nord, on y a trouvé des laves à la profondeur de deux cents pieds en terre. Or, il est clair que ces laves qui ne se lancent point, mais qui coulent lentement du gouffre jusque dans la plaine, n'ont pu venir que du Monte di Somma, et non du Vésuve, qui est séparé de ce monastère, tant par le Monte di Somma, que par la vallée qui règne entre les deux montagnes.

Je reviens au calcul fait par Bianchini, et je veux le refaire à mon tour, par une estimation plus exacte. Nous verrons quel en sera le produit.

ESSAI DE CALCUL SUR LA DATE DE LA DIXIÈME COUCHE DE LAVES DU VÉSUVE TROUVÉE PAR PICHETTI, EN 1689, DU CÔTÉ OU ÉTAIT AUTREFOIS LA VILLE DE POMPÉI, A UN MILLE DE LA MER.

Première couche.

Terre légère et labourée, douze palmes.

Seconde.

Lave ou pierres vitrifiées.

Troisième.

Terre pure, trois palmes.

Quatrième.

Lave sous laquelle on trouve du bois brûlé, des ferrures, des portes, etc. *E due inscrizioni le quali dimostravano quella essere stata la città di Pompei.*

Par conséquent, la quatrième couche est l'éruption de l'an de l'ère vulgaire 79.

Ici est le sol de Pompéi ; ce qui donne seize siècles pour quinze palmes de terre non pressée ni condensée.

Cinquième.

Terre franche et ferrures, dix palmes.

Si quinze palmes de terre non dense donnent seize siècles, ces dix palmes de terre plus dense donnent au moins douze siècles.

Et il est si vrai que cette cinquième couche de terre a mis au moins douze siècles pour se former par-dessus la précédente éruption; c'est-à-dire par-dessus la sixième couche qui est de lave, qu'au rapport de Strabon, vivant sous le règne d'Auguste, un siècle avant l'éruption qui, l'an 79 de l'ère vulgaire, forma la quatrième couche de lave, on n'avait pas en Italie la moindre tradition d'aucune éruption précédente; le vulgaire ignorait que le Vésuve fût un volcan. Si les naturalistes en avaient quelque soupçon fondé sur leurs observations, les faits n'en apprenaient rien du tout. Remarquez en même temps que la tradition n'est pas du nombre de celles qui se perdent facilement.

Or, la tradition en Italie (laissant à part les temps fabuleux) doit être supposée remonter, soit au temps de la prise de Troie et du commencement des rois d'Albe, douze siècles avant l'ère vulgaire, soit au temps du voyage de l'Hercule Tyrien en Italie, où il établit des rits et des monuments qui ont longtemps subsisté depuis, et dont la mémoire dure encore de nos jours.

Or, Hercule passa en Italie au retour de son expédition d'Espagne, où il bâtit la ville de Cadix.

La ville de Cadix, selon Velleius, fut bâtie par Hercule au temps de l'archontat de Médon, fils de Codrus; ce qui donne onze siècles avant l'ère vulgaire. Selon mon sentiment, le voyage d'Hercule est postérieur de peu de chose à l'invasion de Josué en Chanaan, ce qui donnerait environ quinze siècles avant l'ère vulgaire. J'ai prouvé ailleurs que la découverte de l'Europe par les marchands de Tyr, vulgairement nommés Hercules, mot phénicien qui signifie « commerçants par mer, » était de cette date. Ce fut en effet dans ce temps-là que les peuples de la Palestine, se voyant pressés dans leur propre terrain par une troupe nombreuse de pasteurs arabes, nouvellement chassés d'Égypte, prirent le parti d'aller sur leurs vaisseaux chercher de nouvelles terres, et fondèrent tant de colonies vers l'occident, sur les deux bords de la mer Méditerranée; mais tenons-nous-en, si l'on veut, à Velleius.

Sixième couche.

Lave ou éruption au moins antérieure de douze siècles à l'ère vulgaire, même à supposer que la plus prochaine éruption ait coulé en cet endroit.

Septième.

Terre beaucoup plus dense, huit palmes; estimée, à raison de la plus grande densité, douze siècles.

Huitième.

Lave ou éruption, vingt-quatre siècles avant l'ère vulgaire.

Neuvième.

Terre tout à fait dense, tufière et presque aussi dure que de la pierre poreuse, vingt-cinq palmes; estimée, à raison de la plus grande densité, quarante siècles. Si c'était de la terre légère labourable, elle vaudrait vingt-sept siècles; ainsi on ne peut pas dire que l'estimation soit trop forte.

Dixième.

Lave ou éruption environ soixante-quatre siècles avant l'ère vulgaire, c'est-à-dire dix-sept siècles avant la période Julienne.

Onzième.

Terre tout à fait réduite en consistance de tuf ou de pierre poreuse, semblable sans doute aux couches de terres précédentes, avant qu'elle n'eût été si fort condensée par la pression. Ici est l'ancien sol ou surface du monde, supposé qu'il n'y ait plus de couches de lave au-dessous de celle-ci ; ce que l'on pourrait assurer, si la couche était de pierre de roche vive et franche. Comme elle n'est au contraire qu'un tuf pierreux, qui ne diffère de la couche supérieure que par sa plus grande densité, il est fort possible qu'il reste au-dessous plusieurs autres couches alternatives de lave et de terre pierreuse encore plus dense.

Total des onze couches, quatre-vingt-un siècles, au lieu de quarante-deux, comme le prétend Bianchini, même en supposant qu'il n'y aurait plus de couches de lave inférieures à celles-ci ; et qu'à toutes les éruptions l'écoulement de la lave est toujours tombé dans cet endroit-ci, ce qui n'est ni possible ni vraisemblable.

XXXV[1]. — A MM. DE L'ACADÉMIE ROYALE
DES INSCRIPTIONS ET BELLES-LETTRES.

Mémoire sur les antiquités d'Ercolano.

20 novembre.

Messieurs, peu après vous avoir envoyé le mémoire que vous m'aviez fait l'honneur de me demander sur les antiquités d'Ercolano, et l'état actuel du mont Vésuve, j'ai reçu l'ouvrage de M. Venuti, publié depuis sur la même matière. Il contient un détail très-curieux que je voudrais avoir vu plus tôt. Le mémoire, dont vous avez bien voulu faire lecture à la rentrée publique de nos séances, aurait été beaucoup mieux circonstancié, et plus rempli de choses intéressantes ; mais j'ai eu la satisfaction de voir que, si ma mémoire ne m'avait rappelé qu'un petit nombre de circonstances, elle m'avait du moins fidèlement servi dans celles dont j'ai fait le récit. Personne n'est mieux en état de parler des antiquités découvertes à Ercolano que M. le chevalier Marcello Venuti, gen-

---

[1] La lettre suivante n'a pu être écrite que longtemps après le voyage d'Italie ; car, d'une part, l'auteur s'exprime comme membre de l'Académie des inscriptions et belles-lettres, où il n'a été admis qu'en 1746 ; et, d'autre part, l'ouvrage de Venuti dont il parle n'a été imprimé qu'en 1748 (Rome, un petit volume in-4°). Cette lettre fut lue à l'Académie des inscriptions en novembre 1749. R. C.

tilhomme de Cortone, alors lieutenant de vaisseau à Naples et antiquaire du roi. Ce fut lui qui eut la complaisance, en 1739, de me montrer quelques-unes des choses que je vous ai rapportées, et qui en a eu en partie la direction jusqu'à ce qu'il se soit retiré dans sa patrie. Le roi lui ordonna, en 1740, d'en dresser une relation, pour envoyer à la cour d'Espagne. Il vient en dernier lieu de faire imprimer à Rome, en un volume in-4°, cette relation fort augmentée et accompagnée d'un grand nombre de digressions sur divers points d'antiquités, que les choses dont il parle lui donnent occasion de traiter. Une autre partie de son ouvrage est employée à des recherches sur l'histoire mythologique d'Hercule ; sur sa route en Italie, au retour de l'expédition contre Geryon et sur les établissements que firent autrefois les Etrusques en Campanie. Comme un ouvrage de cette étendue n'est pas propre à être lu dans nos assemblées, j'ai pensé qu'un extrait réduit au seul détail exact des monuments antiques déterrés à Ercolano pourrait, sans ennui, occuper votre curiosité pendant une demi-heure. Je me suis borné à tirer de ce livre les seuls faits ou descriptions répandus dans tout l'ouvrage, sans y joindre ni réflexions, ni explications arbitraires, et à former un simple catalogue contenant la liste des bâtiments.

PREMIÈRE DÉCOUVERTE.

Au commencement de ce siècle-ci, quelques habitants du village de Resina, faisant creuser un puits, trouvèrent plusieurs morceaux de marbre jaune antique, et de marbre grec de couleurs variées. En 1711, le prince d'Elbœuf, ayant besoin de poudre de marbre pour faire des stucs dans une maison de campagne qu'il faisait construire à Portici, fit excaver les terres à fleur d'eau, dans ce même puits, où l'on avait déjà trouvé des fragments de marbre. Ce fut alors qu'on trouva un temple orné de colonnes et de statues, qui furent enlevées et envoyées au prince Eugène. Quelques considérations politiques ou particulières firent interrompre les recherches jusqu'au mois de décembre 1738, temps auquel le roi, étant à sa maison de plaisance de Portici, donna ordre de continuer à excaver les terres dans la grotte déjà commencée par le prince d'Elbœuf, et de pousser des mines de côté et d'autre, ce qui s'est continué jusqu'à ce jour. Le creux était alors à la profondeur de 86 palmes, et donne justement au milieu du théâtre, dont les degrés furent peu après découverts. M.-Venuti fit tous ses efforts pour obtenir qu'au lieu de se contenter de creuser des conduits souterrains, on vidât entièrement le terrain, pour mettre la ville à découvert, ou qu'on y mît du moins le théâtre, en commençant à enlever les terres du côté du rivage, qui va toujours en pente. Mais l'immensité du travail, jointe à la considération de plusieurs maisons et de quelques églises, qu'il aurait fallu renverser, ont empêché l'exécution de ce projet, quoique ce fût là seule manière de profiter utilement d'une si curieuse découverte.

BATIMENTS.

Un temple de figure ronde, pavé de marbre jaune, entouré en dehors de vingt-quatre colonnes, la plupart de jaune antique, les autres d'albâtre floride, porté sur un pareil nombre de colonnes intérieures, entre chacune desquelles était une statue. Les statues furent envoyées au prince Eugène par M. d'Elbœuf, ainsi que je l'ai déjà dit. Les colonnes ont été employées à orner diverses maisons particulières. On trouva aussi dans le même endroit plusieurs pièces de marbre africain, qui servirent à faire des tables : M. Venuti conjecture, sur une inscription trouvée dans ce lieu et où on lit ces trois lettres : T. B. D., que le Temple était dédié à Bacchus. Il les explique ainsi : *Templum Baccho dedicavit.*

Plusieurs pilastres de briques, revêtus de stuc, peint de diverses couleurs. Entre deux de ces pilastres on a trouvé une statue romaine vêtue d'une toge.

Un théâtre bâti de briques. L'enceinte extérieure est formée par de grands pilastres de briques à égale distance, surmontés d'une corniche de marbre et enduits de stucs de différentes couleurs ; les uns rouges, les autres noirs et aussi luisants que du vernis de la Chine. Les voûtes des galeries intérieures soutiennent des arcs sur lesquels portent les gradins du théâtre. Ces galeries sont encore ornées de corniches de marbre avec des dentelures et des modillons. Elles l'étaient autrefois d'un ordre entier de colonnes corinthiennes, et les murs dans l'intervalle paraissent avoir été revêtus de carreaux de marbre de toute espèce. C'est ce que donne lieu de présumer la quantité de fragments de colonnes et de chapiteaux corinthiens, de petits morceaux de marbre africain, jaune antique, serpentin, cipollin, rouge d'Égypte, blanc de Paros, agate floride et autres, que l'on trouve dans les décombres du théâtre. La *précinction* ou séparation des deux étages de degrés, en était encore tout incrustée, lors de la découverte ; mais on les a arrachés pour les porter dans le petit jardin du roi. Les gradins pour asseoir les spectateurs sont au nombre de seize, au-dessus desquels on trouve une esplanade plus large, qui suit la forme des gradins en demi-cercle, et que les anciens nommaient *prœcinctio*. C'est là que commencent de nouveaux degrés formant un second étage de gradins qui, selon les apparences, n'étaient pas encore découverts lorsque M. le chevalier Vénuti est parti de Naples. Le tout est desservi par les escaliers des vomitoires aboutissant aux galeries et au plain-pied. Le diamètre intérieur du bâtiment, mesuré depuis la *précinction*, en traversant l'étage inférieur de gradins et l'orchestre, ou parterre, est de 60 palmes, selon les mesures prises par M. Venuti. Selon les mesures qui lui ont depuis été envoyées, la largeur de tout l'édifice, prise en dehors, est de 160 pieds et de 150 dans l'intérieur. Le demi-cintre en a 290 d'un angle de la scène à l'autre. La scène, ou le *pulpitum*, a 75 pieds de face et 30 seulement de profondeur. Pour moi qui connais le local, je doute fort que l'on puisse compter sur l'exactitude de ces mesures, qui n'ont pu être prises qu'à boule-vue et par parties séparées ; car tout ce vaste édifice est encore comblé de terre, au travers de laquelle on n'a fait que pousser, d'un lieu à un autre, quelques conduits souterrains bas et étroits. M. Venuti conjecture qu'au-dessus du second étage de gradins, il y avait une seconde *précinction* terminée par une grande corniche, sur laquelle étaient posées les statues dont on a trouvé les fragments. Il croit aussi que l'orchestre (du moins si c'est ainsi qu'on doit nommer chez les Romains la partie du théâtre qui portait ce nom chez les Grecs, et que nous appelons le parterre) se trouvera pavé de marbre. Les degrés du théâtre font face à la mer. Le *podium*, l'*orchestre* et le *proscenium*, n'ont pas encore été assez bien fouillés pour en pouvoir faire la description. Le derrière du *proscenium* était orné de colonnes de marbre rouge sur leurs bases, entre lesquelles étaient posées des statues de bronze, servant de point de vue à une rue qui paraît aller du théâtre à la mer. On a porté les colonnes rouges les mieux conservées, dans l'église de Saint-Janvier, à Naples.

Trois grandes colonnes cannelées en stuc, d'une belle proportion, mais fort endommagées. Les entre-colonnes sont formées par de grandes tables de marbre blanc, sur lesquelles sont écrits quantité de noms d'affranchis.

Les vestiges d'un temple d'Hercule, voisin du théâtre. On y a trouvé une statue de ce dieu et quantité d'instruments propres aux sacrifices. M. Venuti pense qu'une partie des colonnes trouvées dans les ruines du théâtre appartenaient à ce temple. Il avertit le lecteur qu'il est fort difficile aujourd'hui de discerner la véritable place de chaque chose. L'excavation des terres se faisant sans ordre et sans suite, le terrain est rejeté d'un conduit dans un autre; ce qui fait qu'on le manie à plusieurs reprises et que quelquefois on ne sait plus d'où viennent les morceaux qu'on en retire. Ce temple d'Hercule consiste en une salle élevée, dont les murs, aujourd'hui renversés, sont peints en clair-obscur, ou, pour nous exprimer à la française, en camaïeux rouges et jaunes, représentant des chasses, des grotesques, des perspectives ou autres tableaux différents. Le mur du fond n'est pas renversé, mais seulement un peu incliné. Il forme deux espèces de niches, au fond desquelles étaient deux tableaux hauts de sept palmes huit douzièmes, larges de six palmes et demie; l'un représentant l'histoire de Thésée; l'autre celle de Télèphe. Ces deux peintures, que l'on fortifia par derrière avec de grandes tables de Lavagne, furent enlevées de la manière que j'ai décrite dans mon précédent mémoire; ce que l'on eut d'autant plus de facilité à faire sans les gâter, que l'enduit sur lequel on a peint à fresque est fort épais. M. Venuti fait voir à ce sujet que les anciens mettaient en usage cette même manière d'enlever les fresques, et qu'au rapport de Varron, on transporta ailleurs des fresques et des bas-reliefs en stuc, travaillés par Démophile et Gorgas, dans le temple de Cérès, près du grand cirque. Après que le Thésée et le Telèphe eurent été tirés du souterrain, M. Venuti employa, avec la permission du roi, un Sicilien nommé le signor Moriconi, enseigne dans l'artillerie qui, au moyen d'un vernis mis sur ces tableaux, a fort bien réussi à rappeler les couleurs et à les conserver pour l'avenir.

Les ruines d'une basilique au milieu de laquelle on a trouvé une statue de Vitellius et sur les ailes six piédestaux de marbre, au bas desquels sont les restes presque entièrement fondus de six statues de bronze.

Un petit temple ou chapelle incrustée de marbre de rapport, dans laquelle s'est trouvée une petite statue d'or.

Une maison particulière dont la porte était grande et fermée d'un cadenas de fer, qui tomba en pièces dès qu'on voulut le forcer. Après avoir vidé le terrain de l'intérieur, on trouva d'abord un petit corridor qui conduisit à une salle de plain-pied, enduite et peinte en rouge. On y trouva quelques vases et carafes d'un cristal épais, encore pleines d'eau, et deux écrins de bronze. En ouvrant le second de ces écrins, on y trouva une lame d'argent très-mince, roulée en rond et toute écrite au burin en caractères grecs; mais comme on la rompait en voulant la dérouler, le roi la prit et l'emporta dans son cabinet. A côté de la salle est un escalier assez commode par où on monta dans une chambre haute, dont le plancher supérieur est enfoncé. Cette chambre paraît avoir servi de cuisine, vu la quantité d'écuelles, de trépieds ou autres instruments de cette espèce, qui y furent trouvés. On y vit aussi des raisins et des noix fort bien conservés en apparence, mais réduits en charbon ou en cendre dans l'intérieur. A côté de cette cuisine est une chambre presque ruinée, pavée en mosaïque assez mal faite, façon de tapis de Turquie. On y trouva une grosse écritoire de bronze, des médailles et des pierres gravées. Deux autres pièces contiguës paraissent faire partie de la même maison. L'une est un appartement de bains pavé de petites pierres carrées, garni de vases, de coquilles de bronze, et de strigils ou racloirs, de différentes grandeurs; l'autre est une fort jolie cave ou cantine. On y entre par une petite porte revêtue de marbre blanc qui donne dans une chambre large de huit brasses, et longue de quatorze au moins, car on ne vida pas tout le terrain. Celle-ci communique à une autre pareille de quatorze brasses en tout sens. Ces deux pièces sont pavées de marbre et tout entourées d'une banquette assez large, élevée d'une coudée au-dessus du pavé, revêtue de marbre et portant sa corniche. Tout le long de cette banquette régnaient des couvercles de marbre. On vit après les avoir levés qu'ils servaient à boucher de grands vases de terre cuite, propres à tenir du vin, engagés dans la maçonnerie et descendant bien plus bas que le pavé de la cave. Chacune de ces urnes pouvait contenir dix barillets, mesure de Toscane. La seconde cave avait une ouverture longue et étroite, qu'on prit d'abord pour une fenêtre. Après l'avoir dégagée, on vit que c'était une armoire pratiquée dans le mur, profonde d'environ sept pieds et garnie jusqu'au haut de gradins de marbre de diverses couleurs, chacun portant sa petite corniche, très-joliment travaillée. Ces gradins servaient, sans doute, à ranger des bouteilles, des coupes et des carafes. On les a tous détruits, au grand regret des curieux, aussi bien que la banquette des deux caves, pour avoir le marbre et faire du placage ailleurs. On a aussi brisé toutes les urnes de terre en voulant les arracher. Il n'en reste que deux, dont on est venu à bout de rejoindre les fragments avec du fil de fer. Ces urnes sont fort ventrues ; leur col est un peu moins élevé que la banquette dans laquelle elles étaient enchâssées.

On a vidé les décombres de quelques autres maisons particulières, où l'on a remarqué, en général, que les escaliers sont étroits et à une seule rampe toute droite ; que les fenêtres sont petites et garnies d'une espèce d'albâtre transparent et très-mince, dont on trouve encore quelques morceaux en place ; que presque toutes les maisons ont une petite galerie pavée de mosaïque et peinte en grotesque, sur un fond rouge ; que les angles des murs sont à vive arête et comme neufs ; que les fers sont presque entièrement consumés par la rouille ; que les bois de charpente ont parfaitement conservé leur forme extérieure, mais ils sont noircis et luisants ; dès qu'on les touche, ils tombent en pièces ; on distingue assez bien les fibres et les veines pour reconnaître l'espèce du bois.

FIN DU PREMIER VOLUME.

TABLE DES LETTRES

CONTENUES DANS LE TOME PREMIER.

	Pages.
I. A M. DE BLANCEY.—Route de Dijon à Avignon.	1
II. A M. DE BLANCEY.—Mémoire sur Avignon.....	12
III. A M. DE BLANCEY.—Route d'Avignon à Marseille..................................	25
IV. A M. DE BLANCEY.—Route de Marseille à Gênes.	42
V. A M. DE BLANCEY.—Séjour à Gênes..........	56
VI. A M. DE QUINTIN.—Mémoire sur Gênes......	67
VII. A M. DE NEUILLY.—Route de Gênes à Milan. — Pavie	78
VIII. A M. DE NEUILLY.—Mémoire sur Milan........	90
IX. A M. DE BLANCEY.—Séjour à Milan.—Course aux îles Borromées.........................	107
X. A M. LE PRÉSIDENT BOUHIER.—Milan	116
XI. A M. DE BLANCEY.—Route de Milan à Vérone. —Mantoue	123
XII. A M. DE BLANCEY.—Vérone.—Vicence........	135
XIII. A M. DE NEUILLY.—Mémoire sur Padoue......	154
XIV. A M. DE BLANCEY.—Séjour à Venise..........	163
XV. A M. DE NEUILLY.—Suite du séjour à Venise...	181
XVI. A M. DE QUINTIN.—Suite du séjour à Venise...	194
XVII. A M. DE QUINTIN.—Observations sur quelques tableaux de Venise	207
XVIII. A M. DE BLANCEY.—Suite du séjour à Venise...	212
XIX. A M. DE MALETESTE.—Route de Venise à Bologne	222
XX. A M. DE NEUILLY.—Mémoire sur Bologne......	232

		Pages.
XXI.	A M. DE BLANCEY.—Suite du séjour à Bologne.	248
XXII.	A M. DE QUINTIN.—Observations sur quelques tableaux de Bologne..................	257
XXIII.	A M. DE BLANCEY.—Route de Bologne à Florence	267
XXIV.	A M. DE QUINTIN.—Mémoire sur Florence......	276
XXV.	A M. DE NEUILLY.—Suite du séjour à Florence.	303
XXVI.	A M. DE BLANCEY.—Route de Florence à Livourne.................................	314
XXVII.	A M. DE BLANCEY.—Route de Livourne à Rome. —Sienne.............................	326
XXVIII.	A M. DE BLANCEY.—Route de Rome à Naples...	344
XXIX.	A M. DE NEUILLY.—Séjour à Naples.........	361
XXX.	A M. DE NEUILLY.—Suite du séjour à Naples...	365
XXXI.	A M. DE NEUILLY.—Excursion au Vésuve......	389
XXXII.	A M. DE NEUILLY.—Promenade à Baja, Pozzuoli, etc.............................	402
XXXIII.	A M. LE PRÉSIDENT BOUHIER.—Mémoire sur la ville souterraine d'Ercolano...............	415
XXXIV.	A M. DE BUFFON.—Mémoire sur le Vésuve.....	429
XXXV.	A MM. DE L'ACADÉMIE ROYALE DES INSCRIPTIONS ET BELLES-LETTRES.—Mémoire sur les antiquités d'Ercolano........................	447

FIN DE LA TABLE DU TOME PREMIER.

Paris. — Imprimé chez Bonaventure et Ducessois,
55, quai des Augustins.

www.ingramcontent.com/pod-product-compliance
Lightning Source LLC
Chambersburg PA
CBHW071615230426
43669CB00012B/1946